Beck'scheReihe
BsR 1226

BsR

Wie wurden im Mittelalter Kriege und Konflikte ausgetragen? Welche Arten von Kriegen gab es? Wie wurden sie beigelegt? Welche Rolle spielten Stadtmauer und -tor, Burg und Waffen, Ritter und Heere? Welche Bedeutung nahmen die religiösen Vorstellungen ein? Quellennah und anschaulich behandelt dieses Buch die Geschichte von Krieg und Frieden im Mittelalter.

Norbert Ohler, geb. 1935, ist Akademischer Oberrat am Historischen Seminar der Universität Freiburg i.B. Zu seinen bekanntesten Veröffentlichungen gehören „Reisen im Mittelalter" (^{3}1993) und „Sterben und Tod im Mittelalter" (1990).

NORBERT OHLER

Krieg und Frieden
im Mittelalter

VERLAG C.H.BECK

Mit 12 Abbildungen

Die Deutsche Bibliothek – CIP Einheitsaufnahme

Ohler, Norbert:
Krieg und Frieden im Mittelalter / Norbert Ohler. –
Orig.-Ausg. – München : Beck, 1997
  (Beck'sche Reihe ; 1226)
  ISBN 3 406 42026 5

Originalausgabe
ISBN 3 406 42026 5

Umschlagentwurf: Uwe Göbel, München
Umschlagabbildung:
Die Schlacht bei Azincourt am 25. Oktober 1415.
Buchmalerei aus „Les Vigiles de Charles VII."
von Martial d'Auvergne, um 1484;
Archiv für Kunst und Geschichte, Berlin
C. H. Beck'sche Verlagsbuchhandlung (Oscar Beck), München 1997
Gesamtherstellung: C. H. Beck'sche Buchdruckerei, Nördlingen
Gedruckt auf säurefreiem, alterungsbeständigem Papier
(hergestellt aus chlorfrei gebleichtem Zellstoff)
Printed in Germany

Inhalt

Vorwort 9

Einleitung 11
Krieg und Streit, *bellum* und *guerre/war* 13 · Friede, *pax, pactum* 14 · *Magnum beneficium est pax* 16

1. Grundgegebenheiten 18
Binnenmeere und Meerengen 20 · Halbinseln und Inseln 22 · Die großen Landräume 27 · Flüsse und Flußübergang 28 · Gebirge 32 · Klima 38 · Bevölkerungswachstum 44 · Verkehr, Nachrichtenübermittlung und Marschtempo 47 · Wirtschaft 52 · Finanzierung von Kriegen 53 · Technik und Gesellschaft 56

2. Religiöse Vorstellungen..................................... 59
Äußerste Konfliktbereitschaft bei Christen 63 · Kriegerheilige 64 · Gerechter Krieg 66 · Heiliger Krieg 68 · Humanisierung der Kriegführung durch die Religion? 77

3. Vorkehrungen für den Fall eines Krieges 82
Anregungen aus der Römerzeit 82 · Vorübergehend genutzte Befestigungen 86 · Burgen 87 · Befestigte Dörfer und Städte 94 · Marken 97 · Waffen und Ausrüstung 99 · Aufstellung einer Kavallerie 108 · Vorkehrungen für den Krieg zur See 111 · Wirtschaftswaffen 114 · Geistliche Waffen 115

4. Herrscher und ihre Getreuen............................ 117
Auxilium et consilium 126 · Gesandte 128 · Wechselnde Loyalität und Verrat 132 · Bischöfe und Äbte im Dienste des Reiches 134 · Krieger 144 · Söldner und

Spezialeinheiten 149 · Kämpferinnen 153 · Heere 155 · Fristen und Einschränkungen 158

5. Vom Konflikt zum Krieg 160
Schub- und Zugwirkungen 160 · Gefühl der Bedrohung 162 · Streben nach Freiheit 163 · Schutz Bedrohter und Verlangen nach Macht 164 · Wechsel in der Herrschaft 166 · Überzeugung von einer besonderen Sendung 168 · Streben nach Besitz 168 · Wiederherstellung verletzter Rechte 169 · Ruhm 170 · Abenteuer, Unterhaltung, Zerstreuung 171 · Konfliktverschärfung 171 · Ziele 173 · Aufklärung und langfristige Vorbereitungen 175 · Der Gegner – kein monolithischer Block 178 · Ablenkungsmanöver 178 · Bündnis 179

6. Typen von Kriegen 181
Völkerwanderung 181 · Strafexpeditionen und Streifzüge 187 · Hegemonialkriege 191 · Abwehr einer äußeren Bedrohung 204 · Kreuzzüge 208

7. Von der Kriegserklärung zur Schlacht 220
Sachzwänge, Unwägbarkeiten, Strategie 221 · Kriegserklärung 227 · Aufgebot 228 · Aufbruch 234 · Kriegsgesetze 237 · Feldlager 241 · Taktische Erwägungen 242 · Propaganda 246 · Anrufung der himmlischen Mächte 249 · Letzte Friedensbemühungen 251 · Die Rede vor dem entscheidenden Gefecht 253 · Friedensversprechen, Verzeihung und Abschied 256 · Siegverheißende Zeichen 258 · Belagerung und Erstürmung 259 · Feldschlacht 263

8. Nach dem Sieg 267
Waffenstillstand 267 · Bis zuletzt: Sanktionierte Gewalt 269 · Verlust der Freiheit 269 · Das Schicksal von Mädchen und Frauen 274 · Beute 275 · Sorge für die Toten 276 · Verluste 278 · Symbolische Akte 278 · Lösegeld und „Geschenke" 282 · Friedensschluß 284 ·

Lob Gottes – und Denken an den eigenen Nachruhm 289

9. Bändigung kriegerischer Gewalt 293
Buße und Sühne 293 · Friedenswahrung innerhalb des Klosters – ein Modell? 294 · Sonderfrieden 297 · Gottesfriede und Landfriede 299 · Vermittlung Dritter 304 · Gerichte 306 · Kollektive Selbsthilfe 307 · Klare Regelung schafft gute Freundschaft 311 · Verzicht 313 · Konfliktvermeidung im zwischenstaatlichen Bereich 315

Ausblick.. 317
Zeitlos gültig: die Bitte um Frieden 320

Anhang
Anmerkungen 322 · Quellen 347 · Literatur 351 · Abbildungsnachweis 362 · Register 362

Vorwort

Burgen, Stadtmauern, Beutestücke in Museen künden von Gewalt und Krieg in fernen Zeiten. Alte Chroniken und manche moderne Darstellungen erwecken den Eindruck, als habe es in der Geschichte so gut wie nur Streit und Krieg gegeben.

Den Autor hat die Aufgabe gereizt, anschaulich zu erörtern, was aus schriftlichen und materiellen Quellen über Krieg und Frieden im Mittelalter, d.h. in dem Jahrtausend zwischen 500 und 1500, zu erfahren ist. Durch Rückblenden in die Antike und Ausblicke in die Neuzeit soll die Darstellung an Tiefenschärfe, durch die Einbeziehung der von Byzanz und der vom Islam geprägten Welt an Weite gewinnen. In ihrem Mittelpunkt steht das Abendland, d.h. der Teil Europas, der das Christentum in seiner römisch-lateinischen Ausprägung empfangen hat. In unterschiedlichem Zusammenhang werden gut dokumentierte Konflikte betrachtet – von den Völkerwanderungen bis zur Eroberung Konstantinopels durch die Türken. Zu erörtern war aber auch, wie das kleine Anhängsel Asiens sich seine Eigenständigkeit hat bewahren und wie es seit Ende des Mittelalters in die überseeische Welt hat hineinwirken können.

Krieg wird hier verstanden als eine Form des Konfliktes, d.h. als Zusammenstoß widerstreitender Auffassungen, Interessen, Rechte, in dem sich zwei oder mehrere Gruppen, Gemeinschaften, Reiche gegenüberstehen. Zu einem Krieg wird ein solcher Konflikt dann, wenn er mit Waffengewalt im Rahmen einer größeren militärischen Auseinandersetzung ausgetragen wird, die sich meist über einen längeren Zeitraum erstreckt. Friede, und das ist bezeichnend, ist am ehesten noch in der Negation zu definieren – als Abwesenheit von Krieg. Denn Friedenszeiten sind eher arm an jenen Ereignissen, wie Chronisten sie gern aufzeichnen; oft ändert sich nur unmerklich etwas am stets gleichen Lauf der Dinge. „Friede" herrscht auch zwischen Gemeinschaften und Völkern, die gleichgültig nebeneinander leben; Bestand haben konnte er auf die Dauer allerdings nur, wenn die Parteien sich um ein mindestens erträgliches Miteinander mühten.

Das Thema wurde in ein weites Umfeld eingeordnet, für das Stichworte wie Raum und Klima, Recht und Religion genannt seien. Zu betrachten sind Ursachen von Konflikten, zu erörtern Verlauf und Ausweitung, Ergebnisse und Folgen von Auseinandersetzungen mit äußeren und inneren Feinden. Es war zu fragen, wie Menschen Gewalt erfahren, wie sie auf Krieg reagiert haben. Viele Quellenzeugnisse legen es nahe, Krieg und Frieden zugleich zu betrachten, denn oft begegnen beide nebeneinander, miteinander verflochten. Manchmal hat man den Eindruck, als sei die Fähigkeit zur Versöhnung fast ebenso ausgeprägt gewesen wie die Bereitschaft zum Kampf. Besondere Beachtung finden die Grauzone zwischen Frieden und Krieg sowie die Bemühungen, den Frieden – unter den Völkern wie innerhalb großer und kleiner Gemeinschaften – zu erhalten, Gewalt zu begrenzen, Konflikte zu entschärfen und auf unblutige Weise zu lösen, um eine gestörte Ordnung wiederherzustellen.

Auch an dieser Stelle möchte der Autor für vielfältige Anregungen danken, die er während seiner Lehrtätigkeit am Collège de France im Akademischen Jahr 1994/95 durch seine Pariser Kollegen erfahren hat. Hervorgegangen ist die Arbeit aus Seminaren und Übungen an der Universität Freiburg i.Br. in den Jahren 1989/90, noch bevor auch europäische Länder wieder die Greuel des Krieges erfuhren und es offenkundig wurde, ein wie zerbrechliches Gut der Friede und wie schwer es ist, eine wüste Welt zu ordnen.

Horben, den 30. 12. 1996   Norbert Ohler

Einleitung

Als Störung der gesellschaftlichen Ordnung und als Teil dieser Ordnung erscheint uns der Streit zwischen Geschwistern, Generationen oder Interessenvertretungen. Da man Wege gefunden hat, solche Konflikte unblutig zu schlichten, hoffen wir, daß man einst – häufiger oder sogar in der Regel – auch Konflikte zwischen Staaten und Mächtegruppierungen wird friedlich lösen können.

Friede und Krieg bilden für uns ein Gegensatzpaar. Dabei haben wir gleitende Übergänge zwischen beiden kennengelernt. Im 20. Jahrhundert gab es zahllose bewaffnete Konflikte, auch sogenannte „Stellvertreter-Kriege", vor allem in den ehemaligen Kolonialreichen, ohne daß förmlich ein Krieg erklärt oder später ein Friede geschlossen worden wäre. Wir haben den „kalten" Krieg erlebt mit gewaltiger Rüstung, Kriegsbereitschaft und einem hohen Maß an Feindseligkeit. Wenn es nicht zu einem die ganze Welt verheerenden „heißen" Krieg gekommen ist, dann wegen des Gleichgewichts des Schreckens und weil man besser weiß, wie Konflikte eskalieren. Zudem waren sich die führenden Politiker der großen Mächte eher als in früheren Jahrhunderten ihrer Verantwortung bewußt und zu Rüstungsbegrenzung sowie Entschärfung von Konflikten bereit.

„*Friede*" begegnet in den Quellen oft paarweise zusammen mit Einmütigkeit, Eintracht, Freundschaft, Gerechtigkeit, Gesetz, Liebe, Ordnung, Recht, Ruhe, Schirm, Schutz, Übereinstimmung. Dabei kann das Epitheton „herzlich" manchen dieser Begriffe um eine emotionale Komponente bereichern. Schon die (nicht vollständige) Aufzählung macht deutlich, wie sehr Friede und Recht zusammengehören. Jeder der genannten Begriffe kann – allein oder mit einem weiteren – an die Stelle von „Friede" treten. So schärft *Karl der Große*

(768–814) den Königsboten ein, darauf zu achten, daß Recht und Gesetz eingehalten, Gerechtigkeit geübt, die Kirchen Gottes, die Armen und Waisen geschützt werden.[1] In den Genuß des Friedens sollte also auch kommen, wer außerstande war, sich selber zu wehren. Wenn Otto I. sich im Herbst 964 endlich den Freuden des Weidwerks überlassen konnte, dann setzte das Friede und Muße voraus *(pace et otio vacans)*[2] – in diesem Jahr und unter der Herrschaft dieses Kaisers im Innern wie nach außen alles andere als selbstverständlich.

Entsprechend werden anstelle von oder zusammen mit *Krieg* folgende Begriffe gebraucht: Aufruhr, Aufstand, Fehde, Hader, Heimsuchung, Meinungsverschiedenheit, Mißhelligkeit, Spannung, Störung (von Friede, Ordnung, Recht usf.), Streit, Unordnung, Unstimmigkeit, Verwirrung, Zank, Zerwürfnis, Zorn, Zwist.

Auf die Bedeutung von Frieden und Kampf in der germanischen Welt verweisen Personen*namen*, die zum gemeinsamen Erbe der europäischen Völker gehören.[3] Friedrich, als Name deutscher und skandinavischer Herrscher beliebt, heißt soviel wie der an Schutz Mächtige; Friedrich II. (†1250) ließ sich als Friedenskaiser feiern. Dazu kommen Frida, Heinfried, Siegfried, Winfried. Nicht wenige Namen sind mit *(c)hild* zusammengesetzt. Childerich (mächtig im Krieg) hieß der im Jahre 751 abgesetzte letzte Merowingerkönig, Childebert ein Sohn und Nachfolger König Chlodwigs (†511); dessen Name bedeutet – wie auch der davon abgeleitete Name Ludwig – soviel wie „berühmt im Kampf". Sollte der Bestandteil *hild* in Mädchennamen germanischer Herkunft – etwa Brunhild, Gunhild, Hildegard, Hildegund, Krimhild, Mathilde, Reinhild, Wulfhild – daran erinnern, daß Frauen sich in mythischer Vorzeit stärker als in geschichtlicher Zeit im Kampf engagiert haben? Wie soll man es deuten, daß die indoeuropäischen Sprachen offensichtlich weder für Frieden noch für Krieg ein gemeinsames Wort geprägt haben?

Krieg und Streit, *bellum* und *guerre/war*

Erst in mittelhochdeutscher Zeit hat das Wort „Krieg" die Bedeutung „Kampf mit Waffen" gewonnen; damit hängt zusammen, daß es den anderen germanischen Sprachen fremd ist. Es meint ursprünglich soviel wie „Anstrengung, (angestrengtes) Streben gegen etwas oder jemanden", auch „Erwerbung".

Statt des Wortes „Krieg" verwendete man lange Zeit „*Streit*". Die friedliche Bedeutung lebt in „(Sänger-)Wettstreit" fort. Unter dem Begriff „Investiturstreit" kennen wir eine der folgenreichsten, seit dem letzten Viertel des 11. Jahrhunderts mit geistlichen und geistigen, politischen, wirtschaftlichen und militärischen Mitteln ausgefochtene Auseinandersetzung zwischen priesterlicher und königlicher Gewalt um die rechte Ordnung von Kirche und Welt.

Oft bezeichnet „Streit" den als Faustkampf oder Waffengang ausgetragenen Zweikampf. Im Sinne von „Zwist, Zwietracht, Hader, Zerwürfnis, gestörter Friede" heißt Streit soviel wie vor Gericht ausgetragener Rechtsstreit. Er kann friedlich beigelegt werden in einer Sühne, aber auch in eine (bewaffnete) *Fehde* einmünden, wenn eine Partei überzeugt ist, daß der Richterspruch den Frieden nicht wiederhergestellt hat. Der Fehdeführer versucht dann durchzusetzen, was er als sein Recht ansieht und was er vor Gericht eben nicht hat erstreiten können. Zwist und Zwietracht können auch ohne Gerichtsverfahren unmittelbar in einen Kampf mit Waffen übergehen, mit unterschiedlichen Folgen: einzelnes Treffen, einzelne Schlacht, einzelner Feldzug, lang dauernde militärische Auseinandersetzung.

Lateinisch *bellum*, verwandt mit *duellum*, meint soviel wie Zweikampf, dann Krieg in einem allgemeineren Sinn als *proelium*, *pugna* (Gefecht, Kampf). Romanische Sprachen haben *bellum* durch ein Wort germanischer Herkunft ersetzt. Dem englischen *war* und dem französischen *guerre* (spanisch *guerra*, Verkleinerungsform *guerilla*) liegt das althochdeutsche *werra* zugrunde im Sinne von Streit, Krieg. Auch in deutsch *wirr, Wirrwarr,* ver-, ent*wirren* lebt es noch fort. Daneben begegnen in lateinischen Quellen zahlreiche andere Wörter wie *concertatio* (Streit, Rauferei), *discordia* (Zwietracht), *impetitio* (Angriff), *inimicitia* (Fehde), *lis* (Streit).

Friede, *pax, pactum*

Im Altgermanischen hängt Friede in der Bedeutung *Freude, Befriedigung* mit *frei, Freund* zusammen; Friede meinte Schonung, Schutz, Freundschaft, friedlich-frohe Besinnung, gern haben, auch Versöhnung. Im germanischen Recht bezeichnete Friede den Zustand der unverletzten Rechtsordnung als Grundlage des Lebens der Gemeinschaft. Unter dem Einfluß von lateinisch *pax* gewann es im Mittelhochdeutschen auch die Bedeutung völkerrechtlicher Friedensvertrag, Waffenstillstand. Mit diesem werden Kampfhandlungen beendet – in der Hoffnung auf einen endgültigen Friedensschluß oder in Erwartung einer Wiederaufnahme des Kampfes.

Erwähnt seien in diesem Zusammenhang auch die Verben *befrieden,* ein*frieden* (und die entsprechenden Substantive) im ursprünglichen Sinne von ein*zäunen:* Bestimmte Bezirke wie Markt und Stadt waren allen sichtbar be*friedet* durch eine Mauer oder einen Zaun; englisch *town* (Stadt) hat dieselbe Wurzel wie Zaun.

Ein etwas anderes Bedeutungsspektrum zeigt die lateinische Teilentsprechung *pax,* aus der sich französisch *paix* (ähnlich in anderen romanischen Sprachen) und englisch *peace* entwickelt haben. *Pax* geht zurück auf *pacisci* im Sinne von „einen Vertrag festmachen, ein Übereinkommen oder einen Vergleich abschließen". *Pax* hieß dann soviel wie Friede im Sinne von „Herstellung eines vertragsmäßigen Zustandes zwischen (zwei) Kriegführenden", darüber hinaus konnte es Versöhnung, Wohlwollen, Erlaubnis bedeuten. Der Zustand des Friedens, der sich aus einem solchen Vertrag ergibt, wird eher mit *otium* (Muße) umschrieben. *Pacificare* (wörtlich: Frieden machen, befrieden) meinte ursprünglich, wie *pacare,* eher befriedigen im Sinne von „mit Geld beruhigen", „(die Steuer) bezahlen"; diese Bedeutung lebt in dem Lehnwort *Pacht* weiter. Zum Wortfeld *pacisci, pax* gehört schließlich *Pakt* im Sinne von „Übereinkommen, Vertrag, politisches oder militärisches Bündnis".

Zu allen Zeiten waren Mächtige versucht, Wörter wie *Friede* und *befrieden, pax* und *pacare, paix* und *pacifier* euphemistisch zu verwenden. Wenn Caesar von *Gallia pacata* spricht,[4] dann hatte das aus seiner Sicht den Sinn von Ordnung und Ruhe; für die Gallier bedeutete es Unterwerfung, Versklavung, wenn nicht Friedhofsruhe.

Ergänzend zu dem euphemistisch verwendeten *pacare* sei „Völkerwanderung" genannt, das seit dem 18. Jahrhundert gebraucht wird.[5] Das Wort weckt fast idyllische Vorstellungen, evoziert es doch Worte wie Fuß-, Radwanderung, Wandertag. Im Französischen spricht man eher von *„invasion des Barbares"*. Wer die Ausdrucksweise „Einfall der Barbaren" verwendet, identifiziert sich mit der gallorömischen Bevölkerung, deren Friede vom 3. bis zum 10. Jahrhundert durch Eindringlinge gestört wurde. Daß diese auf die Geschichte des Landes eingewirkt haben, machen die Namen der Provinzen Bourgogne und Normandie deutlich sowie die Tatsache, daß der Staat heute nicht *Gaule* heißt, aus lateinisch *Gallia*, sondern *France, République Française*, Frankreich, Französische Republik, abgeleitet vom Namen der Franken.

Das Stichwort *pacare*/befrieden verweist auf Schwierigkeiten, denen der Historiker gegenübersteht: Seine Quellen sind parteiisch, und oft kann er nicht auf Zeugnisse der Gegenseite zurückgreifen. Die einen hatten noch keine Schriftkultur, andernorts gingen Aufzeichnungen verloren, wurden absichtlich vernichtet oder verfälscht. Die Frage, warum die Quellen dieses hervorheben, jenes – vielleicht absichtlich – verschweigen, läßt sich nur selten beantworten. Infolgedessen bestimmt oft der Sieger das Bild, das in die Geschichte eingeht. Auskünfte über Dinge, die uns interessieren, fehlen auch deshalb, weil vieles als selbstverständlich galt; Autoren wollten ihre Leser nicht ermüden oder verdrießen. Nachdem er zahlreiche

Schreckensmeldungen in sein Werk eingeflochten hat, schreibt einer der großen Geschichtstheologen des Mittelalters: „Solches Unheil wuchert, wie wir sehen, in unseren Tagen in den Nachbarländern; was wir aber täglich aus entfernten überseeischen Ländern hören, das wollen wir für jetzt verschweigen, um nicht Ekel zu erregen."[6] Trotz des hier bekundeten Widerwillens hat Otto von Freising († 1158) eine Fülle von Auskünften zum Thema Friede und Krieg in sein Werk aufgenommen und uns damit zugänglich gemacht.

Magnum beneficium est pax

„Eine große Wohltat ist der Friede", stellt Augustinus nüchtern fest. Wie wenige Theologen hat er das abendländische Denken geprägt. Als Kenner von Heils- und Profangeschichte verfügte er über ein Menschenbild, das ihn vor übertriebenem Optimismus, aber auch lähmender Skepsis bewahrte. Das zitierte Wort ist dem Werk *Vom Gottesstaat* entnommen. Augustinus hat es verfaßt unter dem Eindruck der Eroberung und Plünderung der als ewig und uneinnehmbar geltenden Stadt Rom im Jahre 410 durch Alarich, den Heerkönig der Westgoten. Augustinus hat das Zerbrechen der spätantiken Friedensordnung, der *Pax Romana*, erfahren. Er starb 430, während die Vandalen seine Bischofsstadt Hippo Regius belagerten. Augustinus fährt fort: Aber der Friede ist „eine Wohltat", die Gott „häufig wie Sonnenschein, Regen und anderes, das zur Erhaltung des Lebens dient, auch Undankbaren und Nichtswürdigen zuteil werden läßt".[7]

Augustinus ergänzte mit dem oben genannten Wort eine Verheißung, die seit bald 2000 Jahren den Menschen immer wieder Hoffnung schenkt: Nach der Geburt Jesu hatte auf den Fluren von Betlehem „ein großes himmlisches Heer" Hirten, Verachteten also, eine frohe Botschaft verkündet: „auf Erden ist Frieden bei den Menschen seiner Gnade" (Lk 2, 14). In den Hymnus des *Gloria* aufgenommen, wird die biblische Verheißung spätestens seit dem 6. Jahrhundert während der Feier der

Messe verkündet. Sie dürfte den Begriff des Friedens erweitert und im Sinne von „innere Ruhe", „Seelenfrieden" vertieft haben. Ein anderes Gebet der Messe wurde vielleicht deshalb verändert, weil eine friedlose Welt sich nach Frieden sehnte: Im *Agnus Dei* flehte man das Lamm Gottes ursprünglich dreimal um Erbarmen an; seit dem 10. Jahrhundert trat – bis heute – an die Stelle des dritten *Miserere nobis* die Bitte *Dona nobis pacem*, gib uns Frieden.[8] Mittelalterliche Friedensvorstellungen speisen sich also aus ganz unterschiedlichen Quellen: Germanisches, römisches und christliches Denken haben einander ergänzt, überlagert, beeinflußt.

Zwar wurden auch Frieden abgeschlossen, die „ewig" gelten sollten; doch Bibel und Alltagserfahrung begünstigten das Entstehen eines Menschenbildes, das vor allzu großen Visionen bewahrte. Man glaubte, daß der Mensch zum Gutsein berufen sei und zum Bösen neige. In der Hoffnung, daß der wahre, endgültige Friede den Menschen in der ewigen Seligkeit geschenkt werde, bemühten Friedensstifter sich um „Teilfrieden".

1. Grundgegebenheiten

Auf einer Weltkarte erscheint Europa wie ein Anhängsel Asiens, umfaßt dieses doch etwa 44, jenes gerade rund 10 Millionen Quadratkilometer. Beide sind zwischen Nordpolarmeer und Kaspischem Meer auf etwa 2700 km miteinander verbunden. Der Raum bestimmte die Verbindungswege: Als Durchgangs- oder – je nach Perspektive – Einfallspforte kam nur ein etwa 200 bis 300 Kilometer breiter Landstreifen zwischen den südlichen Ausläufern des Ural und dem nördlichen Rand der wüstenartigen Kaspischen Senke in Frage. Etwa 1800 km weiter westlich bildeten – zwischen Bug und Dnjepr – die Pripjetsümpfe und die sich nach Norden anschließenden Wälder eine weitere Barriere; bis ins 20. Jahrhundert hat sie militärische Operationen behindert.

Südlich der weiten Urwälder erstreckt sich von Ostasien bis in die ungarische Tiefebene ein Steppengürtel, Lebensraum von Reitervölkern, die von hier aus wiederholt in Gebiete alter Hochkulturen eingefallen, von diesen abgewehrt oder integriert worden sind. Von Innerasien aus sind Hunnen, Avaren, Bulgaren, Ungarn und Mongolen durch die Pforte südlich des Ural nach Europa, Kleinasien und in das Zweistromland gezogen. Mehr als einmal haben sie sich in Richtung Bagdad und Byzanz ablenken lassen. Da hier mehr Beute und Tribut als in Europa lockten, schienen weite Wege und hohe Risiken vertretbar zu sein. Westeuropa wurde von den Nomadenkriegern eher wenig heimgesucht. Der für die Versorgung von Pferden und die Entfaltung von großen Reiterheeren ideale Steppengürtel reicht nur bis nach Ungarn; dazu kam die weite Entfernung von den Herrschaftszentren der Reiternomaden – mehr als 2000 km allein vom Unterlauf des Dnjepr bis nach Paris. Die Mongolen, die letzte dieser „Wellen", schufen im 13. Jahrhundert ein straff organisiertes Reich; in ihm galt die *Pax*

Mongolica, eine Friedens- und Rechtsordnung, die den Austausch zwischen Europa und China begünstigte.

Mit Afrika ist Europa über Klein- und Vorderasien verbunden, vor allem aber über das Mittelmeer. Im Laufe der Geschichte hat es weit häufiger zwischen seinen nördlichen und südlichen Anrainern vermittelt, als daß es sie getrennt hätte. Es konnte auch deshalb immer wieder Bindeglied sein, weil beide Kontinente sich bei Gibraltar fast berühren; zudem wirken Malta und zwei weitere Inselgruppen zwischen Sizilien und Tunesien wie Trittsteine. Im östlichen Mittelmeerbecken bildet Kreta einen zusätzlichen Brückenpfeiler zwischen den beiden Kontinenten.

Die Offenheit Europas nach Asien und Afrika hatte bedeutende Auswirkungen. So brachten berittene Krieger aus Innerasien den Steigbügel, von dem noch zu sprechen ist, nach Europa. Mit Seidenstoffen und anderen Luxusgütern kamen auch kulturelle Einflüsse aus Ostasien. Aus dem Orient wurde Mitte des 14. Jahrhunderts die Pest eingeschleppt, die innerhalb weniger Jahre einen Großteil der Bevölkerung Europas dahingerafft hat. Auch andere schwere Krankheiten wurden aus Asien und Afrika nach Europa übertragen, zur Zeit der Kreuzzüge etwa die Lepra. Die Infektionen, denen zahllose Menschen zum Opfer gefallen sind, dürften langfristig zu einer gewissen Immunisierung der Europäer gegen viele Krankheitserreger beigetragen haben. Was das wert war, bekamen seit Ende des Mittelalters die Urbewohner Amerikas zu spüren: Von Europäern (unbewußt?) eingeschleppte Infektionskrankheiten haben wahrscheinlich mehr Indios das Leben gekostet als Feuerwaffen, Alkohol und Ausprägungen abendländischer Bösartigkeit.

Etwa 35 Prozent der Fläche Europas entfallen auf Inseln und Halbinseln (Asien nur 24%). Die damit vorgegebene Gliederung wird durch Mittel- und Hochgebirge verstärkt, im Mittelalter zusätzlich durch Wälder, Steppen und Sümpfe. Die große landschaftliche Vielfalt sollte sich im Laufe der Geschichte in politischer, wirtschaftlicher und kultureller Hinsicht als überaus produktiv erweisen. Zahllose kleine Kammern wirkten der Ausbildung großer Reiche entgegen. So dürfte das Deutsche Reich Mitte des 11. Jahrhunderts etwa 1 Million Quadratkilometer groß gewesen sein, entsprechend etwa einem Zehntel der Fläche Europas. Ein Vergleich mag diese Größe veranschaulichen: Das Römische Reich könnte um 300 n. Chr. etwa 5,4 Millionen, das Kalifenreich im 10. Jahrhundert etwa 10 Millionen, das Mongolenreich im 13. Jahrhundert vielleicht 11 Millionen Quadratkilometer umfaßt haben.[1]

Binnenmeere und Meerengen

Europas Geschicke wurden mitgeprägt durch Binnenmeere, die sich zum Atlantik direkt oder indirekt öffnen. Die Nordsee – wegen ihrer weiten Ausgänge eher ein Teil des Atlantiks – spielte als Bindeglied zwischen ihren Anrainern eine ähnliche Rolle wie Mittelmeer und Ostsee. Das Schwarze Meer bildete mit seinen Häfen lange Zeit eine Art Drehscheibe für den Austausch von Wirtschafts- und Kulturgütern zwischen Ostasien und Mittelmeerraum, Nordeuropa und Vorderasien sowie dem Zweistromland.

Das antike Rom hat das Mittelmeer jahrhundertelang als *mare nostrum* beherrscht. In der Spätantike zerbrach die Einheit dieses Raumes infolge der Teilung des Römischen Reiches, später der germanischen und arabischen Völkerwanderungen, schließlich der Spaltung im Großen Schisma 1054: Im Osten die griechisch-orthodoxe, im Westen die lateinisch-katholische Christenheit. Aus Teilung und Spaltung ergab sich ein labiles Gleichgewicht der Kräfte zwischen islamischen und christlichen Mächten; untereinander waren auch die lateinischen Christen oft genug zerstritten. Offene und verdeckte Feindseligkeiten haben freilich intensive Handelsbeziehungen und beide Seiten bereichernden kulturellen Austausch nicht verhindert.

Das Meer bot seinen Anrainern trotz großer Widrigkeiten (Windstille und Sturm, strenger Frost, vorherrschende Winde und Strömungen) den z. B. für Dänemark wichtigsten, wenn nicht einzigen Verbindungsweg zur Außenwelt. Denn die Bewohner Norwegens sahen sich durch hohe Gebirgszüge von ihrem Hinterland abgeschnitten. Dafür kam ihnen das Meer weit entgegen: Die Fjorde führen tief ins Land hinein und bieten zahlreiche windgeschützte Häfen. Die Skandinavier haben die ihnen vertraute See als Herausforderung begriffen und Raubzüge sowie Handels-, Entdeckungs- und Abenteuerfahrten durch ganz Europa unternommen. Seit dem Frühmittelalter griffen dänische und schwedische Herrscher wiederholt nach der „Gegenküste", die im Ostseeraum von Mecklenburg bis nach Estland reichte, im Bereich der Nordsee bis nach England. Der Dänenkönig Knut der Große († 1035) begründete eine Thalassokratie, ein auf der Herrschaft über das Meer beruhendes Reich, das Dänemark, Norwegen und große Teile der Britischen Inseln umfaßte. Wenn diesem Reich keine Dauer beschieden war, so nicht zuletzt wegen der Entfernung zwischen den Reichsteilen. Der Seeweg zwischen Kopenhagen und London betrug 1200 Kilometer. Doch lange Verbindungslinien schlossen die Ausübung von Macht in der Ferne nicht aus: Venedig beherrschte in der Zeit seiner Blüte große Teile des östlichen Mittelmeerbeckens – obwohl Kreta 1500 Kilometer entfernt war.

Zugänge zu Binnenmeeren spielten in der Geschichte des Mittelalters eine wichtige Rolle: Als „Neues Rom" kontrollierte Konstantinopel die Verbindung zwischen dem Schwarzen und dem Mittelmeer und zog aus dem Fernhandel (auch mit China) großen Gewinn. Das dürfte dazu beigetragen haben, daß Konstantinopel gut tausend Jahre länger das Römische Reich fortführte als das „alte" Rom. Gemeinsamkeiten mit Konstantinopel weist Kopenhagen auf. Beide waren Metropolen zeitweilig mächtiger Reiche; beide kontrollierten eine in wirtschaftlicher und militärischer Hinsicht bedeutende Meerenge, was ihnen hohe Zolleinnahmen verschaffte; beide beherrschten Länder diesseits und jenseits der Meerenge (Schonen gehörte bis 1658 zu Dänemark).

Am Ausgang des Mittelmeeres zum Atlantik ist keine Stadt von der Bedeutung Konstantinopels oder Kopenhagens entstanden. Das erklärt auch, warum ganze Heere wiederholt fast ungehindert diese Meerenge überqueren konnten. 429 setzten die Vandalen von Spanien nach Nordafrika über, wo sie sich niederließen. Gestützt auf eine schlagkräftige Flotte, schufen sie von ihrer Hauptstadt Karthago aus – wie die antiken Karthager – ein Reich, das den größten Teil des westlichen Mittelmeerraumes umfaßte. Es wurde 553/554 von Belisar im Auftrag Kaiser Justinians I. (527–565) zerstört, der von Byzanz aus das Römische Reich in seiner alten Größe wiederherstellen wollte. Justinian konnte beträchtliche Erfolge verbuchen. Doch jahrzehntelange militärische Anspannung schwächte das Reich derart, daß einige Generationen später Nordafrika und andere wertvolle Provinzen an die muslimischen Araber verlorengingen. Wie Vandalen fast dreihundert Jahre früher, wenn auch in umgekehrter Richtung, setzten im Jahre 711 muslimische Krieger nach Spanien über. Die Erinnerung an ihren Feldherrn lebt im Namen Gibraltar fort: Dschebel al-Tarik, Fels des Tarik. Die Muslime eroberten bis 723 das Westgotenreich auf der Iberischen Halbinsel sowie weit entwickelte Teile Süd- und Südwestfrankreichs.

Die Straße von Dover ist mit 33 Kilometern so schmal, daß man bei gutem Wetter das andere Ufer sieht. Zwar konnten der römische Kaiser Claudius (43 n.Chr.) und gut tausend Jahre später (1066) Herzog Wilhelm vom gegenüberliegenden Festland aus das heutige England erobern; doch schützte der Kanal so gut, daß spätere Invasionsvorhaben – Philipps II. von Spanien 1588, Napoleons 1803, Hitlers 1940 – scheiterten. Umgekehrt haben englische Könige aus der gesicherten Inselposition heraus und gestützt auf den Besitz großer Teile Frankreichs generationenlang um die Krone Frankreichs gekämpft.

Halbinseln und Inseln

Die Iberische Halbinsel zeigt exemplarisch, wie kriegerische Auseinandersetzungen einen Raum prägen können. Eine natürliche Grenze ist hier mit der Wasserscheide zwischen Atlantik und Mittelmeer gegeben. Die Halbinsel öffnet sich mit den Tälern von Duero/Douro, Tajo/Tejo, Guadiana, Guadalquivir nach Westen und Südwesten zum Atlantik, zum Mittelmeer hin nur mit den Tälern des Ebro und kleinerer Flüsse. Von Ausnahmen abgesehen, folgen die Grenzen heute nicht Flüssen oder Gebirgskämmen; vielmehr erstrecken sich Spanien und Portugal von Nord nach Süd. Dem entspricht die Ausdehnung Kastiliens sowie der Kirchenprovinz Toledo im Mittelalter.[2] Wenn die damit gegebenen Verwaltungsgrenzen noch heute Flußtäler und Gebirgskämme schneiden, vermeintlich „natürliche" Grenzen, dann spiegelt sich hier die Geschichte der *Reconquista:* Nach der arabischen Invasion hatte Galicien im äußersten Nordwesten seine Unabhängigkeit dank relativer Armut und geographischer Abgeschlossenheit gewahrt; die Eroberer hatten erst in weiter Entfernung ihre Hauptsiedlungsgebiete. Vom Norden der Iberischen Halbinsel aus erweiterten christliche Machthaber in einem etwa 700 Jahre dauernden Prozeß auf Kosten muslimischer Herrscher ihre Reiche nach Süden.[3]

Italien, Sizilien und drei Inselgruppen bilden das zweite große Verbindungsglied zwischen Europa und Afrika. In Unteritalien und Sizilien überschnitten sich Rechte des ost- und Ansprüche des weströmischen Kaisers mit Interessensphären muslimischer Herrscher, die von Afrika nach Norden ausgriffen. Hier begegneten sich drei monotheistische Hochreligionen: Christentum (in griechische und lateinische Christenheit gespalten), Islam und Judentum. Politische Spannungen und militärische Verwicklungen komplizierten das ohnehin schon vielfältige Beziehungsgeflecht. Die Küsten waren gegen wagemutige Angreifer kaum zu verteidigen. Das verlockte *Sarazenen* (so nennen lateinische Quellen oft die im Mittelmeerraum operierenden Muslime), Griechen und Normannen. Infolgedessen hatten küstennahe Orte, aber auch Städte und Klöster im Landesinnern unter Überfällen zu leiden. Im Jahre 846 konnten Sarazenen zwar nicht in Rom eindringen, wohl aber die vor den Mauern der Stadt liegende Kirche St. Peter verwüsten.[4] Wie ein Sprungbrett weit ins Mittelmeer ragend, spielte Italien, auch dank guter natürlicher Häfen (etwa Bari und Brindisi) für die Kreuzzüge eine große Rolle.

Mit der ihr vorgelagerten Inselwelt bildet die Balkanhalbinsel eine Brücke zwischen Europa und Kleinasien. In der Geschichte des Mittelalters trat sie weniger hervor, weil sie weit mehr als Italien fremdbestimmt war. Beherrscht, ausgeplündert, zerstört wurde sie im Laufe der Jahrhunderte von Byzantinern, Slaven und Bulgaren, von Kreuzfahrern, italienischen Stadtstaaten und Türken. Wenn zeitweilig fast jeder mit jedem Koalitionen einging, so haben doch die langen Kämpfe der Byzantiner mit Bulgaren und später mit Türken den Raum dauernd in Mitleidenschaft gezogen.

Von den Britischen Inseln und Skandinavien aus unternahmen seit dem Frühmittelalter Wagemutige weite Reisen über den Atlantik: Von Inselgruppe zu Inselgruppe sich vortastend, entdeckten Mönche und Seefahrer, Siedler und Abenteurer die Shetland-Inseln. Von dort kam man zu den Färöer (etwa 300 km) und – weitere 500 km nordwestlich – nach Island. Da diese Inseln bis dahin unbesiedelt waren, gab es weder Kämpfe mit Ureinwohnern noch Streit mit etablierten Mächten. Die Landnahme erfolgte friedlich, was in Europa alles andere als selbstverständlich war. Mittelbar dienten solche Fahrten militärischen Zwecken. Seefahrer entwickelten hochseetüchtige Schiffe, lernten mit Gezeiten, Meeresströmungen und Winden umzugehen, sich am Flug der Vögel ebenso zu orientieren wie am Stand der Gestirne, um sich auf den Weiten der Ozeane zurechtzufinden. Die Bewohner West-, Mittel- und Osteuropas sollten diese Männer – die Quellen nennen sie „Nordleute" oder „Dänen" – seit dem ausgehenden 8. Jahrhundert kennen- und fürchten lernen.

Inseln erlaubten dem Seefahrer, über weite Strecken in Sichtweite von Land zu segeln. Sie boten überdies Trinkwasser, Feuerholz zum Kochen und Schutz bei heraufziehendem Unwetter, von den Annehmlichkeiten der Inselstädte zu schweigen. Hier konnten Händler, Kolonisatoren und Kreuzfahrer ihre Schiffe ausbessern, Kranke pflegen, Verstorbene beisetzen. Auf Gotland und Zypern – günstig gelegenen großen Inseln in Binnenmeeren – wurden nachkommende Krieger trainiert. Bei akuter Gefahr boten sie Schutz und begünstigten einen geordneten Rückzug aus dem Baltikum bzw. dem Heiligen Land. Auf Zypern ließ Ludwig IX. von Frankreich vor seinem Aufbruch zum Kreuzzug (1248) große Mengen Getreide speichern.

Auch kleinere Inseln gewannen an Bedeutung, wenn eine respektgebietende Macht ausgefallen war. Die dann entstehenden Räume mit gleichsam verdünnter Herrschaft zogen Abenteurer und Feinde aller Art an. Vom 7. bis ins 12. Jahrhundert drängten Sarazenen in den westlichen Mittelmeerraum, den das andernorts noch stärker bedrängte Byzanz nicht halten konnte. Sie überfielen große und kleine Inseln, plünderten sie aus und verkauften die Einwohner in die Sklaverei. Mit jedem gelungenen Handstreich lernten sie die Örtlichkeiten besser kennen, und die noch verbliebenen Bewohner sahen sich zur Zusammenarbeit genötigt. Schließlich ließ sich ein Teil der Seeräuber auf Dauer hier nieder, auch neben Resten der autochthonen Bevölkerung. Von den Balearen aus plünderten die Sarazenen in den Jahren 1015 und 1016 Sardinien sowie die Küsten der Provence und Liguriens.[5]

Blieb organisierter Widerstand aus, nisteten Sarazenen sich auch auf dem Festland ein. 888/889 eher zufällig in die Gegend zwischen Marseille und Nizza verschlagen, legten Muslime ohne Befehl oder Unterstützung einer Obrigkeit in La Garde Freinet *(Fraxinetum)* einen Stützpunkt an. Die Unzugänglichkeit des Ortes in den verkarsteten Seealpen und die Komplizenschaft lokaler christlicher Machthaber kamen ihnen zugute. Von hier aus unternahmen sie Raubzüge bis nach Grenoble (930), St. Gallen (939), zum Großen St. Bernhard (960). Im Bereich der Alpenpässe wurden Wallfahrten nach Rom für die Bewohner Mitteleuropas zu einem lebensgefährlichen Abenteuer. Erst als Sarazenen 972 Abt Majolus von Cluny und dessen Gefolge in ihre Gewalt gebracht hatten und nur gegen ein hohes Lösegeld freilassen wollten, war das Maß voll. Während eine byzantinische Flotte La Garde Freinet zur See blockierte, eroberte ein burgundisch-provenzalisches Aufgebot den Stützpunkt und versklavte die Überlebenden.[6] Im 11. Jahrhundert beseitigten die aufsteigenden Seerepubliken Genua und Pisa die bis dahin von Sarazenen drohende Gefahr im westlichen Mittelmeerbecken.

Gebirgige Mittelmeerinseln sind schwer zu befrieden und kaum zu beherrschen. In harten Kämpfen (von 1222–1246, mit Unterbrechungen) setzte sich Kaiser Friedrich II. gegen einen Teil der muslimischen Bevölkerung Siziliens durch. Etwa 15 000 bis 20 000 wehrfähige Männer ließ er mit ihren Familien nach Apulien deportieren und bei Lucera ansiedeln; die übrigen machten die Insel weiterhin unsicher.[7]

Unübersichtliche Inselgruppen boten Seeräubern ideale Ausgangsbasen, zumal sich unter der ortsansässigen Bevölkerung so gut wie immer – wie soll man sie nennen? – Sympathisanten, Hehler oder Verbündete fanden. Zypern, Kreta, Sizilien, Sardinien, Korsika und die Balearen dienten Byzantinern, Vandalen, Arabern und Kreuzfahrern zeitweilig als Ausgangspunkt für Handels-, Kriegs- und Plünderungszüge im näheren und weiteren Umkreis. Die Eroberung des westlichen Mittelmeerbeckens durch die Türken konnte auch deshalb verhindert werden, weil die Johanniter – ein im Jahre 1113 vom Papst bestätigter geistlicher Ritterorden – das zu einer Sperrfestung ausgebaute Malta seit 1530 hielten.[8]

Inseln in Flüssen bildeten, sofern sie auf natürliche Weise geschützt waren, potentielle Bollwerke. Im Jahre 888 konnten Normannen das entschlossen verteidigte Paris nicht erobern, wollten aber auch nicht auf einen Raubzug nach Burgund verzichten. Kurz entschlossen schleiften sie ihre Schiffe über Land an Paris vorbei und ließen sie oberhalb der Stadt wieder in die Seine, auf der sie weiter in Richtung Sens fuhren.[9]

Das Kloster Reichenau (*Augia felix,* glückliche Au) und die spätere Reichsstadt Lindau blühten auch deshalb auf, weil der Bodensee ihnen Schutz bot. Während die Ungarn 926 im Kloster St. Gallen ihr Unwesen trieben, erfreute sich die Reichenau beneidenswerten Friedens. Die St. Gallener Mönche hatten daher gut daran getan, ihre kostbare Bibliothek vor den

Ungarn rechtzeitig auf die Insel zu flüchten. Sie hatten allerdings nicht damit gerechnet, daß die Reichenauer ihnen nach Abklingen der Gefahr zwar dieselbe Zahl von Bänden zurückgeben würden, darunter jedoch andere und sicher weniger wertvolle Bücher.[10] Meisterhaft nutzten auch Slaven Angebote des Raumes. So lag eine ihrer Burgen im Großen Plöner See auf einer Insel, die mit dem Land nur über eine etwa hundert Meter lange Brücke verbunden war.[11]

Die großen Landräume

Gebirge, die im Mittelalter überwiegend bewaldet waren, Sümpfe, vereinzelt auch Trockenzonen, gliedern Europa in zahllose „Kammern". Wald und Sumpf behinderten nicht nur Kriegszüge, da sie Freund und Feind zu Umwegen zwangen, sondern boten der einheimischen Bevölkerung Schutz vor Angreifern. In Wäldern suchten jedoch auch Räuber Zuflucht vor Verfolgern, fanden Feinde Versteck, aus dem heraus sie Siedlungen überfielen. Weite Wälder wirkten wie Puffer; daß sie dem Frieden unter Nachbarn förderlich waren, zeigt Einhard. In seiner Biographie Karls des Großen fragt er nach den Gründen für die außergewöhnliche Länge, Erbitterung und Härte des Sachsenkrieges: Zur Wildheit des Gegners, seinem Götzendienst, seiner Mißachtung von Recht und Verträgen seien besondere Umstände gekommen, „die jeden Tag eine Störung des Friedens verursachen konnten: die Grenze zwischen uns und den Sachsen verlief fast überall in der Ebene, mit Ausnahme weniger Stellen, wo größere Waldungen oder Bergrükken das beiderseitige Gebiet klar trennen; hier nahmen dann Totschlag, Raub und Brandstiftung auf beiden Seiten kein Ende".[12] Es ehrt Einhard, daß er nicht nur dem Gegner Schuld zuweist.

Klöster und andere Orte waren oft über nur einen Weg zugänglich. Sofern man eine Bedrohung rechtzeitig erkannt hatte, war es hier daher besonders leicht, Wege an geeigneter Stelle unpassierbar oder so unkenntlich zu machen, daß Feinde sie nicht fanden. In Ermangelung anderer Hilfe waren diese dann versucht, „Eingeborene" zu zwingen, ihnen den Weg zu zeigen. Auch durch die Drohung mit dem Tod hat mancher unfreiwillige Wegweiser sich nicht davon abhalten lassen, die Feinde in die Irre oder in einen Hinterhalt zu geleiten.

Seit vorgeschichtlicher Zeit führten Wege vornehmlich durch siedlungsfreundliche, ebene, fruchtbare Landstriche – etwa der Hellweg, dem streckenweise die heutige Bundesstraße 1 folgt. Pfade, die das Wild gebahnt hatte, waren anfangs nur Jägern bekannt. Eines Tages wurden sie auch von entsagungsvollen Missionaren, Kaufleuten und Kriegern begangen; einmal haben diese, dann jene den Späteren Schneisen geschlagen. Auf Wegen, die von der Natur vorgegeben waren (Lippetal und Hellweg, Wetterau, Tal von Schwalm und Weser), sind in Zangenoperationen die Römer und 800 Jahre später die Franken ins Innere Germaniens bzw. Sachsens vorgedrungen. In Ländern, die zum Römischen Reich gehört hatten, standen Straßen und andere Kunstbauten zur Verfügung, die dem Verkehr auch dann noch dienten, wenn sie nur unzulänglich unterhalten worden waren.

Inmitten menschenleerer Räume gab es – nach Osten zu seltener – Weiler und Dörfer, Burgen, Königshöfe und Pfalzen, Klöster und Städte. Sie bildeten Stützen der Herrschaft, Etappen auf Kriegszügen und Ziele des Feindes. Zu den großen Leistungen des Mittelalters zählt, daß Generationen von Menschen im Schweiße ihres Angesichtes Wälder gerodet, Sümpfe trockengelegt und einzelne Siedlungsinseln durch Wege vernetzt haben – obwohl immer wieder Zerstörung drohte.

Flüsse und Flußübergang

Zu den natürlichen Reichtümern, die Europa zugute gekommen sind, zählen die vielen schiffbaren Gewässer. Täler haben seit frühester Zeit Kriegern den Weg gewiesen; Araber sind entlang der Rhône und bis nach Autun gezogen, Hunnen und Ungarn durch das Donautal nach Mittel- und Westeuropa eingefallen. Rhein und Mosel folgend, haben Normannen geplündert und dabei auch weite Landwege nicht gescheut; so suchten sie wiederholt die Abtei Prüm in der Eifel heim, erstmals am 6. Januar 882, dem Fest der Erscheinung des Herrn, mitten im Winter also.[13]

Gewässer spielten eine um so größere Rolle für den Verkehr, als Landwege oft fehlten oder unzulänglich ausgebaut waren. Ströme wie Seine, Loire, Garonne, Rhein, Rhône, Po, Donau, Elbe, Weichsel und Dnjepr waren schiffbar, von Strecken mit Stromschnellen abgesehen; aber auch unscheinbar anmutende Flüsse wurden von der Schiffahrt genutzt, im Elsaß etwa die Ill ab Colmar. Dazu kamen verkehrsfreundliche Binnenseen, etwa im Gebiet der Alpen.

Wasserscheiden haben den Verkehr nicht ernsthaft behindert. In der Schleswiger Landenge mußten Schiffe auf dem Weg von der Nord- zur Ostsee nur auf einer kurzen Strecke über Land gezogen werden. Skandinavier, die in Byzanz als eine Art Fremdenlegionäre in der Warägergarde dienen wollten, nutzten, so weit es ging, die Düna oder, alternativ, Newa, Ladogasee, Wolchow, Ilmensee, Lowat. Von Witebsk, am Oberlauf der Düna, bis zum Oberlauf des Dnjepr wurden die Boote über etwa 80 Kilometer geschleppt, ferner an Stellen, wo der Dnjepr wegen Stromschnellen nicht oder nur bei ausreichendem Wasser befahrbar war; an derartigen Stellen mußte man allerdings mit Angriffen der Anwohner rechnen. An Kiew vorbei kam man relativ bequem und schnell zum Schwarzen Meer.[14]

Um flache Gewässer zu durchfahren, hatte man Wagen, die innen mit Häuten ausgekleidet waren, so daß die Ladung trokken blieb. Derartige Pontonwagen sollten in Königshöfen bereitgehalten werden; so sah es jedenfalls das *Capitulare de villis* vor, eine Anordnung aus karolingischer Zeit.[15] Ortsnamen wie Ochsenfurt und Oxford zeugen davon, daß Furten im mittelalterlichen Verkehr unentbehrlich waren. Wie militärische Operationen behindert werden konnten, zeigt eine Legende: Das Heer Chlodwigs wurde 507 auf einem Feldzug gegen die Westgoten von einem Fluß aufgehalten; während man noch ratlos herumstand, durchquerte eine Hirschkuh die vergeblich gesuchte Furt.[16]

Wenig problematisch scheint die Überquerung auch breiter Ströme für den gewesen zu sein, der Ort und Umstände des Unternehmens bestimmen konnte. Ohne sonderliche Schwierigkeiten haben Reiternomaden auch breite Ströme wie Ural, Wolga, Donez, Dnjepr, Bug und Dnjestr überquert, und zwar nicht nur im Winter, wenn sie über eine feste Eisdecke marschieren konnten. Man verband aufgeblasene Tierhäute zu Flößen und bevorzugte Stellen, an denen der Fluß sich in mehrere Arme teilt, etwa die deshalb als Durchzugsgebiet beliebte Dobrudscha.[17]

Wiederholt haben die Franken, wenn sie zu einem Zug gegen die Sachsen aufgeboten waren, den Rhein bei Lippeham überquert, offensichtlich ohne nennenswerte Zwischenfälle.[18] Aus den Tälern von Rhein, Mosel und Main dürfte man auf Schiffen angereist sein, die sich zum Übersetzen von Kriegern, Reit- und Tragtieren, Proviant und Material eigneten. Im Bedarfsfall hatte man weitere Boote an den Ort beordert, an dem der Rhein die Lippe aufnimmt, auf der man dann wenigstens einen Teil des Trosses in das Innere Sachsens schaffen konnte. Wenn es den Sachsen 775 nicht gelang, den Franken den Übergang über die Weser zu verwehren,[19] dann vielleicht auch deshalb, weil sie diesen die Initiative überlassen hatten. Von Erfolgen verwöhnt, hatten die Ungarn schon zahlreiche Flüsse überquert, als sie 955 bei Augsburg besiegt wurden. Es blieb nicht bei hohen Verlusten in der Schlacht. Die Baiern hielten dank ihrer Ortskenntnis das Ostufer des Lech und anderer Flüsse besetzt und verwehrten den Flüchtenden den Übergang. Die Ungarn wurden, soweit sie nicht ertranken, von ihren Verfolgern niedergemacht.[20]

Gehörten Pioniereinheiten zum Heer, bauten sie nach Bedarf feste und Schiffsbrücken. 579/80 belagerten Avaren das byzantinische Sirmium an der Save. Mit List brachten sie gegnerische Ingenieure in ihre Gewalt und zwangen sie unter Todesdrohung – zwei Bauleute wurden auch gleich enthauptet –, ihnen eine Brücke zu bauen, dank derer sie dann die

Stadt einnahmen.[21] Im Jahre 808 führten die Franken ein Aufgebot über die Elbe auf einer festen, auf dem östlichen Ufer durch einen Brückenkopf gesicherten Holzbrücke.[22] Fehlten kundige Zimmerleute oder das zum Bau von Brücken nötige Holz, führten Truppen wohl auch auseinandergenommene Boote auf Tragtieren mit sich.[23] Flüsse waren unberechenbar, schwollen sie doch auch ohne erkennbare Ursache an, etwa nach Regenfällen fern am Oberlauf. Unvorhergesehene Überschwemmungen zwangen die Franken 784 dazu, ihre Marschroute durch Sachsen zu ändern.

In Cahors, Avignon und anderen Städten bezog man Steinbrücken in die Befestigungsanlagen des Ortes ein. Bildete eine Brücke den einzigen Flußübergang weit und breit, etwa über ein enges Tal, wurde sie von Feinden oder den eigenen Leuten beim Rückzug oft zerstört. Brücken konnten den Zugang zu einem Land öffnen. Auch deshalb kam es vor und auf Brücken zu Schlachten, die sogar im Zusammenhang der europäischen Geschichte große Bedeutung hatten. Ein Beispiel unter vielen: In Stamfordbridge (der Name hält die Erinnerung an Furt und Brücke fest) besiegte König Harald von England am 25. September 1066 norwegische Invasoren. Doch der Kampf und der anschließende Eilmarsch nach Südengland (etwa 370 km Luftlinie, also mindestens 400 Wegekilometer in 18 Tagen) kosteten Kräfte und Zeit. Infolgedessen konnte Herzog Wilhelm von der Normandie, der am 28. September bei Pevensey an Land gegangen war, in Ruhe ein Lager befestigen und seine Streitkräfte ordnen. In der Schlacht bei Hastings (14. Oktober 1066) verlor Harald Reich und Leben. Der Sieger ging in die Geschichte ein als *Wilhelm der Eroberer*.

Gewässer bildeten respektable Hindernisse, wenn man Steilufer durch künstliche Befestigungen ergänzte. Städte, Burgen und Klöster wurden vorzugsweise an Plätzen gegründet, die sich leicht schützen ließen – etwa das in die Antike zurückreichende Passau am Zusammenfluß von Donau und Inn. In eine Schlinge der Aare schmiegt sich Bern, die Hauptstadt der Eidgenossenschaft. Bei beiden Orten mußte man nur die schmale Landzunge künstlich befestigen. Noch wirksamer schützten ausgedehnte Sümpfe; so konnte das gegen Friedrich I. gegründete Alexandria bei einer Belagerung 1174 dem Kaiser trotzen.[24] Dank ihrer Lage boten solche Orte ihren Bewohnern ein hohes Maß an Frieden.

Flüsse eigneten sich schon durch ihr topographisches Schnittmuster zur Abgrenzung von Interessensphären, von Reichen und Kontinenten. So galt der Don als Ostgrenze Europas. Und aus guten Gründen läßt man die Jahrhunderte der großen Völkerwanderungen mit dem Jahr 375 beginnen, als hunnische Reiter den Don überquerten, Völker in Osteuropa unterwarfen, andere in einer gewaltigen Bewegung vor sich herschoben. In der Spätantike grenzten Donau und Rhein streckenweise das Römerreich ab. Zur Markierung einer Grenze eigneten sich auch kleine Flüsse, etwa die Enns. Ausläufer des Böhmerwaldes und der Alpen engen das Donautal soweit ein, daß es sich relativ leicht sperren ließ, wenn man das diesseitige Ufer der Enns zusätzlich befestigte. Seit der Spätantike begrenzte die Enns nach Westen das Reich der Hunnen, dann das der Avaren, um 900 das der Ungarn und – mehr als 1000 Jahre später – die sowjetische Besatzungszone in Österreich (1945–1955).[25]

Gebirge

Bewohnern des Tieflandes sind Gebirge unheimlich, wie das *Rolandslied* zeigt: „Hoch sind die Berge und finster die Täler, die Felsen düster, unheilverheißend die Schluchten. An jenem Tag durchritten die Männer aus Franzien sie mit großem Schmerz. Als sie die Gaskogne sahen, erinnerten sie sich an ihre Töchter und an ihre edlen Frauen. Es gab da keinen, der nicht vor Rührung geweint hätte."[26] Hinter diesen Zeilen stand als historische Erfahrung das böse Ende eines Feldzuges, in dessen Verlauf Karl der Große 778 mit Pamplona einen Teil Nordspaniens erobert hatte. Auf dem Rückmarsch war das Heer in einen Hinterhalt geraten. Basken – wahrscheinlich auch Muslime – hatten auf den Höhen der Pyrenäen die Nachhut angegriffen und das Heer in große Verwirrung gestürzt. „Obgleich ihnen die Franken, was Bewaffnung und Mut betrifft, sichtbar überlegen waren, erlitten sie doch wegen der Ungunst des Ortes und der ungleichen Kampfesart eine Niederlage." Dank ihrer Ortskenntnis konnten die Feinde sich in Sicherheit bringen. Viele Franken kamen zu Tode, die Bagage wurde geplündert. Dieser Verlust, so heißt es weiter, habe „wie eine Wolke im Herzen des Königs einen großen Teil der spanischen Erfolge überlagert".[27] Unter den Gefallenen soll auch Roland gewesen sein, der zur Zeit der Kreuzzüge als edle Verkörperung des Glaubenskämpfers gegen die Muslime in das kollektive Gedächtnis der abendländischen Völker eingegangen ist.

Je höher das Gebirge, desto stärker kanalisieren die zu den Pässen aufsteigenden Täler den Verkehr. Deshalb und weil ein großes Aufgebot im Gebirge (wie auch in Wüste und Steppe) ernste Versorgungsprobleme aufwirft, wurden Heere oft geteilt und über unterschiedliche Pässe geführt. Sofern es gebahnte Wege gab, waren sie so schmal, daß mit der Marschformation auch die übliche Kampftaktik aufgegeben werden mußte. Man stand zudem vor einer unerfreulichen Alternative: Blieb man gerüstet, ging der Marsch noch langsamer als ohnehin schon; packte man die Rüstung auf ein Tragtier, fehlte bei einem plötzlichen Überfall die Zeit, sie anzulegen.

Mühsam suchte also ein Krieger hinter dem anderen seinen Weg, der im allgemeinen nicht auf der Talsohle verlief. Reiter mußten absitzen und das Pferd führen, was den Zug weiter verlängerte. Rechts konnten Felsen himmelwärts ragen, links ein Abgrund gähnen. Enge Täler wirken dunkel, erst recht, wenn die Tage ohnehin kurz sind, Wolken den Himmel verfinstern, Nebel die Sicht nimmt. Kommt dazu sturmgepeitschter Regen, Hagel oder Schnee, sind Verluste an Material, Trag- und Reittieren sowie an Menschen kaum zu vermeiden. Lauern dann Feinde im Hinterhalt, droht allerhöchste Gefahr. Sogar ganz ohne Waffen können sie den Weg sperren, Felsbrocken auf die Überraschten hinunterrollen, sie aus sicherer Entfernung mit Pfeilen überschütten und dann die Verwirrung

Alpenüberquerung.
König Heinrich VII. zieht mit seiner Gemahlin und seinem Gefolge zur Kaiserkrönung nach Rom. Während Herrscher und Heer auf kürzeren, dafür steilen Wegen das Hochgebirge überqueren (Rex ascendit montsenys, der König ersteigt den Mont Cenis), wird der Troß über Wege geführt, die mit vierrädrigen Wagen zu befahren sind. Beim Abstieg müssen alle absitzen und die Pferde am Zaum führen.
Bilderchronik zu Kaiser Heinrichs Romfahrt (1308–1313), um 1340

nutzen. Vereinzelten, zu Fall gekommenen oder verletzten Kriegern helfen Mut und vertraute Waffen wenig, zumal wenn Rechtshänder rechts den Schild tragen und mit der linken Hand das Schwert führen müssen. Rappeln die Überfallenen sich schließlich zu beherzter Gegenwehr auf, haben die Feinde sich dank ihrer Kenntnis der Örtlichkeiten und leichter Bewaffnung längst in Sicherheit gebracht; vielleicht warten sie hinter einem Felsvorsprung nur darauf, daß die Angegriffenen sich wieder eine Blöße geben. Zusätzlich soll den Basken 778 die Dunkelheit der Nacht zugute gekommen sein.

Um die Gefahren mußte wissen, wer Truppen durch ein Gebirge führte. Im Jahre 755 sollte König Pippin auf Einladung des Papstes dem hl. Petrus „Recht verschaffen" gegen die Langobarden. Deren König Aistulf war zu keiner Konzession bereit; er zog Pippin und den Franken entgegen und besetzte die lombardischen Klausen (*clusas Langobardorum*, von *clausum*, verschlossen, zugesperrt). Es entspann sich ein Kampf, in dem die Franken siegten, dank der Hilfe Gottes und des Eingreifens des heiligen Apostels Petrus, wie die offiziöse fränkische Quelle zu erwähnen nicht vergißt. Im Jahre 773 kam es wieder zu einem fränkisch-langobardischen Konflikt. Karl der Große und seine Getreuen waren über den Mont Cenis und den Großen St. Bernhard anmarschiert und lagerten nun vor einer Klause. Als der Langobardenkönig Desiderius sich darüber klar wurde, daß eine *scara* (Schar, Eliteeinheit) der Franken ihn umfaßt hatte, räumte er kampflos die Sperre.[28]

Ähnliches wiederholte sich oft. Engstellen luden dazu ein, ungeliebten Eindringlingen den Weg zu verlegen. Als solche erschienen den Bewohnern Oberitaliens Franken und Deutsche, wenn deren Könige anrückten, um Macht auszuüben, Abgaben zu erheben und zur Kaiserkrönung nach Rom zu ziehen. Um sich ihrer zu erwehren, versuchten oberitalienische Herrscher oft gar nicht, die unwirtliche Paßhöhe zu besetzen. Denn zwischen Paß und Klause gleichsam eingeklemmt, blieb den in langer Kolonne Marschierenden nichts anderes übrig, als den Zugang nach Oberitalien zu erzwingen.

Das kostete wertvolle Zeit, gelang aber im allgemeinen dank des Einsatzes von Eliteeinheiten, die nicht selten von Einheimischen geführt wurden. Konnte man dem Feind in dem Augenblick in den Rücken fallen, in dem das Hauptkontingent die Sperre stürmte, war ein Sieg bei geringen Verlusten wahrscheinlich.

Wenn deutsche Aufgebote, die nach Italien zogen, wiederholt auf dem Lechfeld ein Lager aufgeschlagen haben, dann in erster Linie wohl kaum der Heerschau wegen; die nahm man eher jenseits der Alpen vor, auf dem Feld von Roncaglia oder der Danielswiese am Gardasee.[29] Eher wollte man vor dem Alpenübergang mit Männern, die Land und Leute kannten, etwaige Gefahren erörtern. Denn das Problem der Klausen ließ sich auf elegante Weise lösen. Die am freien Durchgang interessierten deutschen Könige besetzten seit dem 10. Jahrhundert strategisch wichtige Punkte mit Männern ihres Vertrauens. Das galt etwa für den Bischofssitz Chur und die Abtei Disentis, beide am Vorderrhein, auf der Nordseite der Alpen also, ferner für die Bischofssitze Verona und Como sowie Stadt und Grafschaft Chiavenna. Auf dem Weg von Mailand nach Schwaben vereinigen sich hier zwei zu den Bündner Pässen führende Täler.[30] Mit diesem Ort beherrschte man den *clavis,* den Schlüssel zu einer der bedeutenden Nord-Süd-Straßen Europas. In einer Urkunde, die zu den Verfassungsgrundlagen der späteren Schweiz gehört, suchte Kaiser Friedrich II. im Jahre 1240 die Bewohner des strategisch wichtigen Tales Schwyz für sich zu gewinnen; er nahm sie in seinen und des Reiches besonderen Schutz.[31]

In späteren Jahrhunderten haben Herrscher zeitweilig vergessen, wie nützlich es ist, auf alte Rechte und neue Empfindlichkeiten von Bewohnern Rücksicht zu nehmen, die strategisch wichtige Durchmarschräume sperren können. 1315 wurde ein habsburgisches Aufgebot bei Morgarten in den Alpen von schwyzerischen Leichtbewaffneten aus dem Hinterhalt angefallen und in die Flucht geschlagen, am 15. November, wahrscheinlich bei ungünstigen Lichtverhältnissen. Das Gefecht gehört zu den frühen Siegen eines Bauernheeres über

Ritter. Es ist legendär geworden als erste Freiheitsschlacht in der Tradition der Eidgenossenschaft.[32]

An dieser Stelle seien „Blindstellen" der Quellen erwähnt: Über Meldungen von außergewöhnlichen Ereignissen sollte man nicht übersehen, daß die Gebirgsübergänge im allgemeinen ohne Zwischenfälle erfolgten. Zwar erheben sich die Alpen bis auf etwa 4800 Meter (zum Vergleich: Pyrenäen bis 3400, Karpaten bis 2600, Kaukasus bis 5600 m); doch die Tatsache, daß sie in Antike und Mittelalter Binnengebirge von Großreichen bildeten, zeigt, daß selbst Hochgebirge den Verkehr allenfalls behindern konnten. Zudem ist der Brenner – bis ins Spätmittelalter der wichtigste Paß zwischen Deutschland und Italien – gerade 1370 Meter hoch.[33] Mit leichtem und schwerem Gepäck, mit Karren und Wagen haben Tausende die Alpen überquert. Möglich war das auch wegen der relativen Gunst des Raumes. Getreidebau ist hier bis auf 1000, mancherorts sogar bis auf 1375 Meter Höhe möglich. Die Waldgrenze verläuft bei etwa 1550–2000 Metern; noch in großer Höhe fand man also Schatten gegen die sengende Sonne. Aber auch Bauern lebten dort und konnten zur Proviantierung beitragen. Hier fanden sich ferner Jäger, Köhler und andere Waldbewohner, die helfen, raten, bergen konnten, sofern man ihr Vertrauen gewonnen hatte. Wenn die meisten Alpenübergänge ohne besondere Vorkommnisse verliefen, so auch deshalb, weil friedliche Pilger und angriffslustige Krieger Dienstleistungen erwarteten, oft auch erbrachten: Ein Stück Weg wurde ausgebessert, eine Brücke in Ordnung gebracht, eine Steilstelle entschärft. Das schließt nicht aus, daß die Soldateska mühsam aufgeführte Bauten oft genug in beklagenswertem Zustand zurückgelassen, wenn nicht mutwillig zerstört hat.

Dank der Vielzahl von Tälern und Pässen konnte man schließlich die Marschroute modifizieren. Während des Investiturstreites hatten deutsche Fürsten mehrere Alpenpässe gesperrt; doch konnte König Heinrich IV. im Winter 1076/77 über den Mont Cenis nach Italien ziehen und sich am 28. Januar 1077 auf der Burg Canossa von Papst Gregor VII. aus dem Kirchenbann lösen lassen.

Klima

Europa gehört zur gemäßigten Zone; das Meer dämpft Temperaturschwankungen. Regelmäßige Niederschläge, warme Sommer, milde Winter, fruchtbare Böden und vor allem gut wirtschaftende Bauern sorgten für relativ regelmäßige Erträge, so daß die Menschen sich ausreichend ernähren konnten. Um das Jahr 1000 dürfte ein – verglichen mit früheren und späteren Jahrhunderten – wärmeres Klima die Züge der Skandinavier in die Ferne und die Erschließung bis dahin unbesiedelter Räume begünstigt haben.

Wer unterwegs mit Wasser rechnen kann, braucht es nicht mitzuführen. Eine Quelle hält dazu Außergewöhnliches fest: Auf einem ihrer Sachsenfeldzüge wurden die Franken von Trockenheit geplagt; plötzlich sei ausreichend Wasser für Mensch und Tier dagewesen, *divina largiente gratia,* dank eines Geschenks göttlicher Gnade.[34]

Die Gunst der Lage ist dem griechischen Geschichtsschreiber Laonikos Chalkondyles, einem Fremden also, um 1480 aufgefallen; mit dem Blick auf Deutschland schreibt er: „Weder gibt es Seuchen, die bekanntlich durch faule Luft entstehen, wie sie hauptsächlich im Osten umgehen und einen großen Teil der dort Lebenden hinweggraffen, noch suchen andere Krankheiten, wie sie im Sommer und Herbst gewöhnlich zu uns kommen, sie häufig heim. So bleibt ein Großteil des Volkes verschont. Auch gibt es keine Erdbeben, die der Rede wert wären."[35] Noch weitere, klimatisch bedingte Geißeln sind Europa eher als anderen Kontinenten erspart geblieben: Wirbelstürme, Überschwemmung, Dürre und Heuschrecken. Völlig fehlt hier die von der Tsetsefliege übertragene Schlafkrankheit.

Fast wie von einem Naturgesetz spricht ein Chronist von der „Zeit, in der die Könige zum Krieg aufzubrechen pflegen".[36] Gemeint war, wie man einer Ergänzung entnehmen kann, die Zeit nach einer auf den 1. März datierten Hofversammlung. Früher hätte der gegen die Langobarden befohlene Aufbruch keinen Sinn gehabt; denn die Alpenübergänge mußten passierbar sein.

38

Das Frühjahr begünstigte das Reisen. Ursprünglich meint dieses Wort soviel wie „Kriegszug".[37] Das fränkische Heer wurde auf einem *März*feld gemustert, solange es sich vorwiegend aus Fußkriegern rekrutierte; seit 755 erging das Aufgebot jedoch zu einem *Mai*feld.[38] Viele Krieger waren nun beritten und konnten den Marsch zu einem fernen Sammelplatz erst antreten, wenn die Pferde ausreichend frisches Gras fanden. Einen späteren Aufbruch konnte auch ein kirchliches Gebot nahelegen: Unter den Vorwürfen, die 833 gegen Kaiser Ludwig den Frommen erhoben wurden, findet sich auch der, er habe ohne Vorteil für die Allgemeinheit und ohne Not eine allgemeine Heeresversammlung auf Gründonnerstag einberufen, ein hohes Fest kurz vor Ostern.[39] Gegen einen frühen Aufbruch sprach ferner, daß die Wege bis Anfang März nur schwer passierbar waren. Tauten sie tagsüber auf, sanken Mensch, Reittier oder Wagen im Morast ein. Seit etwa Mitte März verbesserten sich von Tag zu Tag die Marschbedingungen: Die länger scheinende Sonne trocknet die Wege, Gewässer werden eisfrei, Pässe begehbar.

Mit den im Frühjahr vorherrschenden Ost- und Nordostwinden fielen Norweger seit etwa 800 Jahr für Jahr in England, dann auch ins Frankenreich ein; im Herbst segelten sie mit dem dann zu erwartenden Westwind in ihre Heimat zurück, beutebeladen – wie die Ungarn, die die Zeit vom Frühjahr bis zum Herbst nutzten, um auf schnellen Pferden slavische Länder, Deutschland, Frankreich, Nordspanien und Italien heimzusuchen.

Mehr noch als das Frühjahr begünstigte der Sommer militärische Unternehmungen. Die Tage werden länger; auf der Höhe von Karlsruhe und Regensburg (etwa 49° nördliche Breite) dauert der längste Tag immerhin 16 Stunden.[40] Pässe im Hochgebirge, die man wegen der Lawinengefahr noch im Frühjahr mied, waren nun und bis in den Herbst begehbar. Die Gletscherschmelze sorgte dafür, daß Rhein und Donau, Rhône und Po ausreichend Wasser für die Schiffahrt hatten. Versorgung und Unterbringung der Truppen waren leichter; notfalls kampierte man bis in den Herbst unter freiem Himmel.

Je weiter man nach Süden kam, desto mehr hatten die Krieger unter der Sommerhitze zu leiden; nicht immer konnte man ihr ausweichen und früh am Morgen, abends, wenn nicht sogar nachts marschieren, beim Schein von Mond und Sternen. Ein großes Kreuzritterheer wurde am 4. Juli 1187 bei Hattin in Palästina auch wegen schier unerträglicher Hitze und Wassermangels vernichtet. Die Eidgenossen konnten auch deshalb ein habsburgisches Heer am 9. Juli 1386 bei Sempach schlagen, weil Hitzschlag – Folge des Wärmestaus unter dem Helm – viele Ritter außer Gefecht gesetzt hatte.[41]

Wärme und regelmäßige Luftströmungen waren dagegen dem Seefahrer willkommen. Mit den Etesienwinden aus Nordwest und Nord fuhren im 12./13. Jahrhundert Kreuzfahrer, die in Marseille, Genua, Pisa oder Venedig an Bord gingen. Im September und Oktober segelten sie zurück mit dem Schirokko, einem oft bis zu einem Monat lang aus Nordafrika wehenden heißen Wind.

Im Sommer drohten Seuchen. Die Bevölkerung südlicher Länder scheint gegen die Malaria relativ immun gewesen zu sein; unter den Heeren, die aus nördlichen Breiten nach Italien gezogen sind, dürfte sie weit mehr Opfer gefordert haben als unmittelbare Feindeinwirkung.[42] Möglicherweise ist sie schon im 6. Jahrhundert den Goten zum Verhängnis geworden, sicher fielen ihr namentlich bekannte Große sowie Abertausende unbekannt gebliebener Krieger zum Opfer. Verheerend wirkte sich eine Seuche – wahrscheinlich Malaria, die durch die bakterielle Ruhr, eine typische Lagerkrankheit, verstärkt wurde – Anfang August 1167 für das Heer des eben noch siegverwöhnten Kaisers Friedrich I. aus. „Eine Pestilenz, die im römischen Gebiet immerdar heimisch ist", habe fast alle geistlichen Würdenträger und viele weltliche Fürsten hinweggerafft.[43] Die päpstliche, antikaiserliche Partei deutete die Heimsuchung als gerechte Strafe des Himmels und frohlockte darüber, daß sie auch Rainald von Dassel getroffen hatte, dem wir noch begegnen werden.

Zwar wußte man um die „schlechte Luft" (so die wörtliche Bedeutung von *Malaria*) in südlichen Breiten; doch gewisse

Zwänge hinderten die Heere daran, der Sommerhitze mit ihren oft verhängnisvollen Folgen auszuweichen. Die Dauer eines Italien- oder Romzuges mußte wegen der hohen Kosten begrenzt werden – und da bestimmten die Alpen die Planung. Wollte man sie im Frühjahr überqueren, mußte man – wie üblich – im März oder April aufbrechen und kam dann ab Mai in Oberitalien und frühestens im Juni in Rom an. Für militärische Unternehmungen blieben die heißen Monate, in die man sicher geriet, wenn mehrere Orte zu belagern waren. Wollte man vor Wintereinbruch wieder zurück sein, mußte man im Oktober die Alpen in umgekehrter Richtung überquert haben. Da das Überwintern im fernen, oft feindlich gesonnenen Italien hohe Kosten und andere Probleme aufwarf, hat man die im Sommer drohenden Gefahren notgedrungen in Kauf genommen.

Mehrere Umstände begünstigten Kriegszüge im Herbst: lange Tage, oft noch warmes Wetter, trockene Wege. Unterwegs konnte man Bauern und Hirten als Wegweiser dingen oder als Träger verpflichten. Getreide und andere Feldfrüchte waren reif, das Schlachtvieh fett – zur Freude der Krieger, die sich möglichst aus dem feindlichen Land versorgten. Das galt als erlaubt und war wesentlich bequemer, als große Vorräte mitzuführen.

Spätestens im November mußte man in Mitteleuropa mit Regen, oft mit Frost rechnen. Die Wege waren verschlammt, ohne schon fest gefroren zu sein. Zur Zeit der *rasputica,* der Zeit der schlechten Wege im Herbst und Frühjahr, war der Landverkehr in Rußland so gut wie unmöglich.[44] Mensch und Reittier drohten beim Durchwaten von Flüssen obendrein lebensgefährliche Erkältungen. Viele Siedlungen waren nun von der Außenwelt abgeschnitten, da Radfahrzeuge in lockerem Schnee einsinken. In Westeuropa waren Kleidung und Ausrüstung für das Reisen zu dieser Jahreszeit im allgemeinen ungeeignet. Zudem waren viele Menschen unterernährt; ist die Haut nicht ausreichend mit Fett gepolstert, bekommt man Frostbeulen und kann nachts vor Jucken nicht schlafen. Wer unbedingt reisen mußte, kam nun zu Lande im allgemeinen schneller voran als auf dem Meer.

Denn die Seefahrt wurde eingestellt, auf dem Mittelmeer der gefürchteten Winterstürme wegen vom 10. November bis zum 10. März; als relativ gefahrlos galt hier nur die Zeit vom 26. Mai bis zum 14. September. Wer weit zu reisen hatte, plante lange vorher den Aufenthalt in einem geschützten Hafen. So überwinterte Ludwig der Heilige 1248/49 auf Zypern, um im Frühjahr seinen Kreuzzug ins Heilige Land fortzusetzen. Auf der Nordsee – sie ist flach im Vergleich zum Mittelmeer, wo sich die Wellen ganz anders „auftürmen" – ruhte der Seeverkehr nur von Martini bis Mariae Lichtmeß (11. November bis 2. Februar), auf der Ostsee bis St. Peter „im Winter" (11. November bis 22. Februar).

Je weiter man sich in Europa vom Golfstrom entfernt, desto eher kann man auf Gewässern mit einer festen Eisdecke rechnen. So ist die Düna bei Riga 125, die Wolga bei Kasan 147 Tage lang mit Eis bedeckt. Im Jahre 821 waren auch Seine und Rhein, Donau und Elbe zugefroren, so daß sogar Frachtwagen sie gut einen Monat lang überqueren konnten.[45] Wegen des nach Osten hin abnehmenden Salzgehaltes friert das Kattegat gelegentlich, die Ostsee wohl häufiger zu. Im Jahre 1323 konnte man jedenfalls von Dänemark und Deutschland nach Schweden gehen. Die mittlere jährliche Vereisungsdauer der Ostsee reicht heute von einem Monat (März: etwa die Ostküste von Gotland) bis zu fünf Monaten und mehr (Oktober bis März: Teile des Bottnischen, des Finnischen sowie des Rigaischen Meerbusens).[46]

Waren Meer, Flüsse, Seen und vor allem Sümpfe zugefroren, behinderten sie nicht länger Reisende, die angemessen bekleidet und ausgerüstet waren. Da in West- und Mitteleuropa normalerweise im Winter kein Krieg geführt wurde, bot sich dem Wagemutigen nun eine besondere Chance. Wenn phantasiebegabte Heerführer – ohne von Not getrieben zu sein – im Winter zu Felde zogen oder wenn sie sich gar in Feindesland niederließen, bekundeten sie militärische Überlegenheit, auch wegen der zu dieser Jahreszeit schwierigeren Versorgung der Truppe. Böse Überraschungen drohten denen, die im Vertrauen auf „natürlichen" Schutz weder Wachen aufgestellt noch Gegenwehr organisiert hatten. Im Laufe der Völkerwanderung überschritten Alanen, Sueben und Vandalen im Winter 406 den Rhein und fielen über romanisierte Kelten und Germanen in Gallien her. Wiederholt unternahmen die Franken Winterfeldzüge, so etwa 786 nach Italien. Im Jahr 797 brach Karl der Große Mitte November auf, um in Sachsen zu überwintern. Anderthalb Jahrhunderte später brachte König Heinrich I. Brandenburg in seine Gewalt: Versumpfte Niederungen, die im Sommer idealen Schutz boten, waren im Winter 928/929 zugefroren, so daß das sächsische Heer ungehindert anrücken konnte; die Burg wurde belagert und erobert.[47]

In Osteuropa waren die Bewohner dem Kontinentalklima angepaßt; sie nutzten Vorteile, die ihnen selbst Frost und Schnee boten, und sie hatten nützliches Gerät entwickelt. Wenn Sümpfe und Gewässer, die im Sommer praktisch unpassierbar sind (von der Mückenplage zu schweigen), mit einer Eisdecke überzogen sind, wenn Schnee Unebenheiten ausgleicht, muß man weder mühsam eine Furt suchen noch gar eine Brücke bauen. Der raschen Fortbewegung dienten Schneeschuhe, Skier und Schlittschuhe (mit Kufen aus Tierknochen).[48] Von Hunden, Rentieren oder Pferden gezogene Schlitten eigneten sich zur Fahrt querfeldein und sogar zum Transport von Massengütern auf dem Landweg, etwa Langholz für die Befestigung von Städten.

Wenn in den Wäldern das Laub gefallen und Spuren im Schnee gut zu erkennen waren, ging man gern auf die Jagd. Heinrich von Lettland schildert, wie europäische Kreuzfahrer zu Anfang des 13. Jahrhunderts jährlich gegen noch heidnische Bewohner im Baltikum auszogen. Hatten die Bedrängten ihre Lebensgrundlage eingebüßt, etwa weil der Feind ihre Hütten und Vorräte eingeäschert hatte, waren sie schutzlos Verfolgern ausgeliefert. Am Ende einer gnadenlosen Jagd stand oft der Tod durch das Schwert (für die Männer), durch Verhungern und Erfrieren – oder (vor allem für Frauen und Kinder) der Verkauf in die Sklaverei.[49]

Bevölkerungswachstum

Einwohnerlisten, die man während einer Belagerung angelegt hat, der Befund von Gräbern und andere Quellen geben Hinweise auf die Größe einer Bevölkerung, ihre geschlechts- und altersspezifische Zusammensetzung. Schätzwerte, die mit ständig verfeinerten Methoden gewonnen wurden und immer wieder neu durchdacht werden, sind in Fig. 1 umgesetzt; einige Gegebenheiten seien hervorgehoben.

Die Gesamtentwicklung dürfte unbestritten sein. Im Früh- und im Spätmittelalter kam es zu einem Rückgang der Bevölkerung, bedingt durch überregional grassierende Epidemien im 6. und im 14. Jahrhundert. Ohne daß man von einer kontinuierlichen Entwicklung sprechen könnte, wie die Figur sie suggeriert, ist die Bevölkerung Europas in den dazwischen liegenden Jahrhunderten gewachsen, und zwar trotz Kriegen. In den vier Jahrhunderten vor der Jahrtausendwende dürfte sie sich auf etwa 24 Millionen Menschen verdoppelt haben; bis zur Mitte des 14. Jahrhunderts stieg sie nochmals an, diesmal sogar auf mehr als das Doppelte (23,7 bzw. 53,9 Millionen). In dem darauf folgenden Jahrhundert kam es dann zu einem Rückgang um gut ein Drittel auf nur noch etwa 37 Millionen, mitbedingt durch eine Klimaveränderung und in deren Gefolge Hungersnöte, Seuchen, Kriege. Die Figur verdeutlicht ferner die räumlich ungleichmäßige Entwicklung, wie am Beispiel Frankreichs gezeigt sei: zwischen 600 und 1000 eine Verdoppelung der Bevölkerung, bis um 1340 ein weiteres Wachstum auf mehr als das Dreifache. Der dann folgende Rückgang um etwa ein Drittel wurde durch den Hundertjährigen Krieg mitverursacht.

Die Bevölkerungszunahme war auch Folge erhöhten Friedens und eine Voraussetzung für die Expansion Europas seit der Jahrtausendwende, wie ein weiteres Beispiel zeigt. Im Laufe des 9. Jahrhunderts hatten Normannen das klimatisch und verkehrsmäßig begünstigte, potentiell also reiche Land am Unterlauf der Seine zunächst verheert, dann in ihre Gewalt gebracht und besiedelt. Als Lehnsmann König Karls des Einfälti-

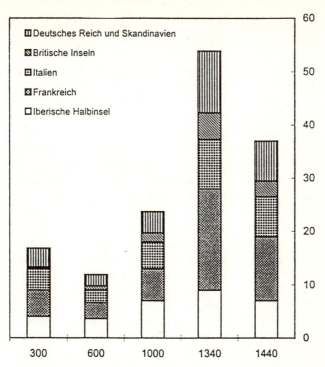

Geschätzte Bevölkerungszahlen (in Millionen) in einzelnen Ländern Europas in Spätantike und MA:

Gebiet	im Jahre: 300	600	1000	1340	1440
Iberische Halbinsel	4	3.6	7	9	7
Frankreich	5	3	6	19	12
Italien	4	2.4	5	9,3	7.5
Britische Inseln	0.3	0.8	1.7	5	3
Deutsches Reich und Skandinavien	3.5	2.1	4	11.6	7.5
Insgesamt:	16.8	11.9	23.7	53.9	37.0

J. C. Russel: Bevölkerung, in: Lexikon des Mittelalters Bd. 2, 1983, Sp. 10–21, hier Sp. 14.

gen baute der Anführer der Normannen Rollo seine Stellung zielstrebig aus. Konkurrenten um die Macht, die weiterhin ein ungebundenes Leben führen wollten, wurden unterworfen oder verdrängt, oft erst nach verlustreichen Fehden. Mancher versuchte sein Glück andernorts; so haben sich seit dem 11. Jahrhundert Normannen, die als „Pilger" gekommen waren, eigene Herrschaften in Süditalien aufgebaut. Infolgedessen konnten die Menschen in der Normandie mit mehr Ruhe ihre Felder bestellen und Familien gründen. Die Bevölkerung wuchs, die Wirtschaft blühte auf, Steuern gingen ein. Nicht zuletzt standen Krieger bereit, mit denen Herzog Wilhelm im Jahre 1066 England eroberte. Rücksichtslos versorgte Wilhelm seine Gefolgsleute mit Gütern aus dem Besitz der Kirche und antinormannischer Adliger. Planmäßig wurde Nordengland in den Jahren 1069/70 geplündert und verwüstet; die Bewohner widerborstiger Landstriche ließ man vorsätzlich verhungern, um das Land in die Knie zu zwingen und damit die Dänen keine Basis mehr für Einfälle fänden.[50] Möglicherweise wurde das Land so nachhaltig geschwächt, daß es Generationen später mit der Eroberung Frankreichs überfordert war. Im Hundertjährigen Krieg haben die Engländer dank modernster Kriegstechnik viele Schlachten gewonnen; doch mit einer Bevölkerung von etwa drei Millionen hatten sie keine Chance, sich gegen ein mehrfach größeres Volk durchzusetzen.

Wie sehr ein demographischer Aufschwung Voraussetzung für Expansion war, läßt sich auch auf der Iberischen Halbinsel und im Raum zwischen Elbe und Oder beobachten. Gebiete, die den Muslimen Mitte des 8. Jahrhunderts entrissen worden waren, blieben zunächst Niemandsland, da es an Siedlern fehlte.[51] Jahrhunderte später gab es dank der Bevölkerungszunahme in Europa viele Krieger und Kolonisten; mit ihrer Hilfe konnten christliche Herrscher auf der Iberischen Halbinsel die Muslime, und östlich der Elbe die Slaven zurückdrängen oder ihrer Herrschaft unterwerfen.

Im Zusammenhang mit der demographischen Entwicklung sei eine weitere für unser Thema wichtige Frage betrachtet. Hohe Kindersterblichkeit und insgesamt geringe Lebenserwartung haben oft die Thronfolge vom Vater auf den Sohn unterbrochen. Andererseits konnten einem Reich – und dessen Anrainern – verlustreiche Konflikte erspart bleiben, wenn es jeweils nur einen legitimen, geeigneten, anerkannten Thronerben gab. Nicht um bewußtes Tun von Menschen, sondern um eine der „glücklichsten Fügungen der Geschichte" handelte es sich, wenn im fränkischen Herrscherhaus generationenlang ein Erbe bereitstand und so lange lebte, daß ihm nur ein erwachsener Sohn nachfolgte – sei es, daß er als einziger überlebt hatte oder weil nur einer herrschen wollte: Karl Martell (Hausmeier 714–741), Pippin (Hausmeier 741–751, König 751–768), Karl der Große (König 768–814), Ludwig der Fromme (König 814–840) – in 126 Jahren also nur vier Herrscher. „Wie immer man rechnet, dies war ein Glücksfall unter Tausenden von Möglichkeiten,"[52] auch im Vergleich zu dem häufigen Wechsel des Herrschers und sogar der Dynastie im Deutschen Reich. Ein zweites Beispiel: Burgund erlebte im 15. Jahrhundert auch deshalb eine wirtschaftliche und kulturelle Blüte, weil es in gut hundert Jahren von nur drei Herzögen regiert wurde: Philipp der Kühne (1363/64–1404), Johann ohne Furcht (1404–1419), Philipp der Gute (1419–1467). Karl der Kühne (1467–1477) setzte in wenigen Jahren sein reiches Erbe aufs Spiel und büßte damit auch sein Leben ein.

Verkehr, Nachrichtenübermittlung und Marschtempo

Gut ausgebaute Straßen erwiesen sich zur Zeit der Völkerwanderungen für das Römerreich als nachteilig, da sie den Eindringlingen den Marsch durch die Provinzen erleichterten und ihnen den Weg in die Kernländer des Reiches zeigten. So zogen die Hunnen 450/451 recht ungestört bis nach Gallien. Solange ungewiß war, ob nach einer Zeit der Wirren vielleicht wieder mit Frieden zu rechnen sei, haben lokale Machthaber Straßen und Brücken nicht selten verfallen lassen, bewußt zerstört oder unkenntlich gemacht. Hofgüter wurden in Räume abseits der Durchgangsstraßen verlegt; den neuen Anlagen folgten die Wege, nun aber nicht mehr schnurgerade, sondern wie Mäander. Während mancherorts wieder Wald über die Straßen wuchs, mußten anderswo neue Wege gebahnt werden, etwa zu Klöstern, die oft in der Einöde gegründet wurden. Weg und Steg kamen Betern und Kriegern zugute.

Krieg, die Zerstörung einer Brücke oder lästige Abgaben führten wiederholt dazu, daß der Handel sich neue Wege suchte. Die Ausdehnung von Slaven und anderen seit dem 5. Jahrhundert könnte Bernsteinhändler bewogen haben, auf dem Weg zum Mittelmeer das Tal der Weichsel zu meiden und statt dessen Rhein und Rhône zu folgen. Der Hundertjährige Krieg machte Straßen durch Frankreich unsicher und begünstigte dadurch Handel und Verkehr durch das Rheintal.[53]

Seit dem Frühmittelalter verfielen in Westeuropa mit der Infrastruktur des Römischen Reiches vielfach die Straßen, da die Mittel und der Wille zu ihrer Unterhaltung fehlten. Das wirkte sich auch auf die Sicherheit und die Geschwindigkeit von Nachrichtenübermittlung und Marsch aus.

In Zeiten erhöhter politischer Spannung und im Krieg sollten Eilboten den Hof so gut wie möglich mit den Streitkräften und getrennt marschierende Abteilungen untereinander verbinden.[54] Hochwasser, verschneite Pässe und stürmische See konnten Boten monatelang aufhalten. Zwar haben die Kreuzfahrer im Heiligen Land Brieftauben kennengelernt; doch in Europa ging die Lernbereitschaft nicht so weit, daß man diese Methode, schriftliche Nachrichten schnell, zuverlässig und über weite Entfernung zu übermitteln, gleich aufgegriffen hätte. So erreichte die Meldung, daß Konstantinopel am 29. Mai 1453 gefallen war, über Kandia/Kreta (9. Juni) am 29. Juni Venedig, genau einen Monat nach der Katastrophe.[55] Wegen solcher Langsamkeit waren Machthaber geneigt, Entscheidungen vor sich herzuschieben – was zupackenden Gegnern Chancen eröffnete.

Auf einem Feldzug gab man mit hör- und sichtbaren Zeichen vorher vereinbarte Signale für besondere Anlässe weiter, etwa „Alarm!" (aus ital. *alle arme,* zu den Waffen). Sündhafter Stolz ließ Roland zu spät in sein Horn „Olifant" blasen, um Hilfe herbeizurufen. Das Läuten von Glocken und den Donner von Pulvergeschützen dürfte man je nach Windstärke und -richtung über zwanzig Kilometer gehört haben. Die Ungarn verständigten sich auf ihren Zügen mit dem Horn sowie mit Feuer- und Rauchsignalen. Diese waren bei guter Sicht über weite Entfernung, bei Wind schlecht, bei Nebel gar nicht zu erkennen. Willibald Pirckheimer, der das Nürnberger Aufgebot im Schweizer Krieg (1499) führte, fielen Rauchsäulen auf, mit denen die Schweizer von Bergen aus Hilfe herbeiriefen. Diese Art der Übermittlung von Nachrichten war seinerzeit in Pirckheimers Heimat wohl nicht üblich. „Hochwachten" haben in der Schweiz letztmalig im November 1847 die wehrhafte Bürgerschaft von den Bergen aus alarmiert.[56] Noch heute sind Zeichen bei der Papstwahl üblich; doch wurde weißer bzw. schwarzer Rauch wiederholt falsch gedeutet.

Der Langsamste bestimmt die Geschwindigkeit. Auf Kriegszügen hat man diesen Nachteil manchmal durch die Entsendung strapazierfähiger, wagemutiger Vorauskommandos ausgeglichen. Sie sicherten den Weg, brachten handstreichartig Paß, Furt oder Brücke in ihre Gewalt und hielten sie bis zur Ankunft des Hauptkontingents.

Vieles konnte einen Feldzug verlangsamen: Flußüberquerungen (zumal bei jahreszeitlich atypischem Hochwasser), plötzlicher Wintereinbruch, zeitraubende Belagerungen, verbrannte Erde, Beute (Menschen, Vieh, Sachen), Verwundete, nicht zuletzt Seuchen, die Menschen und Zugvieh hinwegrafften. Die Barbaren der Wanderungszeit sind nur langsam vorangekommen, wenn Frauen, Kinder und Alte geschützt, Wagen, Gepäck und Vieh überwacht werden mußten.[57] Nicht selten verweilte man mehrere Jahre an einem Ort, spannte aus, säte, erntete und erkundigte sich, wo es Land zum Siedeln gebe, das vielleicht durch den Abzug anderer frei geworden war.

Seit der Jahrtausendwende ließ sich der Marsch spürbar beschleunigen: Nach und nach traten Pferde an die Stelle der langsameren Ochsen, um Wagen zu ziehen. Dank des Kummets wurde das Gehirn auch bei großer Zugleistung gut mit Sauerstoff versorgt; durch die Art der Anspannung waren die Halsschlagadern bis dahin zusammengedrückt worden. Im Interesse von Handel, Gewerbe, Pilgern wurden Straßen und Brücken, Herbergen und Spitäler gebaut; das kam auch der marschierenden Truppe zugute.

Trainierte und gut ausgerüstete gesunde Männer muteten sich gelegentlich über Wochen täglich 35 bis 40 Kilometer zu. Anfang des 10. Jahrhunderts rechneten die Ungarn von der Brenta in Oberitalien bis in ihre Heimat zehn Tage[58] (Padua–Leibnitz a. d. Mur etwa 300 km Luftlinie). Auf dem Weg zu einem Kreuzzug brach Landgraf Ludwig IV. von Thüringen mit seinen Getreuen am 24. Juni 1227 in Schmalkalden (Thüringen) auf und traf nach einem Ritt von etwa 1500 Kilometern am 5. August in Melfi ein – und dabei hatten sie die Alpen überqueren und mehr als die Hälfte der Strecke in der Julihitze Italiens zurücklegen müssen. Allerdings waren sie, vom Kaiser sehnlich erwartet, im Frieden durch das eigene Reich gezogen. 1268 schafften Konradin und seine Getreuen einmal 107 Kilometer in zwei Tagen.[59] Der Schwarze Prinz brauchte im Herbst 1355 vom Atlantik bis zum Mittelmeer weniger als zwei Monate (etwa 900 km, also rund 15 km pro Tag). Unterwegs erstürmte sein Heer noch mehrere Orte; den Rückmarsch verlangsamte eine riesige Beute.[60] Im Spätmittelalter rechnete man zum Transport schwerer Artillerie „bei sorgfältiger Behandlung" fünf Meilen pro Tag (etwa 8 km).[61] Durchschnittlich wird ein großes Heer mit Troß also kaum mehr als zehn bis zwanzig Kilometer pro Tag geschafft haben.

Gemessen an dem üblichen Marschtempo rückten im 9. Jahrhundert Skandinavier und Sarazenen, im 9./10. Jahrhundert Ungarn, im 13. Jahrhundert Mongolen mit kaum faßbarer Geschwindigkeit an – die ersteren zu Schiff und mit Pferden, letztere hoch zu Roß. Ein Chronist traute den Mongolen zu, im Jahre 1241 „in einer Nacht und einem Tage den Weg von vier Tagereisen" (etwa 120 km?) zurückgelegt und dabei noch reißende Flüsse überquert zu haben.[62] Wer regelmäßig die Pferde wechselte, zäh und belastbar war, mochte eine Zeitlang 50 bis 60 Kilometer pro Tag schaffen; doch darf man solche Werte nicht extrapolieren. Wenn schnelle Reiterkrieger in einem Monat statt 1500–1800 Kilometer (= 30 mal 50–60 km)

„nur" 1000 Kilometer schafften (etwa von Kiew bis nach Breslau), erlebten die Heimgesuchten eine böse Überraschung. Zur Organisierung der Gegenwehr fehlte die Zeit, und in die Wälder konnte man nur bei rechtzeitiger Warnung fliehen. Doch wie sollte das geschehen, wenn die Eroberer als erstes vorhandene Pferde requirierten und junge Leute, die als Boten in Frage gekommen wären, erschlugen?

Eine Auswertung unterschiedlicher Quellen ergab für die frühe Neuzeit Durchschnittswerte, die von Bevölkerungsdichte und verkehrsmäßiger Erschließung abhängig waren. Brauchte man im europäischen Kerngebiet (Rheintal, Ile de France, Niederlande, England) mit relativ guten und sicheren Verkehrsverhältnissen für eine bestimmte Strecke eine Stunde, so in einer Übergangszone (Iberische Halbinsel, Ostdeutschland, Dänemark, Südschweden) schon drei bis vier, in den Randgebieten (Ungarn, Polen, Finnland, Nordschweden) gar zehn Stunden.[63] Das mögliche Marschtempo nahm von West- nach Osteuropa also spürbar ab. Zur Orientierung seien Leistungen zusammengestellt (in km):

	Stundengeschwindigkeit	Tagesleistung
Ochsenkarren		10–15
Fußreisende	3–6	20–40
Heer		10–60
Reiternomaden		50–60
Läufer	10–12	50–65
Pferd im Galopp	20–25	
Reitende Boten, ohne Rücksicht auf Pferd		130–135
Flußschiff, talwärts, auf Rhein oder Po		100–150
Hochseegängiges Segelschiff		120–200
Skandinavisches Langschiff, um 800		260
Hansekogge, um 1400		220
Schnelle Galeere		200
Galeere, mittlere Geschwindigkeit	5,5–6,5	
Galeere, maximale Geschw. (15 Min. lang)	11–13	

Wirtschaft

Seit der Jahrtausendwende konnte das Abendland sich ungestört von äußeren Feinden entwickeln und – im Zuge der deutschen Ostsiedlung, der Kreuzzüge und der Reconquista – schon bald weit ausgreifen. Obwohl die Expansion außereuropäische Kulturen in Mitleidenschaft zog, haben diese die sich in Europa anbahnenden schwerwiegenden Veränderungen offensichtlich kaum zur Kenntnis genommen.

· Bei der Erschließung Europas haben politische, gesellschaftliche, religiöse Kräfte zusammengewirkt, die vordergründig nichts miteinander zu tun hatten. Wie ein Programm kann man das schon erwähnte *Capitulare de villis* und den Klosterplan von St. Gallen[64] verstehen, beide wahrscheinlich aus dem frühen 9. Jahrhundert: Wer einen Königshof zu verwalten, ein Kloster zu bauen hat, soll auch an die Land- und Gartenwirtschaft denken, an Gewerbe, die Holz, Stein, Metalle, Leder, landwirtschaftliche Produkte verarbeiten; er soll Frauen eigene Räume zur Verfügung stellen, in denen sie unbehelligt arbeiten können. Wenn möglich, soll er Fischteiche und Weinberge anlegen, Gewürz- und Heilkräuter pflanzen. Die für die Wirtschaftsführung von Kloster und Königshof Verantwortlichen sollten schreiben und rechnen können, da man von ihnen regelmäßig Rechenschaft erwartete. Es ist verständlich, daß Feinde sich Beute vorzugsweise in Klöstern und Bischofskirchen, in Königshöfen und Pfalzen versprachen. In diesen konnte man mit Vieh und Geflügel, Schinken, Käse und Wein, nicht zuletzt mit dem in Kriegszeiten unschätzbaren eisernen Werkzeug rechnen, in jenen zusätzlich mit liturgischem Gerät und Schmuck aus edlen Metallen und Steinen.

Europa verfügte über fruchtbare Böden, rohstoffreiche Wälder und seit frühgeschichtlicher Zeit ausgebeutete Bodenschätze. Der sächsische Chronist Widukind sieht einen Zusammenhang zwischen dem Aufstieg des Deutschen Reiches im 10. Jahrhundert und der Erschließung von Silbervorkommen im Harz.[65] Seit der Verbreitung mechanischer Mühlen nutzte man die Energie von Wasser und Wind. Erforderten die Böden einen hohen Arbeitsaufwand, entwickelten zunächst entsagungsvolle Pioniere, etwa Zisterziensermönche, angemessene Techniken.

Finanzierung von Kriegen

Kriege verschlangen gewaltige Summen. Von Byzanz sowie arabischen und germanischen Reichen im Mittelmeerraum abgesehen, waren frühmittelalterliche Herrschaften längst nicht so wohlorganisiert, wie es das Römische Reich mit einer seit langem eingespielten Verwaltung und einem System von Abgaben, Leistungen und Steuern gewesen war. Herrscher verfügten im allgemeinen über einen – aus Erbschaft und Beute stammenden – Schatz, mit dem sie Dienste ihrer Getreuen und Verbündeten belohnten. Eroberer der Völkerwanderungszeit beanspruchten das Erbe des römischen Staates für sich; auf ehemals römischem Fiskalgut wurde auch die Pfalz in Aachen errichtet.

Zur Lieferung von Edelmetall, anderen Gütern und Vieh waren Völker und Reiche bereit, die sich damit lästige Quälgeister vom Halse halten und eine gewisse Eigenständigkeit wahren wollten. Selbst eine Großmacht wie Byzanz hat es jahrhundertelang nicht verschmäht, sich den Frieden mit „Geschenken" zu erkaufen. Tribut mußte die Bevölkerung unterworfener Länder zahlen. Ein Teil von deren Führungsschicht wurde im allgemeinen allerdings in die eigene Oberschicht aufgenommen und war damit von Abgaben befreit.

Mit Abgaben und Leistungen dienten der Kriegführung des Königs zunächst dessen unmittelbarer Besitz, Königshöfe und Pfalzen, ferner Bistümer und Klöster, die in der Verfügungsgewalt des Herrschers waren – darüber hinaus alle, die in den Genuß von Frieden, Recht und Schutz kamen. Die Obrigkeit beanspruchte auch zahlreiche geldwerte Rechte für sich, darunter die Gastung, die standesgemäße Unterbringung des Herrschers, gegebenenfalls auch des Gefolges, der Reittiere und Hunde. In Frankreich mußten die Untertanen zur Verpflegung des Heeres Nahrungsmittel weit unter Wert abliefern.[66] Der Begriff der „frommen Zwecke" *(causae piae)* wurde ausgeweitet: Im Testament durfte man Stiftungen außer Kirchen und Klöstern, Spitälern und Waisenhäusern auch öffentlichen Befestigungswerken zuwenden. Zu den „frommen Zwecken" gehörte die Teilnahme am Kreuzzug; (fast) alles, was diesem dienlich war, galt als erlaubt. Um die hohen Ausgaben bestreiten zu können, verkauften einzelne Krieger Liegenschaften oder beliehen sie, nicht selten bei einem Kloster.

Ein großer Teil der Kriegskosten wurde auf die Getreuen abgewälzt. In einem jahrhundertelangen, vielschichtigen Prozeß entstand auch daraus das Lehnswesen. Die Dienste der Vasallen wurden mehr und mehr gemessen und damit begrenzt, denn die Lasten mußten tragbar sein. Gegebenenfalls konnte man statt Kriegern auch Geld schicken, mit dem der Herrscher Söldner anwarb. Friedrich II. forderte 1212 entweder die Entsendung von 300 Gewappneten oder die Zahlung von 300 Mark Silber.[67]

Kirchenbesitz unterlag im allgemeinen nicht dem Risiko der Zersplitterung als Folge von Erbstreitigkeiten. Bei guter Verwaltung und als Folge wertvoller Schenkungen waren Bischofskirchen und Klöster oft recht wohlhabend. Kriegführende bestritten laufende Ausgaben gern mit der Brandschatzung: Mit gemünztem und ungemünztem Edelmetall (dieses etwa in Form liturgischen Gerätes) kauften die Opfer sich von drohender Einäscherung frei. Nicht selten hat ein nachfolgender Kriegerhaufen das Kloster, das Dorf, die Stadt dann doch noch in Brand gesteckt.

Langfristig waren Zwangsanleihen ergiebiger. Oft mußten Klöster „aufgrund eines Wortes des Königs" dessen Gefolgsleuten wertvolle Liegenschaften „bittweise leihen" *(precaria verbo regis)*. Im allgemeinen erhielten die „Leihgeber" dafür einen gewissen Anerkennungszins. Zur Abwehr muslimischer Eindringlinge hat Karl Martell Anfang der 730er Jahre Reiterkrieger aufgestellt und ihnen kirchlichen Besitz zugewiesen, mit dem sie ihre militärische Ausrüstung bestreiten konnten.

Die Folgen solcher Säkularisierungen – auch und gerade für die geschröpfte Kirche – haben wiederholt Versammlungen von Kirche und Reich beschäftigt. Im Jahre 742, zehn Jahre nach der erfolgreichen Abwehr von Arabern bei Tours und Poitiers, behauptet Karlmann, einer der Söhne Karl Martells, er habe „die widerrechtlich angeeigneten Vermögen den Kirchen vollständig zurückgegeben". Doch schon 743 kam er zu der Einsicht, „einen gewissen Teil der kirchlichen Besitzungen mit der Nachsicht Gottes eine gewisse Zeit lang" für sein Heer weiter in Anspruch nehmen zu müssen.[68] Zur Finanzierung von Kriegen ist bis ins 20. Jahrhundert Kirchengut säkularisiert worden; die Formen wandelte man den Umständen entsprechend ab.

Kriege konnten auch deshalb finanziert werden, weil seit der Jahrtausendwende Geldwirtschaft und kapitalbringender Fernhandel die Naturalwirtschaft überflügelten. Die sich ausbildenden Staaten beanspruchten für sich die Regalien, „königliche Rechte". So warfen in wirtschaftlich entwickelten Gegenden Zoll und Münze hohe Erträge ab. Deutsche Könige strebten auch deshalb immer wieder nach der Herrschaft über die wohlhabenden Städte Norditaliens, weil hier lukrative Einnahmen winkten, zur Zeit Friedrich Barbarossas etwa 30 000 Pfund, entsprechend mindestens 10 000 kg Silber. Zum Vergleich: Nach einem – nicht vollständigen – Verzeichnis von 1241 verfügte der König über etwa 12 000 Mark (entsprechend gut 2800 kg Silber) Einnahmen aus dem Reich nördlich der Alpen.[69] Die Lüsternheit von Abendländern auf das als märchenhaft reich geltende Konstantinopel erklärt sich auch damit, daß die Vielzahl der hier zusammenlaufenden Handelswege für hohe Einnahmen sorgte.

Im allgemeinen mußten Herrscher, um einen Krieg finanzieren zu können, Anleihen aufnehmen – im Frühmittelalter etwa bei wohlhabenden Klöstern, seit dem Hochmittelalter auch bei Einzelnen. So finanzierte im Jahr 1449 der französische Großkaufmann Jacques Coeur († 1456) die Wiedereroberung der Normandie durch den französischen König.[70] Deutsche Könige verpfändeten oft geldwerte Rechte oder Städte, um einen vorübergehend hohen Finanzbedarf zu decken. So kam die

Reichsstadt Eger im Jahre 1322 an den König von Böhmen; da sie nie ausgelöst wurde, liegt sie heute in Tschechien.[71]

Im Spätmittelalter wurden Kriege immer aufwendiger und länger. Der Übergang zu stehenden Heeren und regelmäßiger Soldzahlung war nur möglich durch die Weiterentwicklung des Finanz- und Abgabenwesens. Hohe, regelmäßige Einnahmequellen mußten erschlossen und von den an der Gesetzgebung Beteiligten gebilligt werden. In Frankreich wurden allgemeine Steuern zur Finanzierung der Kreuzzüge Ludwigs IX. (1248–1254, 1270) erhoben, 1295 eine Kriegssteuer. Den Ausgangspunkt einer eigenen Reichssteuerpolitik bildeten im Deutschen Reich die Hussitenkriege (1419–1436). Zu deren Finanzierung beschloß 1422 der in Frankfurt zusammengetretene Reichstag die erste allgemeine Geldsteuer.[72]

Selbst wenn die Kosten auf viele Schultern verteilt waren, brauchte der Kriegs„herr" eine Kriegskasse. Kaiser Otto II. führte sie auf Maultieren, König Heinrich VII. auf Wagen mit.[73] Ende des Mittelalters nahm Herzog Karl der Kühne von Burgund (aber auch mancher einfache Krieger) beträchtliche Teile seines Schatzes mit in den Krieg. Auf den ersten Blick erscheint das unverständlich; doch diente kostbarer Schmuck ja nicht nur dazu, fremden Gesandten zu imponieren und bei Festen zu repräsentieren, sondern auch zur Überbrückung finanzieller Engpässe. Notfalls wurde sogar die Krone verpfändet in der Erwartung, sie nach Ende der Kampagne wieder auslösen zu können.

Technik und Gesellschaft

Die starke Gliederung Europas hat den Wettbewerb unter Menschen und Institutionen begünstigt. Hinter den „Renaissancen" seit dem 8. Jahrhundert stand ja auch der Wunsch, es den Alten gleichzutun, sie vielleicht gar zu übertreffen. Eine agonale Komponente war der europäischen Gesellschaft eingeprägt; der Einzelne mußte sich dessen nicht einmal bewußt sein.

Mittelbar diente (fast) alles auch der Kriegführung. Pfalzen und Königshöfe, Klöster, Burgen und Städte brauchten für friedliche Zwecke Dienstleistungen, die bei Verteidigung und Angriff eine Rolle spielten. So stand die Kunst der Steinbearbeitung zunächst vorwiegend im Dienst der Kirche; seit dem 13. Jahrhundert war sie mehr und mehr auch bei der Anlage von Befestigungen gefragt. Wer hochseetüchtige Schiffe baute, zimmerte auch kühne Dachkonstruktionen, die sich seit Jahrhunderten gegen Sturmböen bewähren – wie man in der Normandie noch heute sehen kann. Solchen Zimmerleuten fiel es nicht schwer, einen Fluß zu überbrücken oder einen mobilen Turm zu bauen, von dem aus man eine belagerte Stadt erstürmte. Handwerker in metallverarbeitenden Berufen sollten liturgisches Gerät, Schanzwerkzeug und Waffen herstellen können. Wer etwas vom Brunnenbau verstand, war umworben, wenn Lagerstätten von Metallen zu erschließen und Stadtmauern zu unterminieren waren. Ähnliche Wechselbeziehungen gelten für alle einschlägigen Techniken. Verallgemeinernd darf man sagen: Im Alltag hat Trägheit meist nicht unmittelbar verheerende Folgen; im Krieg dagegen waren Phantasie, Erfindungsreichtum und Risikobereitschaft oft überlebenswichtig. Damit erklärt es sich, daß im Krieg (oft schon bekannte) Aushilfen untereinander verknüpft und in ein System gebracht, daß technische Errungenschaften (weiter)entwickelt, dem Feind (oft erst nach hohen Verlusten) abgeschaut und verbreitet wurden.

Indessen sollen Lernfähigkeit und Lernwilligkeit der Europäer auch nicht überschätzt werden, wie sich im „zivilen" Bereich zeigt. Bischof Bernward († 1022), dem wir als Burgenbauer noch begegnen werden, ließ sich auf Reisen von aufgeweckten jungen Leuten begleiten; was ihnen im Bereich von Kunst und Fertigkeit auffiel, sollten sie genau studieren.[74] Angeregt durch die Trajanssäule in Rom ließ Bernward in seiner Bischofsstadt Hildesheim ähnliche Werke in Bronze gießen. Vor und nach ihm haben Tausende die Trajanssäule gesehen, ohne Vergleichbares in Auftrag zu geben. Das allein schon zwingt zu Vorsicht bei Analogieschlüssen von einem vielseitig begabten Bischof auf den gemeinen Mann. Selbst simpel anmutende, zweckmäßige Veränderungen im militärischen Bereich haben sich oft erst nach langem Zögern und Experimentieren durchgesetzt.

Trotz dieser Einschränkung: Insgesamt dürfte man im Abendland über mehr Lernbereitschaft und Anpassungsfähigkeit, Neugier und Zweifel an der Richtigkeit des eigenen Weges verfügt haben als in anderen Kulturen. Es mag erlaubt sein, all die Veränderungen im Alltag, im Recht, in Handel und Gewerbe unter dem Begriff „Wachstum" zusammenzufassen und einen Vergleich aus der Mathematik vorzutragen: In Hochkulturen, die seit Menschengedenken Europa weit überlegen waren (Byzanz, die arabisch-islamische Welt, Indien, China), läßt sich ein langsames Wachstum beobachten, nach der Zinsformel. Im Abendland erfolgte das Wachstum ebenfalls langsam, doch seit der Jahrtausendwende etwa nach der Zinseszinsformel. Anfangs ist der Unterschied kaum wahrnehmbar, doch wird er im Laufe der Zeit immer spürbarer. Dank untereinander vernetzter Verbesserungen – Einsparungen von Material hier, Energie dort – konnten seit dem Spätmittelalter europäische Staaten sich und der abendländischen Zivilisation weite Teile der Welt unterwerfen.

2. Religiöse Vorstellungen

Als eine alle Lebensbereiche der mittelalterlichen Gesellschaft durchdringende Kraft kam der Religion eine Bedeutung zu, die man kaum überschätzen kann. Einige für unser Thema wichtige Aspekte sollen hier dargestellt werden; andere kommen bei Erörterung „profaner" Fragen zur Sprache.

Die Beurteilung des Friedens, das Verhalten vor, während und nach einem Krieg wurden von Vorstellungen vorchristlicher griechischer und römischer Autoren sowie germanischer und slavischer Heiden bestimmt. Mindestens ebenso wichtig wurden Aussagen der Bibel und des Korans sowie deren Deutung durch Schriftgelehrte und den „einfachen Mann". „Heide" und „heidnisch" (ähnlich „Barbar", „barbarisch") werden hier wertneutral verstanden, wenn von Völkern die Rede ist, die sich weder zum Christentum noch zum Judentum oder zum Islam bekannten. Obwohl man wissen konnte, daß Muslime strenge Monotheisten sind und Abraham, Moses und Jesus als Propheten verehren, bezeichneten christliche Autoren auch sie – oft bewußt abwertend – als Heiden.

Über die Grenzen der Religionen hinweg war die Vorstellung verbreitet, daß einer unter mehreren Göttern bzw. der eine allmächtige Gott über Sieg und Niederlage entscheide, die Schlacht also ein Gottesurteil darstelle.[1] Angehörige heidnischer Religionen pflegten diesen Gott über die Opportunität eines Krieges zu befragen; war die Entscheidung gefallen, wurde das Schlachtfeld als geheiligter Bezirk abgesteckt. Mit Gebeten und Opfern suchte man den Gott für die eigene Sache zu gewinnen. Heidnische Slaven sollen geglaubt haben, ihre Götter ergötzten sich vorzugsweise an Christenblut. Der später als heilig verehrte Kaiser Heinrich II. war mit Liutizen verbündet, die auf ihren Feldzügen vermutlich auch kriegsgefangene Christen geopfert haben, um ihre Götter gnädig zu stimmen.[2]

Einflußreicher als das germanische Denken wurden für das Mittelalter Aussagen der Bibel, die als von Gott selber inspiriert galt. Im Alten Testament werden zahlreiche Kriege und Schlachten geschildert (z.B. Dt 7,1–5; 20, 16), werden Abraham, Moses, Josua, Samson, Jephta, Gideon, David als Vorbilder von Tapferkeit, Umsicht und Gottvertrauen hingestellt. Die Makkabäer werden gefeiert wegen ihres Mutes und der Bereitschaft, im Vertrauen auf Gott für die Gesetze und das Vaterland den Tod zu erleiden (2 Makk 8, 21. 23; 13; 14). Es konnte nicht ausbleiben, daß Bücher, die in mehr als tausend Jahren unter ganz unterschiedlichen Umständen entstanden waren, vielschichtige Aussagen zum Problemfeld Krieg und Frieden enthalten, auf die man sich im Mittelalter je nach Zeit und Umständen berufen hat. Die historischen Schriften im engeren Sinne bringen Einzelheiten auch zu dem als „heilig" angesehenen Krieg, zum Umgang mit Besiegten, zum Versagen Einzelner und zur Schuld von Gemeinschaften. Altes und Neues Testament schärfen das Verbot des Tötens ein.

„Du sollst nicht morden" (Ex 20, 13; vgl. Röm 13, 9; Jak 2, 11).

„Wer Menschenblut vergießt, dessen Blut wird durch Menschen vergossen" (Gen 9, 6).

„Wer einen Menschen so schlägt, daß er stirbt, wird mit dem Tod bestraft" (Ex 21, 12).

„Alle, die zum Schwert greifen, werden durch das Schwert umkommen" (Mt 26, 52).

Verbote des Tötens weitet das Neue Testament aus zu einem Gebot der Wehrlosigkeit, so in der Bergpredigt (Mt 5):

„Selig, die Frieden stiften, ...

Selig seid ihr, wenn ihr um meinetwegen beschimpft und verfolgt und auf alle mögliche Weise verleumdet werdet ...

Wenn du deine Opfergabe zum Altar bringst und dir dabei einfällt, daß dein Bruder etwas gegen dich hat, so laß deine Gabe dort vor dem Altar liegen; geh hin und versöhne dich zuerst mit deinem Bruder, dann komm und opfere deine Gabe ... Schließ ohne Zögern Frieden mit

deinem Gegner, solange du mit ihm noch auf dem Weg zum Gericht bist ...
Ihr habt gehört, daß gesagt worden ist: Auge für Auge und Zahn für Zahn. Ich aber sage euch: Leistet dem, der euch etwas Böses antut, keinen Widerstand, sondern wenn dich einer auf die rechte Wange schlägt, dann halt ihm auch die andere hin. Und wenn dich einer vor Gericht bringen will, um dir das Hemd wegzunehmen, dann laß ihm auch den Mantel.
Liebt eure Feinde und betet für die, die euch verfolgen."
Beachtung fanden auch andere Worte, die ebenfalls nicht selten aus dem Zusammenhang gelöst und Predigten zugrunde gelegt wurden; sie eigneten sich zur Rechtfertigung kollektiver Gewalt.
„Ich bin nicht gekommen, um Frieden zu bringen, sondern das Schwert. Denn ich bin gekommen, um den Sohn mit seinem Vater zu entzweien und die Tochter mit ihrer Mutter und die Schwiegertochter mit ihrer Schwiegermutter; und die Hausgenossen eines Menschen werden seine Feinde sein" (Mt 10, 34–36).
„Wer zur Gefangenschaft bestimmt ist, geht in die Gefangenschaft. Wer mit dem Schwert getötet werden soll, wird mit dem Schwert getötet" (Offb 13, 10).
„Dann sah ich den Himmel offen, und siehe, da war ein weißes Pferd, und der, der auf ihm saß, heißt ‚Der Treue und Wahrhaftige'; gerecht richtet er und führt er Krieg ... Aus seinem Munde kam ein scharfes Schwert; mit ihm wird er die Völker schlagen" (Offb 19, 11. 15).
Durch die letzten Worte glaubten Krieger sich angesprochen, die in den Kreuzzügen das Heilige Grab befreien wollten. In weniger erregten Zeiten bezog man sie auf den einst wiederkehrenden Christus.
Unbestreitbar war, daß im Neuen Testament der Beruf der Soldaten ausdrücklich anerkannt wird: Johannes der Täufer empfiehlt ihnen, niemanden zu mißhandeln und zu erpressen, sondern mit ihrem Sold zufrieden zu sein (Lk 3, 14). Einige Kapitel nach der Mahnung des Johannes stellt Jesus gar einen

Hauptmann, einen Offizier also, als Vorbild des Glaubens hin (Lk 7, 1–10).[3]

Immer wieder suchten Exegeten nach einem weiteren, verborgenen Sinn der heiligen Schriften, verstanden Aussagen allegorisch, deuteten Allegorien wie Handlungsanweisungen. Der Apostel Paulus hatte dazu aufgerufen, die „Rüstung Gottes" gegen die „Mächte der Finsternis" anzulegen, und mit eindeutig militärischem Vokabular hatte er geschildert, wie innerhalb des Menschen Wahrheit, Gerechtigkeit, Glaube den Geistern des Bösen widerstreiten. Dieser Kampf entscheide über den Zugang zur Seligkeit oder die ewige Verdammnis (Eph 6, 10–20). Um das Jahr 400 verfaßte Prudentius die allegorische Dichtung *Psychomachia* (Seelenkampf), in der der Streit zwischen dem Guten und dem Bösen in der Seele des Menschen geschildert wird *(bellum intestinum)*. Die hier personifizierten Tugenden und Laster wurden wiederholt auch bildlich dargestellt, etwa am Straßburger Münster: Als wehrhafte junge Frauen stoßen die Tugenden den Verkörperungen der Laster, am Boden liegenden Frauen, die todbringende Lanze in den Nacken. Obwohl Paulus betont hatte, der Kampf richte sich nicht gegen Wesen von Fleisch und Blut, legten allegorische Darstellungen es nahe, den in der Seele des Menschen ausgetragenen Kampf zwischen guten und bösen Neigungen auf zwischenmenschliche Konflikte zu übertragen: Hier die Reinen, dort die Lasterhaften, hier die Kinder des Lichts, dort die der Finsternis; der Christ sei aufgerufen, die einen zu schützen, die anderen zu vernichten, damit sie nicht die Guten mit ihrer Irrlehre ansteckten. Derartige Schlüsse sind gezogen worden, wenn es galt, Menschen zu bekämpfen, die als Verkörperungen des Bösen hingestellt wurden, als äußere (Heiden und Muslime) sowie innere Feinde, die sich von der Gemeinde der Rechtgläubigen abgespalten hatten (Schismatiker) oder eine als irrig betrachtete Lehre verkündeten (Häretiker).

Die Bekämpfung des Versuchers konnte daher rasch in den Kampf gegen konkrete Feinde übergehen. Auf die Meldung vom Herannahen der Ungarn (Mai 926) legte Engilbert, Abt von St. Gallen, einen Panzer an und darüber Kukulle und Stola als Zeichen monastischer und priesterlicher Würde. Den kräftigeren Brüdern befahl er, sich ähnlich mit aus Filzstoffen gefertigten Panzern zu rüsten und Waffen herzustellen. In einer kurzen Ansprache, wie das vor einem Gefecht üblich war, habe er die Mönche ermahnt: „Wir wollen beten, meine Brüder, daß wir dem Teufel, den wir bislang im Vertrauen auf Gott mit unseren Seelen bekämpft haben, nun unsere Fäuste zeigen können."[4] Solche Gleichsetzung hat Auseinandersetzungen nicht nur mit Heiden eine unerhörte Härte gegeben.

Exegeten sollten auch Fragen nach der Herkunft des Bösen sowie dem Sinn von Leid und Krieg beantworten. Nach einer apokryphen, also nicht in den Kanon der heiligen Bücher aufgenommenen Schrift hatte einst Luzifer, ranghöchster Engel, von Stolz verblendet Gott die Herrschaft streitig gemacht. In einem gigantischen Ringen habe Michael, zweithöchster Engel, Luzifer und sein Gefolge bezwungen und in den Hölle genannten Abgrund gestürzt. Von hier aus suchten die nun als Dämonen oder Teufel Apostrophierten die Menschen zum Bösen zu verführen. In Kain, der seinen Bruder Abel erschlagen hatte (Gen 4, 8), konnte man einen Vorläufer von Kriegern sehen, die Menschen nach dem Leben trachteten. Eine zentrale Frage blieb jedoch unbeantwortet: Wie konnte der allmächtige Gott zulassen, daß Unrecht geschieht, daß zumal Unschuldige leiden müssen? Eine kühne Teilantwort gab Kaiser Friedrich I. in einem Schreiben, mit dem er 1177 dem von ihm verehrten Orden der Zisterzienser mitteilt, er habe mit dem Papst Frieden geschlossen: „Auf Geheiß des allmächtigen Gottes, durch dessen verborgenen Ratschluß Zwietracht entsteht, wie auch durch sein Erbarmen der Streit wieder in der Einmütigkeit sich auflöst", habe er „den Herrn Alexander als unseren geistlichen Vater und höchsten Priester anerkannt".[5]

Äußerste Konfliktbereitschaft bei Christen

Zur Zeit der Verfolgungen durch den römischen Staat haben viele Christen sich für ihren Glauben töten lassen. Sie verbanden Gewaltlosigkeit mit konsequenter Verweigerungshaltung, wenn sie selbst geringste Konzessionen beim Opfer für die Staatsgötter ablehnten. Die Gewalt der Gegenseite machten sie im Blutzeugnis für Christus offenkundig und ermunterten dadurch andere, ihnen nachzueifern. In der Erinnerung der Gemeinden lebten die Märtyrer seit der Antike weiter, wenn – etwa während des Gottesdienstes – Berichte von ihrem als Sieg gedeuteten Leiden vorgelesen wurden.

Kaiser Konstantin tolerierte und förderte die Christen und ihre Religion. Doch statt das Geschenk der Ruhe zu genießen, trugen die Christen leidenschaftliche Meinungsverschiedenheiten über den wahren Weg zum Heil aus. Als Konstantin meinte, in solche Streitigkeiten eingreifen zu sollen, um den Frieden im Reich zu wahren, biß er auf Granit. Einflußreiche Teilnehmer des von ihm im Jahre 325 nach Nikaia einberufenen Konzils stellten sich auf den Standpunkt, sie hätten sich nicht deshalb die Augen ausreißen, Nasen und Ohren abschneiden lassen, um nun dem Nachfolger der Verfolger-Kaiser willfährig zu sein. Ohne Rücksicht auf den Frieden im Reich stritten bis weit in die Neuzeit Christen über die wahre Lehre – zunächst mit Worten, dann in Form handfester Auseinandersetzungen, schließlich in blutigen Kriegen. Nicht selten wiederholte sich dann ein Grundmuster aus den Verfolgungen zur Zeit der römischen Kaiser: Der christlichen Obrigkeit blieb es unbegreiflich, wie Menschen so verstockt sein konnten, an ihrer „irrigen" Meinung festzuhalten, wo der „wahre", von der etablierten Kirche und Obrigkeit gewiesene Weg zum Heil doch so offenkundig schien.

Kriegerheilige

Als Heerführer wurde die Gottesmutter Maria, als Vorbilder wurden Heilige verehrt. In Spanien rief man den Apostel Jakobus als *Matamoros* (wörtlich: Maurenschlächter) um Hilfe an. Im Laufe der Reconquista – und noch bei der Eroberung

Mexikos – zogen spanische Krieger in den Kampf mit dem Schlachtruf „Santiago!"[6]

Unter den Märtyrern der ersten nachchristlichen Jahrhunderte waren viele Soldaten. Der Legende nach hatte die Thebaische Legion um 280/300 lieber den Tod erleiden wollen, als Christen zu verfolgen. Im Mittelalter verehrten christliche Krieger Angehörige dieser Legion als Schutzpatrone (Fest am 22. September), ihren Anführer Mauritius als Vorkämpfer gegen die Heiden. Zu Ehren des hl. Mauritius stiftete Otto I. im Jahre 937 in Magdeburg ein Kloster, das er 962 zum Erzbistum erheben ließ; wegen der unmittelbaren Nähe zu den heidnischen Slaven war das ein Programm. Als Waffe des hl. Mauritius galt seit dem frühen 13. Jahrhundert das Reichsschwert.[7] Auch andere Legenden sind geschichtsmächtig geworden. So soll Georg als tapferer Ritter eine Stadt von einem Drachen befreit haben; als Heiliger erfreute er sich besonderer Beliebtheit bei Engländern, die mit dem Ruf „Saint Georges!" in die Schlacht zogen.[8] Noch heute beherrscht das Georgskreuz die Nationalflagge des Vereinigten Königreichs. Der spätere Bischof von Tours soll an einem Winterabend die Hälfte seines Soldatenmantels einem frierenden Bettler geschenkt haben; in der folgenden Nacht sei ihm Christus erschienen, bekleidet mit der hingegebenen Mantelhälfte. Diese *cappa Martini* haben die Franken später als siegverheißendes Zeichen mit in die Schlacht genommen. Friedrich I. ließ 1165 von Paschalis III., einem Gegenpapst, den Krieger-Kaiser Karl den Großen in die Schar der Heiligen, der Freunde Gottes, aufnehmen.

Als Vorbild und Schutzpatron verehrten Krieger auch den Erzengel Michael, der oft als wohlgerüsteter Streiter dargestellt wurde. Unter einem Banner mit seinem Bild zogen im 10. Jahrhundert die Heere Heinrichs I. und Ottos I. in den Kampf; sie waren geneigt, in den Feinden – vor allem in den seinerzeit noch heidnischen Slaven und Ungarn – Aufrührer gegen Gott zu sehen.[9]

Um ein siegverheißendes Banner sammelten sich gelegentlich auch Krieger, die sich sonst untereinander befehdeten. So ergriff im Jahre 1124 König Ludwig VI. an der Spitze von

Aufgeboten aus ganz Frankreich in St. Denis die *Oriflamme,* ein rotes, mit goldenen Flammen übersätes Banner, um gegen Kaiser Heinrich V. zu ziehen; nach siegreichem Kampf statteten König und Heer dem hl. Dionysius die schuldige Verehrung ab. Der Heilige sah sich hier in den Dienst einer Volk, Adel und König umfassenden Gemeinschaft gestellt. Zwei Jahrhunderte früher hatte Otto I. bei einem Feldzug durch Frankreich 946 wie selbstverständlich den hl. Dionysius geehrt, ihn sicher auch um Hilfe für sein Unternehmen gebeten.[10]

Gerechter Krieg

Gesellschaftliche Bedeutung gewann das Christentum im Römischen Reich, als dieses in zahllose Kriege verstrickt war. So stellte sich die schon von vorchristlichen Denkern erörterte Frage, unter welchen Bedingungen ein Krieg gebilligt werden könne. Für das abendländische Denken insgesamt und darüber hinaus für das moderne Völkerrecht wurden Erwägungen Augustins bedeutsam, der die frühchristliche grundsätzliche Ablehnung des Kriegsdienstes überwand. In wiederholten Anläufen erörterte er die Frage, wann ein Krieg als unrecht bezeichnet werden müsse und in welchen Fällen man ihn rechtfertigen könne. Zwar bleibt ihm der Krieg ein unabweisbares „großes, schauerliches, verheerendes Übel". Doch schreibt er auch, unter Berufung auf ein bis ins 20. Jahrhundert noch oft zitiertes Wort des Apostels Paulus (Röm 13, 1): Sofern eine legitime Gewalt sie anordne, müßten Kriege sogar von den Guten geführt werden.[11]

Der Befehl einer legitimen Gewalt blieb nicht die einzige Bedingung. Unrecht sei ein Krieg, wenn der Kriegführende sich von verwerflichen Absichten und Gefühlsregungen leiten lasse, der Begierde zu schaden, der Grausamkeit des Rächens, der unversöhnten und unversöhnlichen Gesinnung, aufrührerischer Wildheit, der Herrschsucht und dem Ehrgeiz. Zu rechtfertigen sei ein Krieg nicht nur dann, wenn sündhafte Regungen und das Streben nach Beute fehlen (der Krieger habe ja seinen Sold; eine im Mittelalter meist nicht gegebene Voraussetzung). Wichtiger sind ihm positive Ziele: Erlangung des Friedens, Abwehr eines ungerechtfertigten Angriffs, Wiederherstellung der verletzten Ordnung und Gerechtigkeit; *iusta bella ulciscuntur iniurias.*[12]

Auch wenn Augustinus keine Antwort auf das Dilemma wußte, daß – strenggenommen – der Krieg nur für eine Seite gerecht sein kann, wurden seine Gedanken seit dem Frühmittelalter von anderen Autoren weiterentwickelt. Im 13. Jahrhundert ließ Thomas von Aquin einen Krieg unter folgenden Bedingungen als gerecht gelten: Anordnung durch eine legitime oberste Gewalt (wer als Untergebener in einem Streit an die über ihm stehende Gewalt appellieren könne, sei nicht befugt, zu den Waffen zu greifen, um sich Recht zu verschaffen), Ankündigung in gebührender Weise, gerechter Grund (nur erlittenes Unrecht könne die Übel des Krieges rechtfertigen), die Absicht, Gutes zu bewirken (Wiederherstellung von Frieden, Gerechtigkeit und Ordnung) und Schaden zu verhindern. Bei Erörterung der Kriege des alten Israel fordert Thomas ferner, das Mögliche zur Erhaltung des Friedens zu unternehmen.[13] Damit war die Verhältnismäßigkeit der Mittel zur Wiederherstellung des Rechtsfriedens gefordert. Andere Autoren konkretisierten, was Thomas unter Schadensverhinderung zusammenfaßt: Schutz der Religion, Rettung der Heimat, Treue zu Bundesgenossen. Wie fließend die Grenzen zwischen Verteidigung und Eroberung oft waren, zeigt eine Urkunde aus dem Jahre 1234; hier spricht Papst Gregor IX. dem Deutschen Orden als rechtmäßigen Besitz zu, was dieser „in Zukunft bei der Verteidigung des Christentums von dem Lande der Heiden erwerben" werde.[14]

Führten Christen gegeneinander Krieg, erwiesen sich immer feinere Unterscheidungen als nötig, auf die Dauer aber als wenig hilfreich. Denn meistens gab jede Seite sich überzeugt, mit edler Absicht für eine gute Sache und gegen das Unrecht zu kämpfen. Man mußte sich damit abfinden, daß die Obrigkeit meinte, auch Getaufte mit Krieg überziehen zu dürfen. Da es niemanden gab, der ihr das Recht zum Krieg hätte entwinden können, suchte man, Konflikte durch Verhaltensweisen zu begrenzen, die den Übergang zum Frieden erleichtern sollten, etwa durch die Verkündigung von Gottes-, Land- und Reichsfrieden, bei gleichzeitiger Weiterentwicklung des Rechtes im Krieg. Dem feindlichen Herrscher und dessen Heer sollte der Krieg gelten, nicht aber dem Volk. Nach einem Sieg sollten auch diejenigen Feinde geschützt sein, die sich nicht grausam oder unmenschlich verhalten hatten. So hatte es wenige Jahrzehnte vor Christi Geburt Cicero gefordert. Ermordet in einem Bürgerkrieg auf Betreiben Oktavians, der sich später als Friedenskaiser feiern ließ, wurde Cicero im Mittelalter zeitweise fast wie ein Heiliger verehrt.

Heiliger Krieg

„Heilig" wird in abendländischen Sprachen ein Krieg genannt, den eine Gemeinschaft führt, die sich als Volk Gottes versteht und folgende Ziele verfolgt: den wahren Glauben ausbreiten oder ihn gegen (äußere und innere) Feinde Gottes verteidigen, Gläubige sowie als heilig verehrte Stätten gegen Ungläubige schützen, sie ihrer Macht gegebenenfalls entreißen.

Heilige Kriege unterscheiden sich von gerechten nach Ursache, Ziel, Intensität und Dauer, was fließende Übergänge nicht ausschließt. Ein Feind wird im gerechten Krieg wegen seiner (Un-)Taten bekämpft, im heiligen Krieg wegen seines Glaubens. Der gerechte Krieg soll den Frieden (wieder)herstellen, der heilige Krieg gilt der Vernichtung oder wenigstens Unterwerfung eines Feindes, der meist als auch sittlich verworfen dargestellt wird. Im Idealfall läuft die Lehre vom gerechten Krieg auf Konfliktbegrenzung hinaus, die vom heiligen Krieg auf Konfliktverschärfung: Ein heiliger Krieg ist nicht in das Ermessen der Menschen gestellt, sondern gilt als Pflicht des Gläubigen, da die unbehelligte Existenz des Ungläubigen den gerechten Zorn Gottes errege. Im heiligen Krieg wird kollektiver Haß geweckt, durch Propaganda geschürt und durch Verluste gesteigert mit dem Ergebnis, daß Kompromisse (fast) unmöglich sind und der Krieg bis zum endgültigen Sieg über den Feind verlängert wird.

In diesem Zusammenhang sei die Lehre vom *dschihad* erwähnt. Dschihad bedeutet soviel wie „umfassende Anstrengung und Bemühung für den Islam", dieser verstanden als Ergebung in den Willen Gottes, wie sie Mohammed (etwa 570–632) geoffenbart und als einzig wahre Lehre im Koran gesammelt und aufgezeichnet worden ist. Jeder Muslim, d.h. Rechtgläubige, soll auf ihm zumutbare Weise den Islam ausbreiten; doch hat dieses Gebot für die Gläubigen nicht so großes Gewicht wie die „fünf Säulen" (Glaubensbekenntnis, Gebet, Almosen, Fasten, Wallfahrt nach Mekka). Grundsätzliche Vorbehalte gegen Krieg und Gewalt, wie sie sich im Neuen Testament finden, sind dem Koran fremd. Jede „Anstrengung", die zu Ausbreitung, Verteidigung oder Schutz des Islam notwendig oder sinnvoll sein sollte, gilt als gerecht. Im Mittelpunkt der Lehre vom *dschihad* steht die Werbung für die Teilnahme am Kampf zur Ausbreitung der wahren Lehre.[15]

„Wenn ihr (auf einem Feldzug) mit den Ungläubigen zusammentrefft, dann haut (ihnen mit dem Schwert) auf den Nacken! Wenn ihr sie schließlich vollständig niedergekämpft habt, dann legt (sie) in Fesseln, (um sie) später entweder auf dem Gnadenweg oder gegen Lösegeld (freizugeben)! (Haut mit dem Schwert drein) bis der Krieg (euch) von seinen Lasten befreit... (Diejenigen), die um Gottes willen getötet werden, (... wird er) ins Paradies eingehen lassen, das er ihnen zu erkennen gegeben hat" (47, 4). Denjenigen, „die um Gottes willen getötet worden sind, (...) wird bei ihrem Herrn himmlische Speise beschert" (3, 169).

Die unbekehrte Welt (*dar al-harb*, Gebiet des Krieges) soll zur bekehrten Welt (*dar al-Islam*, Gebiet des Friedens) hingeführt werden. Bis die Zweiteilung der Welt aufgehoben ist, die Anhänger der wahren Lehre überall triumphieren, die Ungläubigen getötet, bekehrt oder unter die politische Gewalt und die Zinsherrschaft der Rechtgläubigen gezwungen sind, kann es mit den Ungläubigen eigentlich nur Waffenstillstände geben für höchstens zehn Jahre.

Der *dschihad* unterscheidet sich vom „heiligen" Krieg und kann doch in ihn übergehen. Schon aus wirtschaftlichen Gründen bezweckt der *dschihad* nicht die Vernichtung der Ungläubigen. Als Bekenner geduldeter „Buchreligionen" sollten Christen und Juden sich unterwerfen und Abgaben bezahlen. Oft genug bekamen sie die ganze Härte muslimischer Herrscher zu spüren, im allgemeinen wurde ihnen indessen die freie Ausübung ihres Glaubens sowie ein gewisses Maß an eigener Verwaltung und eigener Gerichtsbarkeit gewährt, nicht jedoch grundsätzliche Gleichberechtigung. Trotzdem konnte manche Juden- und manche Christengemeinde unter islamischer Herrschaft bis auf den heutigen Tag überleben, zeitweilig wirtschaftlich aufblühen und große kulturelle Leistungen hervorbringen. Obwohl es im Koran heißt: „In der Religion gibt es keinen Zwang" (2, 256), d.h. man kann niemanden zum (rechten) Glauben zwingen, blieb Heiden nur die Wahl zwischen Islam und Tod.[16]

Wie in einem heiligen Krieg verstanden muslimische Krieger sich als Streiter Gottes für die wahre Lehre. Wer bei der Ausbreitung des Islam fiel, starb in dem Bewußtsein, unmittelbar ins Paradies eingehen zu dürfen.[17] In gut einem Jahrhundert haben muslimische Krieger den Islam vom Innern Arabiens aus weit nach Westen bis an den Atlantik, nach Nordwesten über Spanien und die Pyrenäen bis nach Südfrankreich, nach Osten bis zum Indus ausgebreitet. Zahlreiche Faktoren haben dieses explosionsartige Wachsen begünstigt: Friede im Inneren einer bis dahin durch Kleinkriege geschwächten Gesellschaft; Sendungsbewußtsein und Opferbereitschaft; Mut und Kühnheit, strategisches Geschick und Flexibilität; Lernfähigkeit sowie Anpassung an räumliche und kulturelle Gegebenheiten – und das unter Einsatz aller zur Verfügung stehenden militärischen, politischen, diplomatischen und wirtschaftlichen Mittel. Bedeutsam waren nicht zuletzt soziale, religiöse und politische Spannungen im jeweiligen gegnerischen Lager. So erhob das von vielen Seiten bedrohte Byzantinische Reich derart hohe

Abgaben, und es zeigte sich christlichen Häretikern gegenüber so unduldsam, daß viele über Gebühr Bedrückte einen Sieg der Muslime als Befreiung herbeisehnten. Nach Spanien und Italien wurden muslimische Krieger als Verbündete in Kämpfen unter rivalisierenden Parteien gerufen.

Möglicherweise haben muslimische Herrscher eher und nachdrücklicher als christliche Machthaber Siegerwillkür gezügelt. Das vom Islam ausgebildete Recht erlaubte, nur wirklich kämpfende Krieger zu töten; Frauen, Kinder, Alte, Behinderte sollten geschont werden, sofern sie nicht während des Kampfes Hilfsdienste geleistet hatten. Kriegsgefangene durften getötet, versklavt oder zum Freikauf angeboten werden. Dieses Recht galt auch für die „Ungläubigen". Geradezu human zeigte sich Mehmed II. nach der Eroberung von Konstantinopel 1453; die Zahl der Opfer wird auf etwa 4000 geschätzt.[18]

Lehrstreitigkeiten und Kriege blieben der islamischen Welt nicht erspart. Anders als Koran und Tradition es vorsahen, haben christliche und muslimische Obrigkeiten im Mittelmeerraum sich jahrhundertelang nicht weniger gut verstanden als christliche Gemeinwesen untereinander. Wiederholt kam es zu gemischten Allianzen, und nicht nur in Spanien kämpften einmal Christen gegen Muslime, ein andermal Christen und Muslime vereint gegen ihre jeweiligen Glaubensgenossen. Infolgedessen standen muslimische Gelehrte vor ähnlich unlösbaren Fragen wie christliche Theologen, die sich zum Problem des „gerechten Krieges" unter Christen äußern sollten.

Gewalt zur Propagierung der Heilslehre war auch Christen nicht fremd. Augustinus beruft sich in der Auseinandersetzung mit den Donatisten, einer seinerzeit in Nordafrika verbreiteten christlichen Sekte, auf ein Gleichnis Jesu (Lk 14, 23): Ein Gastgeber trägt seinen Dienern auf, Fremde zum Besuch eines von ihm ausgerichteten Festes zu nötigen. Gestützt auf das Wort „nötige sie einzutreten" – *compelle intrare,* so die Vulgata; eine andere weitverbreitete Übersetzung hat hier *coge intrare,* was sich auch mit „zwinge sie einzutreten" wiedergeben läßt –, hält Augustinus es für erlaubt, die donatistischen Schismatiker als Irrende in die Gemeinschaft der „Rechtgläubigen" zurückzuführen; dabei könne die Obrigkeit gar verpflichtet sein, Gewalt anzuwenden.

Mehr als ein halbes Jahrtausend später wurde das Gleichnis Jesu vom Gastgeber wieder bemüht. Im 10. Jahrhundert hatten Sachsen ihre slavischen Nachbarn jenseits von Elbe und Saale bekriegt und christianisiert. Gedemütigt und ausgebeutet (sogar nach Meinung sächsischer Chronisten), schüttelten die Unterworfenen 983 die Oberherrschaft der Sachsen ab. Kleriker und Laien, Mönche und Nonnen, Bischofs- und Pfarrkirchen fielen einer heidnischen Reaktion zum Opfer. Als Jahrzehnte später ein Neuanfang möglich wurde, beriefen christliche Autoren sich auf Augustinus und argumentierten folgendermaßen: Da die Rebellen nicht Heiden, sondern abtrünnige Christen seien, dürfe man bei der Neuverkündung des Evangeliums Gewalt anwenden. Auf den Gedanken, zunächst einmal festzustellen, wie viele der Slaven in ihrer Jugend überhaupt getauft worden waren, ist man nicht gekommen; in Fragen des Heils und des göttlichen Auftrags konnten Quantitäten nicht entscheiden.

Vielleicht darf man es als Symptom eines geschärften Gewissens ansehen, daß überhaupt kontrovers diskutiert wurde, ob man Menschen mit Gewalt zum Glauben zurückführen dürfe. Andererseits galt noch Jahrhunderte später Apostasie, Abfall vom Glauben, in den Augen der weltlichen und der kirchlichen Obrigkeit als todeswürdiges Verbrechen, nicht dagegen der sozusagen natürliche, angeborene Status des Heidentums. In manchen islamischen Staaten droht Apostaten noch heute die Todesstrafe.

Von der Rückführung Abtrünniger in die Gemeinschaft der Rechtgläubigen ist also die gewaltsame Mission zu unterscheiden. Im Christentum kannte man sie spätestens seit dem 8. Jahrhundert. Karl der Große wollte die Sachsen unterwerfen, zunächst vielleicht nur seiner Herrschaft, dann jedenfalls auch der christlichen Religion. Im Laufe eines jahrzehntelangen Krieges haben die im Frankenreich zusammengeschlossenen Völker – einschließlich einer profränkischen Partei der Sachsen – auch die gewaltsame Christianisierung der Sachsen gefordert und durchgesetzt; sie haben sich dabei über Bedenken hinweggesetzt, die nachdrücklich Alkuin vorgetragen hatte, einer der einflußreichsten Berater Karls.

Gestützt auf Augustins Argumentation den Donatisten gegenüber und Karls Verhalten den Sachsen gegenüber, sahen sich seit der Jahrtausendwende kirchliche und weltliche Obrigkeiten jedenfalls zur Anwendung von Gewalt bei der Ausbreitung des Glaubens legitimiert: vor allem gegen Getaufte (ins Heidentum zurückgefallene Abtrünnige, zum Judentum oder Islam Konvertierte, Schismatiker und Häretiker), ferner gegenüber Juden, Muslimen und Heiden.[19] An der Schwelle zur Neuzeit lobt Papst Alexander VI. in einer Urkunde, der Bulle *Inter Caetera* vom 4. Mai 1493, die katholischen Könige Ferdinand und Isabella wegen ihrer Verdienste um die Befreiung Granadas vom Joch der Sarazenen. Mit der Einnahme der letzten von den Muslimen gehaltenen Besitzung in Spanien war am 2. Januar 1492 die Reconquista der Iberischen Halbinsel abgeschlossen worden. Unter anderen, der göttlichen Majestät wohlgefälligen und ihm am Herzen liegenden Werken sei sicher das wichtigste, so schreibt der Papst, daß „in unserer Zeit vor allem der katholische Glaube und die christliche Religion gefördert und überall verbreitet, daß für das Heil der Seelen gesorgt, daß die barbarischen Völker unterworfen und zum wahren Glauben bekehrt" werden.[20] Unterwerfung und Bekehrung werden noch als Einheit gesehen gegenüber den Ureinwohnern des Kontinents, der später Amerika genannt werden sollte. Ähnlich wie der Papst argumentierten in der Neuzeit andere Kolonialherren.

In der Kreuzzugsbewegung – sie umfaßte das ganze Abendland und reichte vom Ende des 11. bis ins 13. Jahrhundert – zeigte Europa erstmals sein häßliches Gesicht. Ausgelöst wurde sie von Papst Urban II. auf einer Synode in Clermont 1095. In einer Predigt rief der Papst seine Zuhörer dazu auf, von Muslimen bedrängte Christen im Vorderen Orient zu schützen, sie und die Stätten, die Jesus durch sein Leben, sein Leiden und seinen Tod geheiligt habe, vom muslimischen Joch zu befreien. Das Echo, das der Aufruf bei den Massen fand, hat

Christus als Heerführer.
Christus, erkennbar am Kreuznimbus, trägt die Heilige Schrift des Neuen Bundes in der Hand. Die Schilderung des Aufbruchs zum Endkampf in deren letzten Buch haben Kreuzfahrer – als solche erkennbar am Kreuz auf Schild und Wimpel – auf sich bezogen: „Ich sah ein weißes Pferd", dessen Reiter gerecht richte und Krieg führe. „Aus seinem Mund kommt ein scharfes Schwert; mit ihm wird er die Völker schlagen" (Offb 19, 11. 15). Vom Himmel aus segnet Gottvater die Ausziehenden. Die Krieger haben hier auch die Fäuste sowie Beine und Füße gepanzert. Der dicke Knauf der langen Schwerter soll verhindern, daß die Waffe während des Kampfes der Hand entgleitet. Wegen ihrer hohen Kosten wurden Waffen – hier die Helme – auch dann noch gebraucht, wenn sie schon nicht mehr modern waren. Ein Sattel wie der, auf dem Christus sitzt, gibt dem Reiter Halt und Stütze für den Fall eines wuchtigen Schlages von vorn.
Apokalypse (14. Jh.). London, British Museum

den Papst sowie andere kirchliche und weltliche Würdenträger überrascht. Man konnte es sich nur so erklären, daß Gott selber den Zug wolle *(Deus lo vult)*, zu dem sich Tausende verpflichteten, indem sie sich ein Stoffkreuz auf ihre Kleidung hefteten.[21] Die deshalb erst von späteren Generationen „Kreuzfahrer" Genannten sahen sich selber als „Pilger" und ihr Unternehmen als „Pilgerfahrt"; dasselbe Vokabular verwendeten Kreuzfahrer, die in Südfrankreich Katharer (daher die Bezeichnung Ketzer), im Baltikum Heiden und in Spanien Muslime bekämpften.

Im Laufe der Kreuzzüge bildete sich ein neuer Typ von (lange Zeit höchst effizienten) Kriegern aus, die – in Orden straff organisiert – die Ideale des Ritters mit den Gelübden des Mönchs verbanden. Der Deutsche Orden, die Johanniter und die Templer waren zeitweilig über das ganze Abendland und im Heiligen Land verbreitet und einflußreich. Der 1175 von Papst Alexander III. anerkannte, in Spanien verbreitete Santiagoorden erlaubte den Brüdern sogar die einmalige Ehe![22] Legitimiert sahen sich die Angehörigen der Ritterorden durch Bernhard von Clairvaux, einen tiefsinnigen Mystiker und zu seiner Zeit eine der höchsten Autoritäten des Abendlandes. Der Zisterzienserorden, der im 12. Jahrhundert die Regel Benedikts wieder in ihrer alten Reinheit zur Geltung bringen wollte, verdankte Bernhard raschen Aufstieg und europaweite Verbreitung. Im Jahre 1146 predigte Bernhard mit großem Erfolg den Kreuzzug gegen die Muslime im Heiligen Land und gegen die Slaven zwischen Elbe und Oder. In einer Werbeschrift „Vom Lob des neuen Kriegsdienstes" preist er den Tod für Gott, Kirche und Glauben als höchstes Verdienst. Das allein wäre, denkt man an die vielen Märtyrer, nicht bemerkenswert; doch geht Bernhard weit darüber hinaus. Als gottgefälliges Werk, das keine Strafe, sondern nur Ruhm mit sich bringe, rechtfertigt er die Bekämpfung von Irrgläubigen und Irrlehrern sowie die Vernichtung der Heiden, zu denen er auch die Muslime zählt. „Die Ritter Christi aber kämpfen mit gutem Gewissen die Kämpfe des Herrn und fürchten niemals weder eine Sünde, weil sie Feinde erschlagen, noch die eigene Todesgefahr." Der Ritter Christi töte mit gutem Gewissen im Bewußtsein, Christus zu nützen. „Er steht im Dienst Gottes und vollstreckt das Urteil an dem, der Böses tut ... Wenn er einen Übeltäter umbringt, ist er nicht ein Menschenmörder, sondern sozusagen ein Mörder der Bosheit, und mit Recht wird er als Christi Rächer gegen die Missetäter und als Verteidiger der Christenheit angesehen." Die folgende Einschränkung wird oft überhört worden sein: Man dürfe die Heiden allerdings nicht töten, „wenn man sie auf einem anderen Weg von den maßlosen Feindseligkeiten und von der Unterdrückung der Gläubigen abhalten könnte".[23] Das Rolandslied und andere von Christen verfaßte Schriften stellen Heiden und Muslime als Ausgeburten des Bösen hin, sprechen ihnen das Menschsein ab und erklären jedes Übel, das man ihnen antun könne, als gerechtfertigt.

Über solch martialischen Verlautbarungen soll indessen eins nicht übersehen werden: Zwar haben Päpste, Bischöfe, Äbte, Kleriker und Laien Kriege geführt und Kreuzzüge propagiert; zwar wurden die hier Gefallenen als Märtyrer gepriesen, die mit dem Tod der ewigen Seligkeit teilhaftig würden; zwar wurden unter Engeln, Märtyrern und Bekennern Kriegerheilige verehrt. Doch sind Vorstellungen vom gerechten oder heiligen Krieg zu keiner Zeit „herrschende" Lehre im Christentum geworden. Und: Während Tausende sich für Kreuzzüge begeisterten, haben nachdenkliche, weitblickende, kritische Zeitgenossen (sie waren in geringer Zahl, gewiß) ähnlich leidenschaftlich die Kreuzzüge als Verirrung, als Pervertierung der Botschaft des Evangeliums verurteilt.[24]

Im Laufe der Geschichte hat das Christentum immer wieder Einzelne und Gruppen hervorgebracht, die sogar Notwehr ablehnten und zum Martyrium bereit waren. Einer von ihnen war Bonifatius († 754). Er hatte seine sichere Heimat in England verlassen und auf dem Kontinent als Missionar unter den Germanen sowie bei der Organisation der fränkischen Kirche gewirkt. An dem Tag, da er in Friesland Neugetauften das Sakrament der Firmung spenden wollte, drang eine bewaffnete Bande in das Lager der Missionare ein. Bonifatius habe seine

Geistlichen gesammelt und seinen Leuten sogar verboten, sich zu wehren: „Lasset ab, Mannen, vom Kampfe,... denn das wahre Zeugnis der heiligen Schrift lehrt uns, nicht Böses mit Bösem, sondern sogar Böses mit Gutem zu vergelten... Fürchtet euch nicht vor denen, die den Körper töten, die Seele aber, die ewig lebt, nicht vernichten können.... Gehet standhaft hier in den drohenden zeitlichen Tod, damit ihr mit Christus herrschen könnt in Ewigkeit." Daraufhin hätten Bonifatius und seine Begleiter die tödlichen Streiche empfangen.[25] Die Bereitschaft, klaglos den Tod für Christus zu erleiden, galt also noch im 8. Jahrhundert als ein Ideal. Ähnliche Erfahrungen wie Bonifatius machten im Früh- und Hochmittelalter auch andere Missionare sowie Christen ganzer Landstriche zu Zeiten heidnischer Reaktion.

Das Verhalten des Bonifatius fügt sich eher in die kirchliche Lehre ein als die Kampfschrift Bernhards. Denn anknüpfend an altrömisches, also vorchristliches Sakralrecht, hatte das kirchliche Lehramt Klerikern und Mönchen den Kampf mit blutiger Waffe verboten. Im 9. Jahrhundert kam es, gefördert durch die Einfälle äußerer Feinde, zu einer Militarisierung des Klerikerstandes, die vom Lehramt allerdings nicht anerkannt worden ist. Es war nur konsequent, daß Thomas von Aquin im 13. Jahrhundert, als die Kreuzzugsbewegung ihren Höhepunkt schon überschritten hatte, folgendermaßen argumentierte: Kriegführung steht im Gegensatz zum hohen Amt des Priesters. Denn wer den Dienst am Altar versieht, darf nicht Blut vergießen. Zudem bedeute Krieg ständige Unruhe, die den Priester hindere, seinen geistlichen Pflichten nachzukommen. Thomas begnügte sich nicht damit, den Bischöfen den Dienst mit der Waffe zu verbieten, den sie also leisteten; vielmehr forderte er von ihnen die Bereitschaft, ihr eigenes Blut für Christus zu vergießen, um das, was sie in ihrem Amt tun, auch in ihrem Werk nachzuahmen.[26]

Humanisierung der Kriegführung durch die Religion?

Der Gedanke der Versöhnung bildet eine der zentralen Aussagen des Christentums: Versöhnung des Menschen mit Gott und der Menschen untereinander. „Gott hat es gefallen, alle Wesen durch ihn zu versöhnen, indem er Frieden stiftete durch das Blut seines Kreuzes" (Kol 1, 20). Haben solche Worte das Verhalten von Christen im Krieg spürbar beeinflußt? Sind Fälle von Bereitschaft zum Martyrium und von Schonung Besiegter vielleicht nur (oder: vor allem) deshalb in die Quellen eingegangen, weil sie so selten waren?

Bis in die Zeit der Kreuzzüge zeigten Theologen sich überzeugt, daß für die Tötung eines Menschen „in offenem Kriege" eine Buße von 40 Tagen bis zu einem Jahr geleistet werden müsse.[27] Als Bußpredigt läßt sich eine Figur aus dem 12. Jahrhundert im Tympanon der Abteikirche zu Conques in Südfrankreich verstehen, einer Zeit also, in der Kreuzfahrer von kirchlichen Großen gepriesen wurden: Unter den Verdammten sieht man eine mit dem Kopf nach unten hängende, am Kettenhemd eindeutig als Krieger erkennbare Gestalt; vergebens sucht man (auch andernorts?) ihresgleichen unter den zur Seligkeit Berufenen.

Großmütiges Handeln vor, in und nach einem Kampf muß nicht als Ausfluß der von Christus gebotenen Feindesliebe gedeutet werden; doch ist christlich motivierte Barmherzigkeit wiederholt in die Forderung eingegangen, einen Feind zu schonen. So verurteilt Papst Nikolaus I. im Jahre 866, gefangene Feinde und erst recht nicht-waffenfähige Frauen und Kinder zu töten.[28] Es blieb nicht bei hehren Forderungen. Im Jahre 841 hatten die Söhne Ludwigs des Frommen bei Fontenoy um das Erbe ihres Vaters gekämpft. Die Zahl der Opfer wäre wohl weit größer gewesen, wenn die Sieger – Ludwig (der Deutsche) und Karl (der Kahle) – den besiegten Lothar anschließend verfolgt hätten; denn oft hatte der Unterlegene dann noch höhere Verluste als in der Schlacht zu beklagen. Bei einer Zusammenkunft der Sieger äußert sich 842 in Straßburg Ludwig zum Motiv der Sieger: „Von brüderlicher Liebe getrieben und aus Erbarmen mit dem christlichen Volke" hätten sie Lothar und dessen Krieger „nicht verfolgen noch vernichten wollen". Diese Worte überliefert ein Vetter der Brüder, Karl nahestehend und vielleicht für die Sieger voreingenommen.[29] Deshalb seien hier zwei weitere Beispiele für Milde erwähnt, die möglicherweise christlich motiviert war (wie will man die wahren Motive ergründen?). Nach langem Kampf mußten sich 1312 die Verteidiger eines italienischen Kastells dem Kaiser ergeben; Heinrich VII. begnadigte die Rebellen. Als Zeichen, daß sie ihr Leben verwirkt hatten, mußten sie einen Strick um den Hals tragen, gewannen aber schon Weihnachten ihre Freiheit zurück.[30] Während des Hundertjährigen Krieges mußte Calais nach elfmonatiger Belagerung 1347 die Waffen strecken. Sechs Bürger lieferten sich freiwillig den Engländern aus; die mochten sie hinrichten und so den Zorn über herbe eigene Verluste kühlen, den Bewohnern der Stadt aber das übliche Massaker ersparen.[31] Der schwere Gang der „Bürger von Calais" – Rodin hat sie in einer Skulptur verewigt – endete glücklich. Die Engländer schonten Stadt und Geiseln.

Das Gebot der Feindesliebe und wirtschaftliche Erwägungen können dazu geführt haben, daß nicht mehr ganze Völker deportiert wurden und daß an die Stelle der in der Antike weitverbreiteten Versklavung der Kriegsgefangenen die Auslösung trat.[32] Auch ganz ohne humanitäre Erwägungen läßt sich erklären, daß in vielen (den meisten?) Kriegen nur wenige Menschen zu Tode kamen: Verglichen etwa mit Byzanz zur Zeit seiner Blüte oder mit dem Mongolenreich im 13. Jahrhundert geboten abendländische Herrscher – mit Ausnahme Karls des Großen – über eher kleine Reiche. Hatte die vom Christentum propagierte Tugend des Maßes vielleicht zur Bescheidenheit beigetragen?

Man könnte Beispiele dafür anführen, daß die Christianisierung zu einer – nach Zeit, Raum, Personen begrenzten – Humanisierung des Krieges und seines Umfeldes beigetragen hat. Die Erfolge waren wohl auch deshalb nicht spürbarer und dauerhafter, weil nur wenigen eine völlige Umkehr gelungen ist, um die die meisten sich gar nicht bemüht haben. Bezeichnend ist ein Wort, das der Bischof von Reims dem Frankenkönig Chlodwig bei der Taufe (496?) gesagt haben soll: *Adora quod incendisti, incende quod adorasti.*[33] Die Mahnung, anzubeten, was er in Brand gesteckt, und Feuer an das zu legen, was er angebetet habe, verlangte vom König keine grundsätzliche Umkehr. Kontinuität und Struktur von Denken und Handeln wurden nicht in Frage gestellt; nur die Gegenstände von Anbetung und Brandstiftung sollten ausgetauscht sein.

Trotz leuchtender Beispiele der Opferbereitschaft hat sich im Christentum die Rechtfertigung von Gewalt und Krieg durchgesetzt, vor allem zum Schutz der Schwachen. Als schwach galten die Kirche und ihre Amtsträger, allen voran der Papst. Wiederholt sahen sich Könige und Kaiser – als *patricius* und Vogt *(advocatus)* der römischen Kirche war der Kaiser zu deren Schutz verpflichtet – gebeten, gerufen, aufgefordert, dem Papst zu Hilfe zu eilen gegen Angriffe christlicher Langobarden, muslimischer Sarazenen, gebannter Herrscher.[34] Während des Investiturstreites, in dem Christen einander bekämpften, zeigten Parteigänger des Papsttums sich überzeugt, daß die auf ihrer Seite Gefallenen in den Kreis der Heiligen, wenn nicht gar der Märtyrer aufgenommen seien.[35] Sogar die Kreuzzüge verfolgten das Ziel, die Jerusalempilger vor Raub und Überfall durch muslimische Beduinen zu schützen.

Gestört wurde der Friede nicht nur durch Anwendung von Gewalt gegen äußere und innere Feinde, sondern auch durch Ansprüche, die aus der Frohen Botschaft (so die wörtliche Übersetzung von Evangelium) abgeleitet wurden. Die in die ausgehende Antike zurückreichende *Zwei-Gewalten-Lehre,* nach der die kaiserliche und die priesterliche Gewalt gemeinsam für den Frieden in der Welt zu sorgen hätten, wurde während des Investiturstreites von der päpstlichen Partei weiter zur *Zwei-Schwerter-Lehre* zugespitzt: Christus habe mit dem Wort von den beiden Schwertern (Lk 22, 35–39) sagen wollen, daß er dem Papst das geistliche, dem Kaiser das weltliche Schwert anvertraut habe und daß dieses jenem untergeordnet sei.[36]

Wie soll man „Gewinne" an Humanität als Folge der Christianisierung beurteilen? Wieweit wurden sie aufgewogen durch Gewalttaten in bewaffneten Konflikten, die von der Fehde bis zu „heiligen" Kriegen reichten?[37] Vielleicht sollte man in diesem Zusammenhang Folgendes in Betracht ziehen: Die Verfasser der uns vorliegenden schriftlichen Quellen – jahrhundertelang waren das vorzugsweise Kleriker – halten schlimme Ausschreitungen und die Namen derer fest, die nach Meinung von Zeitgenossen Schuld auf sich geladen hatten. Gibt es eine so schonungslose Offenheit auch in anderen Kulturen? Unsere Chronisten haben Untaten nicht ungeschehen machen können; doch haben sie viel dafür getan, daß das Wissen um Normen nicht in Vergessenheit geriet, Normen, die gebieten, auch im Feind den Mitmenschen zu achten und Schwache zu schonen.

3. Vorkehrungen für den Fall eines Krieges

Angesichts feindlicher Bedrohung hatten Gruppen die Wahl zwischen Widerstand, Unterwerfung und Flucht. Siedlungsleere Räume haben jahrhundertelang ein Ausweichen begünstigt. Aus Erfahrung wußte man, wie man sich am besten zu schützen hatte. Zunächst nutzte man, wovon schon die Rede war, Wald, Sumpf und Berge, Inseln und Flußschlingen. Ein Verhau aus in die Erde gerammten, untereinander verbundenen Bäumen mit zugestutzten Kronen schloß Lücken und machte die Anlage schwer durchdringlich. Bei rechtzeitiger Besetzung und Versorgung des Platzes konnten Verteidiger eine mehrfache Zahl von Angreifern aufhalten und den Feind zur Aufsplitterung seiner Kräfte zwingen. Befestigungen waren also geeignet, zahlenmäßige Unterlegenheit zu kompensieren.

Anregungen aus der Römerzeit

Von Rom oder Byzanz angeworbene Barbaren lernten kostspielige, fachmännisch aufgerichtete Verteidigungswerke kennen. Alemannen, Franken und Angelsachsen sahen, wie man größere Räume geschützt hatte, etwa mit dem *Limes* in Deutschland und im Norden Englands. Einem Kenner des Kriegshandwerks dürften Erwägungen, die hinter diesem Bauwerk, jener Befestigung standen, so weit eingeleuchtet haben, daß er bei passender Gelegenheit ähnliche Lösungen suchte. Dazu brauchte man nicht einmal antike Militärschriftsteller zu kennen.

Lineare Befestigungen führte man zunächst aus Erdreich auf; Graben und Wall wurden durch Palisaden, Türme und Steinbauten weiter verstärkt. Man nutzte das Gelände so, daß nur wenige leicht zu kontrollierende Durchgänge blieben; bei

Gefahr wurde der *Limes* besetzt. Der Offa's Dyke, möglicherweise von König Offa II. (†796) begonnen, schützte das angelsächsische Königreich Mercia gegen die keltischen Waliser; erhalten ist dieses Werk auf etwa 125 Kilometer Länge, Wall und Graben sind etwa 18 Meter breit.[1]

Jütland ist nicht, wie die Iberische Halbinsel und Italien, durch ein Gebirge gegen den „Rumpf" Europas abgeschirmt, sondern geht nach Süden nahtlos in die norddeutsche Tiefebene über. Das bewog dänische Herrscher wiederholt dazu, eine mit den Flüssen Schlei (zur Ostsee) und Treene bzw. Eider (zur Nordsee) gegebene Engstelle zwischen Ost- und Nordsee zu einem *Danewerk* ausbauen zu lassen, in das Sümpfe sowie wichtige Handelsorte (Haithabu bzw. Schleswig) einbezogen waren. Dendrochronologische Untersuchungen erlaubten, Phasen des Baus an drei einander ablösenden Sperrgürteln recht genau zu datieren. Unbekannt sind die Umstände, die die Arbeiten 737 ausgelöst haben; Befestigungswerke aus dem 9. und 10. Jahrhundert fügen sich dagegen in das Bild, das schriftliche Quellen von Spannungen zwischen Dänemark und dem Karolinger-, später dem Ottonenreich vermitteln. 808 ließ der Dänenkönig Godofrid von seinen Kriegern die Grenze nach Sachsen zwischen Ost- und Nordsee durch ein Bollwerk auf dem nördlichen Ufer der Eider schützen; Wagen und Reiter konnten nur durch das *Wiglesdor* passieren.[2] Im Jahre 974 zog Otto II. gegen die Dänen, die die lästige Tributpflicht abschütteln wollten; sie konnten zwar rechtzeitig den Graben besetzen, aber nicht verhindern, daß die Leute Ottos II. die Befestigungen einnahmen.[3] Die von Archäologen „Danewerk III" genannte Anlage, gebaut von etwa 1030 bis etwa 1180, dürfte zuletzt mindestens fünf Meter hoch und zwanzig Meter breit gewesen sein, der Sohlgraben vier Meter breit und ein Meter tief; die Berme – die freie Fläche zwischen Wallfront und Graben – war mit acht Metern wesentlich breiter als bei den früheren Werken.[4]

Es lag nahe, aus der Römerzeit stammende, aus Stein gefügte Werke in Notzeiten zur Verteidigung zu nutzen. An der adriatischen Küste flüchtete sich die romanische Bevölkerung gegen die einwandernden Slaven in den weitläufigen Palast Kaiser Diokletians, der später weiter zur Festung Spalata ausgebaut wurde (heute Split).[5] Die Arena in Arles faßte mehr als 20000 Zuschauer; hier und an der nur wenig kleineren Arena in Nîmes nahm man in der Spätantike geringfügige Anbauten vor, und den Bewohnern standen Bollwerke zur Verfügung, die gut zu verteidigen waren. In Arles barg die Arena eine kleine Stadt mit mehr als zweihundert Häusern und einer Kirche. Um die Verteidigung zu erleichtern, baute man im 12. Jahrhundert zusätzlich Türme, von denen drei erhalten sind.[6]

Spätestens seit der zweiten Hälfte des achten Jahrhunderts regierten die fränkischen Herrscher gern von verkehrsgünstig gelegenen Pfalzen und Königshöfen aus, die größere Gebäudekomplexe mit den dazugehörigen Ländereien sowie dem für die Bewirtschaftung nötigen Gesinde umfaßten. Pfalzen wie die in Aachen, Ingelheim, Frankfurt, Ulm eigneten sich für längere Aufenthalte und zu Repräsentationszwecken aller Art: Feier des herrscherlichen Gottesdienstes in einer eigenen Kapelle; Aufnahme hochgestellter Gäste, diplomatischer Gesandtschaften und eines großen Personenkreises, etwa gelegentlich eines Hof- oder Reichstages.[7]

Mindestens durch einen Zaun vom umliegenden Land getrennt, wurden Pfalzen und Königshöfe in unruhigen Zeiten und gefährdeten Landstrichen befestigt; nicht anders hatten es die Römer in den Wirren der spätantiken Bürgerkriege und Völkerwanderungen mit bedrohten Gutshöfen gehalten. In vorgeschobenem Gebiet dienten Pfalzen und Königshöfe auch als Grenzposten und Rückzugsstellungen. Es ist verständlich, daß Pfalzen oft Ziele feindlicher Einfälle bildeten. Im allgemeinen fehlten ihnen Türme und stärkere Befestigungen, die sie erst zu einer Burg gemacht hätten. Im gegebenen Fall besorgten Feinde den Ausbau zu einer „richtigen" Festung. So verschanzten sich die Normannen auf ihren Raubzügen durch das Frankenreich im 9. Jahrhundert gern in Königshöfen und Pfalzen, Klöstern und aus Stein gebauten Kirchen, die sich rasch befestigen ließen und die sich deshalb auch als Winterquartier eigneten. Wiederholt haben sie hier einer zahlenmäßigen Übermacht getrotzt.[8]

Vom Behauptungswillen der Menschen in Räumen, die lange Zeit unter feindlichen Einfällen zu leiden hatten, zeugen kirchliche Bauten, die man von vornherein auch als Verteidigungswerk plante. Das Katharinenkloster auf dem Sinai wurde nach 548 von Kaiser Justinian I. als befestigte Anlage mit strategischer Bedeutung errichtet. Als Brückenburg wurde das Kloster San Servando oberhalb des Puente de Alcántara gebaut, gegenüber von Toledo.[9]

Zwischen Burg und Kloster gab es gleitende Übergänge auch in umgekehrter Richtung: Burg Cappenberg in Westfalen nahm den ersten Prämonstratenserkonvent im Deutschen Reich auf. Herzog Boleslaw von Schlesien hält urkundlich im Jahre 1175 fest: „Aus Liebe zu unserem Herrn Jesus Christus, dem Erlöser unserer Seelen", aus Verehrung der allzeit jungfräulichen Gottesmutter Maria, des heiligen Apostels Jakobus und aller Heiligen Gottes habe er Mönche aus dem Kloster Pforte in Leubus angesiedelt, „an der Stätte einer alten Burg an der Oder". Hier sollen die Mönche „in Eintracht" (ein Hinweis auf den wünschenswerten, also nicht selbstverständlichen Frieden innerhalb des Konvents) und getreu der *Regel Benedikts* sowie den Statuten des Zisterzienserordens wirken.[10]

Ausgegrenzt aus der Siedlung und durch eine Mauer geschützt waren im allgemeinen auch Bischofssitze; aus gutem Grund spricht man oft von der Dom„burg".[11] Mancher Pfarrkirche sieht man es noch heute an, daß sie nicht nur als Stätte des Gebetes gebaut wurde. Wehrkirchen finden sich in von Seeräubern heimgesuchten Landstrichen (etwa Saintes-Maries-de-la-Mer in Südfrankreich), in lange Zeit umstrittenen Räumen (seit dem 13. Jahrhundert auf der Insel Ösel vor Estland sowie in Siebenbürgen), aber auch im Elsaß und in Franken; sie zeigen, daß keine Landschaft sich in der Sicherheit dauernden Friedens wiegen durfte.

Auch Friedhöfe wurden bewußt als Schutzraum konzipiert, in den die Bevölkerung bei Gefahr floh; hatte man hier rechtzeitig Lebensmittel und Waffen deponiert sowie weitere Vorkehrungen getroffen (nicht zuletzt Klärung der Befehlsgewalt), konnte man einem Angreifer die Stirn bieten, oft wohl in der Gewißheit, daß die hier beigesetzten Ahnen bei der Verteidigung helfen würden.[12]

Vorübergehend genutzte Befestigungen

Zur Anlage des Feldlagers und für Belagerungen führten Krieger Schanzwerkzeug mit sich. Je länger sie an einem Ort verweilten oder je häufiger sie hierhin zurückkehrten, desto besser konnten sie den Platz befestigen. Wie der archäologische Befund zeigt, haben Skandinavier es auch auf diesem Gebiet zur Meisterschaft gebracht.[13]

Erfahrungen, die man bei der Anlage eines Feldlagers gewann, dürften beim Bau von Burgen hilfreich gewesen sein. Im Notfall war an geeigneter Stelle schnell ein Wall aufgeworfen, hinter dem auch im Gebrauch der Waffen weniger Geübte hoffen durften, frei und unversehrt zu überleben. Fehlte dem Feind die Zeit, Mut und Umsicht der Verschanzten zu erproben, zog er weiter. Die Anlage hatte ihren Zweck erfüllt und wurde vielleicht für ähnliche Notfälle instand gehalten. Als 926 die Ungarn die Gegend von St. Gallen unsicher machten, gaben die Mönche das Kloster auf. Rasch befestigten sie einen in der Nähe gelegenen Platz, an dem sie auch eine Kapelle bauten. Mit allem Nötigen versehen, behaupteten sie sich hier gegen die Ungarn. Später wurde noch ein Brunnen gegraben und der Ort zu einer „regelrechten" Burg ausgebaut – wohl Waldburg bei Bernhardzell.[14] Der königstreue Bischof Ulrich konnte sich während des Aufstandes Herzog Liudolfs nicht in Augsburg behaupten; er wich zu einem *castellum* genannten Platz aus, der zu dieser Zeit (Anfang 954) im Innern und nach außen ohne alle Gebäude und völlig verlassen gewesen sei. Trotz strengen Frostes habe man Holzpalisaden, Hütten und sogar passende Gebäude erstellt. Als Aufständische die Verschanzten aufforderten, sich zu ergeben, setzte Ulrich auf Zeitgewinn; er hielt die Gegner mit Verhandlungen hin und baute weiter. Rechtzeitig kam Entsatz; man konnte das Lager der Feinde stürmen und die Belagerer zerstreuen.[15]

Germanen, Slaven und Hunnen hatten zur Zeit der Völkerwanderungen Wagenburgen gebildet. Ähnlich schoben im Spätmittelalter die Hussiten die Wagen ihres Trosses zu einer Verschanzung zusammen. Sie hielten Feinde auf weite Entfernung dadurch in Schach, daß sie zwischen den Wagen Fernwaffen in Stellung brachten. Nach Artillerievorbereitung stürmten Fußtruppen und Reiterei aus dem Schutz der Wagenburg und fielen über den auf solche Kriegführung noch nicht eingestellten Gegner her.[16]

Burgen

Tausende von Burgen bezeugen die Notwendigkeit dieser Art von Befestigung bei Christen, Heiden und Muslimen.[17] Als noch heute eindrucksvolle Anlagen seien die Alhambra in Granada und der Krak des Chevaliers im Heiligen Land genannt. An die Bedeutung mittelalterlicher Burgen erinnern auch das Burgenland (Bundesland der Republik Österreich) und Kastilien (zwei der größten autonomen Regionen Spaniens).

Als auf Dauer befestigte, im allgemeinen ständig bewohnte Wehranlagen dienten Burgen dem Schutz ihrer Bewohner, oft auch von Menschen des Umlandes. Wie befestigte Kirchen und Friedhöfe lassen Burgen sich als Ausdruck der Entschlossenheit verstehen, Widrigkeiten nicht passiv zu erdulden, sondern den Wechselfällen des Schicksals zu trotzen. Burgen entstanden, wo Schutz auszuüben, Herrschaft zu intensivieren oder eine Engstelle zu sperren war; von Burgen aus wurde oft der Friede gestört, wurden Kaufleute und andere Reisende beraubt. Waren Burgen nach einem strategischen Konzept aufeinander, auf Furten, Brücken, Städte oder Klöster bezogen, erleichterten sie die Festigung von Herrschaft, die Sicherung des Friedens im Landesinnern, nicht zuletzt die Vorbereitung eines Angriffs.

Seit vorgeschichtlicher Zeit gehörte zur Burg oft ein Heiligtum, und zu diesem im allgemeinen ein Schatz. Das gilt etwa für Rethra, Haupt- und Tempelburg der Ostseeslaven. Burgen eigneten sich dazu, (Staats-)Gefangene ebenso wie die Reichskleinodien zu verwahren.[18] Als Stätten des Gerichts, der Verwaltung und der Erhebung von Abgaben bildeten Burgen oft den Mittelpunkt einer Herrschaft. So diente die Wartburg den ehrgeizigen Landgrafen von Thüringen auch als Statussymbol zur Selbstdarstellung.

In lateinischen Quellen erscheinen Burgen u.a. als *arx, civitas, castellum, castrum, oppidum, urbs.* Während des Sachsenkrieges eroberten die Franken die Hohenseeburg, die Iburg, die Eresburg, ferner *firmitates,* befestigte Plätze, in die viele Menschen sich flüchten konnten, und *castra, loca munita,* Feldlager, befestigte Orte.[19] In das deutsche Wort „Burg" ist das lateinische *burgus* und das germanische *berg, burg* im Sinne von „befestigte Höhe" eingegangen. Lateinisch *burgus* bedeutete zunächst „(befestigter) Wachtturm"; die davon abgeleiteten Wörter (ital. *borgo,* engl. *borough,* frz. *bourg,* deutsch Burg) meinen sowohl Befestigung als auch ganz einfach Siedlung[20] oder, seit dem 8. Jahrhundert, Stadt: Augsburg, Bonnaburg (Bonn), Colnaburg (Köln), Hamburg, Regensburg, Salzburg, Straßburg, Würzburg. Noch im 12. Jahrhundert wurde Freiburg gegründet als „freie Stadt". Viele Namen halten die Erinnerung an den beherrschenden Punkt eines Ortes fest: *-berg* (etwa Friedberg, Reichsburg und Stadt, auf dem Platz eines römischen Kastells errichtet);[21] *-stein* (Karlstein in Böhmen) und *-steen* (Gravensteen in Gent, der *Steen* in Antwerpen) weisen darauf hin, daß zu der Zeit, als diese Namen sich verfestigten, die meisten Gebäude noch nicht aus Stein gebaut waren. Erst um 1225 ersetzte man in Antwerpen eine Holz-Erde-Umwallung durch eine steinerne Befestigungsmauer.[22] Auf die Bedeutung von Burgen verweisen Ortsnamen in England und Frankreich auf *c(h)ester* bzw. *château* (von *castrum* bzw. *castellum*) sowie *Mont* (Berg), *Roche* (Fels), etwa Gloucester (an der englisch-walisischen Grenze), Châteauroux (zwischen Orléans und Limoges), Montségur („sicherer Berg", letzte, seit Januar 1243 belagerte und im März 1244 eingenommene Zufluchtstätte der Albigenser in Südfrankreich), Rochemaure im Rhônetal (= „Maurenfels"?). In manchen Ortsnamen auf *-ten* (etwa Zarten/Tarodunum östlich von Freiburg) und *-dun/-tun* (Autun, Lugdunum/Lyon; vgl. den Pleonasmus Châteaudun, Ort westlich von Orléans) lebt das keltisch/lateinische *-dunum* (= Befestigung, Burg) weiter. Slavisch *gordu, gorod* bezeichnet den eingezäunten, vielleicht auch umwallten Bereich (Garten, Weideplatz), Stadt, Festung, Burg, Friedhof. *Kreml* meint ebenfalls Festung, Burg, Teil einer Stadt mit Sitz der weltlichen und kirchlichen Verwaltung. Das Wort *Kreml* – hergeleitet von *krem*, „Wald, wo die besten Stämme wachsen" – zeigt, daß Burgen lange Zeit aus Holz gebaut waren.[23]

Je nach Land und Klima, Herrschaft und Entwicklungsstand der Belagerungstechnik wurden im Laufe der Jahrhunderte unterschiedliche Typen entwickelt. Dem Bau von Burgen waren Zeiten der Unsicherheit günstig: Das 9./10. Jahrhundert (Bedrohung Europas durch äußere Feinde), die zweite Hälfte des 11. Jahrhunderts (Schwächung des Königtums im Deutschen Reich infolge des Sachsenkrieges und des Investiturstreits). Zu dieser Zeit ließ Wilhelm der Eroberer in England nach strategischen Gesichtspunkten Burgen bauen, dank derer er dem Land seinen Willen aufzwingen konnte.

König Heinrich I. hatte die Kampftechnik der Ungarn offensichtlich aufmerksam studiert. Als er einen von deren Anführern in seine Gewalt gebracht hatte, ließ er sich dessen Freilassung nicht mit Lösegeld vergüten, sondern mit einem neunjährigen Waffenstillstand und mit jährlichen Tributzahlungen. Er nutzte die Zeit zur langfristigen Organisierung von Verteidigung und Angriff. Möglicherweise kamen ihm Erfahrungen zugute, die man in England mit den Skandinaviern gemacht hatte; denn sein Sohn Otto war in erster Ehe seit 929/930 mit der angelsächsischen Prinzessin Edgith verheiratet.[24] Heinrich ließ unter den Bauernkriegern *(ex agrariis militibus)* jeden neunten Mann auslosen. In den – schon vorhandenen, ausgebauten oder „in Tag- und Nachtarbeit" neu aufgeführten

– Burgen sollten sie für sich und für ihre außerhalb lebenden Genossen, die weiterhin der Feldarbeit nachgingen, Behausungen bauen; ferner sollten sie von allen Früchten den dritten Teil entgegennehmen und einlagern. Versammlungen an Gerichts-, Markt- und Festtagen sollten in diesen Burgen abgehalten werden, außerhalb von denen es keine Gebäude geben sollte, die Feinden hätten Schutz bieten können.

„Damit man im Frieden lerne, was man im Falle der Not gegen die Feinde zu tun hätte", begnügten die Sachsen sich nicht mit der Stärkung der Verteidigungskraft. Um den Ungarn gewachsen zu sein, wurden Fuß- und vor allem Reiterkrieger aufgestellt und in Kämpfen gegen Slaven im Raum der mittleren und oberen Elbe (Böhmen) trainiert; im Verlauf dieser Kämpfe wurde die schon erwähnte Brandenburg erobert. Die offensichtlich unprovozierten Kämpfe ließen sich vielleicht mit der Überlegung rechtfertigen, daß die Ungarn östlich von Thüringen und Sachsen keinen Aufmarschraum und erst recht keine Verbündeten mehr finden sollten. Gestützt auf befestigte Orte und kampfgeübte Krieger konnte Heinrich es sich leisten, ungarische Gesandte, die wegen der üblichen „Geschenke" *(pro solitis muneribus)* gekommen waren, mit leeren Händen heimzuschicken. Wie zu erwarten, verstanden die Ungarn diesen Bescheid. 933 fielen sie in Thüringen und Sachsen ein, erlitten aber dank der Tüchtigkeit der Sachsen und einer großen Portion Glück, was Widukind zu erwähnen nicht vergißt, eine Niederlage.[25]

Seit dem 11. Jahrhundert verlegten viele Adlige ihre Burg aus der Ebene auf den Berg. So ließ Heinrich IV. die Harzburg bauen, mit starken Mauern, Türmen und Toren; im Innern sei sie wie ein königliches Gebäude eingerichtet gewesen, fast wie ein Bischofssitz. Die Sachsen sahen sich nun nicht mehr, wie ihre Vorfahren zur Zeit Heinrichs I., als Beschützte, sondern im eigentlichen Sinne des Wortes als Untertanen. Fehlendes Fingerspitzengefühl des Königs nicht nur beim Burgenbau löste einen erbitterten, langwährenden, verlustreichen Aufstand der Sachsen gegen Heinrich IV. aus.[26] Einige Generationen später mußte Friedrich II. sich sagen lassen, mit Wohltaten und

Milde werde er die aufrichtige Zuneigung seiner Untertanen gewinnen, die für den Frieden im Lande wichtiger sei als der Bau von Burgen.[27]

In Nürnberg, Freiburg i. Br. und andernorts gründete man am Fuß einer schon bestehenden Burg eine Stadt. Beide ergänzten sich vorteilhaft. Stand die Burg innerhalb der Stadt, waren ihre Leute im Falle eines – nicht seltenen – Aufstandes der Städter in prekärer Lage. Sollte sie in die Stadt(befestigung) einbezogen werden und wollte der Stadtherr von der Burg aus die als unzuverlässig geltenden Bewohner in Schach halten, errichtete er die Burg eher an der Peripherie und so, daß sie den – eigentlich immer gegebenen schwachen – Punkt der Siedlung deckte.

Vom Mißtrauen der Herrscher zeugen Zwingburgen. Wilhelm der Eroberer ließ in London den Tower bauen, französische Könige in Paris den Louvre, in Bordeaux den Château Trompette (heute Place des Quinconces), der die Ein- und Ausfahrt über die Garonne und damit die Stadt beherrschte. Nach der Annexion von Burgund (1477) baute Ludwig XI. oberhalb von Dijon eine Festung, deren Geschütze drohend auf die Stadt gerichtet waren.[28]

In unsicheren Zeiten war eine Burg auch Mächtigen als Refugium willkommen. Während des Investiturstreites zog Papst Gregor VII. sich vor seinem Kontrahenten König Heinrich IV. nach Canossa zurück, eine von drei Mauerringen gesicherte Burg oberhalb der Poebene am Nordabhang des toskanischen Apennin. Als Heinrich IV. 1084 Rom belagerte, floh Gregor VII. durch den *Passetto,* einen etwa 700 Meter langen, gut drei Meter breiten, später überdachten Fluchtweg in die Engelsburg am Tiberufer.[29]

Im Grenzsaum des Deutschen Reiches gegen Dänen, Slaven, Ungarn kannte man den *Burgward,* den zu einer Burg gehörenden Bezirk. Die Bewohner der umliegenden Dörfer waren zu Bau und Unterhaltung, Bewachung und Versorgung der Burg verpflichtet; dafür sollten sie in Notzeiten mit ihrer Familie, mit Vieh und Vorräten in die Vor- oder Unterburg fliehen können.[30] Herzog Mieszko II. von Polen nahm 1015 die

Unterburg von Meißen ein. Bevor er die Oberburg stürmen konnte, nötigte plötzliches Hochwasser der Elbe ihn zum Abzug; denn er wollte nicht vom Kernbereich seiner Herrschaft abgeschnitten werden.[31] Das Fort St. André – eine 1293–1307 gebaute, noch heute imposante Festung auf dem rechten Rhôneufer gegenüber von Avignon – diente französischen Königen seit dem 13. Jahrhundert dazu, die Rhônebrücke (die erste vom Meer aus gesehen) und die Provence zu kontrollieren. Soweit diese östlich der Rhône lag, gehörte sie zum Königreich Burgund und damit zum Kaiserreich.

Kreisförmige oder ovale Anlagen, wie man sie schon seit der römischen Kaiserzeit auch in Mitteleuropa kannte, boten ein optimales Verhältnis von Innenraum zur Außenlinie. Als Beispiele seien Trelleborg und Oppeln aus dem germanischen und slavischen Siedlungsgebiet genannt. Auch einfache Burgen erfüllten ihren Zweck. In der Ebene bewährte sich, vor allem im Laufe des 10./11. Jahrhunderts, die *Motte*, ein im Innern des Walles aufgeschütteter Erdhügel, auf dem ein Turm errichtet wurde, zusätzlich oft ein Wohnhaus. Konnte man Schanzarbeiter und fähige Zimmerleute abkommandieren, waren Motten in wenigen Wochen gebaut – vornehmlich da, wo Herrschaft rasch stabilisiert werden sollte, etwa in England seit 1066. Wall und Eingang der Burg wurden zusätzlich befestigt. Der Graben sollte etwaige Angreifer möglichst weit von Tor und Wall oder Mauer entfernt halten; oft war er mit Wasser gefüllt, gelegentlich bis elf Meter tief und 19 Meter breit.[32]

Unübersehbar sind Ähnlichkeiten der Burg mit dem Kloster (das gilt erst recht für Burgen der geistlichen Ritterorden), mit Pfalz und Königshof. Zu einer Burg gehörten, oft in mehreren Gebäuden, Wohnräume für den Herrn und seine Familie, für Getreue sowie für das Gesinde, ferner ein Repräsentationsbereich und eine Kapelle zur Feier des Gottesdienstes, schließlich Ställe und Scheune, Vorratskammern für Lebensmittel und Waffen. Wollte man die Initiative nicht dem Angreifer überlassen, mußte eine – von außen möglichst nicht einsehbare – Ausfallpforte gegeben sein. Diese und die Wasserversorgung erwiesen sich oft als Schwachstellen von Burgen.

Die einem Belagerer besonders ausgesetzte Seite war meist durch einen Turm oder eine Schildmauer verstärkt. Die Entwicklung leistungsfähiger Fernwaffen und Kampftechniken löste eine Art Wettlauf mit den Belagerern aus. Sollten Turm, Mauer und Tor sicher sein, mußte man sie durch tiefe Fundamente davor schützen, unterminiert und zum Einsturz gebracht zu werden. Damit hängt zusammen, daß seit Mitte des 12. Jahrhunderts Burgen mehr und mehr durch Steinmauern geschützt wurden; um etwa 1200 hatte die Militärarchitektur den Abstand zur Architektur kirchlicher Großbauten aufgeholt.[33]

Damit raffiniert geplante Burgen gebaut werden konnten, mußten Rahmenbedingungen gegeben sein: Geldwirtschaft, qualifizierte Architekten, spezialisierte Handwerker; seit dem 12. Jahrhundert sprach man in Frankreich vom *maître des engins;* daraus hat sich die Bezeichnung *Ingenieur* entwickelt. Spätmittelalterliche Burgen wurden so (um)gebaut, daß ein Angreifer möglichst keinen toten Winkel nutzen könnte. Vorteile versprach man sich auch von rational konzipierten Grundrissen: Château Gaillard, am Unterlauf der Seine, folgt dem Dreieck; einen achteckigen Grundriß hat das von Kaiser Friedrich II. in Auftrag gegebene Castel del Monte in Süditalien.[34] Viereckig sind der Pariser Louvre und viele Burgen des Deutschen Ordens in Preußen und im Baltikum, die seit der zweiten Hälfte des 13. Jahrhunderts und in Anlehnung an römische Vorbilder gebaut wurden. Um 1400 gebot der Deutsche Orden über etwa 260 Burgen, die je nach ihrer Bedeutung besetzt waren, oft mit einer Kernmannschaft von nur drei bis zwölf Rittern. Nach einer Schätzung soll dagegen der Krak des Chevaliers um 1212 eine Besatzung von 2000 Mann gehabt haben, davon fünfzig Ritter.[35]

Einen vorläufigen Abschluß fand die Entwicklung im ausgehenden Mittelalter; gegen die immer schlagkräftigeren Feuerwaffen waren die Mauern von Burgen und Städten meist zu dünn und die Türme zu schwach, als daß man von ihnen aus schweres Geschütz hätte abfeuern können. Das weithin sichtbare schöne Schloß und auch das mehrfach zangenförmig verstärkte Stadttor waren allzu leicht zu treffen. Es genügte nicht, die Mauern zu verstärken (bis auf elf Meter), zu erhöhen und die Artillerie aus Schießscharten an der Basis der Türme feuern zu lassen.[36] Nach Antwort auf die neuen Herausforderungen suchten seit etwa 1450 vielseitig – auch durch das Studium antiker Militärschriftsteller – gebildete Künstler, Architekten und Ingenieure, unter ihnen Leonardo da Vinci und Albrecht Dürer. In den neuen, am Reißbrett entworfenen Festungen wollte man den Verteidigungsraum optimal nutzen, gegen Artilleriebeschuß etwa durch Absenken der Gebäude und die Anlage von Erdwällen, in die Kanonenkugeln sich hineinbohrten, ohne nennenswerten Schaden anzurichten; tiefe Gräben boten Fußtruppen Schutz.

Befestigte Dörfer und Städte

In Europa gab es eine Vielzahl von Siedlungen, die im Laufe der Zeit durch Mauern, Türme und Tore geschützt wurden und sich dann als Befestigungen, wenn nicht als Großburgen verstehen lassen: ehemalige Römerstädte, Bischofssitze, Pfalzen, schließlich gegründete Märkte und Städte wie Freiburg i. Br. Zwar beanspruchte spätestens seit dem 9. Jahrhundert der König das Recht für sich, Befestigungen zu bauen.[37] Doch wer wollte Einspruch erheben, wenn in Notzeiten oder bei Ausfall der königlichen Gewalt Menschen sich schützen wollten, die zudem Abgaben leisten und Dienste erbringen sollten?

Zur Befestigung ländlicher Siedlungen eignete sich der Zaun, der das Dorf gegen die Feldflur schied und dem schon deshalb rechtliche Bedeutung zukam. Man verstärkte ihn und sicherte den Zugang durch Tore. Im deutsch-slavischen Grenzsaum gibt es den Siedlungstyp des *Rundlings*: Dicht aneinander gebaute Gehöfte bilden einen nach außen verstärkten, nach innen offenen Ring; nachts und in Notzeiten trieb man das Vieh in das Dorfinnere, zu dem nur ein Weg führte, der leicht verteidigt werden konnte.[38]

Eine schwache Befestigung war besser als gar keine. In der Lebensbeschreibung Ulrichs von Augsburg heißt es, der Bischof habe darüber nachgedacht, wie er seine Stadt, die er „mit unzulänglichen kleinen Wällen und morschen Holzzäunen umgeben" vorgefunden habe *(ineptis valliculis et lignis putridis)*, schützen könne. Seit seiner Erhebung (923) hat er so viel bewirkt, daß die Stadt dem Angriff der Ungarn 926 standhielt. Als die Ungarn 955 wieder angriffen, waren die Mauern immer noch niedrig, und Türme fehlten. Die Tatkraft eines Organisationstalentes kompensierte solche Mängel. Ulrich ließ schwache Punkte der Befestigung in fieberhafter Tag- und Nachtarbeit verstärken. Der glückliche Ausgang der Schlacht auf dem Lechfeld bewahrte Augsburg vor feindlicher Eroberung.[39]

Ähnliches hat sich oft ereignet. So konnten im Jahre 1453 die in Konstantinopel Belagerten mehrmals Breschen auffüllen, die die Türken in die Mauern geschossen hatten. Wenn die seit Jahrhunderten wirtschaftlich, politisch und militärisch geschwächte Stadt schließlich fiel, wie wir noch sehen werden, dann auch deshalb, weil sie – gemessen an der Stadtfläche (etwa 1200 Hektar) und der Länge der Umfassungsmauer (22 km) – zu wenige Verteidiger hatte.[40]

Um 1320 gab es allein in Deutschland etwa 4000 – größtenteils befestigte – Städte.[41] Doch auch unbefestigt waren Städte für Friedenswahrung und Kriegführung unentbehrlich, boten sie doch Ressourcen an Geld, Waffen und vor allem an Menschen. Nach Schätzungen dürften Mitte des 14. Jahrhunderts die waffenfähigen – mindestens für eine Miliz geeigneten – Männer etwa ein Fünftel der Bevölkerung einer Stadt ausgemacht haben.[42] Unbefestigt blieb selbst Zürich bis in die erste Hälfte des 13. Jahrhunderts; schließlich umschlossen beiderseits der Limmat zinnenbewehrte Mauern, die 1250 bzw. 1150 Meter lang und über sieben Meter hoch waren, eine etwa 38 Hektar große Fläche (zum Vergleich: Mitte des 14. Jahrhunderts umfaßte der Papstpalast in Avignon einschließlich seiner Befestigung etwa 150 Hektar). In Zürich waren die Türme in Bogenschußweite voneinander entfernt, mit Brustwehren versehen, mehr als 25 Meter hoch und nach außen etwa drei Meter dick; wie auch andernorts blieben sie zur Stadt hin bis ins 16. Jahrhundert offen – ein Feind sollte, wenn er schon an dieser Stelle die Mauer überwunden hätte, sich nicht in einem Turm festsetzen können.[43]

Wie Burgen waren Städte oft durch einen mehrfachen Mauerring geschützt, wobei der innerste im allgemeinen der älteste ist. So stammt die doppelte Ummauerung von Carcassonne in Südfrankreich aus dem 5. Jahrhundert, der Zeit der gotischen Herrschaft, und aus dem 13. Jahrhundert.[44] Im Spätmittelalter war Köln auf etwa 400 Hektar angewachsen (die römische Befestigung hatte fast 100 ha umfaßt). Auf der Landseite war die Stadt durch eine etwa fünfeinhalb Kilometer lange Mauer so gut geschützt, daß zwischen 881/882, als die Normannen den Ort verheerten, und 1945 kein Feind Köln erobern konnte.[45] Mehr als tausend Jahre lang blieb den Bewohnern also das Schicksal derer erspart, die in die Gewalt des Feindes gefallen waren. Davon ist noch zu sprechen.

Nicht selten hatten Städte in ihrem Innern größere unbebaute Flächen. Was um 965 dem muslimischen Reisenden Ibrahim ibn Ya'qub at Turtusi auffiel, galt noch mancherorts im Spätmittelalter: Mainz sei „eine sehr große Stadt, von der ein Teil bewohnt und der Rest besät ist".[46] So willkommen freies Areal als künftiges Bauland sein mochte, hatte es im Kriegsfall mehr Nach- als Vorteile: Zwar erlaubte es, Menschen und Vieh der Umgebung aufzunehmen. Doch war damit meist keine Zunahme an Kampfkraft verbunden; überdies banden – wie sich 1453 in Konstantinopel zeigte – lange Mauern kostbare Kräfte der Verteidiger.

Häfen waren strom- oder seeseitig meist offen, da Schiffe freie Zufahrt haben sollten. Venedig beherrschte das Meer und konnte deshalb auf Stadtmauern verzichten. Mit einer Kette sperrte man nachts und in Kriegszeiten in Damiette einen Arm des Nils und in Konstantinopel das Goldene Horn. Andernorts verengte man die Hafeneinfahrt dadurch, daß man Baumstämme in den Grund rammte oder Schiffe so versenkte, daß nur eine enge Durchfahrt blieb.[47]

In umstrittenen Landstrichen wurden zur Sicherung der eigenen Herrschaft außer Burgen auch Städte und stadtähnliche Siedlungen gegründet, oft mit einer befestigten Kirche.

Im 13. und 14. Jahrhundert legten Engländer und Franzosen in dem umkämpften Südwestfrankreich befestigte Plätze an. Nach rationalem Plan kreisförmig, oval oder viereckig den topographischen Gegebenheiten angepaßt, festigten diese Bastides (von *bastir* = bauen) den jeweiligen Grenzsaum. Mit solchen Gründungen rechtfertigte man eigene Ansprüche auf den Besitz des Landes und wies die des Gegners zurück. Um Siedlern den Zuzug schmackhaft zu machen, erhielten die Neugründungen oft besondere Rechte, woran Namen wie *Sauveterre* (freies Land), *Villefranche* (freie Stadt), *Villeréal* (königliche Stadt) erinnern. Als Bastide läßt sich auch Aigues Mortes verstehen. 1240 erwarb König Ludwig IX. das – wie der Name „Tote Wasser" zeigt: sumpfige, zur Verteidigung also günstige – Land, auf dem er eine fast rechteckige Stadt mit planmäßigem Straßennetz bauen ließ. Die Anlage gehörte zu den langfristigen Vorbereitungen der Kreuzzüge, zu denen Ludwig 1248 und 1270 von hier aus aufgebrochen ist. Als die französische Krone 1349 Montpellier und 1481 Marseille gewonnen hatte, verlor Aigues Mortes an Bedeutung.[48]

Marken

Schließlich richtete man Anrainern gegenüber, die man nicht überwinden konnte, die man sich vom Halse halten oder (noch) nicht in das Reich einbeziehen wollte, Marken ein; „Mark" kann soviel heißen wie Grenze, Grenzland oder Gebiet. So hielten es die Franken gegenüber Dänen, Slaven und Avaren, Bretonen und Muslimen, die Angelsachsen gegenüber Schotten und Walisern.[49] Im 10. und 11. Jahrhundert gab es am Ost- und Südostsaum des Deutschen Reiches zeitweise die Billunger, die Nord- und die Ostmark, die Marken Meißen, Nordgau, Österreich, Steiermark (heute ein Bundesland der Republik Österreich) sowie Krain, Istrien und Verona. Im 12. Jahrhundert sicherten auch die Kreuzfahrer mit Marken ihre Herrschaft im Heiligen Land; den Johannitern wurde die strategisch wichtige Burg Krak des Chevaliers mit ihrem Umland als Grenzmark anvertraut.

Marken sollten das eigentliche Kernland wie ein Vorfeld schützen, in dem man eine lockere Oberherrschaft auszuüben und alles zu verhindern suchte, was den Gegner hier hätte stärken können. Gegen den präsumptiven Feind waren sie ihrer Natur nach nicht genau abgegrenzt, eher schon gegen das eigene Land; denn weltliche Herrschaft bezog sich im Frühmittelalter vorwiegend auf Menschen, Territorien wurden im Laufe der Jahrhunderte erst nach und nach genauer abgegrenzt. Mit besonderen Vollmachten ausgestattete Markgrafen übten eine weiträumige Verteidigungs-, Wach- und Beobachterfunktion aus. Die zu besonderen Leistungen verpflichteten Bewohner solcher Grenzsäume sollten den Feind möglichst leicht einschüchtern, „bestrafen", schwächen können. Die Mark diente daher auch als Aufmarschraum. Andererseits sollte der Feind hier weder Deckung noch Weg, Nahrung, Wohnung oder andere Versorgungsmöglichkeiten finden. Im Deutschen Reich vertrauten die Herrscher im 10. und 11. Jahrhundert Grenzräume erfahrenen Haudegen an. Der unentbehrliche Rückhalt am König zügelte das Streben nach allzu großer Selbständigkeit. War die Mark endgültig befriedet und herrschaftlich durchdrungen, wurde sie in den eigentlichen Reichsverband eingegliedert.

Auch aus Grenzsäumen berichten die Quellen eher das Außergewöhnliche, so etwa den Untergang der von Otto I. aufgebauten Markenorganisation im großen Slavenaufstand 983. Thietmar, Bischof von Merseburg, sächsischer Chronist und den Slaven wenig wohlgesonnen, räumt freimütig ein, daß diese „bedrückt durch die Überheblichkeit Herzog Dietrichs", des Markgrafen der sächsischen Nordmark, zu den Waffen gegriffen hätten. Daß es sich hier – mindestens aus der Sicht Dietrichs – nicht um einen ethnischen Konflikt handelte, zeigt die Tatsache, daß zwei Töchter des Markgrafen slavische Fürsten geheiratet haben.[50] Als ein Beispiel osmotischer Austauschbeziehungen im Grenzsaum sei erwähnt, daß Otto I. die Sprache der Elbslaven von einer jungen Frau gelernt hat, die als Geisel am Hof seines Vaters lebte und von der er einen Sohn hatte, den späteren Erzbischof Wilhelm von Mainz.

Waffen und Ausrüstung

Manche der im Mittelalter eingesetzten Waffen war in vorgeschichtlicher Zeit „erfunden" worden, etwa die Schleuder; andere wurden weiterentwickelt, z.B. der Bogen; neu kamen die Feuerwaffen hinzu. Da Waffen oft sehr teuer waren, wurden sie im allgemeinen noch gebraucht, wenn sie im Grunde schon veraltet waren.[51] Begehrt waren Waffen als Beute, derer man sich – wie der Teppich von Bayeux drastisch vor Augen führt – auf dem Schlachtfeld bemächtigte.

Ein wichtiger Beitrag der europäischen Völker zum Kriegswesen im weitesten Sinne dürfte darin bestehen, daß sie Erfindungen anderer wiederentdeckten, weiterentwickelten und sie vereinfacht oder perfektioniert den jeweiligen Gegebenheiten anpaßten. Was die Fähigkeit angeht, zu improvisieren, Fremdes aufzugreifen, scheinen die Abendländer Byzantinern und Slaven, Arabern und Türken oft eine Nasenlänge voraus gewesen zu sein. Als Portugiesen, Spanier und Italiener, später Engländer, Franzosen, Niederländer in die Auseinandersetzung mit außereuropäischen Völkern eintraten, verfügten sie – nicht zuletzt dank der Entwicklung mörderischer Feuerwaffen – über eine erdrückende Überlegenheit, die sie im allgemeinen skrupellos einsetzten.

Der Schild, aus mit Leder überzogenem Holz gearbeitet und an einzelnen Stellen mit Metallbändern verstärkt, sollte gegen Angriffswaffen aller Art schützen. Je nach deren Art, eigener und gegnerischer Kampftechnik war er rund, drei- oder viereckig, eher klein oder so hoch, daß er auch die Beine deckte.

Ein Brustpanzer schützte den Rumpf gegen Pfeil und Bolzen, Hieb und Stoß. Sollten Fußkrieger nicht zu rasch ermüden, mußte ihr Panzer leichter sein als der von Reitern. Im 9./10. Jahrhundert waren die berittenen Ungarn auch deshalb so schnell, weil sie sich mit einem Brustschutz aus Filz oder

Leder (und leichten Angriffswaffen: Schwert, Lanze, Pfeil und Bogen) begnügten. Schwerer und teuer war das Kettenhemd mit Kapuze und Hose; die ineinander geflochtenen Ringe erforderten einen Arbeitsaufwand von etwa 300 Stunden. Im Laufe der Jahrhunderte wurde der von Rittern getragene Panzer um Eisenplatten, Kragen, Arm- und Beinschienen sowie Handschuhe vervollständigt, insgesamt etwa 25 Kilogramm Eisen.

Der Helm hat seit seiner Erfindung (im 3. Jahrtausend in Mesopotamien?) nach Material, Größe und Form mannigfache Ausprägungen erfahren. Es gab den einfachen, zweckmäßigen Kopfschutz und das auftrumpfend prunkvolle Rangabzeichen mit beweglichem Visier. Die Normannen etwa trugen einen spitzen Helm mit Naseneisen, das man im Laufe der Zeit zu einem Gesichtsschutz erweiterte. Schließlich wurden Helm und Brustpanzer so aufeinander abgestimmt, daß sie den ganzen Kopf zusammen mit den verletzlichen Halsschlagadern schützten.

Die Rüstung behinderte den Krieger, wenn sie zu sperrig oder zu schwer war (sie wog insgesamt bis zu 50 kg) und wenn es an der unentbehrlichen Luftzirkulation fehlte. In der Schlacht auf dem Peipus-See – verklärt in Sergeij Eisensteins Film – siegte Alexander Nevskij am 5. April 1242 auch wegen des ungleichen Gewichts der Krieger: Anders als ihre leichter bewaffneten russischen Gegner brachen die schwergerüsteten Deutschordensritter im Eis ein. Die Niederlage verstellte dem Deutschen Orden die weitere Ausdehnung nach Nordosten.[52] Da Feldzüge vorzugsweise in der warmen Jahreszeit geführt wurden, litten Krieger um so mehr unter der Hitze, je besser sie gepanzert waren. Von einem Pfeil wurde Herzog Konrad 955 tödlich getroffen, als er in der Hitze des Kampfes gegen die Ungarn (am 10. August) die Bänder seiner Rüstung gelöst hatte, um Luft zu schöpfen.[53]

War der Kopf gepanzert, konnte man Freund und Feind nicht unterscheiden. In einer für die Invasoren kritischen Phase der Schlacht von Hastings (1066) mußte Wilhelm seinen Helm abnehmen und zeigen, daß er noch lebte und kampftüchtig war. Solche Erfahrungen zwangen dazu, Erkennungszeichen

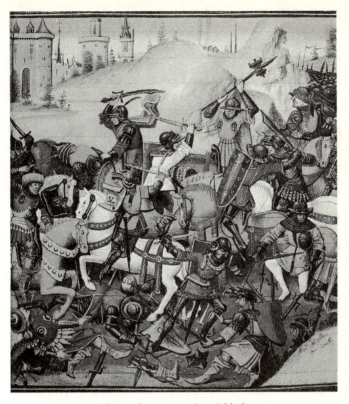

Nahkampfszenen aus einer Schlacht.
Waren Pfeile, Lanzen und andere Fernwaffen verschossen, löste sich die Schlacht in Zweikämpfe auf. Mit sichtlicher Freude am Detail zeigt der Illuminator den Schmuck von Pferden, Satteldecken, Wappen. Genüßlich malt er aus, wie einer dem anderen mit Waffen aller Art nach dem Leben trachtet, etwa der Krieger mit weißen Strümpfen im Bild rechts unten. Die Stadt mit hohen Türmen und einem schmalen Tor im Hintergrund wirkt wie uneinnehmbar, rechts oben ist ein Verhau angedeutet.
Handschrift (15. Jh.).
Madrid, Biblioteca Nacional

(weiter)zuentwickeln, die als Wappen auf dem Schild, auf dem Mantel, vielleicht auch auf dem Helm weithin sichtbar getragen wurden.

Das Schwert galt als edelste Waffe, wurde mit ihm doch – wie wir noch sehen werden – dem König die Herrschaft übergeben und der Schutz der Schwachen zur Pflicht gemacht. Als Statussymbol verweist es auf den gesellschaftlichen Rang seines Besitzers. Mit der Schwertleite, dem Umgürten des Schwertes, wurde der Knappe zum Ritter erhoben, oft im Rahmen einer liturgischen Feier.[54]

Das Schwert, wie Dolch und Degen zum Kampf aus der Scheide „blank" gezogen, diente als Hieb- und Stichwaffe. Man unterschied nach Länge (germanische Spatha, Langschwert, die Klinge bis 100 cm lang; Kurzschwert, die Klinge in fränkischer Zeit etwa 35 cm lang, vorzugsweise für den Fußkrieger), Form (Krummschwert, Säbel, mit dem man eher „hackte" und der tiefer in das Fleisch eindrang) sowie anderen Merkmalen (Schliff der Klinge, Knauf, Griffholz, Parierstange usf.). Der Degen war, auch wegen seiner schmalen Klinge, eine Stichwaffe.

Der Dolch – eine aus dem Messer entwickelte, zum Stoß gedachte Nahkampfwaffe – war gefragt, wenn das Schwert zerbrochen oder verloren war, wenn im Getümmel der Platz zu weitem Ausholen fehlte, nicht zuletzt wenn ein kampfunfähiger Gegner getötet werden sollte; das Opfer hatte Grund, den Dolch *Misericordia* (Barmherzigkeit) oder „Gnad Gott" zu nennen.[55]

In fränkischer Zeit kannte man das leichte Streitbeil, später die mit beiden Händen geführte, im Kampf Mann gegen Mann wegen ihrer Durchschlagskraft gefürchtete Streitaxt; auch sie sieht man auf dem Teppich von Bayeux.

Zu den „stumpfen" Waffen gehörte die Keule und, aus dieser entwickelt, der Streitkolben, in seiner mit Spitzen bewehrten Ausführung „Morgenstern" genannt. Nach einem wuchtigen Schlag auf den Helm war der Gegner mindestens benommen. Die Engländer sollen in der Schlacht bei Azincourt 1415 mit Erfolg bleibeschwerte Streitkolben eingesetzt haben.[56]

Panzerreiter und Fußkrieger ziehen in den Kampf, ad prelium. Gut zu erkennen sind Schutz- und Angriffswaffen: vom Kopf bis zu den Beinen reichendes Panzerhemd, Helm mit Naseneisen, spitzovaler Schild sowie Lanze, Pfeil, Bogen und Köcher. Wilhelm der Eroberer war für den Angriff besser gerüstet, da er – anders als sein Gegner Harald – auch über Kavallerie verfügte.
Teppich von Bayeux, nach 1066

Der bis zu 2,3 Meter lange Speer und die oft mehr als doppelt so lange Lanze waren ursprünglich Wurfwaffen, woran noch französisch *lancer* (werfen) erinnert. Zusammen mit dem Spieß sind sie die ältesten Stangenwaffen. Im Spätmittelalter handhabten eidgenössische, zu Fuß kämpfende Bauern souverän etwa 5,5 Meter lange Spieße zur Abwehr von Reiterangriffen. Die Lanze wurde weiterentwickelt zur Hellebarde (aus Halm = Stange, Stiel, und Barte = Beil, Streitaxt). Mit dieser etwa 1,8 Meter langen, für breite Schichten erschwinglichen Waffe führte man tödliche Stöße gegen Roß und Reiter; sie ließ sich auch als Axt, Hammer und Haken verwenden, um einen Gegner zu erschlagen oder vom Pferd zu zerren. Die Eidgenossen verdankten ihre Siege gegen die Habsburger bei Morgarten 1315 und bei Sempach 1386 nicht zuletzt dieser Waffe.

Fernwaffen ergänzten das Arsenal. Die Armbrust, sozusagen die Miniaturausführung des antiken Katapults, verbreitete sich seit Ende des 11. Jahrhunderts in Europa. Da ihr Bolzen aus über 200 Meter Entfernung einen Brustpanzer durchbohren konnte, wurden seit dem 14. Jahrhundert stärkere Plattenpanzer hergestellt. Wichtiger als die Durchschlagskraft war, daß die Armbrust – anders als der Bogen – ein langes und ruhiges Zielen erlaubt; dank der gespeicherten Energie kann man warten, bis der Feind sich einen Augenblick lang eine Blöße gibt. Nachteilig war die langsamere Schußfolge, mußte die Armbrust doch – in ihrer schweren Ausführung – mit einer Winde gespannt werden. Geübte Schützen verschossen pro Minute sechs bis zwölf Pfeile, aber nur einen Bolzen.[57] Unter Androhung des Kirchenbanns verbot das II. Laterankonzil 1139, diese „todbringende und Gott verhaßte Waffe gegen Christen und Rechtgläubige einzusetzen" *(artem... illam mortiferam et Deo odibilem... adversus christianos et catholicos exerceri... sub anathemate prohibemus).*[58] Was sich bewährt, setzt sich durch. Deshalb konnte die Achtung, die möglicherweise in erster Linie einer leicht zu verbergenden „Taschenausführung" galt, die Verbreitung dieser Waffe nicht aufhalten, wie König Richard Löwenherz erfuhr; 1199 wurde er bei einer Belagerung tödlich von einem Bolzen getroffen, der vielleicht vergiftet war.[59]

Auch mit dem Bogen wurden, mindestens gelegentlich, Giftpfeile verschossen. Geübte Schützen trafen mit dem raffiniert gebauten Reflexbogen ihr Ziel aus 100 bis 200 Meter Entfernung. Nachteilig war seine lange Bauzeit (bis zu zehn Jahre). Wenn Westeuropa von Mongoleneinfällen verschont blieb, so vielleicht nicht nur deshalb, weil hier die Weidegründe für Tausende von Pferden fehlten, sondern auch wegen der Anfälligkeit des Reflexbogens, der bevorzugten Angriffswaffe der Mongolen, gegen hohe Luftfeuchtigkeit. Gefürchtet waren seit Mitte des 13. Jahrhunderts englische Schützen, die mit mehr als zwei Meter langen Bogen 1,5 bis 1,8 Meter lange Pfeile (im 11. Jahrhundert nur 0,7 Meter lang) in schneller Folge und mit großer Treffsicherheit verschossen. Wegen dieser Vorteile soll sich in der ersten Hälfte des 15. Jahrhunderts der Langbogen mehr und mehr gegen die Armbrust durchgesetzt haben.[60]

Die Schleuder war ausgesprochen leicht und billig; Steine fanden sich (fast) überall; das Training erforderte keinen Aufwand; ein Geübter traf auf etwa 100 Meter Entfernung. „Pilger" sahen sich auf dem ersten Kreuzzug an die Bibel erinnert: Wie der Hirtenjunge David mit einem einzigen Stein den hochgerüsteten Goliath niedergestreckt hatte (1 Sam 17, 48 ff.), so griffen türkische Fußkrieger die Kreuzfahrer an. Diese sahen sich gezwungen, eine ähnliche Fußtruppe aufzustellen und sie ebenfalls mit Bogen und Schleuder auszurüsten. Unter den Söldnertruppen waren im Spätmittelalter Schleuderer von den Balearen wegen ihrer Treffsicherheit gefürchtet.[61]

Die Fangschlinge wurde, wie andere Waffen, möglicherweise zunächst bei der Jagd auf Tiere verwendet. Die Mongolen, die auf ihren – oft mehrere tausend Kilometer langen – Feldzügen leichte Waffen (Säbel, Pfeil und Bogen) bevorzugten, schätzten die Fangschlinge, um Gegner unverletzt in ihre Gewalt zu bekommen.

Fernwaffe	Reichweite
Schleuder	bis 100 m
Bogen: gezielter Direktschuß	100–120 m
Bogen: indirekter (Weit- oder Bogen-)Schuß	mehrere 100 m
Langbogen	über 200 m
Armbrust	bis 400 m
Armbrust: gezielter Schuß	30–80 m
Römischer Katapult: 20–30 Kilogramm	etwa 225 m
Katapult seit Anfang 13. Jh. 100–150 kg	etwa 150 m
Große Wurfgeschütze	bis 400 m

Für Belagerungen waren schwere Waffen unentbehrlich, doch mußte man sie zu handhaben wissen. Mit Steinschleudern sollen die Sachsen sich selber einmal höhere Verluste beigebracht haben als den in der Syburg belagerten Franken.[62] Wurfmaschinen setzte man noch ein, als es schon Pulvergeschütze gab. In weitem Bogen geschleudert, brachen die bis zu 100 Kilogramm schweren Felsbrocken zwar keine Mauern, doch zerschlugen sie leichter gebaute Zinnen und beraubten damit die Verteidiger auf der Mauerkrone des Schutzes gegen Pfeil und Bolzen. Nicht zu unterschätzen ist die Wirkung auf die Moral;

Erschütterungen und Getöse, die von schweren Geschossen herrührten, entnervten insbesondere Frauen und Kinder. Bei einer Belagerung wurden in England einmal in drei Tagen von drei Wurfmaschinen 158 dicke Steine verschossen, pro Geschütz und Tag also etwa 17 Brocken.[63]

War ein Geschütz erst entwickelt und in Stellung gebracht, boten sich vielfältige Einsatzmöglichkeiten: Brandsätze – auch mit Pfeil oder Bolzen verschossen, die dank eines Widerhakens fest im Gebälk steckenblieben – ließen Gebäude in Flammen aufgehen. Gefährlicher als das Feuer wurde den Belagerten oft der beißende Qualm, der von der Verteidigung ablenkte und die Sicht auf den Feind nahm; zudem mußte man für das Löschen Arbeitskräfte freistellen und oft kostbares Trinkwasser opfern. Im Zuge biologischer Kriegführung schleuderte man Krankheitskeime in belagerte Orte, und zwar mit Tierkadavern, möglicherweise auch mit Leichnamen von Pesttoten.[64] Nach einer Belagerung von fünfeinhalb Wochen bezwangen 1333 die Straßburger mit einer biologisch-chemischen Waffe die Burg Schwanau im Rheintal, aus Sicht der Städter ein berüchtigtes Räubernest. Mit einer Maschine schleuderten sie menschliche Exkremente, die sie fässerweise herangeschafft hatten, „in das hus und entsúferte in ir burnen und alle ire wonnunge" (entsäuberten innen ihre Brunnen). Ungenießbares Wasser und ekelhafter Gestank sei den Belagerten „gar widerwertig" geworden, was bei der Anfang Mai herrschenden Hitze verständlich ist.[65]

Mit kleinen, von etwa zehn Männern bedienten Rammböken drückte man das Tor ein, mit großen, von 100 Männern und mehr in Schwung gebrachten legte man eine Bresche in die Mauer. Katapultartige Geschütze wurden in der Zeit von 1180 bis 1220 gegenüber ihren römischen Vorbildern erheblich verbessert (s. Tabelle). In gerader Bahn fliegende große, pfeilförmige, eisenbewehrte Geschosse säten Tod und Verderben in Ansammlungen von Gegnern.

Belagerungstürme, die gegen die Mauer gerollt wurden, boten im günstigsten Fall den Angreifern mehrere Vorteile: Von der oberen Plattform aus konnte man die Verteidiger besser bekämpfen als vom Fuß der Mauer aus; über eine ausklappbare Brücke sprang man auf die Mauerkrone; in Jerusalem war das, wie wir noch sehen werden, der Anfang vom Ende der Belagerung. Sollte der Turm nicht kippen und die eigenen Leute unter sich begraben, mußte man für eine ebene Bahn sorgen; deren letztes entscheidendes Stück war schwer anzulegen, wenn im gegnerischen Pfeilhagel ein Graben zugeschüttet und so weit befestigt werden mußte, daß der Turm sich darüber bis an die Mauer rollen ließ. Ein solcher Turm schützte bei der Belagerung von Konstantinopel 1453 den Ein- und Ausstieg zu einem der Gänge, mit dem die Türken die Mauer unterminieren wollten.[66]

Schwarzpulver – eine Mischung aus Salpeter, Schwefel und Holzkohle – soll in China seit dem 2. Jahrhundert bekannt und von Chinesen militärisch erstmals 1232 gegen die Mongolen eingesetzt worden sein. In Europa verwendete man es seit der 1. Hälfte des 14. Jahrhunderts als Bewegungsenergie für Geschosse.[67] Seit der zweiten Hälfte des 14. Jahrhunderts werden hier Handfeuerwaffen erwähnt; da sie zunächst schwer und umständlich zu handhaben waren, konnten sie sich nur allmählich gegen Armbrust und Bogen durchsetzen.

Mit Schießpulver betriebene Geschütze werden möglicherweise schon zum Jahre 1324, sicher zum Jahre 1331 im Zusammenhang mit einer Belagerung erwähnt, im deutschen Sprachraum erstmals 1334 bei der Verteidigung von Merseburg durch Bischof Nikolaus I. von Konstanz.[68] Wie die Armbrust zweihundert Jahre früher, wurde die Pulverartillerie geächtet; das Verbot konnte den Siegeszug der Feuerwaffen bei Christen und Muslimen nicht aufhalten. Noch im 15. Jahrhundert hat man schwere Artillerie entwickelt, mit der sich Breschen in Mauern schießen ließen, was Belagerungen verkürzte.

Die Pulverartillerie hatte anfangs, wie nicht anders zu erwarten, erhebliche Mängel: geringe Treffsicherheit (lange Zeit konnte man die Flugbahn der Geschosse nicht berechnen), Störanfälligkeit (einmal war das Pulver feucht, dann falsch gemischt oder dosiert, so daß das Rohr explodierte und die eigenen Leute zerfetzte), Langsamkeit: Bei der Belagerung von

Konstantinopel 1453 konnten die Türken ihre größte Kanone nur siebenmal am Tag abfeuern.[69] Trotzdem waren Pulverwaffen gefragt, auch ihrer psychologischen Wirkung wegen: Donner und Rauch erschütterten die Kampfmoral des Gegners; nicht selten verbreiteten sie allerdings Schrecken auch in den eigenen Reihen. Daß der Besitz von Pulverartillerie den Erfolg nicht garantierte, hat Herzog Karl der Kühne mehrfach erfahren: Obwohl er 1474/75 gegen Neuß 229 Geschütze aufgefahren hatte, mußte er nach mehr als zehn Monaten die Belagerung aufheben.[70] Was die Artillerie angeht, war das burgundische Heer den Eidgenossen bei Grandson und Murten (1476) weit überlegen; trotzdem verlor Karl beide Schlachten. Die Verluste an Menschen infolge des Artillerieeinsatzes blieben hier wie sonst (noch) gering.[71] Doch verschlang die neue Art der Kriegführung horrende Summen; das zwang die Territorialstaaten, die sich seit dem Hochmittelalter ausbildeten, Verwaltung und Finanzwesen zu reformieren.

In seiner Beschreibung Deutschlands (1512) lobt Cochlaeus dessen Bewohner; durch Gottes Güte seien ihnen wunderbare Erfindungen gelungen. An erster Stelle nennt Cochlaeus die Bombarden, eine schreckenerregende Geschützart, an zweiter Stelle die Druckkunst, dann erst Architektur, Malerei, Skulptur und andere Künste.[72]

Aufstellung einer Kavallerie

Waffen, Reit- und Streitroß dienten im Krieg zu Angriff und Verteidigung, in Krieg und Frieden als Statussymbole. Das Pferd, das bis ins 20. Jahrhundert eins der kostbarsten militärischen Güter bilden sollte, ist schon früh als eine Art schnelle, ausdauernde, fügsame, schwimmfähige „Kriegsmaschine" gezüchtet worden, offensichtlich mit unterschiedlicher Schwerpunktsetzung: Die Pferde innerasiatischer Nomadenvölker waren genügsam; im Winter scharrten sie mit den Hufen im Schnee, um an das spärliche Gras zu kommen. In Europa hat man wohl mehr auf Größe, Stärke, Belastbarkeit geachtet.

Ritter.
Eine Schar zieht ins Gefecht. Einzelheiten sind gut zu erkennen: Zaumzeug, Sattel, Steigbügel und Sporn sowie die Lanzen; Helm und Panzer gehen so ineinander über, daß die Halsschlagadern geschützt sind. Die klein wirkenden Pferde mußten Reiter und Rüstung tragen können, auch bei raschem Angriff oder einer (Schein-)Flucht.
Miniatur in der Handschrift eines Werks von Hrabanus Maurus, Monte Cassino

Pferde sollten einen schwer gepanzerten Ritter tragen und große Lasten ziehen können. Die Kampfkraft der Symbiose Pferd/Reiter wurde, zunächst wohl in Ostasien, durch Hufeisen und Steigbügel weiter gesteigert. Bei schwerer Beanspruchung, wie das auf einem Feldzug unvermeidbar ist, bewahrt das Eisen die Hufe vor Abnutzung. Der in Europa wohl zu Beginn des 8. Jahrhunderts eingeführte Steigbügel sollte einem Gepanzerten erlauben, ohne fremde Hilfe das Pferd rasch und leicht zu besteigen. Seit dem Hochmittelalter konnte der Reiter dank des Steigbügels und eines Sattels mit ausgearbeitetem Hinterbogen in den Stoß der eingelegten Lanze seine eigene Masse und die des Pferdes einbringen.

Durch sein bloßes Erscheinen „hoch zu Roß" beweist der Reiter im wahrsten Sinne des Wortes Überlegenheit – zu schweigen von der Geschwindigkeit, die ihm das Pferd verleiht. Dank des festen Halts konnte er mit ganz anderer Wucht das Schwert führen, mit größerer Sicherheit in die Reihen von Fußkriegern einbrechen und diese „über den Haufen" rennen. Gegen Fußkrieger kämpft der Reiter von oben nach unten, ermüdet also weniger schnell als sein Kontrahent.

Bei ihren Vorstößen nach Europa haben Hunnen, Avaren, Ungarn und Mongolen sich meisterhaft des Pferdes bedient. Gefürchtet waren sie, weil sie mit einer Geschwindigkeit große Räume durchmaßen, die den Abendländern den Atem verschlug. Selbst wenn sie im Sattel sitzend rückwärts gewandt ihre Pfeile abschossen, trafen Ungarn und Mongolen ihre Verfolger.

Auf die militärische Bedeutung des Pferdes verweisen schon erwähnte Änderungen, die die Franken im Abstand weniger Jahre durchführten: 755 wurde das „Märzfeld" auf den Mai verlegt; und seit 758 hatten die Sachsen, die in einem einstweilen noch lockeren Abhängigkeitsverhältnis zu den Franken standen, statt der bis dahin üblichen 500 Kühe jährlich bis zu 300 Pferde abzuliefern. Zwar gebot die Klugheit, auf verletzende Bezeichnungen wie „Tribut" zu verzichten und vornehm von „Ehrengabe" *(honores)* zu sprechen, doch verschob sich das Offensivpotential jeweils um bis zu 600 Pferde zugunsten der Franken.[73]

Zwar waren Berittene als Boten, zur Aufklärung, zum Flankenschutz und zur Verfolgung auch für Fußtruppen unentbehrlich. Doch ihre größte Bedeutung gewannen sie in eigenen, unabhängig von der langsamen Infanterie operierenden Formationen. Seit der Karolingerzeit wurden immer besser bewaffnete und gepanzerte Reiterkrieger aufgestellt. Da nur Wohlhabende sich eine solche Ausrüstung leisten konnten, mußten weniger Bemittelte sich von weltlichen oder kirchlichen Großen alles Notwendige leihen und dafür Dienste erbringen. Unbemittelten blieb meist nur der Dienst bei der Infanterie.

Waffenschmiede und Auftraggeber sahen sich in einem Zielkonflikt. Konzessionen waren unvermeidlich, wenn man folgende Forderungen erfüllen wollte: Mann und Pferd sollten möglichst gut gegen Feindeinwirkung geschützt sein; auch nach einem Sturz sollte der Krieger ohne fremde Hilfe sein Pferd besteigen und – fest im Sattel sitzend – nach allen Seiten seine Waffen führen können. Die Gesamtausrüstung durfte nicht zu schwer sein und mußte dem Pferd – zum Angriff, zur Flucht – schnelle Gangart bei großer Lenkbarkeit erlauben. Während Ritter immer schwerer und raffinierter gepanzert wurden, gewannen kaum gepanzerte Bogenschützen und spießbewehrte Bauernkrieger schlacht- und kriegsentscheidende Bedeutung.

Wer ernsthaft einen Feldzug vorbereitete, mußte für Waffen und Streitrösser sorgen; er mußte an Fahnen denken, um die man sich sammelte, an Trompete und Horn zur Übermittlung von Befehlen und zur Verständigung; er mußte Marsch und Transport organisieren. In Königshöfen wurde bereitgehalten, und auch von Klöstern wurde gestellt, was man für einen Feldzug brauchte: Saumtiere, Ochsen sowie zweirädrige Karren und vierrädrige (Ponton-)Wagen zum Transport von Verpflegung und Kleidung, von Geräten zum Schanzen, zur Bearbeitung von Holz und Stein. Denn oft mußten auf dem Feldzug Belagerungsmaschinen, Brücken, Hilfen zum Überqueren von Sümpfen, zum Marsch auf steilen Paßstraßen angefertigt werden. Man konnte nicht davon ausgehen, im Land des Feindes alles Nötige zu finden, am wenigsten wohl kostbares Eisenwerkzeug.

Vorkehrungen für den Krieg zur See

Wer auf Nachschub von jenseits des Meeres angewiesen war – die Kreuzfahrer im Heiligen Land und im Baltikum, die englischen Könige während ihrer Feldzüge in Frankreich – mußte die See beherrschen. Jedoch konnten nur wenige Mächte sich eine eigene, ständig unterhaltene Kriegsmarine leisten: Byzanz, Seerepubliken wie Venedig, Genua und Pisa, gegen Ende des Mittelalters auch die Türken sowie die französische Krone. Seit 1306/09 verfügten die Johanniter auf Rhodos in der Regel über sieben bis acht Kriegsgaleeren, was schon eine „starke" Flottenmacht gewesen sei.[74] Kriegsgaleeren waren mit einem Rammsporn versehen, mit hochgerüsteten Söldnern bemannt, vom Wind unabhängig und schnell (s. Tabelle).[75] Bei Bedarf eskortierten Kriegsgaleeren langsamere Schiffe, auf denen Waren, Pferde oder Pilger transportiert wurden.

Die Byzantiner haben Brandsätze, die man seit der Antike kannte und die leicht brennbare und schwer zu löschende Stoffe wie Pech, Schwefel, Harz, Werg, Öl, Naphtha enthielten, zu einer Geheimwaffe weiterentwickelt, die ihnen unschätzbare Dienste geleistet hat. Neu war bei diesem *Griechischen Feuer*, daß es sich von selbst entzündete, wahrscheinlich dank der Beimischung von ungelöschtem Kalk, der im entscheidenden Augenblick mit Wasser in Verbindung gebracht wurde. Seit den 670er Jahren haben die Byzantiner mit dem aus Rohren geschleuderten Griechischen Feuer feindliche Schiffe in Brand gesetzt. Mit Hilfe dieser Waffe konnte Byzanz Belagerungen durch Araber, Russen und Normannen trotzen, und die byzantinische Marine blieb jahrhundertelang eine respektable, feindlichen Flotten oft überlegene Größe.[76] Nicht oft dürfte es vorgekommen sein, daß eine hochwirksame Waffe – Vorläufer des Flammenwerfers – nicht nur nicht weiterentwickelt wurde, sondern in Vergessenheit geriet. Jedenfalls können moderne Waffenhistoriker nur Vermutungen über die genaue Zusammensetzung und Einsatzweise des Griechischen Feuers anstellen.

Die Skandinavier bevorzugten für ihre Kriegszüge, um vom Wind unabhängig zu sein, schmale, zur Aufnahme vieler Ruderer geeignete Segelschiffe. Wie mit der Galeere, war man jedoch gezwungen, häufiger Land anzusteuern, um die Trinkwasser- und Nahrungsvorräte zu ergänzen. Deshalb baute man auch bauchige Schiffe, die zwar langsamer waren, doch zur Aufnahme von Passagieren, Waren und auch Vieh geeignet, etwa für den Transport der Armee, die Herzog Wilhelm 1066 über den Ärmelkanal nach England führte.

Statt eine eigene Kriegsmarine zu unterhalten, zogen die meisten Herrscher es lange Zeit vor, bei Bedarf Schiffe und Mannschaft zu requirieren oder wie Söldner anzuheuern. So wie sich Klöster und Bischofssitze als Gegenleistung für den vom König gewährten Schutz an den Lasten von Kriegen beteiligen mußten, waren an der Südostküste Englands fünf Häfen – die *Cinque Ports* Hastings, Romney, Hythe, Dover und Sandwich – verpflichtet, dem König bei Bedarf jährlich 57 Schiffe für 15 Tage zur Verfügung zu stellen (ein Hinweis auf die Dauer von „Seezügen"); später kamen mehr als dreißig weitere Orte in Kent und Sussex dazu.[77]

Räuber bildeten zur See oft eine noch schlimmere Plage als zu Lande, konnten sie doch leichter aus einem Operationsgebiet in ein anderes ausweichen. Zudem fühlte sich niemand für sie so recht zuständig, und die Grenzen zwischen Piraterie und ehrlicher Kaufmannschaft waren nicht selten fließend. Gegen Angreifer aller Art ergriff man Maßnahmen, die einander ergänzten: Die Mannschaft und etwa mitfahrende Kaufleute wußten mit Schwert und Armbrust umzugehen; für weitere Verstärkung konnten eigens angeheuerte Söldner sorgen. Mehrere Schiffe schlossen sich zu einem Konvoi zusammen, vergleichbar der Karawane auf Landwegen. Um das einzelne Schiff leichter verteidigen zu können, baute man Bug und Heck zu einem *Kastell* (kleine Burg) aus. Es bot den eigenen Leuten Schutz; zudem konnte man leichter von dem erhöhten Kastell und dem noch höheren Mastkorb aus Feinde bekämpfen, denen nur flache Boote zur Verfügung standen. Im

13. Jahrhundert sah der Seekrieg zwischen Kreuzfahrern und Heiden im Baltikum oft folgendermaßen aus: Man legte Feuer an eins der eigenen Schiffe und ließ es vom Wind auf den Gegner zutreiben in der Erwartung, daß dieser „Brander" die Schiffe des Feindes in Brand setze, die aus taktischen Erwägungen oft miteinander verbunden waren. Schiffe wurden befestigt oder so umgebaut, daß man mit ihnen dem Feind den Zugang zu einem Hafen oder einer Flußmündung sperren konnte.[78]

Wirtschaftswaffen

Mit wirtschaftlichen Maßnahmen konnte man einen Gegner unter Druck setzen. Wenn aus einer Meinungsverschiedenheit nicht unversehens eine ernste Krise erwachsen sollte, war allerdings auch hier zu prüfen, ob die geplante Maßnahme den Gegner zum Einlenken bewegen würde. Mit dem *Embargo* wollte man dem Gegner bestimmte Waren vorenthalten. So haben kirchliche und weltliche Obrigkeiten wiederholt verboten, in muslimische Länder kriegswichtige Güter auszuführen: Holz, Pech, Eisen und was sonst für die Flottenrüstung unentbehrlich war. Zwar haben sich zu allen Zeiten übergeordnete gegen partikulare Interessen – etwa die der „Christenheit" gegen die einflußreicher, gut organisierter Kaufleute in Genua, Pisa, Venedig – nur schwer durchsetzen lassen; doch langfristig könnte der Mangel an Schiffbauholz zum (relativen) Niedergang muslimischer Herrschaften im Mittelmeerraum beigetragen haben.

Die Hanse – ein auf sichere Verkehrswege angewiesener Zusammenschluß von Kaufleuten, später von Städten – hat, wenn es sich nicht vermeiden ließ, zur Wahrung ihrer Interessen regelrechte Wirtschaftskriege geführt. Mit der *Blockade* schnitt sie 1284 Norwegen und 1388–1392 Brügge von lebens- und kriegswichtigen Gütern ab und zwang die Stadt zum Einlenken. Der *Boykott* von Waren des Gegners und das Embargo wirkten mittelbar. Immerhin: Wer ein Embargo verhängte, beanspruchte das Recht, Schiffe anzuhalten und die Ladung gegebenenfalls zu beschlagnahmen; das konnte auf eine Kriegserklärung hinauslaufen.[79]

Geistliche Waffen

Kleriker verfügten über weitere Waffen, die gefürchtet waren, solange sie nicht inflationär eingesetzt wurden. Mit der *Exkommunikation* wurde der Übeltäter aus der Gemeinschaft der Gläubigen ausgeschlossen; niemand durfte mit ihm verkehren; nach seinem Tod durfte er allenfalls mit besonderer, in manchen Fällen gar päpstlicher Erlaubnis in geweihter Erde bestattet werden. Mit der Exkommunikation entschied das Papsttum den Investiturstreit im Deutschen Reich zunächst zu seinen Gunsten. 1077 sah Heinrich IV. sich zu einem spektakulären Akt der Buße gezwungen: Um vom Bann gelöst zu werden, mußte der König sich in Canossa Papst Gregor VII. unterwerfen. Einen Kompromiß erzielten erst die Nachfolger der Protagonisten dieses Kampfes im Wormser Konkordat (1122), ein halbes Jahrhundert später.

Der geistlichen Strafe sollte im Deutschen Reich die *Reichsacht* folgen, wenn der Exkommunizierte länger als sechs Wochen im Banne bleibe. Die Acht war eine harte Strafe für besonders verwerfliche Taten wie Mord(brand), Bruch der Treue oder des Königsfriedens. Der Geächtete galt als Feind des ganzen Volkes, er war fried- und rechtlos; jeder durfte ihn erschlagen. Wer mit einem Geächteten weiterhin verkehrte, verfiel selber der Acht. Die Reichsacht wurde dadurch weiter verschärft, daß diese Strafe nicht früher aufgehoben werden sollte als der Kirchenbann. So bestimmte es jedenfalls 1220 ein Reichsgesetz.[80] Kaiser Friedrich II., der dieses *Privileg zugunsten der geistlichen Fürsten* erlassen hatte, wurde 1245 auf dem Konzil von Lyon gebannt; Papst Innozenz IV. sprach ihm alle Ehren, das Kaisertum und seine Königreiche ab, die Konzilsväter verfluchten den Kaiser, „die angezündeten Kerzen in der Hand ... schrecklich und furchtbar".[81]

Die Waffe der Exkommunikation wirkte nur Christen gegenüber. Das war Friedrich II. selbstverständlich bekannt, als er aus den Sarazenen, die er nach Apulien hatte deportieren lassen, eine Elitetruppe rekrutierte. Kirchliche Sanktionen konnten diesen Muslimen nichts anhaben. Auf dem Konzil von Lyon (1245) deshalb zur Rede gestellt, rechtfertigte der Gesandte Friedrichs das Verhalten seines Herrn folgendermaßen: Der Kaiser habe auf seinen Feldzügen Sarazenen in der Annahme eingesetzt, „daß kein Christ den Tod eines dieser Ungläubigen beweinen wird, und so verhütet er unnützes Vergießen von Christenblut".[82]

Galt die Exkommunikation dem Einzelnen oder einer Gruppe von Personen, so das *Interdikt* einem Gebiet. Zur Strafe – etwa für ein ungesühntes Verbrechen – konnte der Bischof oder der Papst verbieten, daß in einer Stadt, einem Bistum kirchliche Handlungen vorgenommen wurden. Das Interdikt traf Schuldige wie Unschuldige; gerade deshalb hatten diese ein Interesse an der baldigen Aufhebung. Denn wer wollte sich schon ohne Absolution dem strengen Richtergott stellen? Oder in ungeweihter Erde verscharrt werden? Wie andere Verbote wurde auch das Interdikt gelockert, etwa dadurch, daß bestimmte Klöster ausgenommen wurden; in der Stille durften dann hier weiterhin Sakramente gespendet werden.

4. Herrscher und ihre Getreuen

Im Jahre 936 wurde Otto I. in Aachen zum König erhoben – nach der Schilderung Widukinds von Corvey in einer zweiteiligen Handlung. In einem Säulenhof, außerhalb der Pfalzkapelle, huldigten ihm die Großen, gelobten Treue „und versprachen ihm Hilfe gegen alle seine Feinde und machten ihn so nach ihrem Brauche zum König". Innerhalb des Gotteshauses folgte die kirchliche Weihe. Erzbischof Hildebert von Mainz trat zum Altar, nahm das Schwert mit dem Wehrgehenk und sprach zum König gewendet: „Empfange dieses Schwert und treibe mit ihm aus alle Widersacher Christi, die Heiden und schlechten Christen, da durch Gottes Willen alle Macht im ganzen Frankenreich dir übertragen ist, zum bleibenden Frieden aller Christen." Darauf legte er dem König die Spangen und den Mantel mit folgenden Worten an: „Die bis auf den Boden herabreichenden Zipfel deines Gewandes mögen dich erinnern, von welchem Eifer im Glauben du entbrennen und in Wahrung des Friedens beharren sollst bis in den Tod." Bei der Übergabe von Zepter und Stab sprach der Erzbischof: „Diese Abzeichen sollen dich ermahnen, mit väterlicher Zucht deine Untertanen zu leiten und vor allem den Dienern Gottes, den Witwen und Waisen die Hand des Erbarmens zu reichen; und niemals möge dein Haupt des Öls der Barmherzigkeit ermangeln, auf daß du in Gegenwart und in Zukunft mit ewigem Lohne gekrönt wirst." Schließlich wurde der König mit heiligem Öl gesalbt, mit einem goldenen Diadem gekrönt und zum Thron Karls des Großen geleitet.[1]

Das Schwert – nächst der Krone das bedeutendste Herrschaftszeichen – symbolisierte die Gewalt, die dem König als Garanten des Rechts zukam. Es galt als von Gott verliehen, was auch daraus hervorgeht, daß es vor der heiligen Handlung auf dem Altar lag. Der König sollte mit ihm zwei Gruppen von

Menschen vertreiben. „Heiden" bevölkerten zu dieser Zeit noch weite Räume Europas, auch jenseits von Elbe und Saale. Der Einsatz gegen „schlechte Christen" spielte einstweilen keine große Rolle. Die Forderung, „im Eifer für den Glauben zu entbrennen", führte im Investiturstreit und zur Zeit der Kreuzzüge auch zur Verfolgung von Glaubensgenossen. Nach dem Verständnis der Zeit sollte der König das Schwert nicht zu leeren Drohgebärden nutzen, sondern mit ihm Übeltätern und Feinden den Kopf abschlagen. Nicht die Tötung als Selbstzweck, wohl aber die Tötung bestimmter Menschen galt damit, bei Wahrung des Rechts und zur Wiederherstellung des Friedens, als von Gott selber legitimiert.

In den wenigen Zeilen der Gebete wird die Macht des Herrschers ausdrücklich begrenzt: Der König wird auf Erbarmen verpflichtet; das hier verwendete Wort *misericordia* heißt soviel wie: ein Herz haben für den Elenden. Zumal in den ersten Jahren seiner Herrschaft hatte Otto reichlich Gelegenheit, Gnade walten zu lassen, sogar gegenüber nächsten Verwandten und anderen Großen, die ihm nach Herrschaft und Leben getrachtet hatten.

Wenn der König nach den Worten des Erzbischofs „bis in den Tod" den Frieden wahren sollte, mußte er bereit sein, unter Einsatz seines Lebens alle zu schützen, die sich nicht selber verteidigen konnten. Die Bibel hatte Gott „Vater der Waisen, Anwalt der Witwen" (Ps 68, 6) genannt. Wenn beide Gruppen hier Prototypen Schutzbedürftiger genannt werden, wird deutlich, welchen Anspruch der König erhebt. Unter „Dienern Gottes" verstand man zunächst Priester, Mönche und Nonnen, in einem weiteren Sinne auch das Papsttum, Bischofssitze und Klöster.

Gebrauchen sollte der König das Schwert, um den Christen den Frieden zu bewahren; auf dieses hohe Gut wurde er nach Widukinds Bericht gleich zweimal verpflichtet. Gelegentlich erwartete man sogar von einem Gebannten, daß er endlich Frieden schaffe: Als König Heinrich IV. im Jahre 1077 nach Italien kam, wurde er – obwohl aus der Gemeinschaft der Gläubigen ausgeschlossen – ersehnt, weil das Land unter Krie-

Der Herrscher als Wahrer des Rechts.
Krone, Szepter und gebieterische Haltung zeichnen den König aus,
der in einer vornehmen Halle sitzt und skeptisch dem unterwürfig Stehenden zuhört. Angehörige der Leibwache sind bereit, den König zu schützen
und mit der Streitaxt einen Richterspruch zu vollstrecken.
Teppich von Bayeux, nach 1066

gen, Aufständen, Raubzügen, mannigfachen privaten Fehden litt.[2] Zu Beginn des Konstanzer Konzils (1414–1418) richteten sich Hoffnungen auf König Sigmund, dem ein Ehrenvorrang zuerkannt wurde, obwohl er noch nicht zum Kaiser gekrönt war. Er sollte Kriege beilegen, die Europa verheerten – den zwischen Engländern und Franzosen, aber auch den zwischen dem Deutschen Orden und Polen; weiter hoffte man, daß er dem Schisma, das die abendländische Christenheit zerriß, ein Ende bereite. Im Innern befriedet, sollten die Völker Europas dann unter Führung des Kaisers ihre geeinten Kräfte gegen die Türken richten, den allen gemeinsamen Feind; sie sollten das bedrohte Byzanz entsetzen und weiter nach Jerusalem zum Grab des Erlösers ziehen.[3]

Die jahrhundertelang als Sakrament verstandene Salbung hob den König weit über alle anderen Sterblichen hinaus, auch über Bischöfe und Päpste, wie bildliche Darstellungen aus dem 10. und 11. Jahrhundert zeigen. Salbung und Krönung verliehen dem Herrscher ein gewaltiges Selbstbewußtsein, wie ein markiges Wort in einem Schreiben König Konrads III. an Kaiser Johannes Komnenos zeigt (1142): Mit Gottes Gnade wolle er jedem seiner Feinde „die Vergeltung zukommen lassen, die der Größe ihrer Bosheit entspricht".[4]

Schließlich wurde Otto, dem „durch Gottes Willen alle Macht im ganzen Frankenreich (!) übertragen" sei, ausdrücklich daran erinnert, daß er einst Gott Rechenschaft geben müsse über das ihm verliehene Amt und die ihm anvertrauten Menschen; „ewiger Lohn" sollte nur denen zuteil werden, die das Recht gewahrt und Mitmenschlichkeit geübt hatten.

Der Chronist Widukind wurde auch deshalb ausführlich referiert, weil seine Schilderung in spätere *Krönungsordines* eingegangen sein dürfte. Diese Krönungsordnungen legen die Abfolge von Gebeten und Handlungen fest, die bei Krönung und Salbung von Königen und Kaisern gesprochen bzw. vorgenommen wurden. Verglichen mit dem Bericht von der Aachener Krönung 936 klingen Ermahnungen im *Mainzer Ordo,* der wohl 961 bei der Krönung Ottos II. zur Anwendung kam, geradezu martialisch: die Gewalt der Ungerechtigkeit mächtig zerstören, Feinde des christlichen Namens verfluchen und vernichten, die Frechen erschrecken, die Hochfahrenden verderben, die Demütigen erheben.[5] Die letzte Bitte könnte ein Wort aufgreifen, nach dem es die Sendung Roms sei, „die Unterworfenen zu schonen und die Stolzen zu bekriegen".[6] Immerhin verstanden sich die mittelalterlichen Kaiser als Rechtsnachfolger der römischen Kaiser, zählten sich von Caesar oder Augustus aus und lebten in der Vorstellung, daß das auch durch sie weitergetragene Römische Reich bis zum Untergang der Welt bestehen werde.

Aus anderen Quellen geht hervor, daß der Bischof oder Papst, der einen König oder Kaiser krönte, sich nicht mit Mahnungen begnügte, sondern Fragen stellte, auf die – wie bei der Taufe – eine klare Antwort folgen sollte: „Willst du den heiligen Kirchen und den Dienern der Kirchen Schützer und Verteidiger sein? – Ich will es." Ausdrücklich sah der König sich auf Friedensarbeit nach dem Krieg verpflichtet: „was verheert ist, sollst du wiederherstellen" *(desolata restaures).*[7]

Solche Gebete wurden nicht nur bei der Krönung von Königen im Mittelalter gesprochen, wie eine bezeichnende Einzelheit zeigt. Bis weit in die Neuzeit gehörte zur Karfreitagsliturgie auch ein Gebet „für unseren allerchristlichsten Kaiser N., daß unser Gott und Herr ihn alle barbarischen Völker überwinden lasse zu unserem ständigen Frieden *(Oremus et pro Christianissimo Imperatore nostro N., ut Deus et Dominus noster subditas illi faciat omnes barbaras nationes, ad nostram perpetuam pacem)*.[8] Seit der Liturgiereform des Zweiten Vatikanischen Konzils (1962–1965) wird am Karfreitag „Christus, unserem Herrn" folgende Bitte vorgetragen: „Allmächtiger, ewiger Gott, in deiner Hand sind die Herzen der Menschen und das Recht der Völker. Schau gnädig auf jene, die uns regieren, damit auf der ganzen Welt Sicherheit und Frieden herrschen, Wohlfahrt der Völker und Freiheit des Glaubens."[9]

Schutz schloß Herrschaft ein, und diese verlangte geradezu nach ständig wiederholten Zeichen. Wie der Schirm der „Diener Gottes" konkret aussehen konnte, zeigt eine Urkunde Ottos I. für das von ihm in Magdeburg gegründete, dem Schutz des Kriegerheiligen Mauritius anvertraute Kloster. Die Mönche sollten jedes Jahr dem König ein Pferd, einen Schild und eine Lanze liefern, oder zwei Pelzmäntel, auf daß sie wüßten, daß sie sich „in der Schutzherrschaft des Königs befinden".[10]

Die Sehnsucht nach Herrschern, die Recht und Frieden wahren, zieht sich wie ein roter Faden durch die Geschichte. Manch Ruchloser ist in die Quellen eingegangen. Zu Beginn des europäischen Mittelalters war dem Frankenkönig Chlodwig jedes Mittel recht, seine Herrschaft auszuweiten und zu festigen: Mord, auch an nahen Verwandten, Betrug, Lüge, Verrat. Der norwegische König Erich I., gefallen in einer Schlacht 954, tötete mehrere seiner Brüder, um seine Macht zu sichern; das trug ihm den Beinamen „Blutaxt" ein.[11] Erinnert sei an Macbeth, Richard III. und andere Königsdramen Shakespeares, in die historische Gestalten eingegangen sind.

Das Verlangen nach einem gerechten, friedfertigen König ist wiederholt in politischen Testamenten und Fürstenspiegeln verdichtet worden; zumal in Zeiten bösen Unfriedens erinnerten sie den Monarchen nachdrücklich an seine Pflichten. So schärft König Ludwig IX. von Frankreich, der im Jahre 1270 auf einem Kreuzzug in Tunis gestorben ist, in seinem Testament seinem Sohn ein, nicht gegen Christen ins Feld zu ziehen. Lasse sich ein solcher Krieg trotz aller Friedensbemühungen nicht vermeiden, dann solle er die Kirchen und die Unschuldigen schonen. Entzweie Krieg oder Streit die Untertanen, *apaise-les au plus tost que tu pourras* (befriede sie so bald wie eben möglich).[12] An der Schwelle zur Neuzeit möchte Erasmus von Rotterdam (†1536) Kriegshandlungen auf die unmittelbare Friedenswahrung begrenzt wissen. Der Herrscher solle möglichst ohne Blutvergießen seinen Bereich von Räubern und Übeltätern säubern, Eintracht unter den Bürgern stiften und erhalten, Werke des Friedens in Angriff nehmen: reißende Ströme bändigen, Brücken und Deiche gegen das Meer bauen, sumpfiges Land kultivieren, insgesamt also Landesausbau betreiben, um das Volk besser versorgen zu können – und darüber dürfe er nicht versäumen, den Beamten auf die Finger zu schauen.[13]

Wollte der Herrscher seinem Amt gerecht werden, mußte er hohen, einander gelegentlich widersprechenden Anforderungen gerecht werden. Auch wenn in Wort und Bild gezeigt wurde, wie Christus persönlich den Herrscher krönt – der Segen der Kirche allein reichte nicht. Zusätzlich sollte der König über adlige Herkunft und Königsheil (*fortuna*, eine in vorchristliche Zeit reichende Vorstellung von der besonderen Heiligkeit und Kraft des Geblütes) verfügen. Die schon von Platon gepriesenen Kardinaltugenden – Klugheit, Gerechtigkeit, Stärke, Maß – sollten nicht nur den Herrscher, ihn aber ganz besonders auszeichnen. Klugheit schloß Besonnenheit und Menschenkenntnis ein, Takt und Weisheit, Geduld, vielleicht auch List, sicher aber die Fähigkeit, vielschichtige Sachverhalte zu durchschauen. Auf den Schutz von Recht und Gerechtigkeit wurde der König, wie wir gesehen haben, ausdrücklich bei der Krönung verpflichtet. Wer über Stärke gebot, verfügte über körperliche Kraft und ließ sich von Schicksalsschlägen nicht beirren. Mehr als ein Herrscher hat das Glück als wankelmütige Kraft erfahren. Eben noch strahlender Sieger, sah sich Otto II. Stunden später durch Sarazenen schmählich besiegt (982). Gerade siegreich in Rom eingezogen, erlebte Friedrich I. im Jahre 1167, wie eine Seuche seine Streitmacht dahinraffte. Papst Gregor VII., der Widersacher Heinrichs IV., wird dafür gelobt, daß er im Unglück stark geblieben sei.[14] Biblische Gestalten wurden häufig als Vorbilder der Stärke und anderer erstrebenswerter Eigenschaften geschildert. So ließ Karl der Große sich als neuer David feiern. Die Taten fränkischer Grafen, die in Kämpfen gegen Normannen und Bretonen gefallen waren, wurden denen des Makkabäus gleichgesetzt.[15]

Schließlich sollte der Herrscher in allen Lebenslagen maßvoll sein, selbstbeherrscht also auch im Sieg und bei Friedensverhandlungen. In klassischer Kürze faßt ein fränkischer Chronist Weisheit zusammen: Das Siegen ist ein Gut, übermäßiges Siegen aber nicht; denn gefährlich ist die Verzweiflung *(vincere bonum est, supervincere bonum non est; periculosa est enim desperatio)*.[16] Wer zuviel verlangte, dem Gegner vielleicht nicht einmal die Ehre lassen wollte, löste mehr als einmal einen das Schicksal wendenden Mut der Verzweiflung aus. Doch wer weiß schon zu sagen, wie weit zu gehen das Maß erlaubt?

Der Herrscher mußte, wollte er nicht vorzeitig verschlissen sein, über eine robuste Konstitution verfügen. Viele Könige waren als Kriegsherren gefürchtet, aus dem Kreis der deutschen Herrscher seien genannt Heinrich I., Otto I., Heinrich II., Konrad II., Heinrich IV. Die Nachricht von seiner Wahl zum König erreichte Rudolf I., als er gerade Basel belagerte. Mit Recht trug der französische König auch die Titel *dux exercitus, defensor regni*, Heerführer, Verteidiger des Reiches. Und am dritten Kreuzzug beteiligten sich gleich drei mächtige Könige, oft genug in vorderster Linie, das Schwert in der Faust: Friedrich I., Philipp August von Frankreich, Richard Löwenherz von England.[17] Durch persönlichen Mut haben, wie Beinamen zeigen, auch andere Herrscher ihre Umwelt beeindruckt: Boleslaw Chrobry (der Tapfere), Heinrich der

Löwe, Jean sans Peur (ohne Furcht), Karl der Kühne. Erst in der Neuzeit wurde, wohl im Zusammenhang mit der Neuorganisation der Armee- und Heeresführung, die Bereitschaft zum Kampf in vorderster Front immer weniger von den Herrschern und immer mehr von den Untertanen verlangt.

Mittelalterliche Könige nahmen oft in Anspruch, „erhaben" zu sein – *Augustus*. Mit diesem Titel erinnerten sie an Augustus, mit dem die römische Kaiserzeit beginnt. Nicht jeder Herrscher wird sich ständig vor Augen gehalten haben, daß „Augustus" ursprünglich auch „Mehrer" bedeutete. Doch viele handelten, als richteten sie ihr Handeln vor allem an diesem Teil ihrer Titel aus. Sie mehrten das Reich, auch in offenen Angriffskriegen gegen Christen. Sie mochten sich sogar auf das Alte Testament berufen, in dem Gott dem auserwählten Volk versprochen hatte, dessen Reich mehren zu wollen.[18] Die Ausweitung der Herrschaft mußte nicht kriegerisch erfolgen. Der weitgehend vertragliche Erwerb Lothringens durch Heinrich I. wird folgendermaßen kommentiert: „So mehrte er sich und seinen Nachfolgern kräftig das überkommene Amt."[19] König Ottokar II. von Böhmen lud Menschen aus der Ferne ein, sich in seinem Reich niederzulassen; zur Gründung der Stadt Politschka schreibt er im Jahre 1265: „Wir wissen, daß in der Menge des Volkes der Ruhm des Fürsten besteht und daß durch eine große Zahl von Untertanen Ehre und Macht der königlichen Majestät erhoben wird."[20]

Weitere Tugenden verfeinerten das Bild des Herrschers: Großherzigkeit (etwa beim Verteilen der Beute), Wahrhaftigkeit, Treue, Stolz. Eine Eigenschaft wird lange Zeit nicht ausdrücklich gefordert, obwohl man sie im Zusammenhang mit Maß und Selbstbeherrschung sehr wohl hätte preisen können: Disziplin. Geplänkel und große Schlachten gingen verloren, weil Einzelne wie Truppenteile ihren Mitstreitern nicht einmal den Vortritt, geschweige denn den Sieg gönnten.

Reiten, Fechten und Jagen wurden wie Spiel und Sport betrieben; sie dienten der Erholung und als Training für den Ernstfall. Nach Abschluß wichtiger Reichsgeschäfte, zu denen oft genug ein Kriegszug gehörte, gingen Große im Herbst auf die Jagd, mancher sogar dann, wenn er mit allen Kräften die Feinde hätte bekämpfen müssen.[21] Zu Beginn der Neuzeit feiert Machiavelli die Jagd ausdrücklich als Teil der Kriegskunst; er faßt in Worte, was Generationen vor ihm geübt hatten und auch nach ihm noch tun sollten: Als Jäger lerne der Herrscher sich und sein Reich gründlich kennen.[22] Jagd und Krieg hatten in der Tat vieles gemeinsam: Die beteiligten freien und unfreien Männer sowie die verwendeten Waffen; unentbehrliche Eigenschaften wie Mut, Kraft, Geschicklichkeit, Zähigkeit und Ausdauer. Man lernte, wie leistungsfähig man selber und wie belastbar die Begleiter waren. Man mußte mit den Kräften und gegebenen Hilfsmitteln haushalten, sich auch ohne Sonne und Wegmarkierungen zurechtfinden. Wie im Krieg hatte man auf der Jagd mit dem Unvorhergesehenen und mit Erschwernissen aller Art fertig zu werden. Zu Fuß oder im Sattel mußte man sich in Wald und schwierigem Gelände bewegen, Sümpfe und Gewässer überqueren, oft bei Kälte, Regen oder Schnee.

Ein erheblicher Teil der Erziehung von Herrschern und Kriegern galt dem Ziel, Mensch und Pferd zu einer Kampfeinheit auszubilden. Wer als schwer gepanzerter Reiter Waffe und Pferd beherrschen wollte, mußte über Körperkraft, Gewandtheit und Reaktionsfähigkeit verfügen. Von jung auf mußte er üben, die Lanze genau zum Stoß zu führen, die gegnerische mit dem Schild abzuwehren, beim Fechten feindliche Hiebe zu parieren, eigene gezielt auszuteilen, Gangart und Laufrichtung des Pferdes auch im Schlachtgetümmel mit der Waffenführung zu koordinieren.

Seit dem Hochmittelalter schätzte man als Freizeit- und Festvergnügen das Turnier; hier konnte man den Kampf üben, aggressive Instinkte kanalisieren und in spielerischer Form ausleben. Oft winkte dem Sieger Beute, und dem Besiegten drohte Lösegeldzahlung. Da Turniere nicht selten tödlich verliefen, wurden sie von der Kirche verboten, insgesamt ebenso erfolglos wie Fehde und Krieg.

Die Summe der Eigenschaften, denen der Recht und Frieden schaffende Herrscher genügen sollte, ging in eine einzige Forderung ein: Seine körperlichen, charakterlichen und seelischen

Fähigkeiten sollten ihn für sein hohes Amt geeignet *(idoneus)* machen. Maximalforderungen ist kein Herrscher gerecht geworden, auch nicht wer von der Kirche später als „heilig" verehrt worden ist, z.B. Heinrich II. von Deutschland, Ludwig IX. von Frankreich, Olav von Norwegen, Stephan von Ungarn. Für Reich und Nachbarn war viel gewonnen, wenn sich der Herrscher nicht allzu weit von bewährten, auch an den Zehn Geboten ausgerichteten Normen entfernte.

Auxilium et consilium

Zu Hilfe und Rat waren Männer, oft auch Frauen aufgerufen, weil der Herrscher nicht alles selber wissen konnte und entscheiden wollte. Rat und Tat konkretisierten die Treue, die die Großen dem König, der Vasall seinem Herrn schuldeten. Wenn sie ihr verantwortungsvolles Amt ausübten, gewannen die Berater Anteil an der Macht; einmal getroffene Beschlüsse hatten sie mit zu verantworten und ihre Folgen mit zu tragen, im Frieden wie im Krieg.

Wichtige Reichsangelegenheiten sollten verhandelt und entschieden werden gemäß einem Leitsatz, der in die Antike zurück reicht: *Quod omnes tangit, ab omnibus approbari debet,* was alle angeht, soll von allen gebilligt werden. Alle, das konnten in einem kleinen Reich die freien, wehrfähigen Männer sein; später waren es die Herzöge, Markgrafen, Grafen, Bischöfe und Äbte. Jährlich wurden sie im Frühjahr – nicht selten auch im Herbst, zur Vorbereitung eines Feldzugs im nächsten Frühjahr – zu einem Reichstag geladen. Hier bemühte man sich um eine Lösung für Aufgaben, die das Reich als Ganzes oder wichtige Teile angingen. Oft war auch über Krieg und Frieden zu entscheiden. Wer ohne triftigen Grund fernblieb, riskierte den Verlust von Lehen, die er vom Reiche hatte.

In einem ausgedehnten Reich konnten an der Peripherie amtierende Machthaber nicht immer Befehle „von oben" abwarten; sie mußten über Ermessensspielraum verfügen. Hinkmar († 882), Erzbischof von Reims und einer der wichtigsten

Ratgeber des westfränkischen Königs Karl des Kahlen, bringt folgendes Beispiel: Ein mit der Grenzsicherung betrauter Markgraf hatte mit dem Gegner einen bald ablaufenden Waffenstillstand geschlossen; der Reichstag mußte entscheiden, ob man die Waffenruhe verlängern oder die Kampfhandlungen wiederaufnehmen solle.[23]

Berater waren unentbehrlich, wenn man in Pattsituationen einen Kompromiß finden mußte. Konnten Männer, auf ihre Erfahrung gestützt, die Versammlung für eine weise Entscheidung gewinnen, ließ sich mancher Konflikt begrenzen, vielleicht sogar friedlich beilegen. Konflikte wurden verschärft, wenn leicht aufbrausende Männer meinten, des Königs oder des Reiches Ehre sei verletzt. Besondere Verantwortung kam hier Dolmetschern zu. Als Kanzler des Reiches hatte 1157 Rainald von Dassel auf einem Hoftag zu Besançon ein Schreiben Papst Hadrians IV. zu übersetzen. Das mehrdeutige Wort *beneficium* hätte Rainald mit „Wohltat" wiedergeben können; er zog statt dessen „Lehen" vor. Da es in Zusammenhang mit dem Kaisertum Friedrichs I. verwendet wurde, löste es unter den Anwesenden einen Sturm der Entrüstung aus, so daß der Kaiser sich persönlich für die Unversehrtheit des päpstlichen Legaten Orlando einsetzen mußte.[24] Zwei Jahre später wurde Orlando zum Papst erhoben; er nahm den programmatischen Namen Alexander III. an (1159–1181); in einer langen, auch mit militärischen Mitteln geführten Auseinandersetzung behauptete er die Rechte des Papsttums gegen den Kaiser.

Wiederholt war ein Schisma mit zwei Päpsten zu beheben (dem entsprachen auf lokaler Ebene oft zwei Bischöfe, zwei Äbte). So lädt Friedrich I. im Jahre 1159 den Bischof Hartmann von Brixen zu einem Reichstag ein: Um die Einheit der Kirche wiederherzustellen, brauche man Weisheit, „und um ihrer nicht zu entbehren, bitten wir deine Hoheit sehr dringend und ermahnen dich durch diese Bitten, daß du um der Kirche und um des Reiches willen zu diesem Hoftag kommest, ohne dich abhalten zu lassen, auf daß durch deine Ankunft Einheit und Frieden und Ruhe der Kirche wiederhergestellt werde". Einstweilen solle Hartmann sich in dem genannten

Zwiespalt neutral verhalten und nicht eine der beiden Parteien „für gerecht und vernünftig" erklären.[25]

Seit den Zeiten der Apostel sind Amts- und Würdenträger zusammengetreten, um den Frieden innerhalb der Gemeinschaft der Gläubigen wiederherzustellen (Apg 15, 1–35). Mit Fragen der Lehre und der Disziplin waren seitdem viele kirchliche Versammlungen befaßt. Vor den spätmittelalterlichen Konzilien türmten sich die Probleme: Es galt, aus dem Schisma mit zeitweilig drei Päpsten wieder zur Einheit zu finden, die Kirche „an Haupt und Gliedern" zu reformieren, schließlich Fragen der Lehre zu entscheiden, die Wycliff, Hus und andere aufgeworfen hatten. Die geistliche und die weltliche Gewalt haben auf den Konzilien zu Pisa (1409), Konstanz (1414–1418) und Basel (1431–1449) einen Teil der gewaltigen Aufgaben lösen können. Über den fortdauernden Spannungen zerbrach die Einheit der abendländischen Kirche in der Zeit der Reformation. Zu den Folgen gehörten Kriege, die Deutschland und andere Länder bis zur Mitte des 17. Jahrhunderts verheert haben.

Gesandte

Wie sich 1157 in Besançon zeigte, wurden Gesandte gern auf Reichstagen empfangen. Vielleicht konnte man sie hier mit Gepränge aller Art beeindrucken, wenn nicht gar einschüchtern. Wenn die Großen aus Reich und Kirche gleich über das vorgebrachte Anliegen berieten und entschieden, war beiden Seiten gedient.

Das Streben nach Schutz der Gesandten hat in grauer Vorzeit zu ersten Ausprägungen des Völkerrechts geführt. Gesandte galten als unverletzlich, erst recht, wenn sie mit einer heiklen Mission betraut waren, z. B. einen Krieg zu erklären, einen Fehdebrief zu überbringen, einen Waffenstillstand auszuhandeln oder eine umstrittenen Grenze festzulegen. Zudem waren sie weisungsgebunden, sprachen also nicht aus eigenem Antrieb. Sofern das sinnvoll war, führte der Auftraggeber in einem Geleitbrief den Namen des Leiters der Gesandtschaft und die Zahl des Gefolges auf.[26] Die Boten wiesen sich bei Betreten des fremden Landes, unterwegs und schließlich am Ziel aus, oft mit einem besonderen Beglaubigungsschreiben.

Wichtige Entscheidungen hatte man vor dem Aufbruch treffen müssen. Sollte man hochrangige Würdenträger entsenden, Männer mit den nötigen Sprachkenntnissen, insgesamt eine große Delegation? Die Auswahl der Personen konnte besänftigend, aber auch brüskierend wirken. Welche Art von Geschenken ließ man dem Adressaten überreichen? Man sollte den Anschein der Bestechung vermeiden, wollte aber auch Amtsträger bedenken, mit denen man unterwegs und am Ziel zu tun hatte. Selbst wenn man meinte, die Gaben angemessen abgestuft zu haben, konnte sich jemand verletzt fühlen.

Sobald Gesandte das fremde Land betraten, erfuhren sie, wie man sie einschätzte. Während der langen Kriege mit den Sachsen erschlugen „Nordleute jenseits der Elbe" Gesandte Karls des Großen.[27] Selbst wenn die Emissäre Großmachtallüren mit Takt verwechselt haben sollten, war das kein Grund, sie umzubringen. Solcher Bruch des Völkerrechts ersetzte eine förmliche Kriegserklärung. Lampert von Hersfeld erwähnt in seinen nach 1077 fertiggestellten *Annalen* auffallend häufig das Völkerrecht *(ius gentium)*. Aufständischen Sachsen legt er stolze Worte in den Mund: Selbstverständlich achteten sie das sogar von barbarischen Völkerschaften anerkannte Völkerrecht; und sehr wohl wüßten sie, daß man auch bei gräßlichsten Auseinandersetzungen Gesandten kein Unrecht tun dürfe.[28] Heinrich IV. verbürgte sich 1077 in Canossa für den Schutz seines Gegners, Gregors VII., der als Gesandter in eigener Sache mit den Großen des Reiches in Deutschland verhandeln wollte: Der Papst, sein Gefolge und alle Boten, die er entsende oder empfange, sollten sicher sein von seiten Heinrichs und aller, über die er gebiete, und zwar vor jeglichem Anschlag auf Leib, Leben und Freiheit, für den Hin- und den Rückweg sowie die Zeit des Aufenthaltes.[29]

Den durch andere Reisende schon Angekündigten sandte man vielleicht eine ranggleiche Gruppe entgegen, um die Ankömmlinge zu ehren – was Kontrolle nicht ausschloß. Denn im allgemeinen verbanden Gesandte den verlautbarten Auftrag mit weitergehenden Absichten. Aufmerksames Beobachten war nicht zu verhindern; doch wo fängt unerlaubte Spionage an? Der Kenner hat einen Blick für das, was bei politischen und dynastischen, militärischen und wirtschaftlichen Auseinandersetzungen wichtig werden kann: Spannungen im Machtgefüge der aufgesuchten Herrschaft; Zustand von Befestigungen, Straßen, Pässen und Brücken, Fähren und Häfen; Ausrüstung der Krieger und Qualität der Pferde; Güte des Trinkwassers und des Getreides, das man auf dem Halm sieht. Der Gesandte konnte beauftragt sein, Opponenten durch Geschenke oder Versprechungen für seinen Auftraggeber zu gewinnen, einen Geheimvertrag abzuschließen oder einen Umsturz in die Wege zu leiten.

Konflikte konnten sich auch an protokollarischen Fragen und Rangstreitigkeiten entzünden; meist waren das allerdings Symptome für schwelende Spannungen. So sollte im Jahre 968 Liudprand, Bischof von Cremona, im Auftrag Ottos I. in Byzanz um eine Prinzessin für den Königssohn und für einen dauerhaften Frieden werben. Die Wahl war auch deshalb auf ihn gefallen, weil er seit einer früheren Reise nach Byzanz über Sprach- und Landeskenntnisse verfügte. An der Spitze einer insgesamt fünfundzwanzig Köpfe zählenden Delegation[30] verfehlte er sein Ziel. Empfindlich für Fragen des Protokolls, witterte er allenthalben Diskriminierung und unterstellte seinen Gastgebern, sie hätten in ihm, dem Gesandten, Kaiser Otto kränken wollen. Der byzantinische Herrscher war nicht bereit, Otto als gleichrangigen *basileus* (soviel wie „Kaiser") anzuerkennen, sondern nannte ihn nur *rhega* (König). Entsprechend niedrig sah der Gesandte Ottos sich an der Tafel plaziert. Speisen, Getränke und Unterkunft, Termine, nichts fand Gnade vor Liudprands Zunge und Augen. Er ließ sich auf Streitgespräche mit seinen unmittelbaren Ansprechpartnern, aber auch mit dem Basileus selber ein. Der warf dem blasierten Abgesandten aus dem fernen Westen schließlich vor: „Friede spiegelst du vor, aber in Wirklichkeit bist du ein Spion." In seiner Eitelkeit gekränkt, ging Liudprand – zumindest nach seinem späteren Bericht – über den Auftrag Kaiser Ottos hinaus; statt sich um einen Abbau der Spannungen und eine dauerhafte Verständigung zu bemühen, trieb er mit Ironie und Sarkasmus zum Krieg. Angesichts der großen Verletzlichkeit im Bereich der Ehre hat manche nicht gleich behobene Unachtsamkeit zu langdauernder Verstimmung geführt.

Der Gesandte sollte ein Gespür dafür haben, wann er demütig und wann er stolz aufzutreten habe; er sollte das gesprochene Wort, Gesichtsausdruck und Gebärde, Kleidung und Geschenke aufeinander abzustimmen wissen. Er mußte Brauch und Recht der fremden Umgebung kennen, er sollte weder die Ehre seines Auftraggebers noch die seines Gottes verleugnen. Der Franziskanermönch Wilhelm von Rubruk, der 1253–1255 im Auftrag König Ludwigs IX. von Frankreich zu den Mongolen reiste, hatte Skrupel, deren Herrscher mit der landesüblichen Kniebeuge zu ehren.[31]

Oft war es geboten, Gesandte zu täuschen. Vor einem drohenden Krieg rief man die Gesamtheit der Streitkräfte zusammen und tat so, als sei das nur ein kleiner Teil des Heeres. Standen bei einer Belagerung die Menschen kurz vor dem Hungertod, zeigte man den Boten volle Säcke mit einer dünnen Schicht Mehl auf Sand. Trotzdem sahen Gesandte im allgemeinen mehr, als dem Gastgeber lieb war. Der mußte deshalb den Schaden begrenzen; die Tötung der Fremden konnte nur ein äußerstes Mittel sein. War anzunehmen, daß die Gesandten für den Gegner nützliche Informationen hatten sammeln können, verweigerte man ihnen den erbetenen Abschied. An Vorwänden fehlte es nicht: Ungünstige Witterung, Hochwasser oder die Unmöglichkeit, ihnen für den Rückweg Freiheit und Unversehrtheit zu garantieren. Während des Kleinkrieges im Grenzgebiet zwischen Sachsen und Slaven hielt Boleslaw Chrobry einmal zu ihm geschickte Boten fest, um einen überraschenden Überfall machen zu können.[32]

Gesandte in heikler Mission mußten damit rechnen, nicht lebend heimzukehren – und zwar nicht nur wegen der allen Reisenden drohenden Gefahren. Wie in anderen Bereichen so gilt auch hier: Wer die „Spielregeln" verletzte, fand eher

Aufnahme in die Quellen als jener, der sich an Recht und Brauch hielt.

Wechselnde Loyalität und Verrat

Nicht selten sollten Gesandte Personen im gegnerischen Lager zur Preisgabe von Informationen oder sogar zum Abfall bewegen. Die Grenze zwischen Verrat und Entgegenkommen im Interesse hoher Ziele (Erhaltung oder Wiederherstellung des Friedens, geringe Menschenverluste) war fließend. Nicht leicht zu beurteilen ist die häufig begegnende, gesellschaftlich anerkannte Hierarchie von Loyalitäten.

Im Jahre 802 wurde im Frankenreich angeordnet, niemand solle „irgendeinen Feind wegen einer Fehde" ins Reich holen *(ne aliquem inimicum in suum regnum causa inimicitiae inducat)*.[33] Das Verbot ist aufschlußreich, war Karl doch seit langem der unbestrittene Herrscher im Abendland; aber trotz seiner vielen Titel, der Betonung des Gottesgnadentums, der Vereidigung der Bevölkerung seines Reiches auf ihn persönlich sah er sich genötigt, das Paktieren mit äußeren Feinden im Zuge einer Fehde eigens zu verbieten. Hier werden Übergänge zwischen innergesellschaftlichen Auseinandersetzungen und „äußeren" Kriegen deutlich. Die Treue zu König und Reich hatte keineswegs unbestritten Vorrang vor anderen Bindungen.

Absprachen zwischen Einzelnen oder einer Gruppe und einem äußeren Feind waren nicht ungewöhnlich: 711 rief eine Partei der Westgoten Araber als Verbündete nach Spanien mit der schon erwähnten Folge, daß nach wenigen Jahren fast die ganze Halbinsel den Muslimen unterworfen war. 732 kämpfte Herzog Eudo von Aquitanien zusammen mit Sarazenen gegen Karl Martell. 747 verbündete sich Grifo, der dritte Sohn Karl Martells, mit den Sachsen gegen seinen Bruder Pippin. 788 wurde dem Bayernherzog Tassilo auch vorgeworfen, mit den Avaren paktiert zu haben.[34] Im Jahre 842 wurden Sarazenen aus Afrika als Helfer nach Benevent gerufen; bald hatten sie wichtige Städte in ihre Gewalt gebracht und wurden den Bewohnern unbequem.[35] Während Otto I. sich zur entscheidenden Auseinandersetzung mit den Ungarn rüstete, eröffneten slavische Obodriten und Wilzen 955 einen furchtbaren Krieg – angestiftet von den Grafen Wichmann und Ekbert, Vettern des Königs.[36] Die vielen Kriege, die Otto gegen innere Feinde, oft waren das nächste Angehörige, zu führen hatte, gingen darauf zurück, daß es keine einheitliche oberste Staatsgewalt gab, der sich Rechte und Ansprüche anderer hätten unterordnen müssen. Folgerichtig gewannen „Hochverräter", wie man heute sagen würde, oft mit der Verzeihung auch ihre frühere hohe Stellung zurück.

Es war also nicht selbstverständlich, daß ein Adliger sich in erster Linie oder ausschließlich dem König gegenüber zu Loyalität verpflichtet fühlte. Er ergriff Partei auch gegen ihn, etwa zugunsten eines Freundes, eines Verwandten, eines Verbündeten. Kalif 'Abd-ar-Rahman III. von Cordoba, ein Außenstehender also, wertete es 956 als unbegreifliches Zeichen der Schwäche, daß König Otto I. es zulasse, „daß jeder der Seinen in ganzer Fülle eigene Gewalt ausübt, dergestalt, daß er Teile seines Reiches unter sie aufteilt". Damit gewinne der König nicht Treue und Ergebenheit, sondern Hochmut und Empörung. Erst jüngst habe doch Konrad, der Schwiegersohn des Königs, diesem den eigenen Sohn Liudolf entfremdet; offen habe er quasi-staatliche Gewalt gegen den König ausgeübt und, nicht genug damit, „das fremde Volk der Ungarn zum Plündern mitten durch seine Reiche geleitet".[37] Die Ungarn haben seinerzeit Schaden angerichtet, der sich hätte vermeiden lassen, wenn die politische und militärische Macht nur in der Hand des Königs gelegen hätte. Langfristig dürften Polyzentrismus der Macht und Dezentralisierung von Herrschaft dem Einzelnen Freiheitsräume eröffnet und die abendländische Kultur bereichert haben.

Opfer von Opponenten sind selbstredend nicht nur christliche Herrscher geworden, wie zwei Beispiele zeigen mögen. Im Jahre 777 lehnte sich der muslimische Gouverneur von Saragossa gegen den Emir von Cordoba auf und lud Karl den Großen ein, seine Herrschaft auf Gebiete südlich der Pyrenäen auszudehnen. Jahrhunderte später bestachen Sachsen einen Slavenfürsten, der ihnen daraufhin Brandenburg in die Hände spielte.[38]

Seit dem 11. Jahrhundert werden genauere Vorstellungen von Wesen und Rechten des Staates ausgebildet; die Überzeugung gewinnt Raum, Verrat am König sei eins der abscheulichsten Verbrechen, wenn nicht die verwerfliche Tat schlechthin. Aufschlußreich ist in diesem Zusammenhang das wohl im 12. Jahrhundert verfaßte Rolandslied. Ganelon verrät seinen Herrn, Kaiser Karl den Großen, und läuft zum muslimischen Herrscher Marsilius über, um Roland verderben zu können. Seiner Treulosigkeit wegen erleidet der vom Epos zum Prototypen des Verräters Stilisierte einen gräßlichen Tod. Dante verweist ihn in den neunten Kreis der Hölle, wo politische Verräter und Verräter an Verwandten in einem eisigen See bis zum Halse eingefroren stecken.[39] Ein historischer Fall: In der Nacht vom 7. zum 8. August 1472 ging Philippe de Commynes, engster Berater und Vertrauter Herzog Karls des Kühnen, zu dessen langjährigem Hauptgegner Ludwig XI. von Frankreich über; wahrscheinlich hatte er dem König schon lange vorher Informationen zukommen lassen. In seinen Memoiren versucht Commynes, sein Verhalten zu rechtfertigen; doch in seinen eigenen Augen und in denen der Nachwelt war er mit dem Wechsel des Lagers zum Verräter geworden.[40]

Bischöfe und Äbte im Dienste des Reiches

In den Wirren der Völkerwanderungszeit konnte die Kirche sich wohl deshalb relativ gut behaupten, weil sie früh eigene Institutionen ausgebildet hatte. In unserem Zusammenhang sind die Ämter von Bischof und Abt sowie das Mönchtum wichtig.

Versagten die staatlichen Beamten, fielen dem Bischof Aufgaben zu, die weit über die Seelsorge hinausgingen. Oft mußte er sich um die Lebensmittel- und Wasserversorgung, gegebenenfalls auch um die Befestigung und Verteidigung des Ortes kümmern. Manche Bischöfe hatten vor der Übernahme ihres kirchlichen Amtes leitende Funktionen im zivilen oder militärischen Bereich wahrgenommen. Möglicherweise gilt das auch für den hl. Severin († 482). Als charismatische Führergestalt ohne Amt erfreute er sich höchsten Ansehens in Noricum, dem Raum zwischen Donau, Inn und Enns. Die noch ansässige romanische Bevölkerung bat ihn um Rat in allen Lebenslagen, auch in Fragen der Verteidigung. Die immer zahlreicher einsickernden Barbaren schätzten ihn als Verhandlungspartner in Fragen, die sie selber sowie beide Bevölkerungsgruppen berührten.[41]

In Ermangelung eines eigenen Verwaltungsapparates übernahmen germanische Herrscher, die sich mit ihrem Gefolge im Römischen Reich einrichteten, oft die ortsansässige Führungsschicht. Bischöfe und Äbte waren im allgemeinen sogar dann zu loyaler Zusammenarbeit bereit, wenn die neuen Machthaber einer anderen Konfession angehörten; denn die meisten in das Römerreich eingefallenen Germanen hatten den christlichen Glauben zunächst in seiner von Arius († 336) geprägten Fassung, die die Göttlichkeit Christi leugnete, angenommen. Politische und militärische Erfolge der Franken erklären sich auch damit, daß sie sich seit etwa 500 für die katholische Konfession gewinnen ließen. Infolgedessen blieb ihnen ein religiöser Gegensatz zur romanischen Bevölkerung erspart. Ein Herrscher wie Chlodwig umwarb zu Anfang des 6. Jahrhunderts Bischöfe in Südfrankreich, denen der arianische westgotische König Schwierigkeiten bereitete.

Bischöfe sollten in Städten residieren – was immer darunter im Einzelfall zu verstehen sei. Da sie hier mit oder auch ohne einen weltlichen Amtsträger die Herrschaft ausübten, bildeten sie wichtige Stützen des Königs, zumal die Kirche im Laufe der Generationen durch Schenkung, Erbschaft, Arbeit, Usurpation vielfältigen Besitz erwarb. Auch in Klöstern, von denen es oft mehrere in einem Bistum gab, fand man gebildete Personen mit weitem Horizont. Beherrschten Äbte und Mönche überdies höfische Umgangsformen, waren sie ebenfalls für leitende Aufgaben geeignet.

Langfristig war wohl noch wichtiger, daß das Mönchtum ein religiös begründetes Ethos ausgebildet hatte, das alle Lebensbereiche durchdrang. Streng war der Tag des Mönches in Stunden des Gebetes, der Arbeit und der Lektüre gegliedert, rational war die Wirtschaft vieler Klöster geordnet. Im Laufe der Jahrhunderte strahlte dieses Pflicht- und Arbeitsethos in die europäische Gesellschaft aus und erfaßte zunächst die Bauern, dann die Bürger in den seit der Jahrtausendwende aufblühenden Städten. Spät erst hat sich wohl der Adel der Einsicht geöffnet, daß einen göttlichen Auftrag erfüllen kann, wer sich harter Disziplin unterwirft. Vom Hildesheimer Bischof Bernward heißt es, er sei rastlos tätig gewesen, habe aber auch die ihm Unterstehenden fast über ihre Kräfte angetrieben und nicht geduldet, daß junge, aufgeweckte Leute untätig blieben.[42]

Bischofssitze und Klöster verfügten – wie schon gezeigt – im allgemeinen über Gebäude, die sich leicht in Befestigungen verwandeln ließen. Bischöfe und Äbte geboten über Ländereien, über Bauern und Handwerker, über Männer, die zu Hand- und Spanndiensten verpflichtet, zu Boten- und Kriegsdiensten geeignet waren. Im Frankenreich und im späteren Deutschen Reich unterstanden so gut wie alle Bistümer, ferner Klöster wie Corvey und St. Gallen der Schutzgewalt des Königs. Als „Gesalbter des Herrn" übte er eine kirchlich ausdrücklich legitimierte Herrschaft über die *Reichskirche* aus, praktisch sogar noch nach dem Investiturstreit.

Ein Verzeichnis aus dem Jahre 819 listet Klöster auf, die je nach ihren Fähigkeiten Leistungen an den Frankenkönig erbringen mußten (ähnliches galt für die Bischofskirchen). Lorsch und weitere Abteien hatten Abgaben und militärische Dienste *(dona et militiam)* zu leisten, eine zweite Gruppe – zu ihr gehörte Fulda – nur Abgaben; eine dritte – Wessobrunn u.a. – mußte weder Abgaben noch Kriegsdienst leisten, sondern nur Gebete „für das Heil des Kaisers, seiner Söhne und die Festigkeit des Reiches" *(stabilitate imperii)*.[43] Streubesitz erleichterte es mancher Kirche, die schweren Lasten zu tragen. Wenn das Kloster St. Denis, um ein Beispiel zu nennen, für einen Feldzug gegen die Avaren Lebensmittel zu liefern hatte, wird es dazu möglichst eigene Besitzungen in Alemannien, etwa in Esslingen, herangezogen haben. Brand, Ausplünderung, Überfälle, Mißwirtschaft und drückende Forderungen der weltlichen Gewalt haben ehedem wohlhabende, mächtige Klöster – vorübergehend oder endgültig – verarmen lassen, so daß sie weder militärische noch wirtschaftliche Leistungen erbringen konnten.

Priester sollten, wie wir gesehen haben, nicht zum Schwert greifen. Doch gab es Ausnahmen, denn nicht jeder Bischof und jeder Mönch war, wie Bonifatius, zum Martyrium bereit. Gegen unmittelbare Gefahr für Leib und Leben durfte man sich verteidigen. Waren Bischof und Abt nicht sogar verpflichtet, im eigenen Bereich für Recht und Ordnung zu sorgen? Bernward von Hildesheim arbeitete für den Frieden: „Unter großer Gefahr für sich und seine Leute" fiel er über „Seeräuber" her, die immer wieder Sachsen heimsuchten. Da die Quälgeister ungestört die Elbe befahren konnten, war ihnen nicht leicht beizukommen. Daher habe der „höchst wachsame Priester Gottes" überlegt, wie er die ihm Anvertrauten der Wildheit der Barbaren entreißen könne. „Dank göttlicher Eingebung" baute Bernward Burgen, so etwa die „kleine, aber bestens befestigte" Mundburg am Zusammenfluß von Aller und Oker. Damit ließen sich gleich zwei Täler sperren und „das Volk Gottes" von der Wildheit der Feinde befreien. Als die Feinde daraufhin eine andere Landschaft verheerten, eroberte Bernward deren Hauptstützpunkt, säuberte den Ort „von allem teuflischen Schmutz und barbarischen Trug" (wohl einer heidnischen Kultstätte) und erbaute hier eine dem hl. Lambert, Bischof und Märtyrer, geweihte Kapelle. Bernwards Vorsorge brachte auch in dieser Gegend die Menschen wieder in den Genuß des Friedens. Sein Biograph fügt freilich hinzu, der Bischof habe sich mit solchen guten Werken den Neid von Fürsten und sogar seines Erzbischofs zugezogen; doch habe Bernward den Unwillen mit größter Geduld ertragen und weiter Gott und dem König gedient *(divina ac regalia benignissime amministrabat).*[44]

Prälaten kam es zeitweilig überhaupt nicht auf den Schutz der Schwachen an. Aus demselben Holz geschnitzt wie ihre Brüder und Väter, die König, Herzog, Graf geworden waren, haben sie bei passender Gelegenheit gern zur Waffe gegriffen. Wiederholt haben Päpste Heere zusammengetrommelt, Kriege organisiert und finanziert, und zwar nicht erst zur Zeit der Kreuzzüge. Mehr als ein Bischof hat die Arbeit für und im Frieden mit Untätigkeit verwechselt. Nach einer Überlieferung konnte Philipp von Heinsberg († 1191), Erzbischof von Köln, in der Auseinandersetzung mit dem mächtigen Herzog Heinrich dem Löwen „Ruhe und Frieden nicht ertragen". Philipps Leuten wurden zur Last gelegt die Einäscherung von Kirchen, die Plünderung von Friedhöfen, die Entführung und Vergewaltigung von Nonnen, „Bräuten Christi"; Priester seien am Altar verprügelt und liturgisches Gerät geraubt worden, noch ehe die heilige Handlung beendet gewesen sei. Wie seine Vorgänger ließ Philipp Münzen prägen mit der stolzen Aufschrift SANCTA COLONIA PACIS MATER, Heiliges Köln, Mutter des Friedens – nach dem Gesagten klingt das wie Hohn. Doch ist die Angelegenheit komplizierter, als es auf den ersten Blick scheint. Denn Philipp sorgte dafür, daß die Münzen ihren hohen Silbergehalt behielten, und mit der stabilen Währung schuf er eine Voraussetzung für sozialen Frieden im Innern.[45] Gegen Ende des Mittelalters sollte – nach einer Streitschrift des Erasmus von Rotterdam – Papst Julius II. auch deshalb aus dem Himmel ausgeschlossen bleiben, weil er sich hemmungslos seinen kriegerischen Neigungen hingegeben habe.[46]

Wertvolle Dienste leisteten kirchliche Würdenträger auch dann, wenn sie sich selbst nicht mit Blut befleckten. Sie übernahmen die Seelsorge unter den Kriegern, segneten Fahne und Schwert; mit Exkommunikation und Interdikt verfügten sie über Waffen, die auch abgebrühte Gegner das Fürchten lehrten. In verfahrener Situation waren sie als Vermittler gesucht. Schließlich standen Klerikern Mittel zur Verfügung, Macht auszuüben, die sie virtuos eingesetzt haben. Dem grobschlächtigen Krieger unterlegen, rächte mancher Mönch sich mit der Feder: Als Verfasser historischer Werke oder einfacher Abschreiber von Handschriften bestimmte er, nicht selten bis in unsere Zeit, das Bild von Personen und Ereignissen.

Anfänge einer eigenen Militärseelsorge reichen (mindestens) bis in die Mitte des 8. Jahrhunderts zurück. 742 verfügt der königsgleich waltende fränkische Hausmeier Karlmann, daß Priester weder kämpfen noch in den Krieg ziehen sollten – mit Ausnahme derer, die während des Feldzugs die Messe zu feiern und andere Dienste zu leisten hätten. Deshalb dürfe der Fürst einen oder zwei Bischöfe sowie deren Kapläne (Priester) bei sich haben; Militärbefehlshabern wird jeweils ein Priester zugebilligt, der den Männern die Beichte abnehmen und eine Buße auferlegen könne. Die Krieger sollten mit dem Bewußtsein in den Tod gehen können, ohne schwere Schuld vor den göttlichen Richter zu treten; die Buße nach dem Kampf sollte die Schuld des Tötens tilgen. Ein halbes Jahrtausend später faßt Thomas von Aquin Belange der Militärseelsorge knapp zusammen: Mit Erlaubnis ihrer Oberen könnten Kleriker in der Weise am Krieg teilnehmen, daß sie für das geistliche Wohl der Kämpfenden sorgten.[47]

Diese Sorge hatte viele Aspekte. Priester sollten wissen, wie man Gott und die Heiligen der eigenen Sache gewogen macht. In einem Fahnensegen aus dem 10. Jahrhundert bittet der Priester Jesus, „Heiland aller Welt..., uns auf die Fürsprache deines heiligen Erzengels Michael und aller himmlischen Mächte den Schutz deiner starken Rechten" zu gewähren. Wie der Erlöser Abraham und David über ihre Feinde habe triumphieren lassen, möge er das Feldzeichen segnen, „das zur Verteidigung der heiligen Kirche" gegen den wutschnaubenden Feind getragen werden solle, „auf daß die Gläubigen und Verteidiger des Gottesvolkes ihm folgen und in der Kraft des heiligen Kreuzes Triumph und Sieg über die Feinde freudig erlangen." Ein Segen aus dem 11. Jahrhundert sollte möglicherweise Kriegern gespendet werden, die einen Gottesfrieden durchzusetzen hatten; er richtete sich also gegen Getaufte, die als Gewalttäter geächtet waren. Der Segen erinnert an Großtaten, die das auserwählte Volk des Alten Bundes erfahren hatte: Wie Gott Israel beim Auszug aus Ägypten geholfen habe, „so sende auch deinem Volke, wenn es in die Schlacht zieht, deinen Engel des Lichtes, auf daß er es bei Tag und bei Nacht vor allem Schaden bewahre". Konkret erbittet der Segen alle nur denkbare Hilfe auf dem Marsch, Furchtlosigkeit und Demut. Widersprüchliche Tugenden werden auf das Heer herabgefleht: Besonnen sollen die Krieger an ihre Hinfälligkeit denken; mit unerschrockenem Mut sollen sie nach Kampf gieren. „Und wenn das Heer durch deinen Engel gesiegt hat, dann gebe es nicht seiner eigenen Kraft, sondern nur ... dem siegreichen Christus den Dank und den Triumph, der durch die Demut seines Leidens und Sterbens am Kreuze über den Tod und den Teufel triumphiert hat."[48]

Priestern waren Reliquien anvertraut, mit denen das Heer in den Krieg zog. Das heilige Kreuz geleitete die Byzantiner, wenn sie gegen die Perser ausrückten. Fränkische Könige ließen die *cappa Martini* mitführen. Otto I. zog 955 in die Schlacht gegen die heidnischen Ungarn mit der heiligen Lanze; sie wurde als eine der kostbarsten Reliquien verehrt, hatte mit ihr doch der Überlieferung nach der römische Offizier Longinus die Seite Christi geöffnet. Als siegbringendes Zeichen vorangetragen, sollte sie die Krieger gegen sichtbare und unsichtbare Feinde schützen.[49] Die seinem Befehl Unterstehenden ermahnte Bischof Ulrich von Augsburg zum Vertrauen auf die Hilfe Gottes und spornte sie zu tapferem Kampf gegen die ungarischen Belagerer an. Ulrich verbot seinen Kriegern aber, den Schutz der Wälle zu verlassen und sich dem Feind in offener Feldschlacht zu stellen.[50] Priester segneten auch das Schwert, in das man gelegentlich, und dann sicher unter Gebeten, Reliquien eingelassen hatte, die den Träger schirmen, ihm im Falle des Todes den Weg in die ewige Seligkeit ebnen sollten.

Die Bibliotheken von Bischofskirchen und Klöstern bargen, was man aus dem Bildungsschatz früherer Kulturen durch Wirren und Kriege hatte retten können. Des Lesens und des Lateins Kundige konnten daher ihren Herrschern auch Erkenntnisse der Antike zugänglich machen. Im 9. Jahrhundert gab Hrabanus Maurus, Abt von Fulda und Erzbischof von

Mainz, Kaiser Lothar I. den Rat, Vegetius zu lesen, einen römischen Militärschriftsteller (Ende 4. Jahrhundert n. Chr.), damit er den Normannen besser widerstehen könne. Wenn diese weiterhin das Frankenreich verheerten, so wohl auch deshalb, weil Zeiten, in denen man um das nackte Überleben kämpft, vertieftem Quellenstudium nicht günstig sind.

Bildung kann Horizonte erhellen, doch auch den Blick für Eigenarten eines Feindes verstellen. Bei der Beschreibung der Ungarn und ihrer Kampfweise stützt der Chronist Regino von Prüm († 915) sich nicht auf Beobachtungen und Erfahrungen seiner Zeitgenossen, sondern er zitiert ausführlich Justinus, der – wohl im 3. Jahrhundert n. Chr. – die älteste römische Universalgeschichte bearbeitet hatte.[51] In späteren Jahrhunderten hat man sich wiederholt auf humanistische Traditionen besonnen und in Muße antike Autoren studiert, die Hinweise bereithielten, die Kriegern nützlich sein konnten. So informierte sich Mitte des 12. Jahrhunderts der Graf von Anjou bei Mönchen von Marmoutier/Loire, wie man Brandbomben herstellt; nach Anweisung des Vegetius wurden solche Waffen dann produziert und bei der Belagerung einer Burg eingesetzt.[52]

Gegen Ende des Mittelalters suchten Humanisten – in erster Linie immer noch Kleriker – nach Werken antiker Autoren. Mehrere Umstände begünstigten ihre Forschungen: Die Folgen der Großen Pest waren überwunden; Frankreich erholte sich vom Hundertjährigen Krieg; das Vordringen der Türken bewog griechische Gelehrte, aus ihrer Heimat zu fliehen und an abendländischen Universitäten zu unterrichten. Oft brachten sie Handschriften mit, so daß sich im Westen der Bestand antiker Werke rasch mehrte. Hier breitete sich die Kenntnis griechischer und lateinischer Autoren, unter ihnen Militärschriftsteller, mit einer in früheren Zeiten unvorstellbaren Geschwindigkeit aus, denn mehrere Gegebenheiten trafen zusammen: Einrichtung von Lehrstühlen, Aufgeschlossenheit für antike Bildung, gestiegener Wohlstand – begünstigt vielleicht auch dadurch, daß Reisende sich trotz zahloser Kriege größerer Sicherheit erfreuten. Schließlich erlaubte der Buchdruck, in kurzer Zeit, großer Stückzahl, vorzüglicher Lesbarkeit und zu moderaten Preisen Werke der „Alten" anzubieten; infolgedessen konnten sich ihrem Studium an vielen Orten gleichzeitig auch weniger bemittelte Lesekundige widmen. Bezeichnenderweise ist das früheste gesicherte Datum für ein Druckerzeugnis überhaupt, der 22. Oktober 1454, das Ausgabedatum eines gedruckten Ablaßzettels zugunsten des Türkenkrieges.[53]

Bedeutend wurden auch Grunderfahrungen der Mission. Durch das Pfingstwunder (Apg 2, 1 ff.) hatten die Anhänger Jesu sich aufgefordert gesehen, den neuen Glauben den Menschen in deren Sprachen zu verkünden. Mit dem Idiom eignete der Missionar sich den Kern der fremden Kultur an; er suchte nach Anknüpfungspunkten für seine Botschaft und bemühte sich, die Menschen, die er für seinen Glauben gewinnen wollte, in einem weitgefaßten Sinne zu verstehen. Das Verlangen, auf andere einzugehen, dürfte Gewohnheiten der Christen geprägt haben. Demgegenüber wurde der Islam nur in arabischer Sprache verbreitet; die Religion nötigte ihre Propagandisten also nicht, andere Sprachen zu erlernen. Wenn Westeuropa seit dem Hochmittelalter den Vorsprung der hochzivilisierten arabischen Welt aufgeholt hat, so auch dank des Weitblicks mancher Kleriker. Zur Zeit der Kreuzzüge erkannte Petrus Venerabilis († 1156), Abt von Cluny, gelegentlich einer Reise zu den spanischen Klöstern seines Ordens, wie unzulänglich die bisherige Auseinandersetzung mit dem Islam war. Er wendet sich an „die Söhne Ismaels", die das Gesetz Mohammeds befolgen. Es sei schon erstaunlich, daß er – nach Sprache, Bekenntnis und Lebensgewohnheiten ihnen fremd – vom äußersten Westen den Menschen in den Gebieten des Ostens und Südens schreibe und daß er, der sie nie gesehen habe und wohl niemals sehen werde, angreife. „Angreife, sagte ich, nicht, wie die Unsrigen es oft tun, mit Waffen, sondern mit Worten, nicht mit Gewalt, sondern mit Vernunft, nicht aus Haß, sondern aus Liebe."[54] Damit abendländische Gelehrte den Koran nicht mehr durch bösartig-polemische Entstellungen kennenlernen müßten, ließ Petrus im Jahre 1122 das Werk ins Lateinische übertragen. Er soll damit eine Kommission betraut haben, der ein Muslim, ein Jude und ein Christ angehörten. Dank der von diesen erarbeiteten lateinischen Paraphrase des Koran stand europäischen Gebildeten seit dem 12. Jahrhundert ein realitätsnäheres Islambild zur Verfügung. Petrus Venerabilis blieb kein Einzelfall. Mit seiner monumentalen *Summa contra gentiles* trug Thomas von Aquin († 1274) dazu bei, daß der von den Christen lange Zeit als Sekte verkannte Islam als eigenständige Religion ernst genommen wurde. Wenig später eignete sich Raimundus Lullus († 1315?) durch intensives Sprachstudium und ausgedehnte Reisen profunde Kenntnisse der islamischen Kultur an. Mit der Einrichtung von Arabischlehrstühlen an abendländischen Universitäten suchte das Konzil von Vienne (1311-1312) solche Studien zu institutionalisieren. Ähnlich vielseitige Initiativen zur Erkenntnis der lateinisch-christlichen Gedankenwelt scheint es im islamisch geprägten Kulturraum nicht gegeben zu haben. Dabei ist unbestritten, daß außer über den römischen auch über den arabischen Kulturkreis bestimmte Traditionen der griechischen Philosophie, vor allem aber der griechischen Naturwissenschaft an das Abendland weitergegeben worden sind.

Der weite Horizont von Männern wie Petrus Venerabilis, Thomas von Aquin, Raimundus Lullus, Nikolaus von Cues († 1464) läßt sich in Traditionen vorchristlicher, zumal griechischer Offenheit für das Fremde einordnen. Zwar haben kirchliche Autoritäten die Gier nach Neuem *(cupido novi)* oft als sündhaft verworfen. Doch die Mission und das Verlangen, sogar den Feind zu verstehen, legten ein umfassendes Begreifenwollen des „anderen" nahe. Das schloß borniertem Dünkel, jahrhundertelang fortgeschriebene Vorurteile und aberwitzige Torheiten nicht aus. Berichte von Gesandten zu den Mongolen zeugen davon, daß abendländische Reisende sich für fast alles und jedes Fremde interessieren konnten.[55]

Langfristig hatte das Verlangen, andere zu verstehen, weitreichende Folgen: Es trug zur Grundlegung moderner Wissenschaften bei, erwies sich aber auch als eine der furchtbarsten Waffen der Europäer; denn es erlaubte ihnen, den Fremden ihre Geheimnisse zu entreißen, sie dadurch wehrlos zu machen. Das Studium antiker Autoren und der Buchdruck förderten den Aufschwung Europas. Sie erlaubten der Halbinsel Asiens, auf anderen Kontinenten Fuß zu fassen – wie germanische, muslimische, ungarische, mongolische Invasoren es in Europa getan hatten.

Krieger

In den Germanenreichen zur Zeit der Völkerwanderungen war der erwachsene, kriegstaugliche Freie verpflichtet, auf eigene Kosten für Ausrüstung sowie Unterhalt zu sorgen und dem Aufgebot zu folgen.[56] Im Laufe der Jahrhunderte kam es zu Änderungen, bedingt durch Dauer und Häufigkeit der Feldzüge, durch die Bedeutung von Waffengattungen und die Entwicklung neuer Waffen.

Im Frankenreich hatten häufige Einberufungen, lange Feldzüge und die zunehmende Bedeutung der schweren Kavallerie nachteilige soziale Auswirkungen, waren die Aufgebotenen doch gezwungen, ihre heimische Landwirtschaft zu vernachlässigen. Obwohl die Franken in den meisten Kriegen siegreich blieben, reichte die Beute nicht aus, der schleichenden Verarmung vieler Krieger vorzubeugen. Deshalb verfügte Karl der Große, daß jeweils vier Hufen einen Berittenen auszurüsten hätten; ein entsprechender Anteil entfiel auf den, der weniger hatte.[57] „Eigentlich" sollte ein Freier mit einer Hufe Eigentum – eine je nach Bodengüte, Zeit und Raum wechselnde Ertragsgröße von vielleicht fünf bis fünfzehn Hektar Land – standesgemäß leben und die damit verbundenen Pflichten erfüllen können, nicht zuletzt die des Militärdienstes. Trotz des „Lastenausgleichs" haben sich Freie in die Schutzherrschaft (nicht zuletzt kirchlicher) Großer begeben, viele notgedrungen. Dadurch nahm die Bedeutung der ohnehin Mächtigen weiter zu. Viele Krieger konnten sich ein geeignetes Pferd und was sonst zum Reiterdienst gehörte, nicht leisten. Einen Ausweg bot das Lehen, mit dem der Belehnte die Verpflichtung zu Ausbildung, Ausrüstung und Heerfolge übernahm. Obwohl grundsätzlich „geliehen", ist das Lehen oft in das (vererbbare) Eigentum des Belehnten übergegangen.

Junge Männer dürften erste kriegerische Erfahrungen mit zwölf bis vierzehn Jahren gewonnen haben. Manche Prinzen zogen schon als Kinder mit in den Krieg, Otto III. zum Beispiel als Elfjähriger 991 gegen die Slaven.[58] Mit vierzehn oder sechzehn Jahren volljährig geworden, führten junge Adlige Truppenteile an und beteiligten sich am Kampf, anfangs wohl noch unter den Augen eines erfahrenen Kriegers. Aus der Sicht des Heerführers hatten Jugend und Alter ihre jeweiligen Vorzüge: Junge Leute waren begeisterungsfähig, schnell, zu kurzfristigen Höchstleistungen fähig und zum Opfer des eigenen Lebens eher bereit, als wer an Frau und Kinder dachte. Umgeben von Elitekriegern und ausgewählten jungen Leuten zog Otto I. 955 in die Schlacht gegen die Ungarn. Friedrich Barbarossa soll unter seinen Kriegern gern unverheiratete, nachgeborene Söhne gesehen haben. Er selber hat noch als alter Mann die Strapazen eines Kreuzzuges ins Heilige Land auf sich genommen, auf dem er im Jahre 1190 starb, vielleicht 68jährig.[59] Männer in reiferem Alter brachten Lebenserfahrung ein, die im Rat geschätzt war. Beim Durchstehen widriger Phasen verfügten sie über Ausdauer und Zähigkeit. Weniger als die Jugend waren sie versucht, Tollkühnheit mit Tapferkeit zu verwechseln.

Unfreien bot sich im Krieg und in Zeiten chaotischer Zustände die Chance eines „Bewährungsaufstiegs". Mit Mut konnten sie ihrem Herrn das Leben retten, mit Erfindungsreichtum einem ganzen Heer Ausgaben, Zeitaufwand, wenn nicht eine Niederlage ersparen – sofern sie Gehör fanden. Es ist daher nicht verwunderlich, daß talentierte Angehörige der Unterschicht in leitende Positionen aufgestiegen sind. Solchen Karrieren entspricht die Stellung des Bauern im Schachspiel, das sich im Mittelalter großer Beliebtheit erfreute: Anders als die „Offiziere" führt der Bauer nur einfache Züge aus; doch im günstigsten Fall kann er nicht nur in die zweithöchste Figur verwandelt werden, sondern sogar den König matt setzen und damit das Spiel entscheiden. Mehr als eine Schlacht wurde dadurch gewonnen, daß ein „einfacher" Krieger dem gegnerischen König den Todesstoß versetzte.

Bewährung bzw. Nichtbewährung bei der Wahrung von Recht und Frieden gegen äußere wie innere Feinde entschied auch über das Schicksal von Dynastien, etwa über den Abstieg der Karolinger im Frankenreich des 9. Jahrhunderts und den Aufstieg von Ottonen und Kapetingern in dem sich im 10. Jahrhundert bildenden Deutschen Reich und in Frankreich.

Kriegsdienst begünstigte ferner den sozialen Aufstieg ganzer Gruppen. Die von weltlichen und geistlichen Großen ausgerüsteten Reiterkrieger gewannen im Verlauf weniger Generationen zunächst die Freiheit. Als Ungarn, Sarazenen und Normannen zu Beginn des 10. Jahrhunderts Europa verheerten, verbesserten in dem hier als Beispiel genannten St. Gallen die Maier, die die Aufsicht über große Wirtschaftshöfe des Klosters führten, nachhaltig ihre Stellung. Folgt man dem Bericht eines Mönches, der diese Entwicklung beklagt, so führten die Maier blanke Schilde und Waffen, bliesen die Hörner mit anderem Klang als gewöhnliche Bauern; sie hegten Hunde, sogar zur Großwildjagd – einem Privileg Freier, wenn nicht Adliger! Sie meinten, für Hof und Acker sollten andere sorgen. „Wir wollen uns um unsere Lehen (*beneficia*, Güter des Klosters) kümmern und der Jagd frönen, wie es Männern geziemt!"[60] Söhne und Enkel solcher Aufsteiger bildeten als angesehene, dann auch Ansprüche stellende Ritter einen Dienstadel, der im Laufe der Zeit mit dem alten Geblütsadel verschmolz.

Im 8. Jahrhundert gewannen eigene Kavallerieeinheiten an Bedeutung. Seit dem ausgehenden 11. Jahrhundert bildeten sie den wichtigsten Teil der Streitkräfte, den Kern der Kreuzfahrerheere und eine der „Internationalen", die die abendländische Gesellschaft vernetzten. Das zeigte sich etwa, wenn Angehörige des europäischen Adels zur „Preußenreise" aufbrachen. Auf „Winter-" und „Sommerreisen" kämpften sie zusammen mit dem Deutschen Orden – erstmals 1304, zuletzt 1422/23, mit zeitlichem Schwerpunkt in den Jahrzehnten von 1328/29 bis 1396 – im Baltikum gegen die bis 1386 heidnischen

Litauer.[61] Ende des 14. Jahrhunderts stellt Chaucer im allgemeinen Prolog zu seinen *Canterbury Tales* einen Ritter vor, der in Afrika, Preußen und Litauen gekämpft hatte, insgesamt in fünfzehn blutigen Schlachten. Verglichen mit anderen Berufskriegern waren das atypisch viele Treffen.

Epen wie das Rolandslied, Werke der bildenden Künste wie die Manessesche Bilderhandschrift sowie Ritterspiegel verherrlichen Können und Ethos des Ritters; „Soll" und „Ist" klafften allerdings oft weit auseinander. In seinem schon erwähnten „Lob der neuen Ritterschaft" wendet sich Bernhard von Clairvaux gegen verweichlichte Ritter seiner Zeit. Die Sanftmut des Mönches mit der Tapferkeit des Ritters verbindend, seien die Ritter Christi bescheiden in Nahrung und Kleidung; rastlos tätig, bessern sie persönlich Waffen und Kleider aus. „Niemals gekämmt, selten gebadet, erscheinen sie vielmehr borstig, weil sie die Haarpflege vernachlässigen, von Staub beschmutzt, von der Rüstung und von der Hitze gebräunt". Starke und schnelle Pferde reitend, haben sie oft erfahren, daß „ein einziger Tausende verfolgte und zwei Zehntausende in die Flucht schlugen" (Dtn 32, 30).[62] Lange nach der Blütezeit des Rittertums legte Johannes Rothe (thüringischer Ratsschreiber und Chronist, †1434) eine Art Maximalprogramm vor. Die geforderten Fähigkeiten sollten dem Ritter bei Kämpfen aller Art, bei Spiel und Freizeit zugute kommen. Ein guter Ritter könne schnell auf- und absitzen, vorzüglich reiten, rennen, wenden. Er könne schwimmen und tauchen, wisse mit Armbrust, Bogen und Büchse umzugehen, klettere auf Leitern, an Stangen und Seilen. Weitere Forderungen gelten dem Ringen, Springen, Fechten, dem Turnieren sowie dem Tanz und dem Schachspiel.[63] Im Idealfall zeichneten Ritter sich durch Mobilität und Abenteuerlust, Einsatz- und Opferbereitschaft aus. Mangels anderer standesgemäßer Tätigkeiten blieb ihnen oft nur der Kriegsdienst.

Fußtruppen waren meist leicht bewaffnet; oft bildeten sie den größten Teil des Aufgebots. Unentbehrlich waren sie bei Belagerungen, in der Schlacht und auf dem Marsch durch Feindesland. Hier mußten sie Ritter schirmen, die erst unmittelbar vor dem Kampf ihre Rüstung anlegten. Auch Fußtruppen sollten sorgfältig ausgebildet sein. Der soeben zitierte Johannes Rothe meint, daß der Handwerker zum Kriegsdienst weniger geeignet sei – selbst wenn er größer, stärker und reicher sei als der Bauer. Denn dieser füge sich leichter als ein Handwerker in den Waffendienst; von Jugend an sei er an harte Arbeit gewöhnt, vertrage Sonnenbrand und grobe Speisen, brauche kein Bad wie die Zärtlinge. „Er wird von Wasser und Brot satt, liegt auf der bloßen Erde und kann die Mühsal des Harnisch Tag und Nacht tragen, wenig schlafen und viel wachen. An all so etwas ist der Bauer gewöhnt." Wollten mit Bogen oder Spießen bewaffnete Bauern gegen Berufskrieger bestehen, mußten sie von erfahrenen Haudegen „eingerahmt" werden.

Seit der Jahrtausendwende gewannen Städte an wirtschaftlicher, politischer und militärischer Bedeutung. Ihre Bürger hatten ein Interesse an der Ausweitung erworbener Rechte und usurpierter Freiheiten. Dazu mußten sie mindestens eine Miliz aufstellen; zur Wahrung des Friedens in dem für sie lebenswichtigen Umland hatten sie reguläre Streitkräfte zu unterhalten. Sofern sie im Schutze des Königs standen, mußten sie diesem eigene Aufgebote stellen: Reiterei, häufiger Fußtruppen oder – etwa in England – mit Kriegern bemannte Schiffe.

Wie andere Waffengattungen war die Infanterie im Laufe des Mittelalters zeitweilig weniger gefragt. Ende des 13. Jahrhunderts galten 100 Berittene soviel wie 1000 Fußkämpfer. Von der Mitte des 14. bis zur Mitte des 15. Jahrhunderts vielerorts vernachlässigt, gewann die Infanterie seit Mitte des 15. Jahrhunderts wieder an Bedeutung. Was Ausbildung und Unterhaltung angeht, waren Fußtruppen nicht nur wesentlich billiger als Ritter, sondern diesen überlegen, wenn sie richtig eingesetzt wurden.[64] Im Pfeilhagel englischer Langbogenschützen blieb mehr als ein Angriff französischer Ritterheere stecken, denen auch größte Tapferkeit nichts nutzte. Im Gebirge und in verkehrsmäßig wenig erschlossenen Landstrichen, wo Ritteraufgebote ihre Überlegenheit nicht zur Geltung bringen konnten, boten sich Bauern und Hirten besondere Chancen (übrigens auch im Flachland vereinzelten Feinden gegenüber). Mit Raum und Klima, Lebensart und Sprache vertraut, schnell, genügsam, mit einfachen Waffen ausgerüstet, haben sie in unübersichtlichem Gelände auch bestens bewaffnete reguläre Truppen das Fürchten gelehrt.

Seit Anfang des 14. Jahrhunderts kümmerten eidgenössische Bürger- und Bauernheere sich weder um Ehre noch um Sitte von Rittern. Mit langen Spießen bewaffnet, tiefgestaffelt und diszipliniert, haben sie – dank ständiger Waffenübung und Erfahrungen im Dienst italienischer Städte – wiederholt Reitertruppen vernichtet. Als sie bei Morgarten (1315) und Sempach (1386) auf die Habsburger, bei Murten (1476) auf die Burgunder trafen, zerrten oder warfen sie die Gegner aus dem Sattel und schlachteten sie förmlich ab. 1522 zeigte sich allerdings in der Schlacht von Bicocca, daß die Zeit der mit Spießen bewaffneten Fußtruppen abgelaufen war: Selbst größter Mut half ihnen nicht gegen geschickt angelegte, artillerieverstärkte Feldbefestigungen.[65]

Söldner und Spezialeinheiten

Krieger aller Waffengattungen wurden seit der Antike für bestimmte – oft räumlich und zeitlich begrenzte – militärische Aktionen zu Lande oder zur See angeworben und besoldet. Da ihnen der Rückhalt im Lande fehlte, konnte ein Herrscher ihrer besonders sicher sein. In Auseinandersetzungen zwischen Bretonen und dem König des westfränkischen Reiches kämpften Sachsen als besoldete Hilfstruppen auf seiten des Königs, Normannen für die Bretonen. In Konstantinopel bildeten die aus Skandinavien stammenden Waräger eine Art Fremdenlegion, in der zu dienen nicht als deklassierend galt. Harald Sigurdsson „der Harte", der als junger Söldnerführer in byzantinischen Diensten einen hohen Rang erlangt hatte, wurde 1046 König von Norwegen. Er fiel am 25. September 1066 in der schon erwähnten Schlacht bei Stamfordbridge östlich von York. Söldner hatte auch Herzog Wilhelm zur Verstärkung der Armee anwerben lassen, mit der er am 27./28. September 1066 nach England übersetzte.[66]

Sofern sie die Wahl hatten, waren Obrigkeiten gut beraten, wenn sie selber die Initiative ergriffen und kleine Gruppen von Berufskriegern anwarben; solche Söldner ließen sich leichter kontrollieren, ein Wechsel der Front war weniger wahrscheinlich. Doch nicht selten verdingten sich größere Haufen unter eigener Führung als Ganzes; summarische Besoldung stärkte ihren inneren Zusammenhalt. Wer eine solche Schar in Dienst stellte, konnte weit weniger Einfluß ausüben als auf einzelne Söldner; er hatte es mit einem Partner zu tun, der den Vertrag kündigte, gegebenenfalls in verzweifelter Lage. Von 1167 bis 1214 kämpften Brabanzonen – der Name verweist auf ihre Heimat Brabant – für Kaiser Friedrich I. in Italien, ferner für König Heinrich II. von England, den Grafen von Angoulême sowie König Philipp II. August von Frankreich.[67] Not hat im Spätmittelalter viele Schweizer gezwungen, sich andernorts als Söldner zu verdingen. Waren die brotlosen jungen Männer ausgezogen, ließ sich der Friede im Innern des Landes leichter wahren.

In Italien spielten seit dem 11. Jahrhundert Söldner eine zunehmende Rolle. Normannische „Pilger" beteiligten sich im Jahre 1016 an der Eroberung von Salerno aus muslimischer Hand. Seit dem 14. Jahrhundert begegnet in Italien der Condottiero, der sich aufgrund eines Soldvertrages *(condotta)* in den Dienst von Machthabern stellte. Im Unterschied zum „normalen" Söldnerführer verfolgte der Condottiero oft nämlich politische Ziele, was das Streben nach Abenteuer, Beute und Gewinn nicht ausschloß, sondern eher zur Voraussetzung hatte. Manchem Condottiero gelang ein rascher sozialer Aufstieg; so herrschte Francesco Sforza (1401–1466), Sohn eines Bauern und Condottiero, seit 1450 als Herzog von Mailand.[68]

Der Friede im Lande war in hohem Maße gefährdet, wenn Söldner nicht mehr besoldet werden sollten oder konnten, wenn sie nicht heimgehen, sich als Gruppe aber auch nicht auflösen wollten. Ließ nach einer Kampagne, vielleicht gar nach ordnungsgemäßer Entlassung ein neuer Auftraggeber auf sich warten, gingen Teile oder der ganze Haufen oft genug eigene Wege. Seit 1385 machten die sog. Vitalienbrüder Ost- und Nordsee unsicher, zunächst in mecklenburgischen Diensten. Als Kaperfahrer – d.h. Helfer, Verbündete, Söldner zur See – übten sie das anerkannte Fehderecht namens ihrer Auftraggeber aus. Als sie in Norddeutschland und Skandinavien nicht mehr gebraucht wurden, machten sie sich selbständig und gingen zur Seeräuberei auf eigene Faust über. 1402 wurden ihre bekanntesten Anführer Klaus Störtebecker und Michel Gödecke hingerichtet. Erst 1435 gelang es Hansestädten, die Gefahr in der Nordsee endgültig zu beseitigen.[69] Ausschreitungen entlassener Söldner war die Bevölkerung auch zu Lande schutzlos ausgeliefert, zumal außerhalb geschlossener Ortschaften. Von 1434 bis 1445 suchten die Armagnaken (frz. *écorcheurs*, Schinder; elsässisch *Armenjeken*) Frankreich, Burgund, das Elsaß und die Schweiz heim.[70]

Manche Herrscher umgaben sich gern mit einer Gruppe ihnen ergebener junger Männer. Idealismus, Erwartung von Beute, Hoffnung auf Belohnung bewog sie, in unmittelbarer Nähe ihres Herrn zu kämpfen. Knut der Große von Dänemark bildete 1018 eine Leibgarde, die *housecarls*, in einer Stärke von vielleicht 1000 Mann.[71]

In der zweiten Hälfte des 12. Jahrhunderts gewannen im Heiligen Land die aus einer muslimischen Sekte hervorgegangenen *Assassinen* eine gewisse Bedeutung. Unter dem Einfluß von Haschisch (daher der Name) und fanatisiert, haben junge Männer mit religiös-politisch motivierten Morden an hochgestellten Persönlichkeiten eine Tradition des Terrorismus im Islam begründet. Möglicherweise haben Assassinen im Jahre 1192 Konrad von Montferrat, König von Jerusalem, ermordet und damit die abendländische Herrschaft im Heiligen Land ins Wanken gebracht.[72] Mehr noch als Hunnen und Vandalen sind sie in die Alltagssprache eingegangen: franz. und engl. *assassin*, ital. *assassino* bezeichnet den Mörder.

Wiederholt wurden – vermeintliche oder wirkliche – Kriminelle zum Kriegsdienst herangezogen. Im Grenzsaum zu den Slaven soll Heinrich I. Dieben und Räubern, sofern sie tapfer und kriegstauglich waren, die verwirkte Strafe erlassen und sie als eigene militärische Einheit in der Vorstadt von Merseburg angesiedelt haben. Der König habe ihnen Äcker und Waffen gegeben und befohlen, sie sollten die Mitbürger verschonen, „gegen die Barbaren aber, soviel sie sich getrauten, Raubzüge machen".[73]

Je nach Land, Klima, Gegner, militärischer Lage wurden Eliteeinheiten gebraucht. 773 umfaßte eine fränkische *scara* – ihr dürften schwindelfreie junge Männer angehört haben, die so gut kletterten wie kämpften – Langobarden, die in Oberitalien eine Klause gesperrt hatten. Um 900 schickten Ungarn, wenn sie nach Italien einfallen wollten, schnelle Kommandos voraus, die strategisch wichtige Punkte besetzen und bis zur Ankunft der Hauptstreitmacht halten sollten. 1004 setzte Heinrich II. gegen die Böhmen ausgewählte gepanzerte Krieger ein, die einen engen Weg für sein Heer frei machten. 1155 verlegten Alberich, ein Veroneser Ritter, und eine Schar von „Straßenräubern" in den Klausen von Verona dem gerade in Rom zum Kaiser gekrönten Friedrich I. den Weg. Unter dem Befehl des Bannerträgers kletterten 200 ausgewählte junge Krieger in einem waghalsigen Manöver auf einen hohen Felsen. Von oben und unten bedrängt, stürzten die meisten Wegelagerer beim Versuch zu fliehen in den Tod. Mit Ausnahme eines Mannes, von dem noch zu sprechen ist, wurden Alberich und die anderen Überlebenden gehängt.[74]

Schon erwähnt wurden Eliteeinheiten, für die Kaiser Friedrich II. Sarazenen rekrutiert hatte. Abschließend seien Formationen genannt, die am Rande der christlichen Welt zeitweilig eine große Rolle spielten. Seit dem 13. Jahrhundert dienten Kosaken als besoldete Grenzwächter in Rußland, was sie nicht an Raubzügen und Flußpiraterie auf eigene Rechnung hinderte. Nachhaltig schwächte man Unterworfene, wenn man sie ihrer intelligenten und kräftigen Kinder beraubte. So nahmen die Türken geeignete Knaben aus der bäuerlichen Oberschicht den – vor allem christlichen – Balkanvölkern fort. Islamisiert und ausgebildet, stiegen manche Opfer dieser „Knabenlese" in höchste Stellungen der zivilen und militärischen Verwaltung auf. Die meisten bildeten als Janitscharen ein Elitekorps von militärisch überragender Bedeutung, eine feste, zölibatär und kaserniert lebende, regelmäßig besoldete, trotzdem billige und vor allem loyale, dem Herrscher verbundene Truppe. Zu Anfang des 15. Jahrhunderts umfaßte sie etwa 10 000 Mann. Bei der Erstürmung von Konstantinopel spielten die Janitscharen die entscheidende Rolle.[75]

Ähnlich wichtig wie Elitetruppen waren Truppenführer, die selbständig Entscheidungen treffen konnten. Als im Jahre 782 eine gegen Slaven ausgesandte fränkische Abteilung unterwegs von einem neuerlichen Aufstand der Sachsen hörte, gab sie das ursprüngliche Ziel auf und marschierte gegen die Aufrührer. Zwar erlitten die Franken infolge von Disziplinlosigkeit und falschem Ehrgeiz eine schwere Niederlage.[76] Doch zeigt der Bericht, daß Truppenführer der Ausdehnung des Reiches entsprechend ausgebildet sein sollten. Im gegebenen Fall mußten sie eigenverantwortlich das Marschziel modifizieren dürfen. Daß solcher Ermessensspielraum nicht unüblich war, zeigt eine Verordnung Karls des Großen an Beauftragte mit besonderen Vollmachten (*missi*): Sie sollen den Kirchen Recht verschaffen, sich um Witwen und Waisen kümmern und nur, was sie selber nicht bessern können, vor den Kaiser bringen.[77]

Kämpferinnen

Daß Frauen sich aktiv an Kämpfen beteiligt haben, machen Mythen (Amazonen) und Sagen (Judith, Brunhild) wahrscheinlich. Nachrichten in historischen Quellen im engeren Sinne zeigen, daß sie auch unter den Berittenen anzutreffen waren, z. B. auf Kreuzzügen, bewaffnet mit Lanze und Kriegsbeil.[78]

Einzelne Frauen sind in die Geschichte eingegangen. Bestärkt von „Stimmen" Heiliger, gelang es Jeanne d'Arc, das Vertrauen von Offizieren, dann auch König Karls VII. von Frankreich zu gewinnen und die nach vielen Mißerfolgen niedergeschlagenen Krieger wieder zu begeistern. Begabt mit bemerkenswerten taktischen Fähigkeiten zwang sie 1429 in wenigen Tagen (29. April bis 8. Mai) die Engländer, die Belagerung von Orléans aufzuheben. Nach weiteren erfolgreichen Kämpfen führte sie den König zur Krönung nach Reims. Während eines Ausfalls aus dem bedrohten Compiègne, bei dem sie schon mit wenigen Begleitern in das gegnerische Lager eingedrungen war, wurde sie am 23. Mai 1430 gefangengenommen, für 10 000 Francs an Heinrich V. von England verschachert, vor ein Inquisitionsgericht gestellt, wegen Ketzerei, Tragen von Männerkleidern und anderer Vergehen verurteilt, am 30. Mai 1431 der weltlichen Obrigkeit ausgeliefert und umgehend in Rouen verbrannt; die Asche wurde in die Seine gestreut. So verfuhren kirchliche und weltliche Obrigkeiten seit dem Hochmittelalter mit inneren Feinden. Anders als der im Jahre 1415 auf dem Konzil in Konstanz als Ketzer verbrannte Jan Hus, dessen Asche man in den Rhein geschüttet hatte, wurde Jeanne d'Arc im Jahre 1909 selig- und 1920 heiliggesprochen.[79]

Aus einfachen Verhältnissen stammte auch Jeanne de la Hachette. Mit einem Handbeil *(hachette)* bewaffnet, warf sie sich 1472 in Beauvais Burgundern entgegen; von ihrem Mut mitgerissen, vertrieben ihre Landsleute – unterstützt von rechtzeitig eingetroffenen französischen Entsatztruppen – die Belagerer unter Führung Karls des Kühnen. Tausende namentlich nicht bekannte Frauen sorgten im Krieg für Verwundete, für Küche und Quartier. Bei der Belagerung von Meißen (1015) reichten Frauen den Männern Steine und löschten Brände. Simon von Montfort, berüchtigter Führer im Kreuzzug gegen die Albigenser, wurde am 25. Juni 1218 bei der Belagerung von Toulouse tödlich von einem Stein getroffen, den Frauen mit einer Maschine geschleudert hatten.[80] Wer sich auf solche Weise hervortat, durfte nach Erstürmung des Platzes nicht mit Schonung rechnen.

Ingenieure, Pioniere und Zimmerleute mußten dabeisein, wenn auf einem Feldzug Schiffe, Brücken und Belagerungstürme zu bauen waren, Bergleute, wenn man Mauern unterminieren wollte. Nicht anders als die Krieger im engeren

Sinne, bildeten sie effiziente Einsatzgruppen. Zu einem größeren Aufgebot gehörten Militärkapläne und sachkundige Chirurgen, um für das seelische und leibliche Wohl der Krieger zu sorgen. Armbruster und Harnischfeger waren gefragt, wenn die immer komplizierter werdende Rüstung ausgebessert werden mußte. Man brauchte Wächter für die zum Verkauf in die Sklaverei bestimmten Gefangenen, Kaufleute zum Vermarkten der Beute. Unentbehrlich waren auch Halb- und Unfreie, die die mit Proviant, Waffen, Kleidung, Zelten, zusammengelegten Booten beladenen Karren führen sowie schanzen und schwere Lasten schleppen mußten. Nicht zu vergessen sind Gaukler und Spielleute. Prostituierten wurde während des Hundertjährigen Krieges gelegentlich verboten, hoch zu Roß die Truppe zu begleiten; sie hätten gefälligst zu Fuß zu gehen.[81]

Heere

Wenn Chronisten von der Größe des eigenen Heeres – und der der feindlichen Verluste! – sprechen, können sie nur selten der Versuchung widerstehen, phantastische Zahlen zu nennen, oft das Vielfache von 100, 1000 oder 10000. Die wohl aus der ersten Hälfte des 8. Jahrhunderts stammende *Lex Baiwariorum* sieht in 42 Schilden einen Heerzug.[82] Diese Angabe legt es nahe, im allgemeinen mit eher kleinen Heeren zu rechnen. Schätzwerte, die Forscher aus unterschiedlichen Quellen gewonnen haben, mögen Anhaltspunkte geben.

Das römische Heer zur Zeit Kaiser Diokletians (Anfang des 4. Jahrhunderts) könnte 435000 Mann (davon die Marine 45600), nach anderen Angaben 645000 Mann umfaßt haben. Die Barbarenvölker der Völkerwanderungszeit waren grundsätzlich auf Kriegführung ausgerichtet; ein Drittel bis ein Viertel der Gesamtbevölkerung sind wahrscheinlich Krieger gewesen. Mit etwa 18000 Mann sollen Hunnen, Alanen, Ost- und Westgoten sich 378 in der Schlacht bei Adrianopel den Zugang ins Römische Reich erkämpft haben.[83] Die im 5. Jahrhundert

„wandernden" Völker schätzt man auf jeweils etwa 10000 bis 30000 Mann, entsprechend etwa 30000 bis 90000 Köpfe. Mit etwa 80000 Vandalen und Alanen, Frauen und Kinder eingerechnet, setzte Geiserich im Jahre 429 bei Gibraltar nach Afrika über. Nach einer anderen Schätzung vernichtete Belisar 534/535 mit einer Armee von 15000 Mann das nordafrikanische Vandalenreich.[84]

Nach anderen Schätzungen konnte Karl der Große sich auf 2000 Große *(potentes)* als Kern seines Aufgebotes stützen, unter ihnen 100 Bischöfe, 200 Äbte, 500 Grafen, 1000 vom König Belehnte *(vassi dominici)*. Zeitweise konnten im großen Frankenreich – selbstverständlich nie alle auf einmal – vielleicht bis zu 35000 Berittene sowie 100000 Fußkrieger und Hilfstruppen aufgeboten werden, im Jahre 796 gegen die Avaren 15- bis 20000 Mann. Eine Armee von 3000 Berittenen und 10000 Fußkriegern galt im Frühmittelalter als groß.[85] Im Jahre 981(?) sollte das Zusatzaufgebot zu einem Italienzug 2040 Panzerreiter umfassen. Pro Kopf kamen dazu mindestens ein adliger Knappe und ein berittener Knecht, so daß die Gleve, die kleinste militärische Einheit, drei Mann und drei, eher vier Pferde umfaßte (der Panzerreiter brauchte ein Streitroß und ein Marschpferd). Otto II. hätte demnach 6000–7000 Mann nach Italien beordert. Das Gesamtaufgebot könnte sich etwa folgendermaßen zusammengesetzt haben: Nördlich der Alpen stellten die Bistümer 1800, die Reichsklöster 1200, die Laienfürsten 6000 Panzerreiter, einschließlich Knappen und Schildträgern insgesamt 27000 Mann.[86] Das wäre ein sehr großes Heer gewesen. Im Jahre 991 fielen Skandinavier mit 93 Schiffen in England ein, bei 30–50 Mann pro Schiff wären das 3000 bis 5000 Mann gewesen. Herzog Wilhelm könnte 1066 mit 7000 Mann nach England übergesetzt sein, zur Hälfte Berittene und Infanteristen, u.a. Bogenschützen.[87] Im Jahre 1096 könnten 4500 Berittene, 30000 Fußkrieger und etwa ebenso viele Nichtkämpfer zum Kreuzzug aufgebrochen sein; 1099 standen zur Belagerung von Jerusalem vielleicht noch 1200 Berittene und 12000 Fußkrieger zur Verfügung. Genauer dürften Zahlen vom vierten, zur Eroberung von Konstantinopel pervertierten Kreuzzug sein. Gegen Geldzahlungen und (vorher wahrscheinlich im unklaren gelassene) Dienstleistungen erklärte Venedig sich bereit, auf seiner Flotte für 85 000 Kölner Mark (fast 19 900 kg Silber) 4500 Ritter, 9000 Knappen und 20 000 Fußkrieger zum Heiligen Land zu transportieren.[88] Im Jahre 1386 könnten bei Sempach etwa 4000 habsburgische Ritter und Fußkrieger gegen 2000 eidgenössische Fußkrieger gekämpft haben.[89] 1422 sollen gegen die Hussiten 1656 Berittene und 31 000 Fußsoldaten ausgerückt sein.[90] Diese Zahlen veranschaulichen das schon erwähnte – hier fast zwanzigfache – Übergewicht der Infanterie über die Kavallerie. Gegen Ende des 15. Jahrhunderts soll die französische Monarchie in der Lage gewesen sein, für längere Zeit 20 000 bis 25 000 Mann aufzustellen (entsprechend einem Prozent der Männer im Alter von 18–45 Jahren), kurzfristig bis zu 100 000 Mann. Angesichts solcher Zahlen sind die stehenden Heere der großen geistlichen Ritterorden um so höher zu veranschlagen. Der Deutsche Orden konnte zeitweilig wohl 5000 bis 10 000 Kämpfer aufbieten, davon etwa 1500 Ritter.[91]

Zusammenfassend darf man sagen, daß bis ins Hochmittelalter Heere selten mehr als 10- bis 20 000 Krieger gezählt haben. Vieles war bei kleinen Aufgeboten leichter, erst recht, wenn sie nur zu kurzen Feldzügen unterwegs waren: Manövrierfähigkeit, Aufrechterhaltung der Disziplin, Verpflegung aus dem Land, Marsch über enge (Gebirgs-)Wege zum Aufmarschraum. Eine kleine Truppe konnte sich eher den Blicken des Gegners entziehen, diesen vielleicht unbemerkt beobachten oder gar umfassen. Kam es zum Kampf unter ungünstigen Bedingungen, konnte eine kleine Gruppe sich eher vom Feind lösen; auch war der Rückzug weniger schwierig. War ein überschaubares Heer nur wenige Monate im Einsatz, blieben die eigenen Risiken und Verluste begrenzt, oft auch die Verwüstungen im Feindesland. Das änderte sich seit dem 11./12. Jahrhundert. Doch selbst in den langwierigen Kriegen, die die Könige von England in Frankreich führten, galt, daß ein kleines, diszipliniertes Heer einen zahlenmäßig weit überlegenen Gegner vernichtend schlagen konnte.

Fristen und Einschränkungen

Wer aufgeboten wurde, mußte ausreichend Zeit für die Vorbereitung und den Marsch zum Sammelplatz haben. Bei einer Reichsheerfahrt diesseits der Alpen sahen der Sachsen- und der Schwabenspiegel 40 Tage zwischen Aufruf und Aufbruch vor, bei einer Romfahrt ein Jahr, sechs Wochen und drei Tage, insgesamt 410 Tage. So kündigte Heinrich VI. am 10. August 1189 das Aufgebot an, der Aufbruch erfolgte am 21. September 1190; dem entsprechen die von Heinrich VII. gesetzten Termine (15. August 1309 bzw. 1. Oktober 1310).[92]

Seit dem 12. Jahrhundert wurde die Pflicht zur Heerfahrt häufiger nach Dauer, Raum und Personenkreis eingeschränkt. Angesichts der Kosten, Risiken und des Ungemachs von Kriegszügen verwundert es nicht, daß immer wieder Einzelheiten festgelegt werden mußten: Wer mußte sich stellen? Unter welchen Bedingungen konnte man sich freikaufen? Aus welchen Gründen durfte der Herrscher aufbieten? Gegen welchen Feind war man zur Heerfolge verpflichtet? Wie oft, zu welcher Jahreszeit sollte man aufgeboten werden können? Für wie lange? Mit welcher Bewaffnung, mit wie vielen Pferden hatte man zu erscheinen? Soweit sie Reichslehen besaßen, waren die Großen verpflichtet, den König nach Rom zur Kaiserkrönung zu begleiten; die jeweiligen Vasallen mußten sich den Großen anschließen oder eine entsprechende Ablösesumme erlegen.[93] Neusiedler in Grenzgebieten der abendländischen Christenheit ließen sich oft das Recht verbriefen, nur im Falle der Romfahrt oder eines Angriffs der Heiden die Heersteuer entrichten zu müssen.[94] Ähnlich wollten siedlungswillige Bauern von der lästigen Kriegsfolgepflicht ganz, für eine bestimmte Zahl von Jahren oder weitgehend freigestellt sein, etwa nur „gegen die Preußen ... und gegen alle Störenfriede" der Heimat ausrücken müssen.[95] Im Jahre 1224 gewährte König Andreas II. von Ungarn den Deutschen in Siebenbürgen urkundlich folgende Einschränkungen: Führt der König einen Feldzug innerhalb des Reiches, haben die deutschen Siedler 500 Krieger zu stellen; gilt der Feldzug einem Feind außerhalb des Reiches, dann 100; nur 50, wenn einer der Großen einen Feldzug außerhalb des Reiches führt.[96] Fehlte es an Männern, konnte man sich nicht mit einer Ablösesumme freikaufen, sondern mußte aus eigenen Mitteln einen Ersatzmann stellen.[97] Bürger wurden oft nur für einen Tag aufgeboten, etwa gegen eine benachbarte Burg, von der aus – nach Meinung der Städter – der Friede gestört wurde.

Bis in die Neuzeit zwangen Jahreszeit und leere Kassen dazu, Dauer und Intensität von Kriegen zu begrenzen.[98] Mit Beginn des Winters wurden die Truppen deshalb meist entlassen, nicht anders als Bauarbeiter. Wegen des mit Beschäftigungslosen gegebenen Gefahrenpotentials mußten Herrscher – zumal die der großen sich bildenden Territorialstaaten Frankreich und England – weitere Einnahmen erschließen, um die Truppen ständig besolden zu können.

5. Vom Konflikt zum Krieg

Nicht anders als heute führten im Mittelalter nur wenige Konflikte zum Krieg. Andererseits haben auch nichtig erscheinende Anlässe langwierige militärische Auseinandersetzungen ausgelöst, zumal es eine latente Kampfbereitschaft in weiten Kreisen der Bevölkerung gab und Waffengewalt als legitimes Mittel zur Wiederherstellung des (vermeintlich oder wirklich) verletzten eigenen Rechts galt. Die folgenden Beobachtungen gelten nicht nur für das Gebiet der Schweiz: „Heute ist oft kaum mehr mit Sicherheit festzustellen, inwiefern eine Kirchweihschlägerei, ein Viehraub oder eine sonstige Fehde junger Leute immer weitere Kreise mitriß und so schließlich fast zufällig zu einem eigentlichen Kriege wurde und wieweit die Obrigkeit solche ‚private' Vorstöße bewußt als Versuchsballone duldete, die man dann im günstigsten Fall in große offizielle Auszüge ausmünden lassen konnte."[1]

Wer sich darüber klar war, daß er vor der Entscheidung „Krieg oder Frieden?" stand, dürfte im allgemeinen ein ganzes Bündel von Gegebenheiten, Kräften und Motiven gegeneinander abgewogen haben.

Schub- und Zugwirkungen

Warum haben Völker ihre Heimat verlassen? Zwar liegen uns Aufzeichnungen im allgemeinen nicht aus den Ursprungsgebieten der Eindringlinge noch aus deren Feder vor, zudem spiegeln die Verfasser unserer Quellen die Perspektive der Heimgesuchten wider. Doch hält auch die moderne Forschung Ursachen für möglich, die antike und in ihrem Gefolge mittelalterliche Autoren wiederholt erwähnen und die man im Englischen treffend „push and pull effects" nennt: ein Gefühl der Beengtheit, Folge relativer Übervölkerung, die bedingt war durch das Wachstum der Bevölkerung sowie wiederholte Mißernten oder Überschwemmungen (beide vielleicht mitausgelöst durch Klimaänderungen). Gemessen an den zur Verfügung stehenden Ressourcen und der jeweiligen Rechts(un)sicherheit konnte der Boden die Menschen nicht mehr ernähren.[2] Seit dem 9. Jahrhundert läßt sich in den skandinavischen Ländern ein Prozeß beobachten, der auf die Verdichtung von Herrschaft in der Hand eines Machthabers hinauslief. Ehrgeizige junge Leute fanden hier nun keinen Raum mehr zu früher üblichen Raub- und Abenteuerzügen. Fehden, Hunger und große Sterblichkeit dürften es vielen Menschen erleichtert haben, in den Jahren 1095 und 1145/47 dem Ruf zum Kreuzzug ins Heilige Land zu folgen.

Einzelne und Gruppen sahen sich aus ihrer Heimat nicht nur verdrängt; vielmehr mochte die Aussicht auf regelmäßige (Sold-)Einnahmen, auf Beute, auf ein weniger mühsames Leben in der Fremde, die man schon kennengelernt hatte, anziehend wirken. Ein Chronist veranschaulicht den Reiz, den ein reiches Land auf unternehmungslustige Männer in beengten Verhältnissen ausübte. Bewohner der Normandie – ihre Vorfahren hatten generationenlang Europa unsicher gemacht – sickerten seit Anfang des 11. Jahrhunderts in Süditalien ein. Sie waren als friedliche Pilger gekommen und wollten am Monte Gargano den hl. Michael ehren, vielleicht auch in Jerusalem barfuß den Weg gehen, auf dem Jesus das Kreuz getragen hatte. In Kalabrien, Samnium und Kampanien war man von dem Zuzug zunächst recht angetan, leisteten die Ankömmlinge doch Waffenhilfe gegen Sarazenen sowie Byzantiner, die hier die Oberhoheit beanspruchten. „Aber das fruchtbare Land lockte eine große Zahl von ihnen an, und so wurden sie immer stärker. Sie bedrängten die Einheimischen, machten sich ohne Rechtstitel zu Herren, nahmen den eigentlichen Besitzern Burgen, Güter, Weiler, Häuser und auch, wenn sie wollten, die Frauen weg, plünderten den Kirchenbesitz, traten göttliches und menschliches Recht mit Füßen, da sie ihre immer wachsende Kraft fühlten."[3] Die Gescholtenen gingen ihrer Abenteuerlust nach. Der Historiker sieht, daß sie zur Entschärfung gesellschaftlicher Spannungen in ihrer Heimat beigetragen und einen (relativen) Bevölkerungsdruck in der Normandie gemindert haben.

Gefühl der Bedrohung

Nicht wenige Kriege wurden geführt und gerechtfertigt unter dem Eindruck einer vielleicht nur eingebildeten Bedrohung. Manche Güter galten als so wertvoll, daß man sie nicht kampflos Feinden preisgeben wollte: Leben und Ehre der eigenen Person sowie nahestehender Menschen (drohende Vergewaltigung der Frauen, Raub der Kinder); Freiheit (Gefahr der Fremdbestimmung bis hin zur Versklavung); Kult (Aussicht auf die gewaltsame Einführung einer anderen Religion, Streit wegen der Lehre oder der Disziplin innerhalb der eigenen Glaubensgemeinschaft); Eigentum (Verlust knapper Ressourcen: Sklaven, Vieh, Weidegründe, Wasser, Wald); Heimat (Risiko der Verdrängung, Vertreibung, Deportation).

Auch eine Störung des Gleichgewichts der Kräfte – etwa als Folge einer Erbschaft oder eines Krieges – konnte das Gefühl der Bedrohung auslösen. Sooft staufische Herrscher die lombardischen Städte besiegt hatten, fürchtete das Papsttum die kaiserliche Herrschaft über Oberitalien und erst recht, durch die Vereinigung von Nord- und Süditalien zwischen Hammer und Amboß zu geraten.

Personen und Gruppen verzichten ungern auf Rechte, derer sie sich lange Zeit erfreut haben. Wiederholt traten Menschen mit dem Anspruch auf, die Kirche reformieren zu sollen. Mit dem Rückgriff auf das Evangelium rechtfertigten sie geradezu revolutionäre Umbrüche und eine schwere Störung des Friedens. Bei der Reform von Klöstern sah sich oft ein Teil des Konvents in alten Gewohnheiten verletzt. Der unvermeidliche Machtkampf wurde mit Wort und Schrift, List und Gewalt ausgetragen – nicht selten unter Einbeziehung der weltlichen Macht. Auch wenn ein Konflikt unblutig verlief, konnte er den Frieden stören und ein Gefühl der Unsicherheit in weiten Bereichen der Gesellschaft verbreiten. So stritten sich zu Anfang des 11. Jahrhunderts der Bischof von Hildesheim und der Erzbischof von Mainz über die Frage, in wessen Sprengel das Kloster Gandersheim liege, wer von ihnen hier des bischöflichen Amtes walten dürfe.[4]

Streben nach Freiheit

Das Verlangen eines Stammes, einer Institution, sich aus einem Abhängigkeitsverhältnis zu lösen, hat wiederholt langdauernde Konflikte heraufbeschworen. So haben sich Alemannen, Sachsen und Baiern erfolglos um (mehr) Freiheit innerhalb des Karolingerreiches bemüht. An die Stelle lockerer Abhängigkeit trat die straffe Einbindung in den fränkischen Reichsverband, im Falle von Alemannen und Sachsen erst nach verlustreichen Auseinandersetzungen.

Eindrucksvolle Beispiele von – nicht immer gleich erfolgreichen – Versuchen, eine Herrschaft abzuschütteln, bietet das 11. Jahrhundert. Vielerorts begehrten städtische Kommunen gegen ihren jeweiligen Herrn auf. So empörten sich in Köln im Jahre 1074 Bürger gegen Erzbischof Anno II.; der konnte sich gegen die Aufrührer durchsetzen.[5] Doch gut zwei Jahrhunderte später wurde einer seiner Nachfolger, Erzbischof Siegfried von Westerburg, aus der Herrschaft über die Stadt verdrängt; bei Worringen (5. Juni 1288) besiegten Bauern und Städter das bischöfliche Ritterheer. Nicht besser war es wenige Jahrzehnte früher dem Straßburger Bischof Walther von Geroldseck ergangen; in der Schlacht bei Hausbergen (8. März 1262) gewannen die Straßburger endgültig die Freiheit und Unabhängigkeit ihrer Stadt.

Als das Papsttum dank der – von den Kaisern geförderten – Kirchenreform im 11. Jahrhundert zu einer europäischen Großmacht aufgestiegen war, löste es sich im Investiturstreit aus der Schutzherrschaft der weltlichen Macht. Der Kampf spitzte sich auch deshalb zu, weil die Partei Gregors VII. neue, als umstürzlerisch empfundene Rechte beanspruchte. So kam es, daß 1076 deutsche Bischöfe den Papst beschuldigten, er säe Entzweiung, Parteiung, Zwietracht und gefährde damit den Frieden in der Kirche.[6] Zwar ist die Forschung sich noch immer nicht endgültig klar über den Stellenwert des *Dictatus papae*, in dem Sätze stehen wie „Nur der Papst verfügt über die kaiserlichen Insignien". Doch hat Gregor VII. sich zeitweise so verhalten, als betrachte er den *Dictatus* als Maxime seiner Herrschaft: Der Papst könne Untertanen vom Treueid gegen unbillige Herrscher entbinden, ja sogar Könige absetzen.[7] Die Auseinandersetzung wurde auch deshalb mit so unerbittlicher Härte geführt, weil sich zwei Männer gegenüberstanden, die keine Kompromisse kannten, Gregor VII. und Heinrich IV. sowie deren Anhänger waren von ihrem guten Recht und davon überzeugt, daß es um letzte Dinge gehe.

Schutz Bedrohter und Verlangen nach Macht

Ein Hilfegesuch – es mochte bestellt und mußte nicht unbedingt willkommen sein – konnte Auseinandersetzungen auslösen. Der Bittsteller erinnerte gern an ein Bündnis; aus der Beistandsverpflichtung konnten sich infolge einander überlagernder Loyalitätsverpflichtungen, etwa aufgrund von Verwandtschaft und Treueid, schwerwiegende innere und äußere Konflikte ergeben. Wiederholt sind Könige zu Felde gezogen, um Bedrängte zu schützen. Die Intervention bot die Chance, einen Konkurrenten zu schwächen oder ganz beiseite zu schieben. So folgte Otto I. im Jahre 951 dem Hilferuf einer jungen Witwe, heiratete diese Adelheid und gewann damit Erbansprüche auf das langobardische Reich, die er umgehend durchsetzte. Mit Worten, die an biblischen Verheißungen ausgerichtet sind, preist der schon erwähnte Liudprand, Bischof von Cremona, das Wirken seines Herrn in Italien: Otto „vereinigte alles Zerstreute und heilte das Zerbrochene und stellte eines jeden Mannes Besitz wieder her".[8]

In lateinischen Quellen begegnet oft das Wort *cupido*, (sündhaftes) Verlangen vor allem nach Macht (auch nach Besitz und

Genuß), gedeutet als Quelle vieler Übel. Im 10. Jahrhundert gaben West- und Ostfranken den Brauch auf, im Erbfall die Herrschaft zu teilen; das Reich wurde unteilbar. Auch deshalb sah sich Heinrich, ein jüngerer Bruder Ottos I., in seinen Rechten verletzt. Mehrmals stürzte er mit Aufständen die Herrschaft Ottos und das Reich in eine tiefe Krise, bevor er sich Weihnachten 941, dem Fest des Friedens, endgültig mit seinem Bruder aussöhnte.

Verwandtschaftliche Verflechtungen innerhalb des europäischen Adels führten oft dazu, daß nach dem Tode eines Herrschers mehrere Prätendenten die Nachfolge antreten wollten. Meist war es nicht auszumachen, wo die juristischen Konstruktionen des einen aufhören und das gute Recht des anderen anfangen sollten. Im Vierten Kreuzzug (1198–1204) machte Venedig sich Ansprüche eines byzantinischen Prinzen zunutze. Dieser Alexios IV. Angelos war der Sohn des geblendeten und von seinem Bruder Alexios III. vom Thron gestürzten Isaak II. Angelos. Dem jungen Alexios IV. gelang 1201 die Flucht aus einem byzantinischen Kerker; vergeblich bat er beim Papst und bei seinem Schwager, dem deutschen König Philipp von Schwaben, um Unterstützung. Endlich schloß er sich einem in Venedig versammelten Kreuzfahrerheer an. Nachdem er weitgehende Versprechungen gemacht hatte, sagte Venedig Hilfe zu. Daraufhin wurde Konstantinopel im Jahre 1204 von „Kreuzfahrern" erobert, geplündert und so sehr geschwächt, daß es den nach Kleinasien hier einsickernden, dort einfallenden Türken auf die Dauer nicht gewachsen war.[9]

Was sich zu einem mehr als hundertjährigen Krieg ausweiten sollte, begann im Jahre 1328, als Eduard III. von England, Sohn einer französischen Königstochter, den Thron Frankreichs für sich verlangte. In den langwierigen Kriegen zwischen Engländern und Franzosen trat die Idee der Nation in Erscheinung, die in der Neuzeit den Einsatz von Leben, Freiheit und Gut rechtfertigen sollte. In den „Rosenkriegen" rivalisierten zwei englische Dynastien um den Thron, Lancaster (rote Rose) und York (weiße Rose). Aus dem Ringen ging ein Angehöriger des Hauses Lancaster als Sieger hervor: Heinrich VII., König von England 1485–1509, versöhnte die unterlegene Partei mit seiner Herrschaft dadurch, daß er 1486 Elisabeth von York heiratete. Als im Jahre 1477 Maximilian von Habsburg die Tochter Karls des Kühnen, Maria von Burgund, heiratete, konnte man nicht ahnen, daß ihr Enkel Karl V. durch Erbschaften auch die Niederlande, Spanien sowie Teile Italiens in seiner Hand vereinigen würde.[10] Infolgedessen sah Frankreich sich auf drei Seiten bedrängt. Kämpfe zur Verteidigung legitimer Interessen gingen unmerklich in Kriege um die Vorherrschaft über, die vom 16. bis ins 18. Jahrhundert weite Teile Europas verheert haben.

Wechsel in der Herrschaft

Jedes Machtvakuum war konfliktträchtig; gerade deshalb seien zunächst Herrschaftswechsel vorgeführt, die unblutig verliefen. Nach dem Tod ihres Vaters, des Hausmeiers Karl Martell († 741), teilten im Jahre 742 Pippin und sein Bruder Karlmann das Frankenreich unter sich auf, als wäre es ihr Eigentum. Einige Jahre später wurde ein Ringen um die Macht, das sich über Generationen hingezogen hatte, mit Hilfe des Papstes durch einen unblutigen Staatsstreich entschieden: König Childerich II., letzter Sproß aus dem Geschlecht der Merowinger auf dem Thron, wurde – wie schon erwähnt – abgesetzt, zum Mönch geschoren, in ein Kloster eingewiesen und an seiner Stelle im Jahre 751 Pippin zum König erhoben; als Hausmeier hatte er bis dahin faktisch schon die Macht ausgeübt.

Zweimal blieb der aufsteigenden Dynastie der Pippiniden bzw. Karolinger (so genannt nach den „Leitnamen" der Familie) ein Konflikt, der sich zu einem Bruderkrieg hätte ausweiten können, erspart. 747 entsagte Karlmann der Macht und trat ins Kloster ein. Es blieben zwei Anwärter auf die Herrschaft; Pippin gelang es, seinen Halbbruder Grifo auszuschalten. Da Grifo sich nicht mit einer kleineren Teilherrschaft abspeisen lassen wollte, kam es zu Geplänkeln zwischen den Brüdern und ihrem jeweiligen Anhang, die das ganze Reich hätten in

Mitleidenschaft ziehen können. Für das Jahr 747 halten die Reichsannalen fest, Pippin und Grifo hätten sich ohne Kampf nach friedlicher Übereinkunft getrennt. Entschieden wurde der weiterschwelende Konflikt zwar ohne Krieg, gleichwohl aber gewaltsam: Auf der Flucht zu den Langobarden wurde Grifo 753 von fränkischen Kriegern getötet. Ein zweites Mal blieb den Franken ein Bruderkrieg nach dem Tod Pippins (768) erspart. Seine Söhne Karl und Karlmann teilten das Reich unter sich auf, und zwar durch einen Losentscheid, der wie ein Gottesurteil verstanden wurde. Trotzdem hätten Reibereien unter den Brüdern sich wohl in einem bewaffneten Konflikt entladen, wenn Karlmann nicht schon 771 gestorben wäre. Karl zog den Reichsteil seines Bruders an sich. Karlmanns Witwe flüchtete daraufhin mit ihren Söhnen zu den Langobarden, bei denen sie Aufnahme fanden. Wie noch zu zeigen ist, verschärfte sich dadurch das ohnehin gespannte Verhältnis der Franken zu ihren südöstlichen Nachbarn. Nicht nur hier griffen verschiedene Konflikte ineinander.

Bedrohlich für die Nachbarn konnte der Übergang der Herrschaft von einem weisen alten Mann auf einen machthungrigen, ungebärdigen Jüngling sein, der Klugheit vielleicht für Feigheit hielt und meinte, alles anders und schneller machen zu sollen als sein Vorgänger. Nach einem Herrschaftswechsel konnte deshalb ein wie erloschen wirkender Krieg wieder aufflammen. Im Jahre 1413 kam Heinrich V. von England zur Regierung, 26 Jahre alt, von seinem guten Recht auf den Thron Frankreichs überzeugt, zupackend, dabei unerbittlich und von überlegter Kühnheit; mit ihm trat der Hundertjährige Krieg in eine überaus verlustreiche Phase ein.[11] Wenige Jahrzehnte später kam 1451 Sultan Mehmed II. an die Macht. Mit 21 Jahren konnte er nicht über die Abgeklärtheit (oder Resignation?) seines Vorgängers verfügen. Draufgängerisch und im Bewußtsein, sich auszeichnen zu müssen, traute er sich zu, was Muslimen bei früheren Belagerungen von Byzanz nicht gelungen war. Er spitzte die Auseinandersetzung mit dem bescheidenen Rest des Oströmischen Reiches zu und ließ Konstantinopel 1453 erstürmen. Damit endete ein Reich, das der Sage nach im Jahre 753 vor Christi Geburt, mehr als zweitausend Jahre früher, in Rom gegründet worden war. In die Geschichte ist Mehmed eingegangen als „der Eroberer".

Überzeugung von einer besonderen Sendung

Die europäischen Völker waren Erben eines doppelten Sendungsbewußtseins, des römischen, schon in einem Wort Vergils erwähnten, und des christlichen; beide überlagerten sich. Kraft dieses Glaubens meinten die Franken und deren Erben, Franzosen und Deutsche, aber auch Engländer, Spanier, Portugiesen und andere berechtigt zu sein, Kriege zu führen gegen Heiden. Muslime waren Ziel von Kriegen der abendländischen Christenheit gegen die „Ungläubigen"; diese sahen sich ihrerseits verpflichtet, die ganze Welt zum Islam zu führen. Im 13. Jahrhundert glaubten die Mongolen sich kraft göttlicher Sendung zur Herrschaft über die Welt berufen und daher berechtigt, jeden Widerstand als Rebellion gegen ein Gebot des Himmels mit erbarmungsloser Härte brechen zu müssen.[12] Beseelt von diesem Glauben, haben sie ein Reich begründet, wie es vor und nach ihnen nie ein größeres gegeben hat.

Streben nach Besitz

„Alles Geld und die seit langer Zeit angehäuften Schätze fielen in die Hände der Franken"; seit Menschengedenken habe kein Krieg ihnen so viel Reichtum und Macht eingetragen wie der, den sie gegen die Avaren geführt hatten. Möglicherweise übertreibt Einhard in seiner Lebensbeschreibung Karls des Großen. Doch zeugt seine Darstellung vom Stellenwert, den Beute bei Entstehung, Durchführung und auch der Verlängerung von Kriegen spielen konnte. Bis zur Eroberung des avarischen Fürstensitzes habe man die Franken „beinahe als arm" ansehen können. Einhard meint, zu Recht hätten die Franken den Avaren genommen, was diese andern Völkern zu Unrecht geraubt hätten.[13] Von einer Rückgabe der Schätze an die früheren Eigentümer ist hier – wie sonst – nicht die Rede. Es gehörte zum Recht im Krieg, Güter des Feindes zu behalten, die man sich hatte aneignen können. Die Schätze der Besiegten – Sachsen, Langobarden, Avaren – haben es den Franken erleichtert, eine expansive Außenpolitik zu führen.

Das Streben nach einmaliger Beute oder ständigem Tribut spielte schon deshalb eine große Rolle, weil die Krieger sich in Ermangelung eines festen Soldes an Gütern und Menschen der mit Krieg überzogenen Länder, oft genug auch der durchzogenen eigenen oder verbündeten Gebiete schadlos hielten. Dazu kam, daß eine kriegs- und beutelüsterne Gefolgschaft um so schwerer zu zügeln war, je höhere Gewinnchancen winkten. Das gilt auch für Kreuzfahrer, die sich verschuldeten, um Ausrüstung und Reise finanzieren zu können. Die Rechnung, dank der Beute die Auslagen wieder hereinzubekommen, konnte gar nicht immer aufgehen.

Wiederherstellung verletzter Rechte

Schweres Unrecht verlangte nach Bestrafung des Täters. Lange Zeit galten Verwandte als berechtigt und verpflichtet, Mord oder Tötung eines nahen Angehörigen zu rächen. Ein Konflikt, der als Auseinandersetzung zwischen Personen anfing, zog Gruppen in Mitleidenschaft. Im 11. Jahrhundert kam es in Burgund eines Tages bei der Weinlese zu einem Disput zwischen zwei Adelsfamilien. Bei einem der ersten Kämpfe büßte die eine Partei mehr als elf Männer ein; der Konflikt zog sich gut dreißig Jahre hin.[14]

Was die Auswirkungen auf Land und Bevölkerung angeht, waren die Aufstände von Bauern meist nicht weniger verheerend als Kriege mit äußeren Feinden. Generationenlang widerwillig ertragene Unfreiheit, verbunden mit schweren Abgaben und Schikanen, entlud sich wiederholt in Orgien des Hasses; nach dem Sieg der Obrigkeit kam es meist zu noch schlimmeren Massakern.[15]

Epos und historische Quellen im engeren Sinne zeigen, daß Einzelne und Gruppen über ein langes Gedächtnis verfügten. Um den Mord an ihrem Mann Siegfried zu rächen, nahm Kriemhild, wie das *Nibelungenlied* erzählt, den Tod zahlloser Menschen in Kauf. Liutperga, die Gemahlin des Baiernherzogs Tassilo, dürfte beabsichtigt haben, sich mit Hilfe der Avaren an den Franken zu rächen, die ihren Vater Desiderius als König der Langobarden abgesetzt hatten.[16] Kaufleute waren auf befriedete Straßen angewiesen. Wegen ihrer (relativen) Wehrlosigkeit blieb ihnen oft nichts anderes übrig, als Raub und Mißhandlung hinzunehmen. Bot sich ihnen die Gelegenheit zur Rache, etwa im Zuge eines Städtekrieges gegen Ritter, ließen sie sich nicht auf Lösegeldangebote ein, sondern machten ohne Ansehen der Person ihre Gefangenen nieder.

Ruhm

Uns ist in alten maeren wunders vil geseit,
von helden lobebaeren, von grôzer kuonheit,
von fröuden hôchgezîten, von weinen und von klagen,
von küener recken strîten, muget ir nu wunder hoeren sagen.[17]
Wer zum Nachgeben bereit war, sich um Kompromisse bemühte oder in anderer Weise für die Erhaltung des Friedens wirkte, hatte kaum Chancen, im Gedächtnis der Gemeinschaft weiterzuleben. Seit mythischer Vorzeit preisen Lieder und Erzählungen vorzugsweise den Krieger, dessen Ruhm die Lebenden mit den Verstorbenen verband, selbst wenn eine Familie biologisch „ausgestorben" war. Das Streben nach Ruhm läßt sich daher auch verstehen als Verlangen, den Tod zu überwinden und Zugang zur Unsterblichkeit zu gewinnen.

Solche Vorstellungen ließen sich mühelos in das christliche Weltbild einfügen. Als Kämpfer für Christus gewann Stephanus in der bereitwilligen Annahme des Martyriums ewigen Ruhm und einen Platz unter den Auserwählten in der Nähe Gottes. Dieses Denken ist oft säkularisiert worden. So suchten die Päpste nur wenige Generationen nach der (äußeren) Christianisierung der Franken diese als Helfer gegen die Langobarden zu gewinnen. Als Lohn für den Kampf zugunsten der Kirche versprach Papst Stephan II. im Jahre 753 fränkischen Fürsten die Vergebung der Sünden und das ewige Leben.[18] Ähnliche Verheißungen sollten die Kreuzzugsbegeisterung gut dreihundert Jahre später verstärken.

Abenteuer, Unterhaltung, Zerstreuung

Kriege entstanden nicht nur aus Angst, Sorge um den Verlust von Privilegien oder dem Wunsch, Bedrohte zu schützen. Wie die Jagd dienten sie oft genug zur Abwechslung. Mehr als ein Jahrhundert lang haben skandinavische Krieger Europa verheert, getrieben von Landhunger, Übermut und sicher auch von der elementaren Lust am Morden, Quälen, Vergewaltigen.

Hinter Kreuzzügen und Preußenreisen, von denen noch zu sprechen ist, standen religiöse Begeisterung, die Freude am Abenteuer und der Wunsch nach standesgemäßer Unterhaltung. Ganz unterschiedliche Quellen – vom Ritterspiegel bis zu Gerichtsakten – zeigen, wie verbreitet das Verlangen war, das Schicksal herauszufordern, das eigene Leben aufs Spiel zu setzen, aus purem Übermut in ein anderes Land einzufallen. Wie sehr Kriegführung als „Privileg" der Jugend galt, zeigt eine Bemerkung zu Herzog Rupprecht, Pfalzgraf bei Rhein, der im Jahre 1380 mit Raub und Vertreibung, Feuer und Schwert die Diözesen Speyer und Mainz verwüstete „und nicht bedachte, daß er schon graue Haare hatte".[19]

Konfliktverschärfung

Wie die Ehrung von Gesandten, eine Ehe, die klare Formulierung von Verträgen der Erhaltung des Friedens förderlich waren, so konnten die frostige Behandlung von Unterhändlern, die Verstoßung einer Ehefrau oder mehrdeutig formulierte

Vertragsklauseln eine unscheinbare Meinungsverschiedenheit eskalieren lassen.

Mehrfach hat Otto I. erfahren, wie Schwäche einen Angriff provoziert. Während er in Auseinandersetzungen mit seinem Bruder verstrickt war, suchten die Slaven um das Jahr 939 mit Brand, Mord und Plünderung das Land der Sachsen heim. In den Jahren 954/955 nutzten die Ungarn Chancen, die Kämpfe des Königs mit seinem Sohn Liudolf und seinem Schwiegersohn Konrad boten, und fielen „in das in sich uneinige Reich" ein *(regnum in se divisum)*.[20]

Konfliktträchtig war auch die Zeit nach dem Tod eines Herrschers, wie sich 1002 zeigte. Ohne Erben war in Rom Kaiser Otto III. gestorben, nicht einmal 22 Jahre alt. Seine Umgebung hielt das Unglück aus Furcht vor einem Aufstand der Römer geheim, bis die rings um die Stadt einquartierten Getreuen des Kaisers benachrichtigt und gesammelt waren.[21] Gut zwanzig Jahre später meinten die Bewohner von Pavia, die Herrschaft der deutschen Könige abschütteln und die Pfalz, Symbol dieser Oberhoheit, zerstören zu dürfen; ihr Argument: Sie hätten dem Verstorbenen redlich gedient, doch das Treueverhältnis habe mit dem Tod Kaiser Heinrichs II. sein natürliches Ende gefunden.[22] Selbst wenn die Thronfolge geregelt war und die Großen dem Nachfolger schon gehuldigt hatten, dauerte es eine Zeitlang, bis dieser „fest im Sattel" saß. Noch empfindlicher war der Friede gefährdet in Zeiten ohne oder mit nur schwachen Herrschern, so etwa während des Interregnums vom Tod Friedrichs II. (1250) bis zum Beginn der Herrschaft Rudolfs I. (1273).

Fatal konnte die Ausweitung eines Konfliktes werden, etwa infolge verwandtschaftlicher Bindungen oder eines Treueversprechens. Mancher meinte, sich dem (vielleicht gern gehörten oder gar bestellten) Hilferuf eines Bedrängten nicht verschließen zu dürfen. Konfliktverschärfend wirkte es auch, wenn sich mehrere Auseinandersetzungen überlappten, zur Zeit Heinrichs IV. etwa der Sachsenkrieg und der Investiturstreit.

Veränderungen im Bereich von Religion und Kult können Symptome und Ursachen schwerer, auch mit militärischen

Mitteln ausgefochtener Zerwürfnisse sein. Wenn die Sachsen im 8. sowie die Slaven im 10./11. Jahrhundert das Christentum abschüttelten und sich wieder heidnischen Bräuchen zuwandten, bedeutete das mindestens eine Verschärfung latenter Spannungen. Die schleichende Entfremdung zwischen „Griechen" und „Lateinern" wurde im sogenannten Bilderstreit offenkundig: Im 8./9. Jahrhundert stritt man in Byzanz über die Frage, ob Bilder von Christus, seiner Mutter und der Heiligen zu verehren oder zu vernichten seien. Um weiteren Hader in nichtzentralen Fragen der Lehre und Disziplin (päpstlicher Primat, Charakter des eucharistischen Brotes, Fasten, Priesterehe) beizulegen und zu einer dauernden Verständigung zu kommen, reiste im Jahre 1053 eine päpstliche Gesandtschaft nach Konstantinopel. Wegen des schroffen Auftretens der Verhandlungsführer – Kardinallegat Humbert von Silva Candida und Patriarch Michael I. Kerullarios von Konstantinopel – und wegen der beiderseitigen Unfähigkeit zum Kompromiß hatte man sich nach kurzer Zeit hoffnungslos zerstritten: Am 16. Juli 1054 legte Kardinal Humbert in der Hagia Sophia, der Patriarchatskirche, eine Exkommunikationsbulle nieder und reiste ab. Auch wenn die Aufkündigung der Gemeinschaft sich nicht gegen die ganze orthodoxe Kirche richtete, entwickelte sich doch aus Bann und – dem bald folgenden – Gegenbann das *Große Schisma*. Wie sehr die Abneigung zwischen abend- und morgenländischer Kirche sich vertieft hatte, zeigte sich im Jahre 1204: Obwohl der Papst die Teilnehmer an dem frevelhaften Unternehmen mit seinem Bann bedroht hatte, eroberten Kreuzfahrer Byzanz, die Hauptstadt der geschmähten Schismatiker.[23]

Ziele

Häufig sind einfach scheinende Fragen nicht gestellt, geschweige denn beantwortet worden. Was konnte man sich realistischerweise zumuten? Was wollte man überhaupt? Den Gegner unter Druck setzen, bis er zu einer Konzession oder gar zur Unterwerfung bereit war? Oder ihn „nur" schädigen, wie Nomaden es auf ihren Razzien zu tun pflegten? Wollte man vielleicht wirtschaftlich offensiv vorgehen, militärische Auseinandersetzungen aber „auf Sparflamme" halten? Wollte man für künftige umfangreichere Unternehmungen die eigene strategische Lage verbessern, etwa durch Besetzung von Pässen, Flußübergängen, Häfen, festen Plätzen? Wollte man sein (vermeintliches) Recht durchsetzen, weil man vor Gericht nicht Genugtuung erhalten hatte? Wollte man ein gegnerisches Volk ausrotten, oder mußte man sich gegen einen Angreifer zur Wehr setzen? Wollte man einen unbotmäßigen Reichsteil zur Räson bringen? Oder ein Reich gewinnen, wie Herzog Wilhelm von der Normandie? Oder sich in Rom zum Kaiser krönen lassen, wie deutsche Könige? Oder die Welt erobern, wie die Mongolen?

Aus einer Fülle von Quellen seien – hier ohne Einzelnachweise – bewährte Mittel zusammengetragen, die Konfliktparteien erlaubten, Spannungen zu entschärfen oder aber sie so weit zu schüren, daß ein Krieg unvermeidlich wurde. Man suchte das Gespräch; der Rang der Boten oder Dritter sollte der Bedeutung der Angelegenheit entsprechen. Die Initiative verwies auf die Machtverhältnisse: Im allgemeinen sah der Schwächere sich genötigt, um Frieden zu bitten. Im Interesse der Friedenswahrung konnte man versprechen (lassen), eine wie immer umschriebene Oberhoheit des Gegners anzuerkennen, für etwa angerichtete Schäden dem anderen und dessen Verbündeten Genugtuung zu leisten, nie wieder Unrecht zu tun. Mancher unterstrich die Glaubwürdigkeit des Angebotes dadurch, daß er Geiseln stellte und „Geschenke" überreichte.

Ein Konflikt ließ sich dadurch zuspitzen, daß man die eigenen Vorstellungen mit steigendem Nachdruck vortrug: Bitte, Mahnung, Drohung, Ultimatum. Sofern der Gesandtschaft nicht nur Alibicharakter zukam und die eigene Glaubwürdigkeit nicht leiden sollte, mußte man spätestens mit einer Warnung die eigenen Vorbereitungen intensivieren: Politisch durch Schaffung von Einigkeit in den eigenen Reihen, diplomatisch durch Isolierung des Gegners und durch Werben um – irdische und himmlische – Verbündete. Rechtliche, wirtschaftliche und technische Gegebenheiten waren mitentscheidend für das militärische Potential im engeren Sinne, das einsatzbereit sein mußte: Befestigungen und eine ausreichend große Zahl disziplinierter, gut ausgerüsteter Krieger, die sich auf Nachschub, Beute oder Sold wollten verlassen können.

Wer es sich leisten konnte, bestimmte Ort und Zeit des eigenen Handelns; eine Provokation blieb vielleicht (einstweilen) ungesühnt. Nicht selten eröffnete der rasche Wechsel der Konstellationen Spielräume, die der Versierte nutzte – und sei es zur vorübergehenden Dämpfung eines Konfliktes in der Gewißheit, daß sich eine Gelegenheit zum Zuschlagen bieten werde.

Erfolgreiche Herrscher wie Karl der Große und Heinrich I. wußten, daß die ausschließliche Verteidigung mehr Streitkräfte erfordert als die Offensive. Aber schon die Enkel Karls des Großen, dann auch die französischen Könige zur Zeit des Hundertjährigen Krieges handelten nicht mehr nach der Maxime, daß die beste Verteidigung darin bestehen kann, einem Angriff zuvorzukommen.

Aufklärung und langfristige Vorbereitungen

Ständig, vor allem in Zeiten starker Spannungen, sollte man sich die eigene Spionage und die Verhinderung feindlicher Aufklärung angelegen sein lassen. Verrat in den eigenen Reihen war zu fürchten und grundsätzlich nicht zu vermeiden, wie eine Begebenheit zeigt, die aus der Sagenwelt stammen mag, die sich ähnlich aber häufig ereignet haben wird: Um den Preis der Rückgabe seines entflogenen, heißgeliebten Falken verriet ein junger Krieger dem Gegner den Plan der eigenen Leute.[24]

Je besser man über Absichten, Stärke, Lage eines potentiellen Feindes informiert war, desto gezielter ließen sich die eigenen, immer begrenzten Kräfte einsetzen, desto geringer war das Risiko verhängnisvoller Fehlentscheidungen. Die meisten

Kriege wurden mit Nachbarn geführt, die deshalb – etwa von Marken aus – aufmerksam beobachtet werden sollten. Bei unterworfenen Völkern konnten die Verweigerung von Abgaben und die unfreundliche Behandlung von Boten auf einen drohenden Aufstand hinweisen. Auf Anzeichen für Aktionen gegen das Reich sollte der Herrscher aber auch bei Völkern achten, mit denen es bislang keine Feindseligkeiten gegeben hatte.[25]

Informationen lieferten Angehörige des eigenen Volkes, ferner Fremde, die als Kaufleute und Handwerker, Mönche und Missionare, Söldner, Schüler, Spielleute, Abenteurer Land und Leute des präsumptiven Gegners kennengelernt hatten. Die Nachrichten mußten gesammelt und – gegebenenfalls in Geheimschrift[26] – weitergegeben werden. Ob sich solche Erkenntnisse in Vorteile gegenüber einem Feind ummünzen ließen, hing von der Auswertung ab; denn auch die scheinbar glaubwürdigste Information konnte in eine Falle führen. Aufklärung war ein gefährliches Geschäft. Der Legende nach ist der hl. Coloman als harmloser Pilger im Jahre 1012 in den Verdacht der Spionage geraten und kurzerhand aufgeknüpft worden.[27]

Wer sich in fremden Landstrichen verständlich machen konnte und die Sprache des Gegners verstand, hatte bessere Überlebenschancen. Dank der großen Mobilität der mittelalterlichen Gesellschaft verfügten viele Menschen über Kenntnisse fremder Sprachen. Das gilt erst recht für Grenzsäume unterschiedlicher Sprachfamilien – etwa das Gebiet zwischen Elbe und Oder, Süditalien und die Iberische Halbinsel.[28] Trotzdem war die Fähigkeit zu präzisen und differenzierten Urteilen gerade gefährlichen Gegnern gegenüber oft erstaunlich schwach entwickelt, wie der Gebrauch eines Völkernamens zeigt. Die Autoren von Quellen aus dem 8. bis 13. Jahrhundert bezeichnen ganz unbekümmert Avaren, Ungarn und Mongolen als „Hunnen"; denen war gemeinsam, daß sie in den Augen der Europäer Barbaren waren, nicht zur christlichen Völkerfamilie gehörten und aus dem Osten als schwärmende Reiternomaden kamen. Obwohl sie wegen ihrer Schnelligkeit gefürchtet waren, hielt man es in den von ihnen bedrohten Ländern offensichtlich nicht für nötig, Waffen und Kampftechnik dieser Feinde zu studieren, ihre Lebensformen zu erforschen, geschweige denn ihre jeweilige Sprache zu erlernen. Im Raum europäischer Sprachen sind die Hunnen sprichwörtlich geworden – „hausen wie die Hunnen"; die Dämonisierung des Gegners gehörte schon damals zur Kriegspropaganda. Ähnliches Desinteresse galt im Frühmittelalter Normannen und Sarazenen, gelegentlich sogar unmittelbaren Anrainern. Die schwer verständliche Lernunwilligkeit hatte verheerende Folgen für Krieger und, öfter noch, für die Zivilbevölkerung.

Im Spätmittelalter läßt sich mancherorts ein bezeichnender Wandel beobachten. So betrieb König Ludwig IX. von Frankreich († 1270) interkontinentale Aufklärung (man kann es nicht anders nennen), wenn er Boten über Tausende von Kilometern nach Ostasien sandte. Sie sollten die Mongolen als Verbündete für einen Kreuzzug gegen die Muslime, sie vielleicht gar für den christlichen Glauben gewinnen, auf jeden Fall aber mehr über sie in Erfahrung bringen. Für Russen und für die Bevölkerung Bagdads wurde es verhängnisvoll, daß ihre Herrscher nicht rechtzeitig Erkundigungen zu Macht und Zielen, Strategie und Taktik der Mongolen eingeholt hatten.

Die Engländer verdankten ihre spektakulären Erfolge während des Hundertjährigen Krieges auch der Tatsache, daß sie sich in ihrer Heimat systematisch vorbereitet hatten, wie zwei Einzelheiten zeigen mögen. Als König Eduard III. (1327–1377) zu einem Feldzug rüstete, der ihn zum König Frankreichs machen sollte, verfügte er, daß seine Adligen wenigstens elementare Französischkenntnisse erwerben sollten. Eduards Nachfolger Richard II. befahl 1389, die Bauern seines Reiches sollten an Sonn- und Feiertagen mit Pfeil und Bogen üben. Dank regelmäßigen Trainings an Tagen, an denen „knechtliche" Arbeit verboten war, wurden englische Bogenschützen in Frankreich gefürchtet, wenn nicht schlachtentscheidend. Ein weiteres Beispiel für geistiges Rüstzeug: König Karl VIII. bereitete seinen Zug nach Italien 1494 auch mit Landkarten vor, die seit dem ausgehenden Mittelalter in immer besserer Qualität hergestellt und gedruckt wurden.[29]

Der Gegner – kein monolithischer Block

Christen und Muslime sahen in den jeweils anderen meist eine bedrohliche Einheit. Das zeigte sich auch in Verallgemeinerungen wie „die Sarazenen", „die Franken". Doch weder Religionsgemeinschaften noch weltliche Mächte bildeten einen Block. Häufig wollte man eine gegebene Vielfalt nicht wahrhaben. Unzulängliche Differenzierung erklärt sich auch mit ungenügenden Kenntnissen von Sprache, Kultur, Religion des anderen. Angesichts der vermeintlichen Einheit übersah man Spaltungen und Lehrstreitigkeiten, Animositäten und offene Feindschaften beim Gegenüber, etwa zwischen den Kalifen von Bagdad und Cordoba. Je eindringlicher die Gefährlichkeit eines Feindes vor Augen geführt wurde, desto leichter ließ sich das Gefühl der Bedrohung wecken, desto eher konnte man Solidarität im eigenen Lager herbeiführen.

Auch – vielleicht sogar gerade? – bei kleinen Mächten gab es fast immer Gruppen, die unterschiedliche, oft einander widerstreitende Ziele verfolgten: Seit dem Investiturstreit, vor allem aber seit dem 13. Jahrhundert standen sich in vielen italienischen Städten eine kaiser- und eine papsttreue Partei gegenüber. Diese Sippe war zum Einlenken bereit, möglicherweise hatte sie Verwandte in beiden Lagern oder in anderer Hinsicht viel zu verlieren; jene trieb zum Krieg, vielleicht war eine Kränkung nach Jahrzehnten weder vergessen noch verziehen, wie Sage (Nibelungenlied) und Geschichte (der noch zu erörternde „Fall" Tassilo) zeigen. Im gegnerischen Lager gab es Personen, die man offen um Vermittlung oder insgeheim um eine Gefälligkeit bitten konnte. Neben ihnen lebten Tollkühne, Übergangene, Entmachtete oder deren Verwandte; die einen wollten sich rächen, andere eine höhere Stellung gewinnen.

Ablenkungsmanöver

Wer sich von mehreren bedroht sah, suchte das Gewicht der Gegner zu verringern, etwa dadurch, daß er den einen gegen den anderen ausspielte. Byzanz verschaffte sich auf diese Weise manche Atempause gegenüber Reiternomaden aus Ostasien. Naheliegend war es, die Schwäche eines Gegners zu nutzen. Wenn die Franken im Jahre 796 das Zentrum des Avarenreiches überraschend schnell erobern konnten, dann auch deshalb, weil deren oberste Führer von den eigenen Leuten erschlagen worden waren.[30] Im Jahre 955 mutmaßte man am deutschen Königshof, daß ungarische Gesandte sich im Schutze ihrer offiziellen Mission danach erkundigen wollten, wie weit der Aufstand der Herzöge das Reich geschwächt hatte. Dank dieser Kämpfe hatten sie im Vorjahr ungestört das Reich durchstreifen können.[31]

Ein weiteres probates Mittel, sich selber Ruhe zu verschaffen, bestand darin, den Gegner auf ein anderes Ziel abzulenken. Im Jahre 1080 versuchte Papst Gregor VII., dem Normannenfürsten Robert Guiscard, der Süditalien und Rom allzu bedrohlich wurde, Byzanz als Beute schmackhaft zu machen. Wie berechtigt die Sorge des Papstes war, zeigte sich vier Jahre später. Um dem von Heinrich IV. hart bedrängten Papst zu Hilfe zu kommen, drang Robert in Rom ein, brachte den Papst in seine Gewalt, „zündete die Stadt zum größten Teil an, ließ zahlreiche Bürger ermorden, zerstörte Kirchen und ließ verheiratete und ledige Frauen, nachdem sie rücksichtslos mißbraucht worden waren, mit auf den Rücken gefesselten Händen zu seinen Zelten treiben".[32]

Bündnis

Der Feind des Gegners war ein potentieller Verbündeter, konnte er doch den Gegner zur Aufsplitterung seiner Kräfte zwingen. Im allgemeinen verpflichteten die vertragschließenden Parteien sich ausdrücklich dazu, keinen Separatfrieden mit einem der Gegner zu schließen. König Heinrich II. verbündete sich mit den heidnischen Liutizen sowie mit Wladimir von Rußland gegen Boleslaw Chrobry von Polen.[33] Im Laufe des Hundertjährigen Krieges suchten französische Könige wiederholt, Schottland zu einem Offensivbündnis gegen England zu gewinnen, und dieses verbündete sich mit den mächtigen Herzögen von Burgund gegen den König von Frankreich.[34] Um freie Hand gegen das Reich und die Eidgenossen zu haben, schloß Herzog Karl der Kühne 1475 einen neunjährigen Waffenstillstand mit König Ludwig XI. von Frankreich; der sah nun ruhig zu, wie Karl die Kräfte seines Reiches in Schlachten gegen die Eidgenossen (1476 Grandson und Murten) und bei der Belagerung von Nancy Anfang 1477 sogar sein Leben verlor. Mit geringem Einsatz und praktisch ohne eigene Verluste zog Ludwig XI. anschließend große Teile des Burgunderreiches an sich.[35]

6. Typen von Kriegen

Im folgenden seien Völkerwanderung, Strafexpedition, Hegemonialkriege, Abwehrkampf gegen einen äußeren Feind, Kreuzzüge und Belagerung als Typen von Kriegen vorgestellt, die für die europäische Geschichte bedeutsam geworden sind.

Völkerwanderung

„Völkerwanderung", „Migration", „invasion des Barbares" werden nur teilweise dem komplexen Vorgang gerecht, den sie beschreiben wollen.[1] Denn zu wandernden „Völkern" gehörten, wie zu „Stämmen", nicht nur die eigenen Krieger, deren Frauen, Kinder sowie alte Menschen (oft ließ man sie erst nachkommen, wenn die Landnahme gelungen war), sondern auch Angehörige anderer Ethnien, Kulturen, Sprachen. Weniger Glückliche schlossen sich gern Erfolgreichen an. Innerhalb heterogener Gruppen sorgte die Bereitschaft, während der Zeit gemeinsamer Unternehmungen die Führung, das Recht, den Frieden innerhalb des „Volkes" als allen gemeinsames Gut anzuerkennen, für den unentbehrlichen Zusammenhalt.

Der Bericht von der Landnahme des Volkes Israel (Num 13 ff.), der Darstellungen mittelalterlicher Chronisten beeinflußt haben dürfte, weist modellhafte Züge auf: göttliche Verheißung; Kundschafter; Bericht von einem Land, in dem „Milch und Honig" fließen; langwierige kriegerische Landnahme neben friedlicher Infiltration. Nach dem Befund schriftlicher und archäologischer Quellen waren die Verluste an Menschen und Sachen um so höher, je heftiger die Einheimischen sich zur Wehr setzten. So wie in einer eroberten Burg die Waffen ruhten, waren erfolgreiche „Landnehmer" daran interessiert, daß Friede im Lande herrschte, sobald sie sich dort niedergelassen hatten. Im Laufe der Generationen verschmolzen die Sieger mit der einheimischen Bevölkerung. Dieser Prozeß war um so rascher abgeschlossen, je geringer die Unterschiede – in Recht, Religion, Sprache, wirtschaftlicher Entwicklung – ausgeprägt waren.

Seit den ersten nachchristlichen Jahrhunderten haben Völker ihre Heimat in Nordeuropa verlassen und sind nach Süden und Südosten gezogen, da ihnen das Römische Reich den Weg nach Westen und Südwesten versperrte. Die Goten – eine größere dieser Gruppen; an ihre Herkunft erinnert der Name der Insel Gotland – zogen bis in das Gebiet der heutigen Ukraine, wo sie ein Reich gründeten.

Zu einer revolutionären Umgestaltung Europas kam es, als eine sehr viel dynamischere Wanderung auf das durch Krisen und Kriege geschwächte Römische Reich traf.[2] Die Hunnen, Reiternomaden aus Zentralasien, stießen nach Westen vor, überschritten um 370 den Don und überrannten das Reich der Goten am Schwarzen Meer. Soweit diese zu loyaler Zusammenarbeit bereit waren, wurden sie als Partner anerkannt. Denn wie andere wandernde Völker verfügten die Hunnen über die Kraft, fremde Völker(splitter) zu integrieren. Wer sich nicht in ihr Reich ein- und ihrer Herrschaft unterordnen wollte, zog nach Westen, was eine gewaltige Bewegung auslöste. Germanische Völker brachen in das Römische Reich ein und schlugen am 9. August 378 bei Adrianopel, unweit der Hauptstadt Byzanz, ein großes römisches Heer; unter den Gefallenen war auch Kaiser Valens. Entschieden hatte die Schlacht der Angriff der Reiterei unter Führung eines Ostgoten.

Danach überstürzten sich die Ereignisse. In einer Art Kettenreaktion zogen Goten und andere Völker, weitgehend ungehindert, durch das Reich; von Unzufriedenen, Sklaven und anderen Ausgebeuteten oft genug begrüßt, ertrotzten sie ihre Ansiedlung – und das war neu – als Völker und nach eigenem Recht. Sie beabsichtigten nicht die Zerstörung des Römischen Reiches; vielmehr haben auch Barbaren den Reichsgedanken aufrechterhalten, zumal schon lange vor der Völkerwanderung

Nicht-Römer im römischen Heer Dienst getan hatten und in hohe Führungsstellungen aufgestiegen waren. Im Laufe ihrer Wanderungen eroberten und plünderten Goten, wie wir eingangs gesehen haben, sogar das als ewig geltende, altehrwürdige Rom (410). Rings um das westliche Mittelmeer gründeten Germanenvölker eigene Reiche, womit Zusammenhalt und Charakter des Römischen Reiches sich änderten. Einen gewissen Abschluß fand die von den Hunnen um 375 ausgelöste Bewegung 568 mit dem Einfall der Langobarden in Italien; aus diesem Grunde wählt man die Jahre 375 und 568 oft als Eckdaten der germanischen Völkerwanderung.

Die Hunnen ließen sich im 5. Jahrhundert in der Ebene zwischen Donau und Theiß nieder. Ihr König Attila, der Etzel der Nibelungensage, dehnte seinen Einfluß bis zum Rhein aus und stieß im Jahre 451 weiter bis nach Paris und Orléans vor. Auf den Katalaunischen Feldern (wohl bei Troyes) kam es zur Schlacht mit den Römern; auf beiden Seiten kämpften auch germanische Krieger. Zwar behaupteten die Hunnen das Feld, doch erlitten sie so hohe Verluste, daß sie sich aus Gallien zurückzogen. 452 fielen sie in Italien ein. Der Legende nach bewog Papst Leo der Große unter hohen Opfern Attila zum Abzug; wahrscheinlich hatten die Hunnen infolge einer Seuche schwere Verluste erlitten.[3] Im folgenden Jahr starb Attila. In Kämpfen um die Thronfolge zerbrach sein Reich, das – anders als etwa das Römische – nicht durch Institutionen, Traditionen, Verwaltung gefestigt war. Unterworfene Völker gewannen mit ihrer Freiheit die Möglichkeit zurück, auf der Suche nach geeigneten Siedlungsräumen weiter durch das Römische Reich zu ziehen.

Dessen Schwäche nutzten auch Germanen, die östlich des Rheins und nördlich des *Limes* in Auseinandersetzung mit den Römern zu Stämmen zusammengewachsen waren; sie hatten ein eigenes Bewußtsein ausgebildet, das sich auch in der Prägung „werbender" Namen bekundete, so etwa am Niederrhein die Franken (die Freien, Wagemutigen), weiter südlich die Alemannen (alle Männer, die etwas auf sich halten). Als Söldner, Offiziere, Verbündete zum Schutz der Grenzen gegen andere Germanen hatten viele Franken das Römische Reich kennengelernt. Je häufiger sie in innerrömische Kämpfe hineingezogen wurden, desto größere Bedeutung gewannen sie. Vom niederrheinischen Grenzraum aus dehnten sie ihren Einfluß- und Herrschaftsbereich weit nach Gallien hinein aus; nicht selten begrüßte die autochthone Bevölkerung sie wegen ihrer Fähigkeit, ein gewisses Maß an Frieden im Lande zu wahren. Ähnlich, wenn auch weniger erfolgreich, verfuhren die Alemannen in dem Raum, der heute Südwestdeutschland, die nördliche Schweiz und das Elsaß umfaßt. Anders als Burgunder, Goten, Vandalen – um nur drei zu nennen – wahrten Franken und Alemannen die Verbindung zu ihren Ausgangsräumen und damit die Möglichkeit, ihre personellen Ressourcen immer wieder aufzufüllen.

Infolge der Wirren innerhalb des Römischen Reiches wurden in den Jahren 383 und 407 römische Truppen aus Britannien abgezogen. Die Zivilbevölkerung war deshalb Angriffen von Völkern ausgesetzt, die – in Schottland und Irland – nicht in das Reich integriert worden waren. Die Heimgesuchten baten Männer jenseits des Meeres um Hilfe, die als Piraten, Händler und Söldner Britannien und die am Kanal gelegenen Landstriche Galliens kennengelernt hatten. Angeln, Sachsen und Jüten verließen ihre Heimat an der unteren Elbe und auf der Jütischen Halbinsel; bald ließen sie sich – z.B. in einem großen Sachseneinfall 410 – auch gegen den Willen der Briten in deren Land nieder und gründeten hier Reiche. Obwohl diese zeitweise von Dänen überlagert wurden, hatten sie Bestand bis zur Ankunft der Normannen im Jahre 1066, mehr als ein halbes Jahrtausend also. Die Sprache zeigt, wie stark die Eindringlinge das Land geprägt haben: England (Land der Angeln), Essex, Sussex, Wessex (Ost-, Süd-, Westsachsen).[4] Angeln und Sachsen drängten die keltischen Briten immer weiter zurück. Wer zur Unterwerfung nicht bereit war, wich schließlich aus und ließ sich jenseits des Meeres in Gallien nieder. Dank ihrer großen Zahl behielten die Ankömmlinge ihre Sprache bei; sie verstärkten das keltische Element in ihrer neuen Heimat so sehr, daß die romanisierten Bewohner Galliens diesen Teil des Landes nach den neuen Bewohnern „Bretagne" nannten.[5]

Ähnlich wie Angeln, Sachsen und Jüten verhielten sich seit Ende des 8. Jahrhunderts „Nordleute", die im Frühjahr in Dänemark und Norwegen aufbrachen. Im Frühsommer richteten sie sich am Ziel ein, gern im Mündungsgebiet großer Flüsse. So machten sie auf der Insel Noirmoutier, südlich der Loiremündung, ein Kloster zu ihrem Stützpunkt, aus dem die Mönche geflohen waren. Zu Schiff, zu Fuß und auf geraubten Pferden suchten sie die Britischen Inseln und Westeuropa heim, plünderten Klöster und Städte aus. Zwischendurch geleitete man Verwundete in das Ausgangslager, wohin auch die Beute geschafft wurde. Im Spätsommer kehrte man so zeitig zum Lager zurück, daß man in der Heimat war, bevor Stürme und Kälte die Seefahrt zu einem unkalkulierbaren Risiko machten. Nach einigen Jahren kannte man das Land gut genug, um hier einmal, dann häufiger zu überwintern. Man arrangierte sich mit Einheimischen, denen man auf Märkten begegnete, auf deren Hilfe bei der Pflege von Kranken man angewiesen und deren Töchter als Bräute begehrt waren. Schließlich holte man Frau und Kinder nach, richtete sich auf die Dauer im Lande ein, ging langsam von der Räuberei zu Landwirtschaft und anderen ehrbaren Gewerben über und verteidigte, zusammen mit Autochthonen, das Land gegen Stammesgenossen, die zum Plündern gekommen waren. Schon nach wenigen Generationen hatten die Eindringlinge die Sprache der Romanen übernommen, die wohl in beträchtlicher Zahl im Lande geblieben waren. Einen gewissen Abschluß fand die Entwicklung, als König Karl der Einfältige von Franzien im Jahre 911 das weitgehend verwüstete, seiner Herrschaft längst entglittene Land den Normannen überließ. Er belehnte deren Anführer Rollo mit Gebieten am Unterlauf der Seine; dafür erkannte Rollo den König als seinen rechtmäßigen Herrscher an. An die Eindringlinge erinnert bis heute der Name Normandie.

Im Jahre 568 räumten die Langobarden Pannonien, die Ebene von Donau und Theiß, und nahmen gewaltsam die

Lombardei (= Langobardia) und andere Teile Italiens in Besitz. In die von ihnen frei gemachten Gebiete rückten die Avaren nach, ein Volk asiatischer Reiternomaden. Sie gründeten ein Reich, das sogar der Großmacht Byzanz gefährlich wurde; sie erhoben Tribut von Slaven und Bulgaren und kamen auf ihren Zügen bis nach Thüringen. Durch Auseinandersetzungen im Inneren geschwächt, von Franken und Bulgaren bekriegt, ging das Reich der Avaren zu Anfang des 9. Jahrhunderts unter. Um 835 schreibt Einhard, Pannonien sei „jetzt", also nach dem für die Franken erfolgreichen Krieg gegen die Avaren, „ganz unbevölkert".[6]

In die offensichtlich nur dünn besiedelte Ebene zwischen Donau und Theiß drangen im 9. Jahrhundert die – von Petschenegen, anderen Reiternomaden be- und gedrängten – Ungarn ein. Unter ihren Beutezügen hatten bis in die Mitte des 10. Jahrhunderts weite Teile Europas zu leiden. Die Ungarn verhielten sich ähnlich, wie die Normannen es in einer Übergangsphase zwischen jährlichem Raubzug und Ansiedlung gehalten hatten, als sie 937/938 in einem christlichen Land überwinterten.[7] 955 erlitten sie, wie wir noch sehen werden, auf dem Lechfeld eine folgenreiche Niederlage.

Noch zweimal sind Reiternomaden aus den Weiten Innerasiens nach Europa vorgestoßen: Anfang des 13. Jahrhunderts die Mongolen und seit dem 14. Jahrhundert die Türken; diese über Kleinasien, jene über den fast schon üblichen Weg nördlich von Kaspischem und Schwarzem Meer. Durch eine Verkettung glücklicher Umstände blieben West- und Mitteleuropa von den Mongolen gänzlich, von den Türken weitgehend verschont. Um so mehr hatten unter den Mongolen Polen, Ungarn und vor allem Russen zu leiden. Während diese bis zum Beginn der Neuzeit die Herrschaft der Mongolen lockern, dann abschütteln konnten, gelang es den Türken, ihre Macht über den Balkan auszudehnen, aus dem sie erst im 19. und 20. Jahrhundert weitgehend verdrängt wurden.

Seit dem 7./8. Jahrhundert bekam Europa die Expansion arabischer Nomaden zu spüren. Virtuos bedienten sie sich der Möglichkeiten, die das Meer wagemutigen Kriegern bietet.

Spannungen innerhalb christlicher Herrschaften erleichterten es muslimischen Heerführern, in Spanien, Sizilien und Italien Fuß zu fassen, mehr oder weniger ungestört den nördlichen Küstensaum des Mittelmeeres zu verheeren und auf Beutezügen tief ins Landesinnere vorzustoßen.

Verließen Großgruppen ihre Siedlungsgebiete, kam es hier zu einem relativen Bevölkerungsvakuum. Manchmal behielten sich die Abziehenden eine Option zur Rückkehr vor, im allgemeinen blieben Reste von ihnen in der Heimat, wie Kontinuitäten von Siedlungen, die Namen von Orten, Flüssen und Bergen sowie andere Sprachzeugnisse und archäologische Funde zeigen.

Die insgesamt geringe Bevölkerungsdichte erleichterte ein Ausweichen vor mächtigen Nachbarn. Zwar waren die besten Böden oft schon besetzt; doch wer zu Opfern bereit und geneigt war, in Generationen zu denken, fand Chancen. So zogen sich in den Wirren der Völkerwanderungszeit Menschen, ständiger Angriffe überdrüssig, in eine unwirtliche Landschaft zurück. Die Ankömmlinge betrachteten Inseln und Lagunen als Herausforderung, auf die sie – mit der Anlage von Venedig – eine einzigartige Antwort gefunden haben.

Strafexpeditionen und Streifzüge

Carlomannus Alamanniam vastavit, Karlmann verwüstete Alemannien.[8] Gerade drei Worte umfaßt einer der frühesten Einträge der offiziösen fränkischen Geschichtsschreibung. Zu allen Zeiten sind Truppen in das gegnerische Land eingefallen; geraubt wurde, was die Begehrlichkeit reizte, systematisch vernichtet, was nicht verzehrt oder fortgeschleppt werden konnte. Der Gegner sollte geschädigt oder dadurch, daß man ihm die Lebensgrundlage entzog, zu Verhandlungen, wenn nicht zur Unterwerfung gezwungen werden. Das gilt auch für viele Fehden, die auf dem Rücken der Abhängigen ausgetragen wurden, unter bewußter Schonung der Person des adligen Gegners.

Was können die Krieger Karlmanns schon angerichtet haben? Abgestumpft halten die Autoren unserer Quellen fest, dieser oder jener Landstrich sei „mit Feuer und Schwert verwüstet" worden. Die Siedlungskammern waren bekannt und bald gefunden, oft mit Hilfe Ortskundiger, die eine Gelegenheit zur Rache nutzten. Man erschlug die Männer, soweit man ihrer habhaft wurde, und versklavte Frauen und Kinder. Behausungen und Scheunen wurden eingeäschert, Getreidefelder und Vorräte zerstört. Die Bewohner des flachen Landes konnten von Glück reden, wenn ihnen die Zeit blieb, sich und ihre Familie sowie das Vieh, den kostbarsten Teil ihrer Fahrhabe, in Sicherheit zu bringen. Bauern unterhielten Not- und Vorratslager seit dem Hochmittelalter auf dem Friedhof, in der nächsten Burg oder Stadt, vor allem aber – seit unvordenklichen Zeiten und bis ins 20. Jahrhundert – im Wald.

Grenzen setzte dem Zerstörungswerk nicht selten die Arbeitskraft: Für die – ebenso oft verbotene wie beklagte – Verwüstung von Wein- und Obstgärten brauchten Krieger Beile, Zeit und sogar Muße; schließlich wollte man nicht plötzlich vom Gegner überrascht werden. Das Werk der Verwüstung wurde Tag um Tag fortgesetzt. Rechnet man zehn Kilometer pro Tag, dann konnten die Leute Karlmanns in gut zwei Wochen das fruchtbare rechte Rheinufer zwischen Basel und Rastatt verheert haben. Rund zwei Monate brauchten sie, wenn auch die Seitentäler heimgesucht werden sollten. Andere Scharen nahmen sich das Neckarbecken sowie den Raum zwischen Bodensee und Donau vor. War das Land weiter ausgebaut, fielen der Zerstörungswut auch Kirchen und Klöster, Burgen und Städte, Lagerhäuser, Mühlen und Werkstätten, Brücken und andere Bauwerke zum Opfer. Christen waren nicht besser als Heiden, kriegslüsterne Prälaten nicht milder als Laien.

Die Krieger erlitten zwar Verluste, die gelegentlich sogar hoch waren. Doch viel stärker wurde im allgemeinen das wehrlose Volk in Mitleidenschaft gezogen. Bauern, der überwiegende Teil der Bevölkerung, konnten sich kaum wehren.

Seit dem Hochmittelalter war ihnen das Recht aberkannt, Lanze oder Schwert zu tragen.[9] Das Verbot und bildliche Darstellungen zeigen allerdings, daß die Wirklichkeit oft anders aussah. So stellt ein Kapitell in Autun aus dem 12. Jahrhundert die Flucht nach Ägypten dar: Josef hat ein Schwert geschultert! Trotzdem waren Bauern an Hof und Feld gebunden; schmerzlich erfuhren sie in Bauernkriegen, daß ihnen Übung und Organisation fehlten.

Verhängnisvoller als Verluste infolge direkter Feindeinwirkung waren mittel- und langfristige Auswirkungen von Rechtsunsicherheit und Zerstörung, auch während der Völkerwanderungen. Die Felder blieben unbestellt, wenn die Bauern sich nicht aus den Wäldern oder befestigten Orten trauten, das Zugvieh abgeschlachtet oder fortgetrieben, das Saatgut verzehrt oder vernichtet war. Die Folgen waren unausweichlich: Da tierisches Eiweiß und Kohlehydrate fehlten, fielen dem Hunger als erste die Schwächsten zum Opfer. Dann rafften Krankheiten die Unterernährten dahin; die Kindersterblichkeit stieg weit über das ohnehin hohe Maß hinaus. Unzulänglich behaust, unterernährt, frierend waren auch Erwachsene anfälliger für Krankheiten. In den Jahren, die auf wiederholte weiträumige Verwüstungen folgten, kam es dann vielleicht zu einer Bevölkerungskatastrophe. Statt von *vastare,* verwüsten, sprechen die Quellen oft – noch treffender – von *depopulari,* entvölkern. Wenn im 8. Jahrhundert die Franken ihre Herrschaft in Alemannien und Sachsen, wenn seit dem 10. Jahrhundert die Sachsen sich mehr und mehr östlich der Elbe gegen Slaven durchsetzen konnten, dann auch deshalb, weil „Strafexpeditionen" und offene Kriege die – oft nur dünn besiedelten – Länder entvölkert hatten. Viele Bewohner hatten weder eine Familie gründen noch Kinder aufziehen können. Bei einem labilen Kräftegleichgewicht genügte oft ein geringes Maß an Gewalt, und die Einheimischen wichen in Gebiete aus, die ihnen sicherer schienen. Um die Jahrtausendwende waren das im deutsch-slavischen Grenzsaum nordöstlich des damaligen Deutschen Reiches gelegentlich sogar Sachsen.[10] Häufiger mußten Slaven Platz machen für Sachsen und Flamen, die einbrachen, kaum merkbar einsickerten oder gezielt angesiedelt wurden. So warb Albrecht der Bär bei denen, „die unter der Gewalt des Meeres zu leiden hatten", um Siedler.[11] Ähnlich verfuhren slavische Landesherren.

Ergreifende Einzelheiten zur Lage Wehrloser im Krieg bringt der schon erwähnte Pirckheimer in seiner Schilderung des Schweizer Krieges (1499). Als er im Auftrag Kaiser Maximilians Truppen von Feldkirch ins Münstertal führte, fielen ihm in einem ausgebrannten Dorf zwei alte Frauen auf, die etwa vierzig Jungen und Mädchen wie eine Viehherde vor sich hertrieben. „Sie waren alle vor Hunger völlig ausgemergelt, und außer daß man sie weitertrieb, Toten so ganz ähnlich, daß ihr Anblick uns allen Schauer einjagte." Auf einer Wiese angekommen, hätten die Kinder „wilden Tieren gleich die Kräuter abzuweiden" begonnen, vorzugsweise Sauerampfer. Wie vom Donner gerührt, habe er, schreibt Pirckheimer, eine Zeitlang sprachlos dem entsetzlichen Schauspiel zugesehen. Schließlich habe ihn eine der Alten mit dem Blick auf die Kinder angeredet; vor Schmerz und Hunger habe sie kaum sprechen können: Besser als ein solches Jammerleben zu erleiden wären diese Kinder nie geboren worden. „Ihre Väter sind durchs Schwert gefallen, ihre Mütter den Hungertod gestorben, ihre Habe ward als Beute weggeschleppt, ihre Wohnungen hat die Flamme verzehrt." Wegen ihres hohen Alters habe man sie und die andere Frau allein hier zurückgelassen, „um diese höchst unglückselige Jugend, Tieren gleich, auf die Weide zu treiben und, so lange wirs noch vermögen, durch Grasfressen am Leben zu erhalten". Sie und ihre Leidensgefährtin hofften, „daß baldigst sowohl sie als wir aus diesem namenlosen Jammer erlöst werden". Ursprünglich sei die Schar doppelt so groß gewesen; als glücklich preist die Alte die, die täglich Opfer von Hunger und Mutlosigkeit werden, während sie ein derartiges Leben fristen müßten. Angesichts dessen, was er hören und sehen mußte, konnte Pirckheimer sich der Tränen nicht erwehren. „Ich beklagte das jammervolle Menschenlos und verwünschte, wohl mit Recht, die Unmenschlichkeit des Krieges."[12]

Hegemonialkriege

Jahrzehntelang hat Karl der Große Heere ausgeschickt und sie oft auch persönlich geführt. Mit Krieg überzogen wurden alle Nachbarn sowie Völker, die durch Eroberungen zu Nachbarn geworden waren: Aquitanier, Avaren, Baiern, Bretonen, Langobarden, Muslime, Sachsen – mithin also Christen wie Nichtchristen.

Diplomatische Vorbereitung und militärische Durchführung solcher sich vielfältig untereinander, auch mit innerfränkischen Ereignissen überschneidenden, wenn nicht bedingenden Unternehmungen nehmen in anonymen Aufzeichnungen breiten Raum ein. Da diese Quellen Jahr um Jahr geführt wurden und ihre Autoren dem fränkischen Hof nahestanden, spricht die Forschung von *Reichsannalen*. Erfreulicherweise liegen diese in zwei Fassungen vor, von denen die eine dem Hof gegenüber eher kritisch eingestellt ist; die sog. Einhardschen Reichsannalen bringen auch Niederlagen des fränkischen Heeres und andere Einzelheiten, die die wohlgesonnene Fassung verschweigt.[13]

Ein Konflikt zwischen den Franken und dem mächtigen Sachsenstamm, der schon lange geschwelt hatte, verschärfte sich, sobald Karl über die Alleinherrschaft im Reich verfügte (seit 771). Fast Jahr um Jahr flammten von 772 bis 782 die Kämpfe auf. Für die Franken handelte es sich bald nicht mehr darum, sich eines angriffslustigen Nachbarn zu erwehren, der 778 immerhin bis nach Deutz vordringen konnte, vor die Tore Kölns also. Vielmehr wollten sie die Sachsen in ihr Reich eingliedern und zum Christentum bekehren. Die Sachsen verteidigten ihre Freiheit und ihre Religion in Kriegen, die von beiden Seiten mit äußerster Erbitterung geführt wurden.

Durch Konzessionen, Versprechungen oder Drohungen gewannen die Franken einen Teil ihrer Gegner für sich; andere wurden mit Krieg überzogen, ihr Land wurde verwüstet. Die Unterworfenen mußten Treue schwören, Geiseln stellen und sich taufen lassen. Kaum war ein Vertrag ausgehandelt, wurde er gebrochen mit der Folge neuer Kriegshandlungen; an deren

Ende standen wieder Unterwerfung und schließlich (777) die Verpfändung von Freiheit und Eigentum im Falle eines neuerlichen Vertragsbruches. Wiederholt beriefen die Franken einen Reichstag nach Sachsen ein, demonstrierten ihre Macht also mitten im Feindesland: 777 in Paderborn, 780 und 782 in Lippspringe. Auf dem Reichstag 780 wurde für Sachsen ein Gesetz erlassen, das für zahlreiche Vergehen die Todes- oder hohe Vermögensstrafen verlangte. Vor die Alternative „Taufe oder Tod" gestellt, erhoben sich die Sachsen im Jahre 782 einmal mehr. Nach für beide Seiten verlustreichen Kämpfen mußten sie die Anführer des Aufstandes ausliefern. Diesmal bekamen die Besiegten die ganze Härte des Kriegsrechts zu spüren: Bei Verden an der Aller wurden 4500 Sachsen zum Tode verurteilt und enthauptet. Damit waren die Sachsen eines großen Teils ihrer Führungsschicht beraubt. Drei Jahre später gab auch Widukind auf, der lange Zeit die Seele des Aufstandes gewesen war, und ließ sich taufen. Als Garantie für persönliche Sicherheit hatte Karl ihm sogar Geiseln gestellt. Über welches Instrumentarium Karl weiterhin gebot, zeigte sich noch im Jahre 804: Er ließ rebellische Sachsen ins Innere des Frankenreiches deportieren (wohl auch nach Sachsenhausen, heute ein Stadtteil von Frankfurt/M.) und deren Land östlich der Elbe Slaven zur Besiedlung übergeben.[14]

Das Oströmische Reich hatte jahrhundertelang über Rom, damit auch das Papsttum, und große Teile Italiens eine Schutzherrschaft ausgeübt; von vielen Seiten bedrängt, war es dazu im 8. Jahrhundert immer weniger in der Lage. Als die Langobarden in Italien mit den byzantinischen Besitzungen auch Rom bedrohten, suchten die Päpste Anlehnung bei den Franken. Deren Machtzentrum war so weit von Rom entfernt, daß sie als Schützer gesucht waren, ohne daß man sie schon als Herrscher hätte fürchten müssen.

Vielfältige Kontakte verdichteten sich Mitte des 8. Jahrhunderts zu einer Interessengemeinschaft. In einer Art Orakel billigte Papst Zacharias – er wurde als Nachfolger des Apostels Petrus und dieser als Himmelspförtner verehrt – einen Staatsstreich: Pippin, der als Hausmeier die faktische Herrschaft über das Frankenreich ausübte, setzte den letzten König aus der Dynastie der Merowinger ab und wies diesen Childerich in ein Kloster ein. Sich selber ließ er im Jahre 751 zum König erheben. Das Bündnis schloß Verpflichtungen ein, an die die Päpste später noch oft erinnert haben. Weltliche Machthaber sahen sich aufgefordert, der Kirche und dem Apostelfürsten Petrus Recht zu verschaffen; als dessen Treuhänder verstand sich der Papst. Schon 753 reiste Papst Stephan II. nach Franzien, um die Franken zur Hilfe gegen die Langobarden zu bewegen. Der Papst kam nicht nur als Bittsteller. Er salbte Pippin und dessen Söhne Karl und Karlmann zu Königen. Die lange Zeit wie ein Sakrament verstandene Königssalbung sollte einer neuen Dynastie die fehlende Legitimation verleihen. Im Gegenzug erschien Pippin 755 und 756 mit einem Heer in Italien und zwang den Langobardenkönig Aistulf zu Konzessionen gegenüber dem Papst. Im Jahre 756 eroberte er sogar den Exarchat und Ravenna, seit Menschengedenken oströmischer Besitz, den die Langobarden jüngst erst unter ihre Herrschaft gebracht hatten. Pippin mißachtete die Forderung der Byzantiner, sie wieder in ihre alten Rechte in Italien einzusetzen, und übergab seine Beute dem hl. Petrus, den er nach seinerzeitiger Vorstellung dadurch zu seinem Verbündeten gewann. Damit gebot der Papst über den Kern dessen, was man später „Kirchenstaat" nannte.

Die folgenden Jahre verliefen wohl weniger dramatisch. Nachdem König Desiderius (757–774) seine Stellung im Langobardenreich gefestigt hatte, gewann er die Herzogtümer Benevent und Spoleto. Zeitweilig konnte er sogar in Rom eingreifen, dort von einer prolangobardischen Partei unterstützt. Handlungsspielraum hatte er durch eine Reihe günstiger Umstände gewonnen: Jahrelang waren die Kräfte der Franken in Kämpfen gegen die Aquitanier gebunden. Nach dem Tod Pippins ging die Herrschaft auf dessen Söhne Karl und Karlmann über, zwischen denen es schon bald zu Spannungen kam. Mittlerweile hatte Desiderius seine Stellung im Gefüge der Mächte sogar dadurch abgesichert, daß er eine seiner Töchter, Liutperga, mit dem Baiernherzog Tassilo, eine andere (unbekannten Namens) mit dem Frankenkönig Karl verheiratete.

Nach dem Tod Karlmanns (771) zog Karl den Reichsteil seines Bruders an sich, unter Mißachtung von Ansprüchen seiner Neffen. Die Witwe Karlmanns floh mit ihren Kindern zu den Langobarden, wo sie – wie schon erwähnt – politisches Asyl erhielten. Daraufhin verstieß Karl im Jahre 772 seine langobardische Gemahlin, was fast einer Kriegserklärung an Desiderius gleichkam. Mittlerweile hatte sich in Rom eine profränkische Partei durchgesetzt mit der Folge, daß die Langobarden ihren Druck auf den Papst wieder verstärkten. Das bewog Hadrian I. im Jahre 773 zu einem Hilferuf an Karl. Der Bote des Papstes reiste über das Meer, weil – wie eigens erwähnt wird – die Langobarden den Landweg versperrt hatten. Noch im selben Jahr zogen die Franken nach Italien, belagerten die Hauptstadt der Langobarden und nahmen Pavia im Juni 774 ein. Karl nannte sich von jetzt an „König der Franken und der Langobarden". Er ließ Desiderius und seine Gemahlin nach Franzien deportieren, wo sie in Klosterhaft gestorben sein dürften.

„Als Karl sah, daß er durch ein Geschenk Gottes allenthalben Frieden hatte", heißt es in den Reichsannalen zum Jahr 786, habe er beschlossen, nach Rom zu ziehen, „um an den Schwellen der heiligen Apostel zu beten und die italienischen Angelegenheiten zu ordnen". Die kritische Version der Annalen läßt das Gebetsverlangen unerwähnt und schreibt, Karl habe Benevent, das zu dem annektierten Langobardenreich gehörte, unterwerfen wollen. Um das Unheil von sich und seinem Land abzuwenden, bot Herzog Areghis Geschenke und Geiseln an, unter denen seine zwei Söhne waren. Nach Beratung mit geistlichen und weltlichen Großen beschloß Karl, „daß jenes Land nicht zerstört und die Bischofssitze und Klöster nicht verheert würden".

Wer über die Macht gebietet, hat es oft gar nicht nötig, sie einzusetzen. Wer dagegen auf Ruhe oder Frieden angewiesen ist, geht zur Not auch kampflos auf Forderungen seines Gegners ein. Karl wählte also aus den Geiseln zwölf aus und als dreizehnten einen Sohn des Herzogs. Die Beneventaner brachten Geschenke und leisteten Eide. Daraufhin zog der König nach Rom zurück (787).

Nach Rom waren auch Boten des Herzogs Tassilo von Bayern gekommen; sie wollten den Papst bitten, zwischen ihrem Herrn und Karl zu vermitteln. Karl erklärte, er wolle den Frieden, um den er sich seit langem bemüht habe, sofort abschließen. Die Boten erwiderten, sie seien zu einem umfassenden Abkommen nicht bevollmächtigt. Daraufhin, so die profränkischen Reichsannalen, habe der Papst den Bannfluch *(anathema)* über den Herzog und dessen Berater ausgesprochen, wenn sie Eide nicht hielten, die sie Pippin und dessen Sohn Karl geleistet hätten. Der Papst begnügte sich nicht damit, eine Strafe anzudrohen, die auf den Ausschluß aus der Gemeinschaft der Gläubigen hinauslief und nach zeitgenössischer Überzeugung Verlust der Seligkeit bedeutete. Nach Auskunft unserer Quelle ging er noch weiter: Sollte der Herzog in der Verstocktheit seines Herzens der Aufforderung des Papstes nicht nachkommen, seien König und Heer der Franken „von jeder Gefahr der Sünde frei"; was auch immer im Laufe des dann unvermeidbaren Krieges in Bayern an Brandstiftung, Mord oder sonstigem Frevel verübt werde, das solle über Tassilo und seine Genossen kommen; „der Herr König Karl und die Franken sollten von jeder Schuld frei bleiben" *(innoxii ab omni culpa)*. Nicht genug damit, daß der Angeklagte keine Gelegenheit erhält, sich zu verteidigen – der Kläger wird auch noch mit päpstlicher Autorität von jeder Schuld an den Greueln eines Krieges freigesprochen.

Nachdem der König sein Gebet beendet und mit dem päpstlichen Segen heimgekehrt war, feierte er in Worms das Wiedersehen mit seiner Gemahlin. Die Reichsannalen halten fest: „Dort freuten und ergötzten sie sich miteinander und priesen die Barmherzigkeit Gottes." Dann wurde der „Fall Tassilo" zugespitzt. Als der Baiernherzog es ablehnte, sich vor Karl zu rechtfertigen, wurden drei Heere aufgeboten. Von den meisten seiner Getreuen verlassen, mußte Tassilo sich ergeben, auf das Herzogtum verzichten, Eide leisten, zwölf auserlesene

Geiseln stellen, als dreizehnten seinen Sohn. Im folgenden Jahr (788) wurde ihm auf einem Reichstag in der Pfalz zu Ingelheim der Prozeß gemacht. Man beschuldigte ihn, frankenfeindliche Kontakte zu den Avaren unterhalten und Boten Karls nach dem Leben getrachtet zu haben; vor Jahrzehnten (763) habe er böswillig das Heer verlassen, was ihm nun als Hochverrat zur Last gelegt wurde.[15] Die anwesenden Großen – Franken, Baiern, Langobarden und Sachsen bildeten die Gerichtsversammlung – forderten die Todesstrafe. Karl, als König auch oberster Gerichtsherr, begnadigte seinen Vetter. Tassilo soll gebeten haben, als Mönch in einem Kloster für so viele Sünden Buße tun zu dürfen, um seine Seele zu retten; der Wunsch wurde ihm erfüllt. Auch Tassilos Sohn wurde geschoren und in ein Kloster eingewiesen. Vornehme, Karl weiterhin feindlich gesonnene Baiern wurden verbannt. In einem Nachspiel verzichtete Tassilo im Jahre 794 auf einer Synode in Frankfurt in seinem und seiner Kinder Namen nochmals ausdrücklich auf sein Recht am Herzogtum der Baiern wie auf alles Eigentum im Lande.[16]

Mit der endgültigen Eingliederung des Herzogtums Tassilos wurden die Franken unmittelbare Nachbarn der Avaren; die Baiern waren daran interessiert gewesen, leidlich mit ihnen zurechtzukommen. „Im folgenden Jahr aber unternahm er keinen Feldzug, sondern dort, in der schon erwähnten Stadt (Worms) feierte er wiederum das Fest der Geburt des Herrn und ebenso Ostern." Mit kargen Worten begnügen sich die Reichsannalen zum Jahr 790, offensichtlich ein Ausnahmejahr. Der unbekannte Verfasser glaubte wohl betonen zu müssen, daß Karl „keinen Feldzug" unternommen hatte.[17]

Zum Glück bringt die dem Hof gegenüber kritisch eingestellte Fassung der Reichsannalen weitere Einzelheiten. Krieg, so zeigt sich hier, drohte auch 790: Mit den „Hunnen" (d.h. den Avaren) habe man über Fragen der Grenzen verhandelt; der Streit über deren Verlauf sei Ursache des im folgenden Jahre ausgebrochenen Krieges gewesen. Ferner ist von einer Schiffsreise des Herrschers die Rede, die anscheinend ohne besondere Vorkommnisse verlief, aber Anlaß zu einer weiteren kritischen Bemerkung gibt. „Um nicht den Eindruck erschlaffter Untätigkeit zu erwecken", sei Karl über Rhein, Main und fränkische Saale bis zu einer Pfalz gefahren, die er in Salz (unweit von Neustadt an der Saale) habe erbauen lassen. Ein König sollte, so wird hier suggeriert, rastlos unterwegs sein, wenn nicht als Feld-, so wenigstens als Bauherr.

Nach den hektischen Aktivitäten der letzten Jahrzehnte hatten Karl, seine Mitarbeiter, die anonym bleibenden Krieger und Abgabepflichtigen Ruhe mehr als verdient. Um so mehr fällt die eingangs zitierte Notiz auf: Ein Jahr lang kein Krieg – angesichts des gespannten Verhältnisses zu den Avaren möchte man kaum von Frieden sprechen. Diesen Begriff verwenden die Reichsannalen zum Jahre 790 jedenfalls nicht und auch sonst nur sparsam.

Die für das Jahr 790 ausführlichere Fassung der Reichsannalen nennt Grenzstreitigkeiten als Ursache für den Krieg gegen die Avaren, der 791 in seine „heiße" Phase eintrat. Die den Franken wohlgesonnene Fassung schreibt, Karl sei nach Bayern gezogen; bei Regensburg habe er sein Heer gesammelt und sich mit Franken, Sachsen und Friesen beraten. Den hier beschlossenen Feldzug begründen die Annalen folgendermaßen: Für die allzu große und unerträgliche Bösartigkeit, die die Avaren gegen die heilige Kirche und das christliche Volk verübt hätten, habe man durch Gesandte keine Genugtuung erlangen können. „Mit Gottes Hilfe" seien die Franken gegen die Avaren vorgerückt. Am Ufer der Enns hätten sie drei Tage lang gebetet und Messen feiern lassen, „um die Hilfe Gottes für das Heil des Heeres und die Hilfe unseres Herrn Jesus Christus für den Sieg und die Rache an den Avaren" zu erbitten. In getrennten Abteilungen – je eine auf den Donauufern, eine weitere zu Schiff auf dem Strom – erreichte man eine Gegend, in der die Avaren Befestigungen angelegt hatten. Beim Anblick der drei Kolonnen sei „vom Herrn ein Schrecken" über die Feinde gekommen; sie hätten ihre festen Plätze geräumt und das Weite gesucht. Unter der Führung Christi sei das Heer Karls ohne Verluste in die Befestigungen eingedrungen und dann weiter bis zum Raabfluß marschiert. Von dort seien die Truppen heimgezogen und hätten Gott „ob des so großen Sieges" gepriesen. König Karl habe Weihnachten und Ostern in Regensburg gefeiert.

Einzelheiten der Quelle seien hervorgehoben. Sachsen und Baiern erscheinen hier schon als gleichberechtigte Partner der Franken. Erstaunlich oft ist es im Mittelalter dem Sieger gelungen, in kurzer Zeit den Feind von gestern als loyalen Mitstreiter zu gewinnen. In Verhandlungen hätten die Franken sich – wann und wie im einzelnen auch immer – um eine unblutige Beilegung des Konfliktes bemüht. Offensichtlich haben sie die Avaren mit unannehmbaren Forderungen konfrontiert: Man wollte einen Grund zum Kriege haben. Den Feldzug wird man nicht erst in Regensburg beschlossen haben, denn man läßt ein Aufgebot nicht Hunderte von Kilometern bis nach Ostbayern marschieren, um es dort mit der Begründung zu entlassen, man habe sich mit dem Gegner arrangiert. Als Ursache des Krieges werden nicht Grenzstreitigkeiten, Überfälle oder Beutezüge genannt, wie sie zwischen Nachbarn nicht ungewöhnlich waren; vielmehr wird den Avaren ein Kampf „gegen die christliche Kirche und das christliche Volk" unterstellt. In Urkunden bezeichnete Karl sich als *gratia dei rex*, als *rector et devotus ecclesiae defensor et adiutor*, als König dank der Gnade Gottes, als Lenker und ergebener Verteidiger und Helfer der Kirche. Es gehörte – und zwar nicht erst seit der Krönung Ottos I. – zu den Pflichten des Königs, das Volk der Christen und die Kirche zu schützen. Franken, Sachsen und Friesen wurden im Bewußtsein gestärkt, daß Christus sie gegen die Avaren führe. Das zuversichtliche „Gott mit uns" sollte noch mehr als tausend Jahre später auf den Koppelschlössern deutscher Soldaten prangen.

Eine förmliche Kriegserklärung hat es wohl nicht gegeben. Ein Präventivschlag war meist weniger verlustreich als die Abwehr eines Angriffs, bei dem man dem Gegner mit der Wahl von Ort, Zeit und Mitteln die Initiative überließ. Das Heer marschierte zunächst bis zur Enns. Die Franken wußten, was es bedeutete, wenn sie diesen Grenzfluß überschritten.

Nicht ungewöhnlich war die Teilung des Heeres. Wären die Franken nur auf einem Ufer marschiert, hätte der Gegner ihnen vom anderen Ufer aus in den Rücken fallen können. Getrennte Kolonnen ließen sich leichter versorgen, in diesem Fall auch mit donauabwärts fahrenden Schiffen. An einer Engstelle hatten die Avaren Befestigungen angelegt, die ihnen Schutz hätten bieten und die Angreifer zwingen können, überlegene Kräfte einzusetzen. Das scheint nicht nötig gewesen zu sein, da der „Schrecken des Herrn" über die Feinde gekommen sei – vielleicht ein heftiger Donnerschlag, von den Avaren als ungünstiges Vorzeichen gedeutet. Als die Franken die Absetzbewegung der Feinde bemerkten, stand für sie fest, daß ihr Vertrauen in die Hilfe Gottes belohnt worden war.

Karls Heer soll die Enns Anfang September überschritten haben. Wenn man noch vor Einbruch des Winters heimkehren wollte, blieb nicht viel Zeit. Ob mehr als Kundschafter bis zur Raab vorgestoßen sind, etwa 300 Wegkilometer donauabwärts von der Enns entfernt, sei dahingestellt. Es ist nämlich nicht davon die Rede, daß hier ein festes Lager gebaut und Krieger stationiert worden seien. Trotz der Worte von dem „so großen Sieg" dürfte der Feldzug ein Schlag ins Wasser gewesen sein. Zwar hatten die Franken weit ins avarische Gebiet hinein ihre Macht demonstriert, doch hatte der Feind sich nicht zur Schlacht gestellt. Immerhin hatte Karl schon andere Gegner seine Zähigkeit und Härte spüren lassen.

Die Auseinandersetzung mit den Avaren sollte sich, mit unterschiedlicher Intensität, über Jahre hinziehen. Einstweilen wurde 791 im Raum zwischen Enns und Leitha die avarische Mark geschaffen. Daß Karl entschlossen war, den Krieg gegen die Avaren ernsthaft weiterzuverfolgen, wird daran deutlich, daß er 793 ein monumentales Werk in Angriff nahm: Ein Kanal sollte den Oberlauf von Rednitz und Altmühl, damit also Main und Donau verbinden.[18] Doch blieb dieser *Karlsgraben*, dessen Reste man noch heute im Gelände sieht, wohl auch deshalb unvollendet, weil der sächsische Kriegsschauplatz zeitweilig die Aufmerksamkeit Karls und die Ressourcen seines Reiches in Anspruch nahm.

Der Aufmarsch an der Enns, die Bitte um göttlichen Segen und das Kanalprojekt zeigen, daß die Franken in den Avaren ebenbürtige Gegner sahen. Mit der Bezeichnung „Hunnen" hatte man ihnen den Nimbus der Reiternomaden zugelegt, die 350 Jahre früher Europa heimgesucht hatten und die im kollektiven Gedächtnis wohl noch weiterlebten. Zur allgemeinen Überraschung haben fränkische Truppen bald darauf den von Wirren im Innern geschwächten Avaren mehrere Niederlagen beigebracht und im Jahre 802 schließlich deren Fürstensitz – den legendären *Ring,* zwischen Donau und Theiß – erobert. Hier fiel ihnen als Beute zu, was die Avaren in anderthalb Jahrhunderten durch Plünderung und Tributzahlungen zusammengetragen hatten, ein für abendländische Verhältnisse gewaltiger Schatz. Politisch-militärisch spielten die Avaren von nun an keine Rolle mehr; ihre Reste dürften in den Slaven und den Ungarn aufgegangen sein, so wie sie selber Generationen früher wohl Reste der Hunnen aufgesogen hatten.

Nach Abschluß des Avarenfeldzuges blieb Karl bis zum Frühjahr 792 in Regensburg. Mehrere Gründe sprachen für die Wahl dieses Ortes. In Ermangelung einer Hauptstadt übten mittelalterliche Könige ihre Herrschaft vielfach im Reisen aus, an geeigneten Orten hielten sie Hof. Ein längerer Aufenthalt gerade in der Bischofsstadt Regensburg empfahl sich, weil Karl dem avarischen Kriegsschauplatz nahe bleiben, aber auch, weil er in dem Vorort des jüngst annektierten Herzogtums Herrschaft demonstrieren wollte, nicht zuletzt bei der Feier hoher kirchlicher Feste. Es war ja nicht damit getan, Tassilo und seine Familie auszuschalten; der König mußte Recht sprechen, für Ordnung sorgen, den Frieden wahren.

Zu Ende des 8. Jahrhunderts verfügte Karl über eine Macht, wie sie seit der Spätantike niemand mehr im Westen Europas ausgeübt hatte. Er herrschte über zwei Königreiche, über Bayern und Nordspanien. Er hatte die Sachsen in sein Reich eingegliedert und die einst mächtigen Avaren bezwungen. Im Innern seines Reiches hatte er Recht und Wirtschaft, Kirche und Kultur gefördert. Wenn er sich am Weihnachtsfest des Jahres 800 in Rom zum Kaiser krönen ließ, dann war das der sinnfällige Ausdruck dafür, daß seine Herrschaft eine neue Qualität gewonnen hatte, vergleichbar der der Kaiser zur Blütezeit des Römischen Reiches.

Am Bosporus hatte man den Aufstieg Karls aufmerksam beobachtet und versucht, den Barbarenkönig in die Familie des *Basileus* einzugliedern. Auf Betreiben der byzantinischen Kaiserin Irene (wörtlich: der Friede) wurde deren Sohn Konstantin VI. im Jahre 781 mit Rotrud, einer Tochter Karls, verlobt. Das Eheversprechen wurde schon im Jahre 787 wieder gelöst; es wird nicht deutlich, wer die Initiative zu diesem Schritt ergriffen hat.[19] Mit der Krönung Karls zum Kaiser mußte in Byzanz der Eindruck entstehen, daß ein Emporkömmling den Titel usurpierte, der einzig dem Herrscher von Byzanz zukam. Vielleicht wollte dieser Nebenbuhler oder einer seiner Nachfolger gar den *Basileus* stürzen und das Ost- und das Weströmische Reich wieder in einer Hand vereinigen? In Byzanz hatte man sicher nicht vergessen, wie die Franken mit Rom, Ravenna und anderem byzantinischen Besitz in Italien umgegangen waren, wie sie dem Papsttum geholfen hatten, sich dem byzantinischen Einfluß zu entziehen. Zu mehr als Nadelstichen reichten die eigenen Kräfte nicht. So läßt sich vielleicht die Tatsache deuten, daß ein Sohn des Langobardenkönigs Desiderius, dem 774 die Flucht gelungen war, in Byzanz politisches Asyl erhielt und 788 sogar den – gescheiterten – Versuch machen konnte, seine Herrschaft zurückzugewinnen.

Im täglichen politischen Geschäft spielte der Gegensatz zwischen Franken und Byzantinern keine große Rolle: Die Zentren beider Reiche lagen weit voneinander entfernt, und Byzanz hatte fast ständig Mehrfrontenkriege gegen starke Gegner zu führen. Nach manchen Verwicklungen entschärfte man den Konflikt 810/812 mit einem Kompromiß. In Italien, wo byzantinische und fränkische Interessen aufeinanderprallten, entließ Karl dalmatinische Städte und Venedig aus seiner Herrschaft. Dafür ehrten ihn byzantinische Gesandte als *Basileus,* billigten ihm also den bis dahin allein ihrem Herrn vorbehaltenen Titel zu. Das *Zwei-Kaiser-Problem* wurde mit der Kaiserkrönung Ottos I. im Jahre 962 wieder virulent. Es hat das Verhältnis des Abendlandes zum Byzantinischen Reich bis zu dessen Ende 1453 überschattet.

Bei der Führung von Kriegen und der Wiederherstellung von Frieden ist Karl der Große ein erfolgreicher, dabei nicht untypischer Herrscher. Die Auseinandersetzungen mit den Langobarden und mit dem Baiernherzog Tassilo verdeutlichen, wie Konflikte sich verschärfen, wie ein Erfolg neue Feinde auf den Plan rufen kann.

So groß der Fächer gewaltsamer Lösungsansätze von Konflikten war, so vielfältig waren unblutige Regelungen. Wie die Auseinandersetzung mit Tassilo gezeigt hat, sah man in kriegerischer Gewalt ein Übel, das gerechtfertigt und gesühnt werden mußte. Zudem galt nicht der Sieg allein, sondern zusammen mit dem Frieden als erstrebenswertes Ziel. So kann man jedenfalls die Worte deuten, mit denen die Römer dem gerade gekrönten Kaiser huldigten: *Carolo augusto, a Deo coronato magno et pacifico imperatori Romanorum, vita et victoria!*, dem erhabenen Kaiser Karl, dem von Gott gekrönten großen und friedfertigen Kaiser der Römer Leben und Sieg![20] Aus vielen Quellen spricht die Gewißheit der Franken, daß Christus sie führe und daß sie sich für eine gute Sache einsetzen. Der Auserwähltheitsglaube könnte das Bewußtsein für Schuld (auch die eigene!) geschärft und den Wunsch verstärkt haben, das Böse zu bändigen. Außer Rechten verlieh der Glaube Pflichten. Als „Verteidiger der Kirche" sahen Pippin und erst recht sein Sohn Karl sich zu militärischem Eingreifen gegen Langobarden und Avaren veranlaßt. Der Siegeswunsch galt dem Friedfertigen.

Die beiläufige Bemerkung zur Schonung kirchlicher Stätten in Benevent zeigt, wie christliche Heerführer sich üblicherweise verhielten. Die Bereitschaft, auch heilige Stätten zu verwüsten, schloß nicht aus, daß Karl hier als *pissimus*, andernorts als *mitissimus* und *clementissimus* bezeichnet wird, als in höchstem Grade fromm, mild, nachsichtig.[21] Eine solche Charakterisierung fehlt allerdings in den Reichsannalen für das Jahr des Blutbads bei Verden.

In dem von Karl geschaffenen Reich, das sich von der Eider bis nach Rom, von der Bretagne bis an die Raab erstreckte, fanden die Eroberten, soweit sie integrationswillig waren, einen Platz als gleichberechtigte Partner. Die Vielfalt der hier geltenden Rechte und gesprochenen Idiome sollte den Reichtum Europas ausmachen. Auch, aber nicht nur über das Christentum hat dieses Reich seine Völker verstärkt mit der antiken Kultur in Verbindung gebracht. Es hat die Britischen Inseln, Nord-, Ost- und Südeuropa beeinflußt; von seiner Ausstrahlung zeugt, daß slavische Völker ihren Herrscher *karal* nannten. Karl hat das werdende Abendland so nachhaltig und bis in die Gegenwart geprägt, daß er in die Geschichte als *pater Europae* eingegangen ist.

Generationenlang sind dem Frankenreich Bruderkriege erspart geblieben. An den unblutigen Charakter wiederholter Reichsteilungen sei auch deshalb erinnert, weil die Enkel Karls des Großen sich nicht über das Erbe einigen konnten; daraufhin kam es 841 bei Fontenoy zu einer Schlacht, in der die Franken sich gegenseitig zerfleischten. Einen Sonderfall stellt das Karolingerreich vor allem wegen seiner Größe dar.

Nach den Worten seines Biographen hat Karl gern im Gottesstaat des Augustinus gelesen.[22] Mit dem Blick auf den menschlichen Körper und das Römische Reich fragt der große Geschichtstheologe: „Ist es nicht gesünder, mäßig groß, aber gesund zu sein, als unter beständigen Beschwerden zu riesenhafter Größe heranzuwachsen und auch dann keine Ruhe zu finden, sondern von um so schwereren Übeln geplagt zu werden, je mehr die Gliedmaßen an Umfang gewonnen haben?" Karl könnte bei Augustinus auch folgende Erwägung gelesen haben: „Denn bei der großen Wandelbarkeit der menschlichen Verhältnisse wird keinem Volke jemals solche Sicherheit zuteil, daß es nicht während dieses Erdenlebens feindliche Einbrüche zu befürchten hätte."[23] Nach einem anderen Wort Einhards hat Karl „auf edle Weise" *(nobiliter)* das Reich der Franken so vergrößert, daß er ihm fast das Doppelte hinzugefügt habe.[24] Man kann darüber spekulieren, ob die Bedenken Augustins den Kaiser nachdenklich gemacht haben; Karls Politik haben sie am Ende nicht bestimmt. Jahrzehntelang hat er sein Reich in immer neuen Kriegen erweitert, so daß ihm ständig neue Feinde erwuchsen. Mit den Folgen hatten sein Sohn und seine Enkel zu tun.

Die schon zu Lebzeiten Karls spürbaren „feindlichen Einbrüche" beschleunigten das Zerbrechen des Reiches. Seinen Nachfolgern bescherten sie ein Jahrhundert von Krieg und Leid.

Herrscher, die eine hegemoniale Stellung erringen wollten, sind dem Kontinent im weiteren Verlaufe des Mittelalters erspart geblieben (eine Ausnahme bildet Osteuropa als Teil des Mongolenreiches). Erst mit Karl V., Napoleon und Hitler begegnen sie wieder in der neueren und neuesten Geschichte.

Abwehr einer äußeren Bedrohung

Als Beispiel erfolgreicher Abwehr sei die Schilderung betrachtet, die Widukind von der wiederholt schon erwähnten Schlacht gegen die Ungarn im Jahre 955 gibt. Als Mönch des sächsischen, dem Königshof nahestehenden Klosters Corvey war er gut informiert; sein Bericht und eine Lebensbeschreibung des hl. Ulrich, Bischof von Augsburg, bilden die Hauptquellen für das Ereignis. Wie antike Autoren, die Form und Inhalt beeinflußt haben dürften, weiß Widukind seine Darstellung zu komponieren. Dazu gehört, daß er, als das Schicksal des deutschen Heeres auf des Messers Schneide steht, den Blick auf ein sächsisches Aufgebot lenkt, das im Kampf gegen Slaven eine verlustreiche, zudem schmähliche Niederlage einstecken muß. Gleichzeitig erschrecken unheilverheißende Vorzeichen die Menschen.[25]

Ende Juli 955, so schreibt Widukind, hätten Gesandte der Ungarn Otto I. aufgesucht. Kaum habe der König sie mit kleinen Geschenken in Frieden entlassen, habe Herzog Heinrich von Bayern den König vor gruppenweise einfallenden Ungarn gewarnt, die offensichtlich zu einer Schlacht entschlossen seien. Daraufhin sei Otto nach Süddeutschland aufgebrochen; wegen der Slavengefahr habe er nur wenige sächsische Getreue mitnehmen können. Bei Augsburg habe er sein Lager aufgeschlagen, und dort hätten sich auch die Aufgebote aus Franken, Bayern und Böhmen eingefunden. Von der Ankunft des Frankenherzogs Konrad wie beflügelt, hätten die Krieger auf eine Entscheidung gedrängt. Seinen Genossen sei Konrad in Krieg und Frieden teuer gewesen und, „was bei kühnen Männern selten ist, tüchtig im Rat; im Kampfe unwiderstehlich, mochte er nun zu Fuß oder zu Roß den Feind angreifen".

Über Kundschafter gewann man Gewißheit, daß die Entscheidung bevorstehe. Es wurde ein Fasten angesagt; am darauf folgenden Tag sollten alle kampfbereit sein. „Mit der ersten Dämmerung erhoben sie sich, gaben sich gegenseitig Frieden und gelobten sodann zuerst dem Führer, darauf einer dem anderen eidlich ihre Hilfe; dann rückten sie mit aufgerichteten Feldzeichen aus dem Lager." Anders als vorgesehen, griffen die Ungarn in einem kühnen Manöver die vordersten und die letzten Abteilungen an; hier machten sie die einen „mit ungeheurem Geschrei" nieder, andere nahmen sie gefangen oder schlugen sie in die Flucht. Herzog Konrad und fränkische Reiterkrieger meisterten in einem Entlastungsangriff die kritische Lage. Sie schlugen die mit Plünderung beschäftigten Ungarn, jagten ihnen Beute und Gefangene ab und kehrten zum Hauptheer zurück.

Der König ermutigte seine Kampfgefährten, als er sich seiner mißlichen Lage bewußt wurde. In der Rede, die mehr Raum als die folgende Kampfschilderung einnimmt, charakterisiert Widukind den und die Helden; er gießt in eine knappe, mitreißende Form, was Ohrenzeugen ihm von dieser und anderen Ansprachen berichtet haben können, die der König im Laufe des Feldzuges und der möglicherweise mehrtägigen Schlacht gehalten haben wird. Bislang hätten sie, so läßt Widukind den König sprechen, außerhalb des Reiches immer sieg- und ruhmreich gekämpft; sollten sie jetzt etwa fliehen, da der Feind in ihrem eigenen Lande stehe? Zahlenmäßig sei der zwar überlegen, nicht jedoch an Tapferkeit und Rüstung; vor allem aber: die Feinde hätten als Schutz lediglich ihre Kühn-

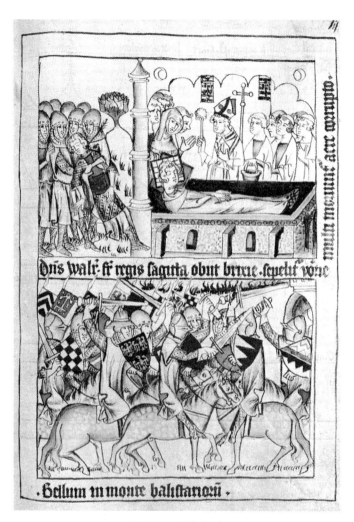

Tödlicher Pfeilschuß.
Bei einem nächtlichen Ausfall der Brescianer war Graf Walram ohne Helm aus dem Zelt geeilt und von einem Pfeil tödlich getroffen worden. Die sterbliche Hülle wurde in einer Kirche eingesegnet und ehrenvoll bestattet. – Unten: Kampf Ritter gegen Ritter.
Bilderchronik zu Kaiser Heinrichs Romfahrt (1308–1313), um 1340

heit, der Hilfe Gottes könnten sie sich – im Gegensatz zu Otto und seinen Kriegern – nicht erfreuen. Es folgt der Appell an die Ehre: Als Herren fast ganz Europas (!) müßten sie sich schämen, wollten sie sich jetzt unterwerfen und dabei nicht einmal ihres Lebens sicher sein. „Lieber wollen wir im Kampfe, wenn unser Ende bevorsteht, ruhmvoll sterben, meine Krieger, als den Feinden untertan in Knechtschaft leben oder gar wie böse Tiere durch den Strick enden." Noch lange könne er fortfahren, habe der König abschließend gerufen, wenn Worte die Tapferkeit seiner Krieger verstärkten. „Jetzt laßt uns lieber mit den Schwertern als mit Zungen die Verhandlung beginnen" *(Modo melius gladiis quam linguis colloquium incipiamus).* Der König habe seinen Schild und die heilige Lanze ergriffen und sei als erster gegen die Feinde angestürmt, tapferster Krieger und überlegener Schlachtenlenker in einer Person.

Widukind kommt es nicht darauf an, Einzelheiten der nun beginnenden Schlacht vor dem Leser auszubreiten. Er begnügt sich eher mit Andeutungen zum Schicksal der Ungarn: Die einen fielen im Kampf; andere wurden mit Gebäuden verbrannt, in die sie sich geflüchtet hatten; wieder andere ertranken in Flüssen, durch die sie sich schwimmend retten wollten. In Gefangenschaft geratene Anführer wurden gehängt, erlitten also den Tod, den sie ihren Feinden nach Meinung König Ottos zugedacht hatten. Wenigen gelang die Flucht.

Bevor der Chronist auf die Feiern eingeht, lenkt er den Blick auf hohe eigene Verluste als Preis des Sieges „über ein so wildes Volk". Gefallen war auch Herzog Konrad. Der Leichnam wurde ehrenvoll geborgen und nach Worms überführt, wo er „unter den Tränen und Klagen aller Franken" ein würdiges Begräbnis fand. Nun erst wendet der Autor sich mit wenigen Worten den Siegern zu. Der König, vom Heer zum „Vater des Vaterlandes und Kaiser" *(pater patriae imperatorque)* ausgerufen, habe angeordnet, Gott in allen Kirchen in würdiger Weise zu ehren und zu loben; über Boten habe er seine Mutter um ähnliche Gottesdienste bitten lassen. Dann sei er „unter Jubel und höchster Freude als Sieger heimgekehrt und von seinem Volke mit größtem Wohlgefallen empfangen" worden, habe sich doch eines so großen Sieges in den vergangenen zweihundert Jahren kein König erfreut. Damit war auch Karl der Große in den Schatten gestellt; dessen Widersacher Widukind war möglicherweise ein Vorfahre des Corveyer Mönches. Mehr als zweihundert Jahre früher hatten Franken zwischen Tours und Poitiers muslimische Scharen zum Rückzug gezwungen (732).

Viele Autoren neigen dazu, die Bedeutung einzelner Ereignisse überzubewerten. Doch war mit dem Sieg von Baiern, Böhmen, Franken und Sachsen unter Führung Ottos I. die von den Ungarn drohende Gefahr gebannt: Ein Jahrhundert lang hatten sie Mittel- und Westeuropa, Oberitalien und sogar Nordspanien verheert. Nach der Schlacht auf dem Lechfeld legten sie allmählich ihr nomadenhaftes Leben ab, wurden seßhaft, nahmen um die Jahrtausendwende das Christentum römischer Prägung an und fügten sich in die Familie der abendländischen Völker ein. Der Sieg 955 und weitere Siege über heidnische Slaven bildeten Voraussetzungen für eine Rangerhöhung: Im Jahre 962 in Rom zum Kaiser gekrönt, kam Otto eine fast hegemoniale Stellung über weite Teile Europas zu, in die er langsam hineingewachsen war – auch dank der Vorarbeit seines Vaters. Das erneuerte Kaisertum sollte bis zum Jahre 1806 Bestand haben, als Kaiser Franz II. unter dem Druck Napoleons die römische Kaiserwürde niederlegte und erklärte, das Heilige Römische Reich sei damit aufgelöst.

Kreuzzüge

Nach einer Belagerung, die nur gut fünf Wochen dauerte, erstürmten die Kreuzfahrer am 15. Juli 1099 Jerusalem. Der unerwartet rasche Sieg erschien den Angreifern als gottgewirktes Wunder, den Opfern als unfaßbares Verhängnis. Einzelheiten seien der Schilderung entnommen, die Wilhelm, Erzbischof von Tyrus (1175–1186), unter Auswertung von Augenzeugenberichten gegeben hat. Als Kind europäischer Eltern in Syrien um 1130 geboren, hatte er in Frankreich und Italien studiert und später weltlichen wie kirchlichen Großen gedient. Erfahrungen, die er in Politik, Diplomatie und Verwaltung gewonnen hatte, und seine Sprachkenntnisse (Lateinisch, Arabisch, Griechisch, Hebräisch) machten ihn wie kaum einen anderen für die Aufgabe des Chronisten geeignet. Wilhelm verfügte über einen weiten Horizont; dem Mut, der Erfindungsgabe und den Leiden der Gegner wird er gerecht.[26]

Das Gros der Kreuzfahrer war am Fest Mariae Himmelfahrt (15. August) 1096 aufgebrochen, nicht einmal neun Monate nachdem Papst Urban II. in Clermont zur Befreiung der orientalischen Christen aufgerufen hatte (27. November 1095). In Städten an Rhein und Donau verübten Horden, die den eigentlichen Kreuzfahrern vorauszogen, entsetzliche Greueltaten unter Juden, die sie als Gottesmörder verunglimpften: Hier wurden ganze Gemeinden ausgelöscht, dort Juden vor die Alternative „Taufe oder Tod!" gestellt.[27] Weitere Ausschreitungen säumten Wege, über die die „Pilger" auf dem Balkan zogen und die zwischen dem 23. Dezember 1096 und Mai 1097 Byzanz erreichten. Es grenzt an ein Wunder, daß Krieger, Frauen, Kinder und Troß überhaupt so weit gekommen sind – ohne eine oberste, allseits anerkannte Führung.

Beim Marsch durch Kleinasien wurden die Beschwernisse immer schlimmer. Statt sich zur Schlacht zu stellen, wichen die Türken aus und setzten den Schwerbewaffneten mit Pfeilen aus sicherer Entfernung zu. Um die Verluste zu begrenzen und die Belagerungen unterwegs durchführen zu können, mußten die Kreuzfahrer sich auf ihre Gegner einstellen und ihre Infanterie verstärken. Zeiten tiefster Niedergeschlagenheit wechselten mit Wochen der Zuversicht, daß Gott das Heer zum Sieg führen werde. Nach unvorstellbaren Strapazen, Hungersnöten (überliefert sind Fälle von Kannibalismus), Seuchen, Gefechten und Schlachten sahen die Pilger am 7. Juni 1099 die Heilige Stadt vor sich von einem Berg aus, der seitdem *Montjoie* hieß, Berg der Freude.

In Jerusalem waren die Bürger (so nennt Wilhelm respektvoll die muslimischen Bewohner) nicht untätig geblieben. Längst gewarnt, hatte der Gouverneur die Festung instand set-

Fußkämpfer.
Die meisten Krieger konnten sich die teure Ausrüstung des Panzerreiters nicht leisten. Doch Einheiten, die nur mit einer Lanze bewaffnet waren (manche tragen hier auch Schwert und Schild), konnten eine Feldschlacht und erst recht eine Belagerung entscheiden – zumal wenn erfahrene Berufskrieger (links im Bild) für Ausbildung und Disziplin sorgten. Die Abgebildeten zogen in das ferne Heilige Land im Bewußtsein, daß Gott sie führe, seine Hand sie segne.
Mansell Collection, London

zen, für Wasser und Verpflegung sorgen lassen. Christen, an deren Loyalität man zweifeln durfte, hatte man ausweisen, im weiten Umkreis Brunnen zuschütten, Vieh und alles Verzehrbare fortführen, für eine Belagerung nützliche Materialien entfernen lassen.

Die Kräfte der Kreuzfahrer reichten zur vollständigen Einschließung nicht aus; die Stadt konnte vielmehr weiterhin von außerhalb mit Kriegern, Waffen und Lebensmitteln versorgt werden. Deshalb richtete man sich auf eine Erstürmung ein; wegen des Geländes kamen dazu vorzugsweise die Nord- und Westseite in Frage. Hier schlugen daher die verschiedenen Abteilungen ihre Lager auf. Ein erster Angriff am 13. Juni scheiterte.

Daraufhin wies der Rat der obersten Heerführer Krieger und zivile Pilger einzelnen Kampf- und Arbeitsgruppen zu, ohne daß man auf Stand und Alter geachtet hätte. Trotz Hitze, Durst und Staub schaffte ein großes Kontingent – in ihm dürften auch Frauen und Kinder gearbeitet haben – aus weiter Entfernung Bauholz heran. Unter der Leitung von Schiffszimmerleuten, die gerade zur rechten Zeit und versehen mit dem nötigen Werkzeug über See eingetroffen waren, wurden Wurfmaschinen, Belagerungstürme und Sturmleitern hergestellt. Währenddessen suchten todesmutige Krieger, in vorderster Front ihre Führer, mit Bogen, Armbrust und Schleuder die Verteidiger von der Mauer zu vertreiben, damit andere die Gräben vor der Mauer einebnen könnten; wieder andere schossen mit schweren Steinen Mauer und Türme mürbe.

Wer in Schußweite des Gegners zu kämpfen hatte, war mit Panzer, Helm und Schild geschützt, Armbrust- und Bogenschützen mit einem aus Brettern zusammengefügten Schutzdach; wer nah an der Mauer wirkte, erhielt zusätzlich „Feuerschutz" von dafür eigens bestimmten Kampfgenossen. Doch trotz aufopferungsvollen Einsatzes kamen die Kreuzfahrer nicht weiter. Niedergeschlagenheit ergriff das Heer, zumal die Verteidiger mit Fernwaffen, die sie möglicherweise nach dem Vorbild der gegnerischen Maschinen angefertigt hatten, die Angreifer unter Beschuß nahmen. Sie suchten Vorbereitungen

Belagerung.
Von der zinnenbewehrten Plattform eines fahrbaren Turmes aus greifen Schwergerüstete im Kampf Mann gegen Mann die Verteidiger auf der Mauer an. Für Belagerungen sollte man also auch Zimmerleute in den eigenen Reihen haben.
Miniatur einer spanischen Sueton-Handschrift (13. Jh.)

zum Sturm zu vereiteln, wozu gehörte, die Gräben offenzuhalten. Vor die Mauern hängten sie Strohsäcke, Seidenkissen, Balken, Teppiche und Seile, die die Wucht der Geschosse auffangen sollten.

Für eine Wende sorgten eine Vision (es war nicht die erste während dieses Zuges und sollte nicht die letzte bleiben), Gebete und Bußübungen. Nach einem mehrtägigen Fasten wurde eine Prozession rings um die Stadt veranstaltet, die die Kreuzfahrer als Zeichen der Zerknirschung barfuß machten; den Abschluß bildete eine aufrüttelnde Predigt, die die Zuversicht der Belagerer wieder stärkte. Beseelt von neuem Mut führten sie unter Mühen und Opfern – der Chronist erwähnt Tote und dauernd Invalide auf beiden Seiten – die Belagerungstürme an die Mauer heran. Damit der Feind sie nicht mit Brandsätzen zerstören könne, hatte man sie auf der Frontseite mit frischen Fellen überzogen. Die Türme erleichterten den Sturm, konnten die Kreuzfahrer doch von ihrer Plattform aus die auf der Mauer postierten Verteidiger wirkungsvoll bekämpfen. Im geeigneten Augenblick wollte man aus dem Turm einen Laufsteg ausklappen, über den Angreifer auf die Mauer stürmen sollten.

Am 15. Juli setzten die Kreuzfahrer zu einem neuen Sturm an. Doch die Bürger konnten den Angreifern hohe Verluste beibringen und deren Wurfmaschinen und Belagerungstürme ernsthaft beschädigen. Die Härte und offensichtliche Aussichtslosigkeit des Kampfes ließen die Angreifer einmal mehr verzagen. Im rechten Augenblick sorgte eine Vision für neuen Schwung. Dank der „vorsorglichen Barmherzigkeit des Herrn" kehrten die Krieger auf den Kampfplatz zurück, den manche offensichtlich schon verlassen hatten. Als träten sie „mit unverbrauchten Kräften" in die Schlacht ein, vollbrachten sie wahre Höchstleistungen. Plötzlich bot sich den Leuten Gottfrieds von Bouillon, die ihren Turm in der Nacht an einen weniger gut verteidigten Abschnitt der Mauer hatten heranführen können, eine Chance; mit Improvisationstalent nutzten sie die Puffer, die als Schutz vor der Mauer hingen. Die einen legten Feuer an Säcke und Kissen, andere brachten Balken in ihre Gewalt. Mit diesen verstärkten sie den Steg, den man auf die Mauer absenkte, als durch den Rauch irritierte Verteidiger kurzfristig ihre Posten aufgaben. Beherzte Angreifer stürmten über den Steg und brachten die Mauer ein Stück weit in ihre Gewalt; immer weitere folgten, bald auch auf Sturmleitern. Auf der Innenseite kämpften sie sich vor und öffneten das St. Stephanstor, durch das die Kreuzfahrer nun scharenweise in die Stadt einfielen. Obwohl andere Abschnitte der Mauer noch gehalten wurden, gab der Gouverneur nach einiger Zeit den Kampf auf und zog sich in den Davidsturm unweit des Jaffators zurück. Gegen die Zusicherung freien Abzugs für sich und sein Gefolge übergab er den Turm, eine Festung in der Festung. Die Eroberer hielten ihre Zusage, so daß der Gouverneur und seine Leute mit dem Leben davonkamen, (fast) als einzige Muslime von Jerusalem.

Gepackt von religiösem Fanatismus mordeten die Kreuzfahrer die Einwohner, ohne Rücksicht auf Alter, Geschlecht und

Stand zu nehmen, und zwar auch an Stätten, die den Muslimen heilig waren und wohin sich viele geflüchtet hatten. Die blutbespritzten Eroberer müssen einen gräßlichen Anblick geboten haben. Oft blieb ihnen nur der Weg über Leichen oder durch Lachen von Blut. Der Chronist verhehlt nicht seinen Abscheu; offen schreibt er vom „Volk", so nennt er die Masse der christlichen Krieger, „das nach dem Blute der Ungläubigen dürstete und gern ein Blutbad anrichten wollte"; das Niedermetzeln der Feinde habe „selbst den Siegern Ekel und Schauder eingeflößt".

Das Massaker hatte man billigend in Kauf genommen, wenn nicht geplant. Den Muslimen wurde ein Beschluß zum Verhängnis, den die Kreuzfahrer vor der Erstürmung gefaßt hatten. Diese wollten ja nicht nur das Heilige Grab und in Jerusalem lebende Christen befreien, sondern die ganze Stadt als Beute gewinnen. Jeder Krieger brannte darauf, seinen Schild an den Eingang eines Hauses zu hängen als Zeichen, daß dieses Anwesen in Besitz genommen sei. Auf daß es nur ja keine Überlebenden gebe, die später Ansprüche geltend machen könnten, meuchelten die Eroberer Familienväter mit Frauen und Kindern und allem Gesinde „oder stürzten sie von höher gelegenen Orten zur Erde herunter, so daß sie das Genick brachen". Die Eroberer machten die entlegensten Verstecke ausfindig; außer den Menschen fielen ihnen gewaltige Schätze an edlen Metallen, Steinen und Stoffen, ferner Getreide, Wein und Öl in die Hände. Sie fanden auch reichlich Wasser, das sie während der Belagerung so schmerzlich entbehrt hatten.

Als die Stadt erobert war, bestimmten die Anführer der Kreuzfahrer Torwächter und legten eine erste Ordnung fest; sie dankten Gott und ergriffen Maßnahmen gegen Seuchen. Während der drei Jahre hatte man nie aus dem Blick verloren, daß es sich um eine – wenn auch bewaffnete – Pilgerfahrt handelte. Nach unsäglichen Opfern und Mühen am Ziel der Sehnsucht angekommen, zeigten die Kreuzfahrer etwas von der emotionalen Weite, derer Abendländer fähig waren – und zwar nicht nur hier und nicht nur zu dieser Zeit. Wer eben noch wehrlose Menschen „wie das Vieh" abgeschlachtet hatte, legte die Waffen ab, wusch sich und zog reine Kleider an. Dann begannen die Krieger „demütigen und zerknirschten Herzens mit bloßen Füßen... in aller Ehrfurcht mit Seufzen und Tränen die verehrungswürdigen Orte aufzusuchen und sie unter inbrünstigem Seufzen zu küssen; Orte, die der Heiland durch seine eigene Gegenwart verherrlicht und geheiligt hatte. Besonders aber strömten sie zur Kirche des Leidens und der Auferstehung des Herrn". Hier kamen ihnen Geistlichkeit und Gläubige Jerusalems mit Kreuzen und Reliquien in einer Prozession entgegen, um für die wiedergewonnene Freiheit zu danken; unter Lobliedern und geistlichen Gesängen führten sie die Fürsten in die Grabeskirche. Was solle er noch sagen, fragt der Erzbischof von Tyrus sich und den Leser. Man könne kaum in Worte fassen, „welch unendliche Fülle heiliger Ergriffenheit im gläubigen Volke zum Ausdruck" gekommen sei. Bewundert habe man „die Größe des göttlichen Beistandes und der himmlischen Gnade", mit der der Herr geruht habe, sie zu überschütten.

Nachdem die Fürsten ihr Gebet verrichtet hatten, ergriffen sie – Mitte Juli dringend gebotene – Maßnahmen, um einer Seuche vorzubeugen. Sie ließen die Stadt reinigen von armen Pilgern (gegen Bezahlung) und von Bürgern (also Muslimen), die zufällig dem Tod entronnen waren. Die Leichen wurden verbrannt oder, soweit das möglich war, in Gräbern bestattet; „so hatten sie rasch in wenigen Tagen die Stadt gereinigt und die ihr eigene Sauberkeit zurückgegeben". Inzwischen regelten die Führer die politischen Verhältnisse, was nicht einfach war; denn Eifersüchteleien und Streit hatte es seit dem Aufbruch gegeben. Man einigte sich darauf, daß Gottfried von Bouillon *Advocatus sancti Sepulchri* sein solle; als „Vogt des Heiligen Grabes" war er zum Schutz verpflichtet und zur (wie auch immer ausgestalteten) Herrschaft berechtigt.[28]

Plötzlich reich geworden, konnten die Kreuzfahrer ihren Sieg feiern. Es wurde „durch gemeinsamen Beschluß festgesetzt und durch gemeinsame Zustimmung aller bestätigt", daß der Tag des Triumphes als größter Festtag begangen werden solle. „Erobert aber wurde die genannte Stadt im Jahre 1099 nach der Geburt des Herrn, im Monat Juli, am 15. Tage desselben, am sechsten Tage der Woche" – also an einem Freitag, an dem der Überlieferung nach Jesus gelitten hatte und gestorben war und an dem deshalb jeder Kampf ruhen sollte –, „im dritten Jahre, nachdem das Volk die Last dieser Wallfahrt auf sich genommen hatte." Erzbischof Wilhelm von Tyrus schließt den der Einnahme Jerusalems gewidmeten Abschnitt seiner „Geschichte" mit der wie ein Gebet formulierten Versicherung, die Eroberung sei erfolgt „durch die fürsorgliche Barmherzigkeit des Herrn, dem Ehre und Ruhm sei von Ewigkeit zu Ewigkeit. Amen."

Der Sieg wurde gesichert, als die Kreuzfahrer am 12. August 1099 vor der ägyptischen Seefestung Askalon ein Heer vernichteten, das den in Jerusalem Belagerten hatte Hilfe bringen wollen. Trotzdem blieben die neu gebildeten Herrschaften von Kreuzfahrern gefährdet angesichts der militärischen Kräfte, die die Abendländer im Heiligen Land stationieren konnten. Es mußten daher weitere Kreuzzüge gepredigt, gelobt, finanziert und unternommen werden. Zwischendurch gab es lange Zeiten eines friedlichen Mit- und Nebeneinanders.

Was sich bewährt hatte, fand Verbreitung; das gilt für einzelne Waffen wie für ganze Systeme; und als ein solches darf man wohl die Kreuzzüge verstehen. Nachdem sie im Kampf gegen (echte oder vermeintliche) äußere Feinde der abendländischen Christenheit ihre Probe bestanden hatten, wurden sie auch gegen (echte oder vermeintliche) innere Feinde eingesetzt: gegen die als Ketzer verfolgten Albigenser in Südfrankreich (1209–1229) nicht anders als gegen die Stedinger Bauern am Unterlauf der Weser. Deren Vergehen bestand darin, an den ihren Vorfahren verliehenen Rechten festhalten zu wollen (1230–1234).[29]

Das zwölfte ökumenische Konzil stellte 1215 den Kampf gegen Ketzer auf dieselbe Stufe wie den gegen Ungläubige und Heiden: „Rechtgläubige, die das Zeichen des Kreuzes angelegt haben zur Ausrottung der Häretiker" *(ad haereticorum exterminium),* sollen sich derselben Nachlässe und Vorrechte erfreuen, in deren Genuß die zum Schutz des Heiligen Landes Aufbrechenden kommen.[30]

Damit setzten sich die Konzilsväter über Aussagen des Evangeliums hinweg; denn jahrhundertelang hatte die Kirche ein Gleichnis beherzigt, in dem Jesus geboten hatte, Weizen und Unkraut gemeinsam wachsen zu lassen, damit nicht etwa das eine mit dem anderen ausgerissen werde. Jesus hatte sich vorbehalten, zur Zeit der Ernte den Arbeitern zu sagen: „Sammelt zuerst das Unkraut und bindet es in Bündel, um es zu verbrennen; den Weizen aber bringt in meine Scheune." Um Erläuterung gebeten, hatte er den begriffsstutzigen Jüngern erklärt: „Die Ernte ist das Ende der Welt; die Arbeiter bei dieser Ernte sind die Engel" (Mt 13, 30. 39). Unterschiedliche Deutungen der Lehre Jesu hatte der Apostel Paulus als heilsnotwendig bezeichnet: „Denn es muß Parteiungen geben unter euch; nur so wird sichtbar, wer unter euch treu und zuverlässig ist" (1 Kor 11, 19) – *oportet et haereses esse,* hatten mittelalterliche Theologen gelesen. Beim Nachdenken über das Jüngste Gericht zeigte sich noch Otto, Zisterzienser und Bischof von Freising, überzeugt, daß allein Gott „die Seinen" kenne.[31]

Das Laterankonzil sanktionierte im Jahre 1215 Überzeugungen, von denen Papst und Krieger sich jüngst hatten leiten lassen. Seit 1209 wurde auf Betreiben von Papst Innozenz III. erstmals im Abendland ein heiliger Krieg gegen Christen geführt. Der Kreuzzug gegen die Albigenser kostete Tausende unschuldiger Menschen das Leben. Berüchtigt ist die Erstürmung von Béziers im Jahre 1209. In nüchterner Einschätzung dessen, was drohte, hatte der Bischof der Stadt vorgeschlagen, den anrückenden Kreuzfahrern 222 Häretiker auszuliefern, die er in Listen erfaßt hatte. Darauf habe einer der Stadträte geantwortet: „Wir beschönigen nichts: Wir sind hier alle Christen. Wir sehen unter uns nur Brüder. Wir beten gemeinsam. Wenn nötig, werden wir auch zusammen zu sterben wissen."[32]

Als die Belagerer hörten, daß in Béziers Häretiker und Rechtgläubige miteinander lebten *(esse permixtos),* kam es unter ihnen über das weitere Vorgehen zu Meinungsverschiedenheiten. Arnaud Amaury, Abt von Cîteaux, geistlicher Berater und Leiter des Unternehmens, wurde um Stellungnahme gebeten: „Was sollen wir machen, Herr? Wir können zwischen den Guten und Bösen keinen Unterschied sehen." Es sei zu befürchten, daß viele der Eingeschlossenen aus Angst vor dem Feuertod Rechtgläubigkeit heucheln und nach dem Abzug der Kreuzfahrer wieder zum Unglauben *(perfidiam)* zurückkehren würden. Der Abt habe erwidert: „Macht sie nieder. Denn der Herr kennt die Seinen" *(Caedite eos. Novit enim Dominus qui sunt eius).*[33]

Fragen legen sich nahe, zunächst zum Hintergrund dieses Wortes. Arnaud Amaury hatte aus Überlegungen des Apostels Paulus zum Verhalten gegenüber Irrlehrern zitiert (2 Tim 2, 14–21). Doch nicht auf das Wort „Der Herr kennt die Seinen" wollte er hinaus; vielmehr ging es ihm um die Ausrottung der Häretiker – sogar um den Preis, daß auch Rechtgläubige sterben müßten. Und da griff er auf ein berüchtigtes Schriftwort zurück, nach dem Opponenten gegen Moses mit ihren Familien vom Erdboden verschlungen und weitere 250 Männer vom Feuer gefressen worden seien (Num 16). Hier hatte immerhin „der Herr" Mose, Aaron und deren Anhang geboten, sich abzusondern, damit nicht auch sie wegen der Sünde der Aufrührer hingerafft würden. Diese Geschichte wird dem Zisterzienserabt ebenso vertraut gewesen sein wie der Brief an Timotheus. Die Art, wie er mit beiden umgeht, nannten Exegeten „diabolisch"; das Wort „Teufel" geht über das lateinische *diabolus* auf griechisch *diaballain* zurück: (Wahres und Falsches) durcheinanderwerfen.

Man hat auch nach der Glaubwürdigkeit des Mönches gefragt, der diesen Aufruf überliefert. Caesarius hat in seine *Dialoge* Wunderbares und Märchenhaftes aufgenommen. Sein Kloster Heisterbach liegt zwar fern vom Kriegsschauplatz, unweit von Bonn im Siebengebirge, doch an der verkehrsreichen „Rhein-Rhône-Schiene". Und als Zisterzienser könnte Caesarius die so brutale wie einprägsame Auskunft des Abtes von Cîteaux richtig wiedergegeben haben.[34] Zudem hatte Arnaud Amaury schon früh zur militärischen Bekämpfung der Albigenser geraten. Seine fatale Forderung entspricht dem

Denken und Verhalten kirchlicher Kreise und der „Kreuzritter", die systematisch Schrecken verbreiten und ein furchtbares Exempel statuieren wollten, auf daß keine Stadt mehr Widerstand zu leisten wage.[35]

Während man in Béziers wie zu einem Totenamt die Glocken läutete, flüchteten etwa 7000 Menschen in die Kathedrale und in die Kirche der hl. Magdalena, deren Fest man an diesem Tage hätte feiern sollen. Das Asylrecht von Gotteshäusern wurde nun ebensowenig respektiert wie 1099 in Jerusalem. Alle wurden getötet – auch Kleriker, Frauen und Kinder, und nicht einer sei entkommen. „Nichts konnte sie retten, weder Kreuz, noch Altar, noch Kruzifix." Gemetzelt hätten die Täter auch noch mit dem Gefühl des Bedauerns darüber, den Opfern „nichts Schlimmeres antun zu können" *(no lor podo far pis)*. Darüber hat der Autor des Liedes vom Kreuzzug gegen die Albigenser seinen Glauben nicht verloren, schreibt er doch: „Gott möge ihre Seelen, wenn es ihm gefällt, in sein Paradies aufnehmen" *(Dieux recepia las armas, si·l platz, en paradis!)*. Der Nebensatz – „wenn es ihm gefällt" – könnte Zweifel an der göttlichen Liebe und Gerechtigkeit andeuten.

7. Von der Kriegserklärung zur Schlacht

„Latet uns dagen, wente dat vänlein is licht an de stange gebunden, aber it kostet vel, it mit ehren wedder af to nehmen!" Man solle tagen, mit dem Gegner im Gespräch bleiben, so faßte der Lübecker Bürgermeister Hinrich Castorp († 1488) Erfahrungen zusammen. Leicht sei das Fähnlein an die Stange gebunden; doch koste es viel, es mit Ehren wieder abzunehmen. Castorp hatte Friedensliebe mit Beharrlichkeit im Krieg, wenn er denn nicht zu vermeiden war, verbunden.[1] Seine einleuchtende Maxime ist oft nicht beherzigt worden. War ein Krieg erst entfesselt, entwickelte er Eigengesetzlichkeiten. Bei rational nachvollziehbaren Zielen ließen sich Mittel, Wege und voraussichtlicher Zeitaufwand eher kalkulieren als bei Verfolgung hoher Ideale: Ausbreitung des Glaubens, Freiheit für die Kirche, Befreiung der heiligen Stätten. Schon zur Wiederherstellung gekränkter Ehre mußte, so meinte mancher, Blut fließen.

Unfähigkeit von Herrschern, ein korruptes gesellschaftliches Umfeld, Verhängnis sowie Verstrickung in Schuld erlaubten oft nicht, klare Schwerpunkte zu setzen, die im Idealfall folgendermaßen aussahen: Nach Beratung mit den Großen bestimmte der Herrscher, welches strategische Ziel erreicht werden sollte. In einem zweiten Schritt wurde überlegt, welche militärischen Operationen ausgeführt werden mußten, um dieses Ziel zu erreichen. Auf einer dritten Ebene war schließlich – zum großen Teil unterwegs – zu planen, wie der Feldzug im einzelnen verlaufen sollte, wie man Flüsse und Gebirge überschreiten, welche festen Plätze man belagern wollte. Zu überlegen war, ob man eine Entscheidungsschlacht suchen oder den Feind langsam ermatten solle, wie Infanterie, Kavallerie, Bogenschützen im Gefecht einzusetzen seien usf.

Sachzwänge, Unwägbarkeiten, Strategie

Hinter Verhaltensweisen, die auf den ersten Blick nicht nachvollziehbar erscheinen, standen oft Sachzwänge: Raum und Klima, Wünsche Verbündeter, Respekt vor Neutralen. Unsicherheiten blieben auch in einem gut vorbereiteten Krieg. Ein König setzte nicht selten Krone und Herrschaft ein. Ein Pfeil tötete 1066 König Harald von England in der Schlacht bei Hastings; Kaiser Friedrich I. ertrank 1190 im Saleph in Kleinasien; Landgraf Ludwig IV. von Thüringen fiel 1227 in Süditalien einer Seuche zum Opfer.

Man sollte die eigenen Kräfte ebenso kennen wie die des Gegners, mußte beider Möglichkeiten und die wahrscheinlichen Reaktionen des Feindes auf ihre Realisierbarkeit hin durchspielen. Das Verb dürfte auch wegen der Beliebtheit des Schachspieles erlaubt sein, das zum räumlichen Denken, zum Abwägen von Opfern, zu Ablenkungsmanövern und List zwingt. Im Abendland wurde das indische System dahingehend abgewandelt, daß die Figuren über einen größeren Aktionsradius verfügen; Dame, Turm und Läufer können in einem Zug das ganze Brett überqueren, König und Turm mit der Rochade einen komplizierten Doppelzug ausführen. Dadurch gewann die westliche Variante dieses Spieles Ende des 15. Jahrhunderts an Dynamik.[2] Sollte es Zufall sein, daß gerade zu dieser Zeit Europäer in den indischen Kultur- und Wirtschaftsraum einbrachen?

Große Strategen wußten, daß ihre materiellen und ideellen Mittel begrenzt waren, daß das Kriegsglück einmal diesem, einmal jenem zufällt. Die Kunst der Strategie bestand darin, unter Einsatz aller verfügbaren Mittel mit möglichst wenig Aufwand und geringen Verlusten dem Gegner den eigenen Willen aufzuzwingen. Wer die Initiative ergriff, entschied, wann, wo und wie er zuschlagen wollte. Raum, Mittel und strategisches Denken haben oft den Angreifer begünstigt. Mit Angriffskriegen haben die Franken sich innerhalb weniger Generationen ihre Nachbarn unterworfen. Als Angreifer haben im 9. und 10. Jahrhundert Normannen, Sarazenen, Ungarn Europa verheert; als Angreifer hat Herzog Wilhelm England, haben die Kreuzfahrer Jerusalem, haben die Mongolen weite Teile Asiens und Europas, die Türken Konstantinopel, die Europäer seit der Wende vom Mittelalter zur Neuzeit die halbe Welt erobert.

Karl der Große reihte wiederholt die Konflikte und ließ einen Streit auch einmal eine Zeitlang „schmoren". Gegen Tassilo schlug er im Jahre 787 zu. Von Süden (Trient), Westen (Lechfeld) und Norden (Pföring a.d. Donau) hatte er Heere gegen den Baiernherzog aufmarschieren lassen. Dem wurde drastisch vor Augen geführt, daß er weder entkommen noch auf die eigenen Leute und Verbündete zählen konnte. Die Franken haben auch Avaren, Langobarden, Mauren und Sachsen aus verschiedenen Richtungen angegriffen und nach Möglichkeit vom Nachschub abgeschnitten. Die Ungarn teilten ihre Streitkräfte im Jahre 933, um Sachsen von Westen und Süden aus anzugreifen, und wieder 955, um möglichst unauffällig in das Reich einzufallen.[3] Zwar sprachen für eine Teilung des Heeres auch logistische Gründe; doch nicht jede Zangenoperation konnte zum Ziel führen. Schließlich mußte man Risiken bedenken, denn kleinere Abteilungen konnten von einem überlegenen Gegner aufgerieben werden. Wegen unzulänglicher Nachrichtenverbindungen und der Ungunst des Raumes hätte eine fränkische Kolonne, die 773 über den Mont Cenis gegen die Langobarden geschickt wurde, der über den Großen St. Bernhard marschierenden nicht zu Hilfe kommen können.

Auch wenn ein Angreifer den Krieg unter Einsatz aller Mittel führen wollte, war der Angegriffene keineswegs wehrlos. Hatten ihn Anzeichen auf die Gefahr hingewiesen, sorgte er dafür, daß die Risiken eines Angriffs dem Gegner unkalkulierbar erscheinen mußten: Verbündete wurden aufgeboten, Parteien im gegnerischen Lager sowie Gegner des Gegners umworben. Man versetzte befestigte Plätze in Bereitschaft, sperrte Wege, verwüstete das wahrscheinliche Durchmarschgebiet und täuschte die Anrückenden. Strategie und Taktik des Gegners wurden studiert, um ihn an einer empfindlichen Stelle zu treffen, um vielleicht gar zum Gegenangriff übergehen zu können.

All das lag nahe – und wurde oft in sträflich scheinender Weise vernachlässigt, etwa im 9. Jahrhundert. Angesichts der Beweglichkeit und Schnelligkeit von Skandinaviern, Ungarn und Sarazenen wirken die Franken generationenlang wie gelähmt. Das zeigt, wie wenig selbstverständlich es ist, daß tüchtige „Land-Krieger" sich zur See mindestens Respekt verschaffen. Wiederholt haben Landkrieger vorgeführt, daß sie sogar zu überseeischen Eroberungen fähig waren: die Vandalen (Gründung eines Reiches im westlichen Mittelmeer), die Angelsachsen (Eroberung großer Teile Britanniens im 5. Jahrhundert), die Araber (fast nahtloser Übergang vom Nomadenleben zur Seefahrt; allerdings kam ihnen – wie den Vandalen – die Unterstützung unterworfener römisch-byzantinischer Fachleute zugute).

Vielleicht hätten die Franken mit einer kombinierten Verteidigungs- und Angriffsstrategie die Normannengefahr bannen können: tiefe Gliederung der Defensive, vor allem Sperrung der Flußläufe an geeigneten Stellen, was bedeutet hätte, zeitweilig Teile des Landes aufzugeben; gleichzeitig Bau einer Flotte (wie von Karl dem Großen noch befohlen), mit der man die Gegner bis in ihre Ausgangsbasen hätte verfolgen müssen. So hatte man ja mit Landstreitkräften den Sachsen und Avaren bis in ihre Schlupfwinkel nachgesetzt. Über die Gründe der Unbeholfenheit kann man spekulieren: In innere Auseinandersetzungen verstrickt, zeigten die Enkel Karls des Großen sich unfähig zu aktiver, phantasievoller Gegenwehr. Vielleicht hatten die Völker des Frankenreiches sich in siegreichen Kriegen verausgabt. Oder wirkten sich ihre bäuerlichen Traditionen negativ aus? Nicht zuletzt standen die Franken einer für sie ungewohnten Lage gegenüber: Die Zeiten, in denen man auf relativ kurzen Feldzügen reiche Beute gewonnen hatte, waren vorbei. Zudem bestimmten nicht mehr sie das Geschehen, sondern ihre Gegner; und die traten im 9. Jahrhundert fast gleichzeitig an vielen Fronten auf und waren in hohem Maße mobil. Aus fränkischer Perspektive waren sie unorganisiert und gerade deshalb schlecht zu packen. Andererseits fehlten den Franken – wie den meisten mittelalterlichen Reichen – eine die wichtigsten Lebensbereiche umspannende Gesamtpolitik, eine zentrale Planung, zu schweigen vom Monopol der Gewalt in einer Hand.

Gegen die Ungarn ergriff König Heinrich I., wie wir gesehen haben, angemessene Maßnahmen: ein mit Tributzahlungen erkaufter Waffenstillstand; Nutzung der so gewonnenen Zeit zum Bau von Befestigungen; Aufstellung und Training einer Kavallerie; vorübergehende Preisgabe des flachen Landes; Wiederaufnahme des Kampfes nach Abschluß der Vorbereitungen; Herbeiführung der Schlacht. Gerade dazu ließen es die Slaven zwischen Elbe und Oder oft gar nicht kommen. Sie setzten auf Zeitgewinn, die Rettung bedeuten konnte, wenn die angreifenden Sachsen vor Einbruch des Winters wieder in ihrer Heimat sein wollten.

Die Byzantiner standen wiederholt vor der Frage, wie sie sich den Kreuzfahrern gegenüber verhalten sollten, die auf dem Marsch ins Heilige Land durch ihr Reich ziehen wollten. Auch wenn sie nicht als Feinde kamen, erregte ihr militärisches Potential Besorgnis. Ein Zwischenfall, wie er sich nie gänzlich ausschließen läßt, konnte weitreichende Folgen haben. Auch hatte man ja schon auf dem ersten Kreuzzug erlebt, daß Kreuzfahrer sich eigene Herrschaften in Landstrichen aufgebaut hatten, die unlängst noch zum Byzantinischen Reich gehört hatten und auf die Ostrom nie förmlich verzichtet hatte. Höchste Wachsamkeit war also angebracht, und es konnte sogar geboten sein, eigene Befestigungen zu zerstören. „Einmal kam vom Kaiser der Auftrag, die Stadtmauer (von Philippopel) auszubessern und einen Graben zu ziehen, was ich in dieser bedrängten und gefahrvollen Zeit auch sogleich durchführte; kurz darauf wieder befahl mir ein kaiserliches Schreiben in scharfem Ton, die Mauern zu schleifen, damit sie dem König nicht als Unterschlupf dienen könnten." Niketas Choniates, byzantinischer Chronist und zeitweise hoher Verwaltungsbeamter, beschreibt das Dilemma, in dem sich in diesem Fall der Basileus sah: 1189/90 ließ er den Kreuzfahrern, die die Grenze seines Reiches überschritten hatten, den Weg sperren; doch ungehindert zog Kaiser Friedrich I. über eine andere Straße.[4]

Oft ließ eine gerade genommene Burg oder Stadt sich nicht behaupten. Bis in die Neuzeit wurden deshalb (wenigstens) deren Befestigungswerke geschleift. Viele Plätze wurden bald darauf wieder befestigt. Das im Jahre 1162 zerstörte Mailand konnte schon 1170 im Bund mit anderen Städten Kaiser Friedrich I. zwingen, die Belagerung des jüngst erst gebauten Alexandria aufzuheben.[5]

Daß auch ein ausgeblutetes Land angemessen reagieren konnte, zeigte sich im *Hundertjährigen Krieg:* Die Franzosen verweigerten zeitweilig den militärisch überlegenen Engländern die von diesen gesuchte Schlacht. Sie ließen ihre Gegner ins Leere laufen, schlossen die Tore ihrer Städte und damit den Zugang zum Markt. War das Land zerstört, auch von den eigenen Leuten, fehlten dem Gegner die Nahrungsbasis und das Quartier für den Winter.

Je stärker der Herrschaftsbereich eines Gegners auf einen Mittelpunkt ausgerichtet war, desto eher stand das strategische Ziel fest. Mit der Einnahme der Hauptstadt oder der (Haupt-)Burg war manche Fehde, mit der Eroberung des *Rings* war der lange Krieg gegen die Avaren beendet. Zwei christlich-muslimische Konflikte, die sich über Jahrhunderte hingezogen hatten, gingen im Abstand weniger Jahrzehnte mit der Einnahme der Hauptstadt zu Ende: der Kampf der Türken gegen das Byzantinische Reich (Eroberung von Konstantinopel 1453) und die Reconquista (Einnahme von Granada 1492).

Erwähnt seien indessen auch Gegenbeispiele. Im Jahre 754 hatten die Franken Pavia, die Hauptstadt der Langobarden, belagert und deren König zur Annahme ihrer Bedingungen gezwungen; eine Annexion des Reiches kam zu dieser Zeit wohl noch nicht in Frage. Den Langobarden blieb in den folgenden Jahrzehnten sogar ein gewisser Handlungsspielraum, da andere Gegner den Franken zu schaffen machten. In dieser Studie ist selten davon die Rede, wie eine Entwicklung hätte verlaufen können, aber nicht verlaufen ist; deshalb sei eine Alternative angedeutet: Wie erwähnt, übernahmen im Jahre 768 Karl und Karlmann die Herrschaft im Frankenreich. Schon bald kam es zwischen den Brüdern zu Spannungen. Ein die Kräfte des Reiches verzehrender Krieg – wie zwei Generationen später unter den Enkeln Karls – blieb den Franken wohl nur deshalb erspart, weil Karlmann 771 starb. Aber auch dann ist festzuhalten: Wäre Karl bald darauf in einem der vielen Kämpfe gefallen, hätten die Franken kaum 774 Pavia einnehmen, den König der Langobarden ins Kloster einweisen und dessen Reich annektieren können.

Wenige Monate nach seinem Sieg bei Hastings ließ Wilhelm sich Weihnachten 1066 in London zum König von England krönen; doch erst nach weiteren Feldzügen (1067/68, 1068/69, 1069/70, 1072) hatten die Normannen das Reich Haralds fest in ihrer Gewalt.[6] Mit der Erstürmung von Jerusalem hatten die Kreuzfahrer 1099 zwar ihr strategisches Ziel erreicht; doch die Aufgabe, die heiligen Stätten zu behaupten, überließen sie den Bleibenden und später Kommenden, die mit dieser Last auf die Dauer überfordert waren. 1187 fiel Jerusalem erneut und, nach einem Zwischenspiel von 1229–1244, endgültig 1244 wieder in muslimische Hände.

So wie das Vorhandensein eines Herrschaftszentrums die Unterwerfung eines Gegners erleichtern konnte, erwies sich auch die Bekämpfung eines mächtigen Feindes dann als besonders schwierig, wenn dieser keine „Zentrale" hatte. Lange Zeit konnten die Franken nur einzelnen sächsischen Großen ihren Willen aufzwingen. Folge der erbitterten Kämpfe war, daß es Widukind gelang, große Teile der Sachsen hinter sich zu scharen; bei diesen kam es also erst infolge des unerträglichen fränkischen Drucks zur Ausbildung einer Art von Oberbefehl. Als Widukind die Aussichtslosigkeit des Kampfes einsah, resignierte, sich taufen ließ und in Klosterhaft verschwand, brach der sächsische Widerstand zusammen, konnte die von Franken und Sachsen getragene Herrschaft durchgesetzt werden (von späteren lokalen Erhebungen sei hier abgesehen).

Kriegserklärung

Glaubte man sich hinreichend vorbereitet, ließ man einem Gegner durch Boten den Krieg erklären; die Quellen sprechen von *bellum indicere*, den Krieg ansagen, oder von „Absage", Aufkündigung von Friede und Freundschaft, Ankündigung feindlicher Handlungen. Sollte eine Fehde als rechtmäßig gelten, mußte sie (oft) drei Tage vor Beginn angekündigt werden. Dem Gegner blieb dann mindestens die Zeit, Menschen zu warnen, die auf seinen Schutz vertrauten.

Im Namen „des grossen punds (Bundes) obrer Tütschenlanden" (Zürich, Bern, Luzern und anderer Orte) bedient sich Bern im Oktober 1474 gegenüber Herzog Karl dem Kühnen vollendeter Formen: „Dem Durchluchten Hochgebornnen Fursten und Herren her Karlen Hertzogen zü Burgun" teilt Bern mit, daß der Bund sich mit Kaiser Friedrich, „dem wir als züglider (Glieder) des Heiligen richs mitt undertenikeit müssen begegnen", mit Herzog Sigmund zu Österreich sowie weiteren Fürsten, Herren und Städten zusammengetan habe. Die Aufzählung gehört zur ausdrücklich in Anspruch genommenen Offenheit; sie soll den Feind auch einschüchtern.

Bern begründet das Offensivbündnis folgendermaßen: In der Vergangenheit und bis in die Gegenwart habe der Herzog sich „unbillich gewalt und trang mit vil groben misshandelln" zuschulden kommen lassen, eine – verglichen mit ähnlichen Kriegserklärungen – reichlich fadenscheinige Begründung. Im Grunde ging es darum, die zeitweilige Schwäche Karls des Kühnen zu einem Angriffs- und Raubkrieg zu nutzen. Für sich und seine Verbündeten verkündet Bern dem Herzog, dessen Verbündeten und Helfern dann „unnser offen vindschafft"; angesichts der nun unvermeidlichen Gewalt – Raub, Totschlag, Brand, Angriff, Schädigung, das alles bei Tag und Nacht – will Bern „unnser und aller der unnsern Ere bewart haben". Damit das eindeutig feststehe, habe man „disen offen brieff" (= Urkunde) mit dem Berner Siegel beglaubigt und datiert. Die Kriegserklärung erreichte Karl, als er gerade Neuss belagerte.

Der Herzog soll höchst unwillig reagiert haben; lange habe er nicht sprechen wollen und in seiner Wut schließlich nur die Worte „O Berna, Berna!" hervorgestoßen.[7]

Im Interesse der Eindeutigkeit sollte eine Kriegserklärung gewissen Formen genügen; Schriftlichkeit mußte nicht dazugehören. Mit einer förmlichen „Absage" konnte rechnen, wer als Gegner anerkannt war; sie erübrigte sich, wenn nur ein zeitlich begrenzter, nicht verlängerter und nun ablaufender Waffenstillstand vereinbart war. Oft nahm man die Kampfhandlungen im Frühjahr dort wieder auf, wo man sie bei Einbruch des Winters eingestellt hatte. Das gilt für Kämpfe der Franken mit Sachsen, der Deutschen mit Slaven, der Christen mit Mauren im Zuge der Reconquista.

Aufrührern – und als solche galten fränkischen Herrschern zeitweise Alemannen, Aquitanier, Baiern, Bretonen, Friesen, Langobarden, Sachsen, Slaven – wurde keine Kriegserklärung überbracht; unter Drohungen wurden sie allenfalls aufgefordert, zur alten Treue zurückzukehren und wieder ihren Tribut zu entrichten. Dschingis Khan und seine Nachfolger erwarteten, daß nahe und ferne Herrscher – auch Kaiser und Papst – sich ihnen unterwarfen. Wer einem solchen Befehl nicht nachkam, mußte mit fürchterlichen Sanktionen rechnen; die blieben West- und Mitteleuropa erspart, weil nach dem Tod des Großkhans Ögödei (Dezember 1241) die Mongolen abzogen; vorher hatten sie – am 9. bzw. 11. April 1241 – den Piastenherzog Heinrich den Frommen bei Liegnitz und König Bela IV. von Ungarn bei Mohi vernichtend geschlagen.[8] Rebellen bekundeten einen Sinneswandel im allgemeinen mit unmißverständlichen Zeichen: Sie verweigerten Abgaben, erschlugen Boten, verwüsteten Grenzgebiete.

Aufgebot

„Im Namen des Vaters und des Sohnes und des Heiligen Geistes. Karl, erhabenster, von Gott gekrönter Herrscher, großer friedenschaffender Kaiser, durch die Barmherzigkeit Gottes auch König der Franken und der Langobarden, dem Abt Fulrad." Das Schreiben, mit dem Karl der Große sich 804 (?) an den Abt von St. Quentin wendet, klingt herrisch von den ersten Zeilen an; der Kaiser bemüht sich gar nicht erst um einen verbindlichen Ton. Die Anrufung der Dreifaltigkeit als Kurzform des Glaubensbekenntnisses kann eine Formalität sein, wie auch die Aufzählung von Titeln, in denen Superlative selten fehlen. In diesem Dokument gibt es keinen Bruch zwischen Einleitung und Hauptteil: Dem Abt sei kundgetan, daß der Kaiser – „Wir" – für das laufende Jahr eine allgemeine Reichsversammlung nach Ostsachsen einberufen habe. Damit kein Zweifel bleibt, wer das Sagen hat, fährt Karl fort: „Deshalb befehlen wir dir...". Der Abt soll sich mit seinen gut gerüsteten und vorbereiteten Männern vollzählig bis zum 18. Juni in Staßfurt an der Bode einfinden, südlich von Magdeburg. Von dort aus soll das Aufgebot zu jedem Ort ziehen können, zu dem der Kaiser es entbiete. Berittene sollen Schild, Lanze, Schwert und Hirschfänger mit sich führen, dazu Bogen und Köcher mit Pfeilen. Auf Packwagen soll geladen sein, was man auf einem Feldzug brauche: Äxte und Hacken, Bohrer, Beile und eiserne (!) Spaten, ferner Vorräte aller Art. „Die mitgeführte Verpflegung muß vom Reichstag an gerechnet drei Monate reichen, Waffen und Bekleidung ein halbes Jahr."

Streng soll der Abt darauf achten, daß er in Frieden den genannten Ort erreiche, „durch welche Teile unseres Reiches dein Marsch dich auch führen mag"; er und seine Leute sollen sich nicht unterstehen, außer Grünfutter, Holz und Wasser irgend etwas anzurühren *(ut preter herbam... nihil... tangere presumatis)*. Wenn er mit seinem Gefolge und dem Troß durch fremden Besitz marschiere, solle der Zuständige immer dabeisein, „auf daß die Abwesenheit des Herrn den Knechten nicht Gelegenheit gibt, Unheil anzurichten"; und das solle bis zur Ankunft am Ziele gelten.

Die Geschenke *(dona)*, die der Abt auf dem Reichstag abzuliefern habe, sollen bis Mitte Mai an den Ort vorausgeschickt werden, an dem der Kaiser sich dann aufhalte; der Reiseweg des Herrschers war also bekannt. Karl wäre es lieb, wenn der

Abt es so einrichten könnte, daß er ihm persönlich die Jahresgaben überreiche. „Hüte dich vor jeder Nachlässigkeit, wenn du dir unsere Gnade *(gratiam)* erhalten willst."[9]

Die Quelle verdient weitere Erläuterungen. St. Quentin, etwa 40 km südwestlich von Cambrai in Nordfrankreich, war eins der Klöster, die zu militärischen, wirtschaftlichen und Gebetsleistungen für König und Reich verpflichtet waren. Den Reichstag in unmittelbare Nähe des wahrscheinlichen Kriegsschauplatzes einzuberufen war üblich und sinnvoll, wurden den Aufgebotenen auf diese Weise doch Umwege erspart; und im Kreis derer, die zu Rat und Tat verpflichtet waren, konnte man Meldungen erörtern, die in letzter Minute eingegangen waren.

Fulrad hatte seine Leute zum Aufmarschraum zu führen (den etwa 650 km Luftlinie könnten wohl 800 km Wegstrecke entsprochen haben), sie maximal weitere drei Monate zu versorgen und wieder heimzugeleiten – alles auf Kosten seiner Abtei. Rechnet man für den An- und Abmarsch durchschnittlich 20 km pro Tag, bei Transport mit Ochsenkarren sicher nicht viel mehr, so hätte Fulrad in St. Quentin Anfang Mai aufbrechen müssen; ging alles gut, konnte er drei Monate nach dem 17. 6., am 17. 9. also, den Rückmarsch antreten und vielleicht Anfang November wieder in seiner Abtei sein. Um die begrenzten personellen und materiellen Mittel zu schonen, bot man möglichst Truppen aus Reichsteilen auf, die der Konfliktzone benachbart waren, zumal deren Einwohner eher über erwünschte Landes- und Sprachkenntnisse verfügten. Galt ein Krieg den Sorben, hatten die Sachsen alle Krieger zu stellen, gegen die Böhmen nur jeden dritten, gegen die Avaren oder die Mauren in Spanien jeden sechsten.[10] Im Interesse der Integration der – nach Sprache, Kultur, Recht, wirtschaftlicher Entwicklung – unterschiedlichen Reichsteile wurden möglichst auch Truppen aus weiter entfernten Gebieten aufgeboten. In Notfällen könnte man Elitekrieger über weite Strecken heranbeordert und sie erst kurz vor der ersten Feindberührung mit Panzer, Reservepferd u. ä. ausgerüstet haben.

Auf strapaziösen Märschen und bei untätigem Warten steigert sich Gereiztheit schnell zu handfestem Lagerkoller, erst recht wenn die „Rahmenbedingungen" nicht stimmen: Verpflegung, Unterkunft und Erfolgserlebnisse. Deshalb dürfte Karl Wert darauf gelegt haben, daß Fulrad persönlich erschien. Da der Abt die Stärken und Schwächen seiner Leute kannte, konnte er bei Streit schlichtend eingreifen. Seine Anwesenheit war noch aus einem anderen Grunde erwünscht: er sollte dafür sorgen, daß der Friede im Innern des Reiches nicht gestört wurde durch Leichtsinn und Mutwillen (Vergewaltigung der Frauen), ungerechtfertigte Requisitionen (von Nahrungsvorräten, Zugvieh, menschlicher Arbeitskraft), vermeidbare Schädigungen (etwa an Brücken). Wie ein roter Faden zieht sich durch Verordnungen Kaiser Karls und seiner Großen das Verlangen nach Frieden im Innern.

Die von Abt Fulrad angeführten Truppen sollten gut vorbereitet sein. Für Arbeiten in der Landwirtschaft fielen sie also nicht nur in diesem Jahr von Anfang Mai bis Anfang November aus; vielmehr hatten sie sich von langer Hand auf militärische Aufgaben einstellen müssen. Das jährliche Aufgebot hat viele Bauern ruiniert, konnten sie doch nicht mehr für Feld und Stall sorgen. Um so wichtiger war es, daß das Getreide in Ruhe reifen, das Vieh ungestört weiden konnte und durchziehende Krieger nur nahmen, was es unterwegs reichlich gab. Wenn undisziplinierte Truppen sich trotzdem an dem vergriffen, was kaum zur Bestreitung des laufenden Bedarfs, geschweige denn für jährlich fällige Abgaben reichte, konnte der Geschädigte – mit viel Glück und über seinen Herrn – Beschwerde führen, etwa auf dem Reichstag in Staßfurt. Im persönlichen Gespräch ließ sich, notfalls unter Zuziehung eines Vermittlers, im Keim ein Konflikt beilegen, der unabsehbare Folgen hatte, wenn man ihn weiterschwelen ließ. Ein Zerwürfnis, bei dem es nicht um Gras, Feuerholz und Wasser ging, sondern um die Ehre Herzog Leopolds V. von Österreich, gefährdete 1192 das Gelingen des Dritten Kreuzzugs und führte zu weitreichenden diplomatischen und finanziellen Verwicklungen.

Die Krieger sollten gut gerüstet in Ostsachsen erscheinen. Waffen, Schanzwerkzeug und ähnliches Gerät brachte man aus

St. Quentin mit; wie Königshof, Pfalz und Burg verfügte ein Reichskloster also über eine Rüstkammer oder gar ein eigenes Zeughaus. Das Gebot, selber für die Verpflegung während des dreimonatigen Zuges zu sorgen, zwang zur Wahl zwischen Übeln: Beim Transport ab St. Quentin hätte man zusätzlich teures Zugvieh gebraucht und riskiert, daß die Lebensmittel unterwegs verdarben. Möglicherweise nahm man aus der Abtei Mastvieh mit, das – wie auch überflüssig werdendes Zugvieh – unterwegs für den laufenden Bedarf geschlachtet wurde. Wer erst im Aufmarschraum einkaufen wollte, mußte mit hohen Preisen rechnen; denn eine fast täglich steigende Nachfrage stieß auf ein begrenztes Angebot; vermehrt werden konnte es nur, wenn unter hohen Kosten Nahrungsmittel aus der Ferne herangeschafft wurden. Ein Grund mehr, daß Krieger Wertsachen mit sich führten, die man unterwegs verkaufen oder verpfänden konnte; im Falle einer Niederlage fielen sie dem Sieger in die Hände.

Der Kaiser legte Wert darauf, daß der Abt ihm persönlich die Jahresgaben überbrachte; wie der Zusammenhang zeigt, ist *dona* ein Euphemismus. Man ehrte den Herrscher und gab sich als dessen Getreuen zu erkennen, wenn man vor aller Augen Edelmetall, Schmuck oder wertvolle Handschriften überreichte; in diesem Falle wird der Kaiser eher an Dingen interessiert gewesen sein, die unmittelbar gebraucht wurden, deren Lieferung den herrscherlichen „Fuhrpark" entlastete: Getreide, Käse und Schinken, Waffen und eiserne Geräte, Hufeisen und Zelte, Kleidung und Trinkgeschirr. Unter vier Augen konnte der Herrscher erörtern, was nicht für aller Ohren bestimmt war. Es diente dem Frieden, Rügen für Versäumnisse und Tadel für jüngste Missetaten diskret zu behandeln.

Als ein weiteres charakteristisches Dokument sei ein Aufgebotsschreiben aus dem Jahre 981 oder 980 vorgestellt. *Herkenbaldus episcopus C loricatos m(ittat); abbas de Morebach secum ducat XX; episcopus Balzzo m(ittat) XX; Ildebaldus episcopus d(ucat) XL; abbas de Wizenburg m(ittat) L; abbas de Lauresam d(ucat) L; Heribertus comes d(ucat) XXX, et fratris filius aut veniat cumXXX aut m(ittat) XL;...* – „Bischof Erkenbald (von Straßburg) sende 100 Panzerreiter; der Abt von Murbach führe 20 mit sich; der Bischof Balzzo (von Speyer) soll 20 senden; Bischof Hildebald (von Worms) schicke 40; der Abt von Weissenburg sende 50; der Abt von Lorsch schicke 50;... Graf Herbert entsende 30, und der Sohn seines Bruders soll entweder mit 30 kommen oder 40 schicken". Das herrische *mittat, ducat* (soll entsenden, soll führen) verbindet weitere Namen und Zahlen, die zwischen 10 und 100 schwanken. Zum Schluß werden die Äbte von St. Gallen, Ellwangen und Kempten aufgeführt; sie sollen 20, 40 bzw. 30 Panzerreiter anführen.[11]

Aufgeboten werden Inhaber von Reichslehen (und als solche galten auch Bistümer und Klöster in der Verfügungsgewalt des Königs); Reichslehen begründeten die Heerfolgepflicht. Auffällig ist die hohe Belastung der Reichskirche: 1522 Panzerreiter oder fast 75 Prozent des Aufgebots. Die erwähnten Bischöfe sollten 1112 Panzerreiter stellen (54,5%), davon Augsburg, Köln, Mainz, Straßburg und Würzburg je 100. Auf die Äbte der hier genannten Klöster entfielen maximal 60 Panzerreiter (Fulda und Reichenau), insgesamt 410 (20,1%). Von den 2040 Panzerreitern (100%) sollten weltliche Große und einzelne Reichsteile gerade 518 entsenden (25,4%), das Elsaß z.B. 70 Panzerreiter. Die weltlichen Großen dürften – wie wir schon bei Erörterung von Heeresgrößen gesehen haben – im allgemeinen einen höheren Anteil des Reichsheeres gestellt haben.

Das Einzugsgebiet reicht von Cambrai bis Regensburg, von Lüttich bis Säben (in Südtirol, noch auf dem Boden des Reiches). Da viele Bischöfe, Äbte und weltliche Große in dieser Liste fehlen, nimmt man an, daß es sich um das Ergänzungsaufgebot zu einem Italienzug handelt; mancher hatte wohl schon vorher Krieger entsenden müssen. Auch sollte der Norden und Nordosten des Reiches nicht von militärischem Schutz entblößt werden; immerhin kam es schon 983 zu einem großen Aufstand der Slaven.

Bemerkenswert ist ferner, daß der Aufbietende, Kaiser Otto II., nicht anders als sein Vorgänger Karl ein Interesse daran hatte, daß bestimmte Personen persönlich „ihr" Aufgebot führten. Konnte etwa der Neffe des Grafen Herbert nicht selber mit 30 kommen, sollte er 40 schicken, 33 Prozent mehr, eine gewaltige zusätzliche Belastung und geeignet, „Drückeberger" abzuschrecken. Im Einzelfall wollte der Herrscher vielleicht auch einen unbequemen Herrn, der in der Heimat hätte Schwierigkeiten bereiten können, in seiner unmittelbaren Umgebung unter Kontrolle halten.

Inhaber von Reichslehen waren auch verpflichtet, den König nach Rom zur Kaiserkrönung zu begleiten; Vasallen mußten sich ihren Herren anschließen. Unentschuldigtes Fehlen und erst recht offene Verweigerung führte zum Verlust des Lehens. Daß man mehr als nur die Huld eingebüßt hatte, erfuhr man vielleicht erst Jahre später, sogar dann, wenn der Herrscher nicht hatte fordern dürfen, sondern als Bittsteller gekommen war. Vom Lombardischen Städtebund hart bedrängt, soll Friedrich Barbarossa im Jahre 1176 in Chiavenna inständig, vielleicht gar kniefällig seinen Vetter Heinrich den Löwen um Hilfe gebeten haben. Heinrich machte militärische Unterstützung von Konzessionen abhängig, die der Kaiser als ehrenrührig ablehnte; daraufhin kam es zwischen beiden zu einem schweren Zerwürfnis.[12] Der Kaiser verlor im selben Jahr die Schlacht bei Legnano. In einer anderen Angelegenheit führten Reichsfürsten später Klage gegen Heinrich den Löwen. Der stand so gut wie allein; er wurde zum Verlust seiner Reichslehen und zu zeitlich begrenzter Verbannung verurteilt; aus dem mächtigsten Fürsten innerhalb des Reiches war einer unter anderen geworden.

Aufbruch

Wer in den Krieg zog, wußte, was er einsetzte; entsprechend dramatisch verlief oft der Abschied. Landgraf Ludwig IV. von Thüringen hatte sich 1224 dem Kreuzzugsgelübde angeschlossen, das Friedrich II. bei seiner Krönung 1215 geleistet hatte. Unter Kirchenrechtlern war es seinerzeit umstritten, ob man ohne vorherige Zustimmung der Ehefrau eine Teilnahme am Kreuzzug geloben dürfe. Ludwig hat sich über diese Einschränkung hinweggesetzt. Die schmerzliche Nachricht wollte er seiner Frau so lange wie möglich vorenthalten, gab man doch Kreuzfahrern nur geringe Chancen, lebend heimzukehren. Als Elisabeth in der Kleidung ihres Mannes zufällig das Kreuz fand, fiel sie ohnmächtig zu Boden. Im Frühjahr 1227 traf Ludwig letzte Vorbereitungen zur Reise. Auf einem Landtag erinnerte er daran, daß zu Zeiten seines Vaters Fehden und Kriege, Feindschaft und Streit das Land verwüstet hätten; rastlos tätig habe er mit starker Hand wieder für Frieden und Ruhe gesorgt. Dann bat er in den Klöstern seiner Herrschaft um Segen und empfahl sich dem Gebet von Mönchen und Nonnen. Am Fest Johannes des Täufers brachen die Kreuzfahrer auf. Elisabeth konnte sich von ihrem Mann nicht losreißen und begleitete ihn Tag um Tag eine Etappe weiter. Schließlich mußten die Liebenden sich trennen. Der Abschied hat die Zeitgenossen beeindruckt, denn 1233 berichtete eine Frau, sie habe Anfang des Jahres auf dem Weg nach Marburg die Leute ein Lied in deutscher Sprache vom tränenreichen Abschied der Landgräfin singen hören. Elisabethschrein und eins der schönsten Fenster der Elisabethkirche in Marburg halten die Abschiedsszene fest.[13]

Einige Jahrzehnte später begleitete Joinville, ein mächtiger Adliger aus der Champagne, Ludwig IX. von Frankreich auf dessen ersten Kreuzzug (1248–1254), den der König gelobt hatte, nachdem er 1244 wider Erwarten von einer tödlichen Krankheit genesen war. Auf die Nachricht von diesem Gelübde hatte seine Mutter Trauerkleider angelegt, als sei ihr Sohn gestorben. Zum Abschied lud Joinville Verwandte und Freunde zu einem viertägigen Fest ein; am fünften Tag – einem Freitag, an dem man in besonderer Weise des Kreuzestodes Jesu gedachte – bat Joinville die Anwesenden einzeln um Verzeihung: „Herr, ich ziehe übers Meer, und ich weiß nicht, ob ich zurückkommen werde. Tretet vor! Habe ich euch ein Unrecht getan, will ich es wiedergutmachen." Dann brach er auf, barfuß, im Büßerhemd, den Pilgerstab in der Hand. An den

Gräbern von Heiligen bat er um Schutz für die Fahrt. Rückblickend schrieb er Jahrzehnte später: „Beim Aufbruch wollte ich mich niemals umwenden, um noch einmal Joinville zu sehen – aus Furcht, mir könnte das Herz brechen beim Anblick des Schlosses, das ich mit meinen beiden Kindern zurückließ."[14] Beide Berichte sind stilisiert; und doch spiegeln sie Ernst und Trauer, die manchen Aufbruch gekennzeichnet haben – auch wenn von der Freude am Abenteuer, von der Lust zu töten hier nicht die Rede ist.

Oft erfuhr das Heer erst beim Aufbruch das wahre Ziel. Denn meist war es vorteilhaft, die eigenen Absichten so lange wie möglich zu verschleiern. So wurde der Zug gegen Polen, zu dem Heinrich II. 1004 aufgeboten hatte, gegen Böhmen umgelenkt.[15] Andererseits mußten die Krieger sich gezielt vorbereiten können. Die meisten bewaffneten Konflikte beschränkten sich auf zeitlich und räumlich begrenzte Gefechte, Raubzüge, Scharmützel kleiner Kriegerbanden, oder auf eine Kampagne, die ein paar Tage dauerte, allenfalls von der Aussaat bis zur Ernte, die Belagerung einer Burg oder die Einnahme einer Stadt eingeschlossen. Dem entspricht, wie wir gesehen haben, der Gestellungsbefehl an den Abt von St. Quentin.

Trotzdem taten die Verantwortlichen gut daran, die mögliche Dauer eines Krieges zu bedenken. Denn wer wollte schon ausschließen, daß es unversehens zu einer dramatischen zeitlichen und räumlichen Ausweitung kam? Wer ahnte Mitte des 8. Jahrhunderts, daß Grenzstreitigkeiten zwischen Franken und Sachsen sich mit Glaubensfragen überlagern und in einen immer wieder aufflammenden, von beiden Seiten mit äußerster Erbitterung geführten Krieg einmünden würden? Der Vertraute und Biograph Karls des Großen läßt den Krieg der Franken mit den Sachsen dreiunddreißig Jahre lang dauern.[16] Dabei haben die Kämpfe spätestens im Jahre 743 angefangen und sich bis mindestens 804 hingezogen. Von 791 bis 796 (insgesamt von 788–811) dauerte der Avarenkrieg.[17]

Meist wurde – vom Winter ohnehin abgesehen – nicht ununterbrochen Krieg geführt. Lange Friedensjahrzehnte unterbrachen die zwei Jahrhunderte der Kreuzzüge (1096–1291), ferner das Duell der Seemächte Genua und Venedig (1298-1381; die „heiße" Phase, der sog. Chioggiakrieg, dauerte „nur" von 1376 bis 1381, fünf Jahre also[18]). Unter der Bezeichnung „Hundertjähriger Krieg" fassen Historiker seit dem 19. Jahrhundert eine Abfolge von Feldzügen, Waffenstillständen, Belagerungen und Schlachten zusammen.[19] Die ebenfalls schon erwähnten „Rosenkriege" zwischen den Häusern Lancaster und York zogen sich zwar über drei Jahrzehnte hin (1455-1485), doch wurde insgesamt nur etwa 60 Wochen lang gekämpft.[20]

Manche Kampagne mußte wegen Kriegsmüdigkeit der eigenen Leute vorzeitig (aus der Sicht des Befehlshabers) beendet werden. Den Zug Kaiser Ludwigs II. in Süditalien kommentiert anschaulich ein Chronist im ausgehenden 9. Jahrhundert: „Ermüdet durch die langwierige Belagerung der Städte begann das Heer sich nach dem heimischen Boden zu sehnen, am Ende seiner Mühsal der Ruhe zu begehren, sich die süßen Umarmungen der Frauen und Kinder vor die Augen des Geistes zurückzurufen und aus diesem Grunde täglich mehr und mehr zusammenzuschmelzen."[21]

Kriegsgesetze

Böse Überraschungen ließen sich vermeiden, wenn Erfahrungen aus früheren Kriegen beherzigt und sinnvolle Vorkehrungen getroffen wurden. Vom Aufbruch an sollte militärische Disziplin gelten; daß das eher ungewöhnlich war, zeigt die Anerkennung eines Chronisten für Skandinavier: „Daheim also erfreuen sich alle der Gleichheit; ziehen sie aber in den Kampf, leisten sie dem König ... jeden Gehorsam."[22] Die Folgen von Disziplinlosigkeit bekamen die Krieger und die Bevölkerung der durchzogenen Länder zu spüren. So wie Karl der Große genau festlegte, was die nach Sachsen aufgebotenen Krieger Abt Fulrads dürften und was nicht, regelte fast 400 Jahre später ein Vertrag, was den Kreuzfahrern auf ihrem Marsch erlaubt sein sollte. So versprach im Jahre 1188 Kaiser Friedrich Barbarossa, sein Heer werde beim Marsch durch das Byzantinische

Reich keiner Stadt, keinem Dorf, keiner Festung Schaden zufügen; ohne nach rechts oder links abzubiegen, werde man nur auf offener Straße ziehen, nicht über Äcker und durch Weinberge.[23]

Gegen Ende des Mittelalters faßt Pirckheimer *Kriegsgesetze* zusammen, die die – von ihm bewunderten – Eidgenossen beschwören und bei Todesstrafe beachten mußten. Selbst wenn die Schweizer diesem Maximalprogramm nur teilweise gerecht geworden sein sollten, was wahrscheinlich ist, hätte ihnen das Vorteile über ihre oft bemerkenswert undisziplinierten Gegner verliehen. Da diese Anordnungen auf die ganz andere Wirklichkeit verweisen, seien sie wegen ihrer Dichte und Vielseitigkeit trotz ihrer Länge zitiert: „Die Feldhauptleute sollen nach Treu und Gewissen handeln. Die Krieger sorgfältig ihrem Befehl sich fügen; ohne Geheiß die Reihen nicht verlassen; von jedem Tumult und Aufruhr sich enthalten; während des Kampfes soviel wie möglich Schweigen beobachten; in keinem Fall die Flucht ergreifen; jeden fliehenden Eidgenossen töten; nach Bezwingung des Feindes nicht ohne Geheiß und ehe der Sieg vollständig erfochten worden, hinter die Beute sich machen; ohne Befehl in keine Wohnung Feuer werfen; die auf dem Posten weder bei Tag noch bei Nacht die Waffen von sich legen; sich der Verwüstung von Mühlen, Beraubung der Priester, Mißhandlung der Frauen, Jungfrauen und Pfaffen gänzlich enthalten; während des Gefechtes keinen Gefangenen machen, sondern jeden Feind töten. Wer dagegen handeln würde, dessen Leben sollte verwirkt sein."[24]

Größere Aufgebote marschierten abteilungsweise; Feldzeichen dienten der Orientierung, auch vor, in und nach einer Schlacht. Kreuzfahrer gliederten ihre Heere nach Landsmannschaften oder Sprachen; Söldner- sowie Bauern- und Bürgeraufgebote unterstanden den jeweiligen Hauptleuten. Rang und Ehrgeiz bestimmten den Platz der einzelnen Abteilung innerhalb eines langen Zuges, im Lager und im Gefecht. Vorne marschierten oft kampferprobte Truppen; da die letzte Abteilung als sicher galt, war sie meist dem Troß mit dem Gepäck vorbehalten.

Sarazenischer Krieger.
Wohlgerüstet mit Fern- und Nahwaffen – Bogen, Krummsäbel, Dolch,
Wurfbeil (?) und Schild – machten solche Krieger den Panzerreitern
der Kreuzfahrer das Kämpfen und Überleben auf verschlungenen Wegen
in Kleinasien und Syrien schwer.
Mansell Collection, London

Da man nicht plötzlich überfallen werden wollte, sollten vor, hinter und seitlich vom Heer gewandte, berittene Späher so rechtzeitig warnen, daß den Kriegern Zeit blieb, sich zu sammeln, die Rüstung anzulegen und das Streitroß zu besteigen. Bei der Schlacht auf dem Lechfeld 955 bekam – wegen Aufklärungsmängeln? – der Troß des deutschen Heeres die Wucht des ersten Angriffs der Ungarn zu spüren.[25] Aufklärung diente auch zur Erkundung fremder Länder. Auf ihren Zügen durch Alemannien sandten die Ungarn Spähtrupps aus, die die Wälder auf der Suche nach Verstecken durchkämmten.[26]

Bei jedem Halt sollten Wachen aufgestellt werden. Dieses Gebot mißachteten bairische Krieger 976 in Böhmen; als sie sich abends wuschen, streckten plötzlich auftauchende gepanzerte Gegner mühelos die Nackten nieder. Fahrlässigkeit dürfte einem deutschen Aufgebot zum Verhängnis geworden sein, das am 13. (?) Juli 982 bei Capo Colonne in Süditalien einen entscheidenden Sieg über Sarazenen errungen zu haben wähnte. Nach hitzigem Kampf legten die Truppen ihre Rüstung ab; da sammelten sich die Feinde und drangen geschlossen auf die Arglosen ein; das Heer erlitt hohe Verluste, Kaiser Otto II. kam gerade mit dem Leben davon.[27]

Landes- und sprachkundige Führer konnten einem derartige Erfahrungen ersparen. Als die Ungarn im Jahre 926 St. Gallen überfielen, war unter ihnen ein Kleriker, den sie nur deshalb am Leben gelassen hatten, weil er ihrer Sprache mächtig war.[28] Wer in einem Grenzsaum aufgewachsen war, kannte die dort gesprochenen Idiome; Kaiser Otto I. und Bischof Thietmar von Merseburg waren nicht auf Helfer angewiesen, wenn sie slavische Gefangene verhören wollten. Ortskenntnis verminderte die Gefahr, von Landesbewohnern in Sümpfe, wasserlose Landstriche oder einen Hinterhalt geführt zu werden.

Ritterheere sollten durch eine ausreichende Zahl von Fußtruppen abgeschirmt werden und unter allen Umständen einen Kampf in unübersichtlichem Gelände meiden, wo sie ihre Überlegenheit nicht entfalten konnten. Ungarn, Türken, Mongolen verstanden sich auf die Kunst, ihren Gegner in der Flanke anzugreifen oder ihn ganz einzukreisen. Daher galt es, Gewässer, Gebirge, undurchdringlichen Wald als naturgegebenen Schutz zu nutzen, an den das Heer sich anlehnen konnte. Unter Führung von König Richard Löwenherz sind Kreuzfahrer 1191 im Heiligen Land über die Küstenstraße von Akkon nach Jaffa gezogen. Da eigene oder verbündete Schiffe die See be-

Kampf von einem Hügel aus.
Im Krieg mußte man jeden sich bietenden taktischen Vorteil nutzen,
etwa eine Anhöhe, von der aus man einen Gegner leichter abwehren
konnte. Die Szene zeigt, daß angelsächsische Krieger mit Lanzen,
aber auch der langstieligen Streitaxt den angreifenden Normannen
hohe Verluste beigebracht haben.
Teppich von Bayeux, nach 1066

herrschten, war die eine Flanke gesichert. Obendrein konnte man auf diese Weise leichter Nachschub und Reserven heranführen.[29]

Wie in Burg und Feldlager sollte auf dem Zug ein eigener Friede herrschen, der nicht leicht zu wahren war. Unvermeidlich war Gereiztheit als Folge strapaziöser Märsche (erst recht in durchnäßter Kleidung), fehlenden Schlafes, Niederlagen. Blieb längere Zeit Beute oder Sold aus, drohte gar Meuterei.[30]

Feldlager

Während des Marsches schlugen Truppen abends ein Lager auf, das für die Disziplin ebenso unentbehrlich war wie als Schutz gegenüber dem Feind. Es sollte befestigt, ständig bewacht und nachts durch Vorposten gesichert sein. Solche Forderungen waren nicht leicht durchzusetzen, wenn vom Marsch ermüdete Krieger auch noch geeignetes Material hatten heranschleppen, einen Graben ausheben und das Erdreich zu einem Wall auftürmen müssen. Die für den Zug geltende Ordnung wiederholte sich im Lager: Bei größeren Heeren hatten die nach Lehnsherren unterschiedenen Truppenverbände je ihr eigenes, an ihrem Banner erkennbares Viertel; auch Form und Farbe der Zelte dienten als Erkennungszeichen.[31] Als kostbares Gut war der Lagerfriede bedroht, wenn unter den Anwesenden früherer Streit nicht beigelegt war. Während des Kampfes blieben im Schutz des Lagers außer dem Troß vor allem Kranke und Verwundete, ferner Gefangene und Beute. War abzusehen, daß das Lager längere Zeit gebraucht würde, wurde es von vornherein solider gebaut, auch mit Hütten, die man vor dem Abmarsch verbrannte. Palisaden, Türme und besonders gesicherte Tore sollten die Verteidigung erleichtern; denn wer wußte schon, wann der Feind einen Ausfall machen oder ein Entsatzheer angreifen würde?

Der Belagerte sollte sich in einer aussichtslosen Situation sehen, weder mit Nachrichten noch mit Nachschub an Kriegern, Waffen und Lebensmitteln rechnen können. Ihn mit Wall und Graben einzuschließen war schwer bei Höhenburgen, alles andere als leicht bei befestigten Häfen; denn eine Blockade zur See hatte ihre eigenen Risiken, zumal im Winter. Bezeichnenderweise behauptete sich die Hafenstadt Akkon als einer der letzten Stützpunkte der Kreuzfahrer im Heiligen Land bis 1291 gegen eine erdrückende Übermacht. Konstantinopel hat Angriffen auch deshalb so lange getrotzt, weil die Gegner meist nur von einer Seite aus angegriffen haben. Mehmed II. belagerte die Stadt 1453 auf der Land- und auf der Seeseite.

Taktische Erwägungen

Im Krieg suchte der Anführer den eigenen Leuten ihre Aufgabe zu erleichtern, sie dem Feind möglichst zu erschweren. Täuschung und Überraschung spielten eine kaum zu überschätzende Rolle; und es ist bezeichnend, daß die Fabel sich großer Beliebtheit erfreute, in der der Schwächere den Stärkeren besiegt, ausmanövriert oder wenigstens der Lächerlichkeit preisgibt. Oft stehen sich der wendige, schlaue Fuchs und der tollpatschige, dümmliche Wolf gegenüber. Gern unterstellte der Überlistete dem erfolgreichen Widersacher verwerfliche Hinterlist oder unehrenhafte Verschlagenheit.

Bewährte Tricks seien stichwortartig zusammengestellt: Wie die kriegerische Absicht insgesamt wurde möglichst lange das einzelne Manöver verheimlicht. Man erweckte den Anschein größerer Stärke als gegeben (durch Lärmen, Auseinanderziehen der Marschkolonne, eine Vielzahl von Lagerfeuern). Gelegentlich erstrebte man das Gegenteil: dem Gegner sollte möglichst lange die eigene Überlegenheit verborgen bleiben. Der Belagerte bluffte und tat, als habe er alles noch im Überfluß. Obwohl eigene Leute schon verhungerten, schickte er dem Gegner Nahrungsmittel ins Lager; sie sollten ihn davon überzeugen, daß weitere Anstrengungen sinnlos seien. Durch einen Mittelsmann ließ man dem Gegner eine Warnung übermitteln, damit dieser auf bestimmte Maßnahmen verzichtete. Doch es gab gewissenlose Doppelagenten, und jedes Manöver konnte durchschaut, neutralisiert oder gar in eine Falle verwandelt werden. Nicht nur Steppenvölker lockten mit einer Scheinflucht den Gegner aus einer sicheren Position heraus in der Hoffnung, daß er bei Verfolgung der „Fliehenden" seine Formation aufgebe und nach einer plötzlichen Kehrtwendung leicht(er) niederzumachen sei. Doch mußten die eigenen Truppen diszipliniert sein, wenn das Manöver nicht in ein heilloses Durcheinander und die sichere Niederlage übergehen sollte. Herzog Wilhelm verdankte seinen Sieg bei Hastings 1066 auch einer solchen „Flucht".[32]

Ein Wort Mephistos galt vor allem für Belagerungen: „Mit Sturm ist gar nichts einzunehmen, wir müssen uns zur List bequemen."[33] Einmal mischten sich Sachsen unter futterholende Franken und drangen unbemerkt in deren Lager ein, wo sie ein Blutbad anrichteten. Ein andermal verdingten sich aufgeweckte junge Männer auf einer Burg als Bauarbeiter, was ihnen erlaubte, die Sicherheitsvorkehrungen auszuspähen;

nachts wiesen sie den eigenen Leuten dann den Weg; mühelos bemächtigte man sich der Burg und ihrer Bewohner.[34] Gelegentlich half die Lektüre eines „Klassikers" weiter. Ferdinand von Aragon entnahm Prokop – wichtigster byzantinischer Historiker des 6. Jahrhunderts, Verfasser großer Werke zu den Kriegen der Goten und Vandalen – den Hinweis, daß er über die Wasserleitung in das belagerte Neapel eindringen konnte.[35]

Von gleichsam erlaubter List sind bösartige Täuschung und Verrat zu unterscheiden, dank derer im Laufe des Mittelalters wohl mehr feste Plätze eingenommen worden sind als durch Einsatz kriegerischer Gewalt. Der Gegner wurde betrogen, eine entscheidende Zusage nicht eingehalten, ein Eid gebrochen oder in ungültiger Form geleistet, die für den anderen als solche nicht erkennbar war. Verrat einer Burg galt als schwere Sünde.[36] Trotzdem hat aus dem Kreis der Belagerten mancher einen Angreifer wissen lassen, etwa mit einem an einem Pfeil befestigten Brief, daß er ihm unter gewissen Bedingungen das Tor öffnen werde. Auch suchte der Belagerer einen Teil der Garnison mit Versprechungen für sich zu gewinnen oder bestach den Befehlshaber.[37]

Möglichst lange sollte der Feind über Stärke und Gliederung der eigenen Verbände im unklaren bleiben. Auf dem Marsch und im Gefecht suchte man optimal das Gelände zu nutzen, etwa Hügel und Gebüsch als Deckung. Der Gegner sollte sich in Sicherheit wiegen, weder fliehen noch der angestrebten Einkreisung oder der offenen Feldschlacht ausweichen können. Durch Vorschicken schwächerer Einheiten verleitete man ihn dazu, „anzubeißen" und das Gros seiner Streitmacht in die Schlacht zu werfen. Hier mußte man ihn daran hindern, eigene Überlegenheiten auszuspielen. Je professioneller Kriege betrieben wurden, desto eher wurden die eigenen Streitkräfte an bestimmte Verhaltensweisen gewöhnt, die ihrer Bewaffnung, dem Raum, dem Gegner angepaßt waren. So haben die Ritterorden, und hier vor allem die Templer, eigene Regeln zur Taktik entwickelt.[38]

Vor Überrumpelung schützten tiefgestaffelte Aufklärung und sorgfältige Wache. Anschaulich erzählt ein anonymer Biograph Ludwigs des Frommen, wie dessen Leuten eine Überraschung mißlang; der Autor ist voll des Lobes für den Scharfsinn des Gegners. Die Franken wollten ihre Herrschaft in Nordostspanien ausbauen und dazu Tortosa, eine Stadt am Unterlauf des Ebro, erobern. Geplant war, den Ort gleichzeitig offen von der einen und unbemerkt von der entgegengesetzten Seite her anzugreifen. Eine Abteilung sollte deshalb den Strom weit oberhalb der Stadt überqueren und dann in einem Bogen auf Tortosa vorgehen. Um sich nicht zu verraten, rückten diese Elitekrieger (das sei unterstellt) in Nachtmärschen vor; tagsüber versteckten sie sich in Wäldern, wo sie unter freiem Himmel kampierten, ohne sich durch Zelte oder Lagerfeuer zu verraten. Mit sich führten sie Boote, die man zerlegt und jeweils auf vier Saumtiere geladen hatte. An der vorgesehenen Stelle baute man die Boote zusammen und setzte über den Fluß, die Pferde schwimmend. Der maurische Befehlshaber rechnete mit einem Angriff und hatte das Flußufer (wohl im näheren Bereich seiner Stadt) besetzen lassen. Einem seiner Leute, der im Fluß badete, fiel auf dem Wasser treibender Mist auf. Er schwamm hin, beschnupperte aufmerksam eine Probe und warnte seine Genossen: Diese „Äpfel" stammten weder vom Waldesel noch überhaupt von einem an Kräuterweide gewöhnten Tier, sondern eindeutig von Pferden. „Am Oberlauf werden uns, wie ich sehe, Nachstellungen bereitet." Der Handstreich war mißlungen, die Belagerung mußte abgebrochen werden.[39]

Überrascht werden konnte ein Feind mit einfach scheinenden Mitteln: Für unmöglich gehaltenes Marschtempo;[40] lautloses Anpirschen (die Hufe der Pferde waren mit Stoff oder Leder umwickelt); Täuschung der gegnerischen Wachen; bestmögliche Nutzung einer unvorhergesehenen Konstellation. Dazu waren Initiative auch der Unterführer und Improvisationstalent auf allen Ebenen gefragt. In dieser Hinsicht dürften die Kreuzfahrer ihren Gegnern mehr als einmal ein kleines, entscheidendes Stück überlegen gewesen sein.

Eine Frage sittlicher Grundsätze und der Taktik war die Behandlung des Gegners. Durfte man Gefangene foltern, um Geständnisse zu erpressen? Sollte eine Partei geschont und dadurch die gegnerische Front aufgeweicht werden? Sollte man in zweitrangigen Fragen Entgegenkommen zeigen, um das übergeordnete Ziel schnell zu erreichen? Sollte man einen überraschenden Sieg weiter ausbeuten – auf die Gefahr hin, durch Maßlosigkeit alles zu verlieren? Die Kette der Fragen ließe sich leicht verlängern. Während der Völkerwanderung ging den – dank Überraschung, Verrat, Blockade, getäuschter Friedensversprechungen erfolgreichen – Barbaren oft ein Ruf voraus, der die Energie ihrer Gegner lähmte. Schrecken und Entsetzen verbreiteten bewußt auch Normannen, Ungarn und Mongolen sowie, wie wir gesehen haben, die Kreuzfahrer in Südfrankreich.

Wie sollte man vorgehen, wenn eine Reihe von Orten belagert werden mußten? Sollte man anfangs Milde walten lassen oder demonstrativ Grausamkeit üben in der Erwartung, das Beispiel werde andere zur Übergabe bewegen? Wiederholt hat unerbittliche Härte den Mut der Verzweiflung freigesetzt, der alle Planungen der Gegenseite zunichte machte. Die Aufforderung, zwischen zwei Übeln zu wählen, leitete nicht selten Verhandlungen ein, in denen Bedingungen einer Kapitulation ausgehandelt wurden.

Eine Frage der Taktik war schließlich, wie man ein Gefecht beginnen solle. Mit einem Pfeilregen eröffneten im 10. Jahrhundert die Ungarn und im 14./15. Jahrhundert die Engländer den Kampf.[41] Waren in vorderster Linie anstürmende ranghohe Gegner gefallen oder von ihren Pferden geworfen, konnte Unsicherheit den ganzen Angriff ins Stocken bringen, wenn nicht eine Flucht einleiten. Bei der Erstürmung von Konstantinopel 1453 setzte Mehmed II. zuerst mutige, aber weniger ausdauernde Söldner ein. Als sie den Gegner ermattet hatten, warf er in Wellen Janitscharen, seine Elitekrieger, in den Kampf, die die Entscheidung erzwangen.[42]

Propaganda

Spätestens zu Beginn des Feldzugs mußten die Anhänger motiviert werden – durch die Herabsetzung des Gegners, die

Idealisierung der eigenen Sache, die Bekundung hehrer Friedensbereitschaft sowie der Gewißheit, daß die himmlischen Mächte als Verbündete die Truppen zum Sieg führen würden. Beispiele haben wir schon kennengelernt: Die Franken hatten dem Baiernherzog Tassilo die Kriegsschuld aufgebürdet und die Avaren als Feinde Christi hingestellt.

Seit der Antike gehörte die Schmähung des Gegners zur Kunst der Rede. Um die Beschuldigungen tiefer wirken zu lassen, knüpfte man an Bekanntes an, griff auf kollektive Vorurteile und Stereotype zurück, die sich in profanen und heiligen Schriften fanden. Aussagen von Griechen und Römern zu den Barbaren, biblischer Autoren zum Feind der Endzeit und zu dem dann zu erwartenden gigantischen Ringen (etwa Dan 7f., Offb 12,18 – 13,18) sowie Deutungen dieser Schriften durch christliche Exegeten seit der Spätantike wurden auf den jeweiligen Kampf bezogen. Hunnen, Avaren, Sarazenen, Ungarn, Normannen, Mongolen, Türken wurden hingestellt als zutiefst wild und grausam, ehr- und treulos, heimtückisch und wortbrüchig, häßlich und unberechenbar, pervers und in allen Lastern erfahren – wie Dämonen. Waren die Feinde erst einmal als Ausgeburten der Hölle vorgeführt, konnte man ihnen Rechte absprechen, wie sie Menschen eingeräumt werden sollten. Man gab sich überzeugt, daß ihnen gegenüber nicht nur Verteidigung erlaubt sei, sondern daß man eine solche Pest endgültig von der Erde vertilgen müsse. An Kampagnen zur Entmenschlichung des Gegners beteiligten sich auch Hochgebildete wie Kaiser Friedrich II. und Papst Pius II., jener im 13. Jahrhundert gegen die Mongolen, dieser im 15. Jahrhundert gegen die Türken.[43]

Streitschriften, wie sie seit dem Investiturstreit publikumswirksam auch gegen Christen eingesetzt wurden, darf man vielleicht als Symptom dafür ansehen, daß die Auseinandersetzung die Parteien in früher nicht bekannter Tiefe ergriffen hatte (ähnliches gilt für Flug- und Propagandaschriften zur Zeit der Reformation und der Französischen Revolution). In dem großen Ringen zwischen Königtum und Priestertum, das im 11. und 13. Jahrhundert die Grundfesten der Gesellschaft erschütterte, sah mancher König sich gar als Antichrist hingestellt. Apokalyptische Visionen, derer Kaiser Friedrich II. sich den Mongolen gegenüber bedienen sollte, flossen auch Papst Gregor IX. in die Feder; mit einer Flut von Invektiven, die mit militärischen Metaphern gespickt sind, verunglimpfte er den Kaiser. „Es steigt aus dem Meer die Bestie voller Namen der Lästerung, die ... nicht aufhört, auf Gottes Zelt und die Heiligen, die in den Himmeln wohnen, die gleichen Speere zu schleudern. Mit eisernen Klauen und Zähnen begehrt sie alles zu zermalmen und mit ihren Füßen die Welt zu zerstampfen und, um die Mauer des katholischen Glaubens einzureißen, hat sie längst heimlich die Sturmböcke gerüstet."[44]

Jede Waffe nutzt sich auf die Dauer ab. Auch deshalb zog mancher dem schweren Säbel wüster Polemik das leichte Florett des Spottes vor. Je nach Bedarf machte man sich lustig über Sprache, Kleidung, Nahrung, Gewohnheiten des Gegners. Zu denen, die mit der Feder kaum verhüllt zum Kriege hetzten, gehörte – wie schon erwähnt – Bischof Liudprand von Cremona. Er wollte sich für Demütigungen rächen, die er als Gesandter Kaiser Ottos I. in Byzanz meinte erlitten zu haben.[45] Vieles von dem, was er inkriminiert, läßt sich damit erklären, daß er sich und seine Rolle überschätzt hatte und nicht bereit war, Andersartigkeit gelten zu lassen.

Wer seine Anhänger wirklich begeistern wollte, begnügte sich nicht damit, den Gegner zu dämonisieren oder lächerlich zu machen; vielmehr idealisierte er die eigenen Leute und stilisierte sie, etwa zur Zeit der Kreuzzüge, zu Märtyrern. Überhöht wurde auch die Heimat. Das Rolandslied preist *la doulce France,* das liebliche Franzien. Zu Beginn des 15. Jahrhunderts war, wie wir noch sehen werden, ein Bauernmädchen davon überzeugt, daß man die Engländer aus Frankreich vertreiben müsse. In der publizistischen Auseinandersetzung mit Karl dem Kühnen zeigte sich, wie leicht die Objekte der Propaganda austauschbar sind: Argumente, die man gegen „den Türken" entwickelt hatte, wurden nun gegen „den Welschen" verwendet. Gleichzeitig färbten sich Begriffe wie „teutsche nation", „Tütschland", „Vaterland" gefühlsmäßig ein.[46]

Anrufung der himmlischen Mächte

Vor Beginn der Reise (ob „ziviler" Art oder im ursprünglichen Wortsinn), während eines Feldzuges, vor und in einer Schlacht bat man Gott und die Heiligen um Schutz. Man glaubte, daß sie denen helfen, die demütig flehen, daß sie jene mit ihrem Zorn verfolgen, die sich an ihrem Besitz, ihren Dienern vergreifen sollten. Einblick in die handfeste Frömmigkeit seiner Zeit gibt Gregor († 593?), als Bischof von Tours Nachfolger des hl. Martin; darüber hinaus fällt ein Schlaglicht auf die Art, wie man im Mittelalter gelegentlich militärische Disziplin durchsetzte. Der schon mehrfach erwähnte Frankenkönig Chlodwig gab 507 einen Feldzug gegen die Goten als Glaubenskrieg aus. Da ein Teil seines Aufgebots durch das Gebiet von Tours ziehen mußte, nahm Chlodwig den Ort in seinen besonderen Schutz; denn er wollte sich den hl. Martin gewogen machen. Seine Krieger, so gebot er also, dürften sich im Gebiet von Tours nur mit Gras und Wasser bedienen. Einer nahm gewaltsam einem Mann Heu mit der Begründung, das sei nichts anderes als Gras. Der Übergriff wurde vor den König gebracht, der seinen Krieger ohne weiteres Verfahren persönlich mit dem Schwert niedergehauen und erklärt habe: „Wie können wir auf Sieg hoffen, wenn wir den heiligen Martin erzürnen?" Nach einer solchen Warnung habe das Heer sich in dieser Gegend keine Übergriffe mehr erlaubt.[47]

Chlodwig habe dann Boten mit Geschenken zur Kirche des Heiligen geschickt, in der sie auf ein Vorzeichen des Sieges achten sollten. Er selber flehte zu Gott: „Wenn du, o Herr, mir zur Seite stehst und dies ungläubige Volk, das dir immerdar feind ist, in meine Hände zu liefern beschlossen hast, so laß dich gnädig herab und zeige es mir an beim Eintritt in die Kirche des hl. Martin, auf daß ich erfahre, daß du deinem Diener günstig sein willst." Als die Boten die Kirche betraten, habe der Vorsänger gerade das Lied angestimmt: „Gott, Du hast mich mit Kraft zum Krieg gegürtet; die sich wider mich erhoben, hast Du unter meine Füße gelegt; meine Feinde hast Du in die Flucht geschlagen, meine Hasser zerstreut" (Ps 18, 40f.). Die Boten dankten Gott für den Bescheid, versprachen dem hl. Martin Weihegeschenke *(vota)* und verkündeten dem König die frohe Nachricht. Der wiederholte sein Raub- und Plünderungsverbot und erfuhr in den folgenden Tagen Beweise der göttlichen Gnade: Eine Hirschkuh wies, wie schon erwähnt, dem Heer eine Furt; in der Schlacht bei Vouillé entging Chlodwig auf wunderbare Weise dem Tod, dagegen fiel der Gotenkönig Alarich. Mit dem größten Teil von dessen Reich gewann Chlodwig auch den Königsschatz. Als beutebeladener Sieger kehrte er nach Tours zurück und „brachte viele Geschenke der heiligen Kirche des seligen Martin dar".

Ähnliches halten Quellen aus späteren Jahrhunderten fest. So apostrophierte im Jahre 753 Papst Stephan II. den fränkischen Adel als Mitarbeiter des hl. Petrus; er forderte sie zum Kampf für die heilige Kirche auf, verhieß ihnen Vergebung ihrer Sünden durch den Apostelfürsten, hundertfachen Lohn und ewiges Leben aus der Hand Gottes.[48] Wer solche Verheißungen erhielt, wußte sich verpflichtet, die Rechte des hl. Petrus zu wahren – zumal er sich an Besitzungen der Langobarden schadlos halten konnte. Auf Feldzügen gegen das Westfrankenreich erwies Otto I. dem hl. Dionysius die schuldige Ehre, der in der berühmten Abtei nördlich von Paris ruhte.[49] Und am Grab des hl. Remigius in Reims betete demütig Otto II. Als dessen Krieger irrtümlich das Kloster der hl. Baltildis zu Chelles zerstört hatten, machte der König große Stiftungen für den Wiederaufbau.[50]

In Zeiten akuter Spannung achteten Christen wie Nichtchristen auf Vorzeichen; da Erdbeben und Sonnenfinsternis Jesu Tod begleitet hatten (Mt 27, 45. 51), mußte man das nicht einmal als Ausdruck heidnischen Denkens abtun. Der Komet des Jahres 1066 wies, so glaubte man, auf gewaltige Umbrüche hin; Herzog Wilhelm und seine Normannen deuteten ihn als siegverheißendes Zeichen.

Vor dem entscheidenden Kampf erbat man mit Gebet, Gottesdienst, Gelübde, Akten der Buße einmal mehr die Hilfe Gottes und seiner Heiligen. Zusätzlich machten Christen eine

Prozession, auch barfuß; Christen und Muslime riefen zu einem möglicherweise mehrtägigen Fasten auf,[51] Muslime ferner zu rituellen Waschungen. Christen und Muslime bekundeten im allgemeinen die Hoffnung, Gott werde der eigenen Partei den Sieg verleihen. Augustinus war weiter gegangen, als er schrieb: „Jeder Sieg, auch wenn er Bösen zufällt, ist ein Gottesgericht zur Demütigung der Besiegten, sei es um sie von Sünden zu reinigen, sei es um sie für Sünden zu bestrafen."[52] Diese Vorstellung kam noch tausend Jahre später zum Ausdruck, als das französische Adelsheer 1415 bei Azincourt König Heinrich V. von England durch Herolde eine ritterliche Schlacht anbot; in dem ehrlich verabredeten Kampf sollte Gott das Urteil sprechen.[53]

Letzte Friedensbemühungen

Mancher ließ es gar nicht auf einen Kampf ankommen. Angesichts der Unsicherheit des Kriegsglücks haben auch Besatzungen gut befestigter Orte in (vermeintlich) uneinnehmbarer Lage, die mit allem Notwendigen versorgt waren, es oft vorgezogen, sich gegen ausgehandelte Bedingungen zu ergeben. Garantiert wurden etwa freier Abzug mit Waffen, Ausrüstung, Gefolge, Vermögen; Verzeihung vergangener Missetaten; Beibehaltung bisheriger Rechte. Solche Unterhandlungen mochten auch dazu dienen, eine Schwachstelle des anderen auszuspähen oder Zeit zu gewinnen, erst recht wenn man auf Entsatz hoffte.

Vor allem öffentlich wollte mancher die eigene Friedensbereitschaft betonen und festhalten, daß er alles getan habe, um unnötiges Blutvergießen zu vermeiden. Zumal in Fällen verletzter Ehre war es nicht leicht, das rechte Maß zu finden. Wer den Gegner vor unannehmbare Forderungen stellte, ihm keine Hoffnung auf ein Leben in Würde ließ, konnte eine fatale Kettenreaktion auslösen. Das Gefühl, in die Enge getrieben zu sein, stärkt die Kampfbereitschaft. Als einziger Ausweg erscheint der Angriff; ohne Rücksicht auf Verluste stellt man sich sogar einem weit überlegenen Gegner. Man setzt alle

Hoffnung auf eine Schlacht, eine Belagerung oder einen Ausfall. Man verhält sich irrational und gewinnt vielleicht gerade dadurch entscheidende Vorteile über einen rational kalkulierenden Gegner. So wirkten Vorstellungen der Stauferkaiser von ihren Rechten auf selbstbewußte oberitalienische Städte als überzogen, nicht mehr zeitgemäß, zumal sie ihnen nicht erlaubten, das Gesicht zu wahren. Mehrfach gründeten sie einen Bund, der im Jahre 1176 Friedrich I. bei Legnano, im Jahre 1248 dessen Enkel Friedrich II. bei Parma eine empfindliche Niederlage beibrachte.[54] Im Jahre 1415 geriet König Heinrich V. von England in Nordfrankreich in eine so bedrohliche Lage, daß er den Franzosen den Rückzug, die Rückgabe von Calais und zusätzlich eine hohe Entschädigung in Gold anbot. Die Franzosen lehnten ab. Beseelt vom Mut der Verzweiflung, triumphierten die Engländer in der Schlacht bei Azincourt.[55]

Im weiteren Verlauf des Hundertjährigen Krieges forderte Jeanne d'Arc 1429 die Engländer mindestens dreimal auf, die Belagerung von Orléans aufzuheben und heimzukehren. Die erste feierliche Proklamation sei vorgestellt. In dem Schreiben, das sie mit dem Ruf „Jhesus Maria" eröffnet, behauptet Jeanne mehrfach, von Gott gesandt zu sein, durch sie spreche der König des Himmels. Den König von England, dessen Stellvertreter in Frankreich und weitere hier amtierende englische Würdenträger ersucht sie namentlich, ihr die von ihnen besetzten französischen Städte auszuliefern. Sie sei „durchaus bereit, Frieden zu schließen, wenn Ihr ... Frankreich verlaßt und für das bezahlt, was Ihr gehabt habt". Jeanne wendet sich dann, wenn auch knapper, an alle vor Orléans liegenden Belagerer, insbesondere die Bogenschützen. Sollten sie nicht in ihr eigenes Land gehen, werde sie unter ihnen ein beispielloses Gemetzel veranstalten lassen. Wenn sie gehorchen, wolle sie ihnen gnädig sein. Auf das Säbelrasseln folgt die Bekundung der Zuversicht, daß sich in einem Gottesurteil schon herausstellen werde, wer „das bessere Recht" habe.[56]

Jeanne und einflußreiche Franzosen haben an die Sendung der Jungfrau geglaubt. Die Engländer sahen in ihr eine Hexe, die mit einem besonderen Zauber die bis dahin verzagten

Franzosen zu Siegen geführt und die erfolgverwöhnten Engländer entmutigt habe. Manches in ihrem Aufruf klingt revolutionär. Das jahrhundertelang als gottgegeben unbestrittene Erbrecht erlaubte immerhin auch dem König von England, die Krone Frankreichs zu beanspruchen. Eine junge Frau bäuerlicher Herkunft verlangte von den Großen eines Landes Gehorsam. Ein demokratisch anmutendes Element begegnet in dem Appell an die einfachen Krieger, die im Falle der Niederlage einen schnellen Tod zu gewärtigen hatten. Auffällig sind schließlich nationalistisch klingende Töne. Jeanne war es vergönnt zu erleben, wie manche ihrer Prophezeiungen sich erfüllten: Nach personellen, materiellen und moralischen Verlusten hoben die Engländer die Belagerung von Orléans auf und zogen auch aus anderen französischen Städten ab. Sie sahen sich weiter verunsichert, als Karl VII. in Reims zum König gekrönt wurde.

Nicht nur Christen zeigten sich bestrebt, Blutvergießen zu vermeiden. Fast ein Vierteljahrhundert nach der Einnahme von Orléans forderte Mehmed II. mindestens zweimal Kaiser Konstantin XI. zur kampflosen Übergabe von Konstantinopel auf. Die Bedingungen erschienen den Byzantinern nicht annehmbar, zudem trauten sie den Zusagen des Sultans nicht.[57]

Die Rede vor dem entscheidenden Gefecht

Seit der Antike haben Feldherren vor Entscheidungen ihre Krieger zu Höchstleistungen aufgerufen. Um zu begeistern und Zuversicht zu verbreiten, erinnerte der Redner an früher bekundeten Mut und an Taten, die große Erwartungen rechtfertigten. Mißerfolge blieben meist ebenso unerwähnt wie eigenes Verschulden. Je schwächer man war, desto mehr mußten ideelle Werte herausgestrichen werden, die die Schlacht rechtfertigten: Verteidigungskampf für eine gerechte Sache, für Frauen und Kinder, für das Leben, die Freiheit, die Heimat; eigene Friedensbereitschaft bis zuletzt; Rache (oder: Strafe) für Untaten des Gegners an Menschen und Sachen. Dazu die Warnung vor dem, was im Falle einer Niederlage drohe: Verlust der Ehre, Sklaverei, schmählicher Tod. Insgesamt sollte das Feindbild abschrecken. Die Überzeugung von der eigenen Überlegenheit durfte nicht ins Wanken geraten. Auf schmalem Grat bewegte sich, wer dem Gegner Mut und zahlenmäßige Überlegenheit bescheinigte; denn die eigenen Leute sollten den Feind weder unterschätzen noch vor ihm verzagen. Schon deshalb mußte man rechtzeitig an den Nachruhm erinnern, dessen auch der gefallene Held noch in vielen Generationen sicher sei. Dazu kam die Gewißheit, im Falle des Todes ewigen Lohn zu gewinnen. Nicht zu verachten war die Aussicht auf Beute.

Von jedem Stichwort aus konnte man auf den Gegner zurückkommen und ihm unter Verweis auf sein früheres Treiben finsterste Absichten unterstellen: Abschlachtung der Krieger, Schändung der Frauen, Versklavung der Kinder, Beutegier.[58] Mit der Schmähung des Gegners steigerte man den eigenen Zorn und kam über Hemmschwellen hinweg, die vor Blutvergießen vielleicht zurückschrecken ließen. Worte, die Chronisten ihren Helden in den Mund legen, und anschließende Taten ähneln sich über die Jahrhunderte. Otto I. soll seinen Kriegern für den Fall der Niederlage einen schmachvollen Tod in Aussicht gestellt haben. Nicht anders redete König Heinrich V. vor der Schlacht bei Azincourt 1415: Im Falle des Sieges würden die Franzosen sie abschlachten. Die Engländer siegten; die Franzosen „wurden abgeschlachtet oder scharenweise wie das Vieh abgeführt".[59]

Nichtchristen wurden oft als Feinde der Welt, der Menschheit oder Gottes hingestellt. Metaphysische Dimensionen konnte die Auseinandersetzung mit Muslimen erreichen, wie das Rolandslied zeigt (ob es Ergebnis der Kreuzzugsbegeisterung ist oder diese mitausgelöst hat, sei dahingestellt): In dem Feldzug, den Karl der Große und sein Neffe Roland gegen Muslime in Nordspanien führen, wird der Gegner im wahrsten Sinne des Wortes verteufelt. Der Autor zieht alle Register der Feindpropaganda. Nicht mehr Krieger stehen sich gegenüber, sondern Gott und die Heiligen einerseits, der Teufel und die Dämonen andererseits, Stellvertreter des Lichts hier, der Finsternis dort. Bezeichnend sind Worte, mit denen Erzbischof

Turpin – nach seinem Tod würdigt das Epos ihn als Krieger, dann erst als Priester – seine Mitstreiter zum Schutz der Christenheit anspornt: Sie sollten ihre Schuld bekennen und Gott um Erbarmen bitten; dann wolle er sie von ihren Sünden freisprechen, auf daß ihre Seelen gerettet werden. „Wenn ihr fallt, seid ihr heilige Märtyrer." Engel würden sie ins Paradies geleiten, wo sie sich zusammen mit den Unschuldigen Kindern der ewigen Seligkeit erfreuen sollen – die Seelen der Sarazenen hole der Teufel in die Hölle. Die Franken sitzen ab und knien nieder; der Erzbischof segnet sie und trägt ihnen als Buße auf, mit den Schwertern dreinzuschlagen.[60]

Strukturelle Gemeinsamkeiten im Denken von Christen und Muslimen fallen in den Reden auf, mit denen der Sultan und der Kaiser ihre jeweiligen Truppen vor dem Sturm auf Konstantinopel 1453 ermutigten – jedenfalls nach dem Zeugnis eines Mannes, der den Kaiser gehört hat und die Worte des Sultans über Ohrenzeugen erfahren haben könnte. Was die Einstellung zu Sieg und Sterben angeht, standen die Protagonisten sich nahe. Konstantin XI. verheißt denen, die im Kampf fallen sollten, eine „Märtyrerkrone aus Diamanten im Himmel". Mit Tränen in den Augen antworten die Krieger: „Wir sterben gern für Christus, den Christenglauben und unser Vaterland." Mehmed II. ruft seine Krieger auf, sich ihres Ruhmes und der Großtaten, die Gott durch ihre Väter gewirkt habe, würdig zu erweisen; wem der Schlachtentod bestimmt sei, der könne sich nach dem Wort des Propheten darauf verlassen, „leiblich ins Paradies versetzt" zu werden; und das malt der Autor in Kenntnis des Korans und muslimischer Tradition blumig aus: Der Krieger dürfe darauf vertrauen, daß er „mit Mohammed schmausen und trinken wird, und mit Knaben und mit schönen Frauen und Mädchen auf einem grünen, von Blumen duftenden Rasen ausruht, und in herrlichen Bädern badet; von Gott erhält er all dies zum Lohne".[61]

Wenn erforderlich, schreckte ein Führer nicht vor Gewalt zurück, um seine Krieger die Todesfurcht vergessen zu lassen. Mehmed wollte zaudernde Söldner notfalls mit Peitschenhieben in den Kampf treiben lassen. Doch wirkungsvoller waren materielle Anreize. Der Anführer verhieß etwa demjenigen eine hohe Prämie, der als erster die Mauer einer belagerten Stadt bezwinge. In den Worten, die Otto I., Heinrich V. und Konstantin XI. in den Mund gelegt werden, ist davon nicht die Rede, wohl aber in denen des Sultans. Nachdem Mehmed II. Freuden des Paradieses als Lohn Gottes verheißen hat, stellt er für den Fall des Sieges als seine Vergünstigungen in Aussicht: Das Doppelte des jetzigen Lohnes auf Lebenszeit sowie das Recht, drei Tage lang ungestört Konstantinopel zu plündern. „Was ihr da erbeutet und findet, an Gold und Silbergeschirr, Kleidern, Gefangenen – seien es Männer oder Weiber, große und kleine –, niemand soll es Euch abfordern oder Euch irgendwie darum behelligen." Als der Sultan diese Zusage beschworen habe, hätten alle wie aus einem Munde gerufen: „Gott ist Gott, und Mohammed ist sein Prophet." Den Verteidigern sei es „wie das Rauschen eines gewaltigen Meeres" erschienen.[62]

Friedensversprechen, Verzeihung und Abschied

Nach dem Bericht Widukinds von der Schlacht auf dem Lechfeld sicherten die Krieger am Morgen des entscheidenden Tages einander Frieden zu (*pace data et accepta,* als sie Frieden gegeben und angenommen hatten). Das Versprechen begründete einen Bund Gleicher, die für dasselbe Ziel fochten. Im Heer sollte, wie in der Burg, zwar grundsätzlich Friede herrschen; doch garantiert war das nicht. In der Schlacht gegen Rudolf von Habsburg wurde König Ottokar II. von Böhmen 1278 auf dem Marchfeld von einem seiner eigenen Leute getötet, der die Gelegenheit zur Rache nutzte.[63] Ein extremes Beispiel, gewiß; doch nicht selten hatten die einen unlängst einander bitter bekämpft, andere eine Fehde nur oberflächlich beigelegt oder sich in einem Loyalitätskonflikt noch nicht entschieden.

Schwierigkeiten ergaben sich, wenn Verbündete einander nicht verstanden. Im Jahre 842 schworen Ludwig und Karl, Söhne Kaiser Ludwigs des Frommen, Enkel Karls des Großen, einander die – nach dem Ort der Zusammenkunft so genannten – Straßburger Eide; diese zählen zu den frühen Zeugnissen der französischen und der deutschen Sprache *(Teudisca lingua)*. Vorausgegangen war die Schlacht bei Fontenoy 841, in der Karl und Ludwig gegen ihren Bruder Lothar um das Erbe ihres Vaters gekämpft hatten und in der Tausende von Franken gefallen waren. Ludwig und Karl bekannten sich, sofern Gott und die anwesenden Krieger ihnen helfen wollten, zum Frieden (hier: *quietem,* Ruhe, nach dem vorausgegangenen Krieg eine naheliegende Vokabel). Für den als wahrscheinlich angesehenen Fall, daß es mit ihrem Bruder Lothar zu einer weiteren, als Gottesurteil verstandenen Schlacht kommen sollte, versprachen sie, sich gegenseitig helfen und keinen dem anderen nachteiligen Separatfrieden mit Lothar schließen zu wollen. Wenn einer von ihnen den Eid breche, sollten die Gefolgsleute ihrerseits von Gehorsam und Eid, den sie ihrem jeweiligen Herrn geschworen hatten, entbunden sein. Als Älterer schwor Ludwig zuerst: *In Godes minna ind in thes Christianes folches...* Aus Liebe zu Gott, zum christlichen Volk und zu ihrer beider Heil wolle er von diesem Tage an in Zukunft, soweit Gott ihm Wissen und Macht gebe, „diesen meinen Bruder Karl sowohl in Hilfeleistung als auch in anderer Sache so halten, wie man von rechtswegen seinen Bruder halten soll, unter der Voraussetzung, daß er mir dasselbe tut; und mit Lothar will ich auf keine Abmachung eingehen, die mit meinem Willen diesem meinem Bruder Karl schaden könnte". Darauf habe Karl geschworen; dann seien die Krieger in ihrer jeweiligen Sprache an der Reihe gewesen, wobei die Namen entsprechend ausgetauscht wurden: „Wenn Ludwig den Eid, den er seinem Bruder Karl schwört, hält und Karl mein Herr ihn seinerseits nicht hält, wenn ich ihn davon nicht abbringen kann, werde weder ich noch irgendeiner, den ich davon abbringen kann, ihm gegen Ludwig irgendwelchen Beistand geben."[64]

Friedensversprechen wurden oft überhöht durch Vergeben früherer Verfehlungen, wie Georgios Sphrantzes zeigt: „Sie baten ein jeder den anderen um Verzeihung für alles, womit sie ihn etwa gekränkt haben könnten, und verziehen wiederum ein jeder dem anderen; dann umarmten sie einander, und von da an dachte keiner mehr an seine Kinder, sein Weib und seinen Besitz, sondern nur an den Tod, den sie für das Vaterland zu erleiden bereit waren." Auch Kaiser Konstantin XI. bat, nachdem er „die unbefleckten und heiligen Mysterien" empfangen hatte, „alle um Verzeihung".[65]

Zur Stärkung von Leib und Seele empfingen Christen vor dem Kampf den Leib Christi in Gestalt des Brotes, meist während einer Messe; an der nahm man, wenn die Zeit es nicht anders zuließ, hoch zu Roß teil.[66] Die Lossprechung von den Sünden erbat man vor und – im Falle ernster Verwundung – während der Schlacht. Die Feldkapläne konnten nicht bei Hunderten einzeln Beichte hören (manchmal sollten sie auch noch letztwillige Verfügungen entgegennehmen); deshalb sprach ein Priester, wie im Rolandslied, eine Generalabsolution aus. Oder man bekannte einem Mitstreiter, was man sich noch zu Lebzeiten an Belastendem „von der Seele reden" wollte. Auf ein Wort des Apostels Jakobus gestützt (Jak 5, 16), hat die Kirche die Laienbeichte für den Notfall ausdrücklich anerkannt. Auf dem siebten Kreuzzug beichtete 1248 der Konnetabel von Zypern bei einem Kampfgefährten; Joinville schreibt: „Ich sagte ihm: ‚Ich spreche Euch los mit der Vollmacht, wie Gott sie mir verliehen hat.' Als ich mich erhob, erinnerte ich mich an nichts von dem, was er mir gesagt hatte".[67] Reichte die Zeit nicht einmal dazu, bezeichnete man sich selbst oder einen Sterbenden mit dem Kreuz als Symbol des rechten Glaubens und der Hoffnung auf ein künftiges Leben. Das Sakrament der letzten Ölung wurde allenfalls während oder nach der Schlacht vornehmen Schwerverletzten gespendet.

Siegverheißende Zeichen

Als Unterpfand der Hilfe des Himmels nahmen Heerführer außer kostbaren Reliquien auch Fahnen mit in den Kampf, die oft das Bild des Schutzheiligen trugen. Das Entrollen des Banners konnte darüber entscheiden, ob ein Treffen als „Schlacht" zu werten sei.[68] Das Banner diente als Orientierungspunkt vor, nach und besonders während der Schlacht, wenn wegen des aufgewirbelten Staubes Freund und Feind sich nicht mehr unterscheiden ließen (ein Grund dafür, sich durch Kleidung, Waffen oder Wappen vom Gegner abzuheben). Der Bannerträger, der eine Einheit ins Gefecht führte, mußte mutig, umsichtig und kaltblütig sein. Bei Montaperti schlug 1260 Bocca degli Abati aus Florenz in verräterischer Weise dem Bannerträger seiner Heimatstadt die Hand ab; daraufhin verloren die Florentiner die Schlacht.[69]

Auch nichtchristliche Bilder prangten auf Feldzeichen. Kaiser Otto IV. verlor mit der Schlacht bei Bouvines (27. Juli 1214) den – von den antiken Römern entlehnten – Adler.[70] Heiden ließen sich ein Bild ihrer Gottheit sogar dann vorantragen, wenn sie als Verbündete eines christlichen Herrschers gegen Getaufte stritten. Viele Christen empfanden es als Skandal, daß Kaiser Heinrich II. sich mit den heidnischen Liutizen gegen die christlichen Polen verbündet hatte.[71]

An die himmlischen Mächte richtete sich auch das Kampfgeschrei; es sollte die eigenen Leute anfeuern und den Gegner demoralisieren, weshalb man es oft durch Trommelwirbel und Trompetengeschmetter verstärkte. Mit dem Ruf *Kyrie eleison!* (Herr, erbarme dich) stürmten Deutsche los.[72] Gott sollte sich erbarmen, dem Heer den Sieg und denen, die den Schlachtentod erleiden müßten, die Seligkeit schenken. Franzosen riefen *Saint Denis!*, Engländer *Saint Georges!*, Spanier *Santiago!* (= Heiliger Jakobus!), die Bretonen *Saint Yves!*[73] „Scheußlich und teuflisch" klang den Christen der Schlachtruf, mit dem die Ungarn ihre Gegner in Panik versetzten, ein unheilverheißendes *huihui.*[74]

Belagerung und Erstürmung

Überrumpelung setzte List oder Täuschung voraus, da der Gegner sich in Sicherheit wähnte; war er gewarnt und wollte er sich nicht freiwillig ergeben, blieben Feldschlacht oder Belagerung. Diese konnte auf ein jahrelanges, unkalkulierbare Risiken bergendes Abenteuer hinauslaufen; sie mußte deshalb gut geplant und vorbereitet werden. Reichten die eigenen Kräfte für eine wirksame Belagerung nicht aus, mußte man den Ort erstürmen, bevor das Verhältnis der Kräfte sich weiter zugunsten des Feindes verschob. Die Kreuzfahrer hatten damit 1099 Erfolg.

Als erstes richtete der Belagerer sein Feldlager so ein, daß er das Geschehen überblickte und der Gegner von der Außenwelt abgeschlossen war. Um die Befestigung an einer günstigen Stelle zu schwächen oder gar niederzulegen, standen die schon erwähnten Schieß- und Wurfmaschinen sowie Rammböcke zur Verfügung, seit dem 15. Jahrhundert auch Pulverartillerie. Sofern der Untergrund das zuließ, arbeiteten sich „Maulwürfe" bis zu der Stelle der Mauer vor, die sie zum Einsturz bringen sollten. Die Hohlräume wurden zunächst mit Holzstempeln abgestützt, die nach Abschluß der Erdarbeiten angezündet wurden – sofern der Eingeschlossene das nicht mit Gegenminen verhinderte, wie etwa 1453 bei der Belagerung von Konstantinopel.[75] Brach die Mauer an der vorgesehenen Stelle zusammen, stürmte der Angreifer in die Bresche, die der Verteidiger mit Sandsäcken, Fässern, Palisaden notdürftig zu schließen suchte.

Waren schmerzliche Verluste oder empörendes Unrecht (der Gegenseite!) zu beklagen, stieg mit der Gereiztheit die Bereitschaft, auf abstoßende Weise Rache zu üben. Deren Wirkung ließ sich nicht berechnen; sie konnte den Gegner entmutigen, in ihm aber auch leidenschaftlichen Kampfeswillen wecken, so daß er lieber sterben als in Gefangenschaft geraten wollte. Auf dem ersten Kreuzzug schossen die „Pilger" gelegentlich die Köpfe gefallener Feinde in eine belagerte Stadt.[76] Oft wurden Gefangene vor aller Augen auf bestialische Weise getötet durch Kreuzigen oder – wie die Türken es bei der Belagerung von Konstantinopel 1453 wiederholt vorführten – Pfählen.[77] Einmal hatten die Türken 40 Gefangene niedergemacht; die Byzantiner revanchierten sich, indem sie 260 Gefangene vor den Augen der Gegner enthaupteten.[78]

Es war mühsam und lebensgefährlich, im Schußbereich des Feindes den Rammbock zu betätigen und den Turm an die Mauer zu rollen. Denn je näher der Belagerer kam, desto mehr Abwehrwaffen standen dem Verteidiger zur Verfügung; das galt erst recht für den Sturm. Der Angreifer versuchte, den Belagerten mit Scheinangriffen zu täuschen, eine schwache Stelle, eine momentane Unsicherheit oder Panik zu nutzen. Sofern dem Verteidiger noch Kämpfer, Waffen und andere Hilfsmittel geblieben waren, nahm er die Angreifer jetzt aus nächster Nähe unter Beschuß. Auch schüttete er aus vorragenden „Pechnasen" heiße Flüssigkeit auf die Feinde, bewarf sie mit Steinen oder schleuderte Körbe mit Bienen, die durch Schütteln gereizt waren und die auch unter den Panzer krochen, in Ansammlungen von Feinden. Mit ungelöschtem Kalk oder feinem Kohlestaub blendete man Krieger, die schweißüberströmt die Sturmleitern erstiegen.

Selbst wenn die (erste) Mauer einer Burg oder einer Stadt genommen war, mußte ein kampfkräftig gebliebener Gegner noch nicht aufgeben; zäh konnte er einzelne Gebäude verteidigen. Denn Burgen waren oft so konzipiert, daß enge, gewundene Treppen, Falltüren, Schikanen aller Art den Angreifer behinderten und dem entschlossenen Verteidiger eine lange Abwehr erlaubten.

Den Barbaren der Völkerwanderungszeit fehlte oft schweres Gerät, ohne das gut befestigte Römerstädte kaum einzunehmen waren. Wenn ihnen trotzdem die Tore geöffnet wurden, dann weniger wegen Unzulänglichkeiten der Befestigung, Mangel an Lebensmitteln oder Wasser, sondern eher deshalb, weil den Belagerten der Wille zum Widerstand fehlte; vielfach wußte man nicht, für wen oder was man kämpfen sollte.[79] Oft hatten Romanen und Germanen sich schon längst kennen-, wenn nicht schätzengelernt. Auf die Anfertigung schweren Belagerungsgerätes und die Eroberung befestigter Orte verstanden sich im 9./10. Jahrhundert die Normannen, offensichtlich dagegen nicht die Ungarn, wie auch die gescheiterten Angriffe auf Augsburg 926 und 955 zeigen.[80] Im Jahre 773 schloß Karl der Große Pavia ein, überließ die Belagerung seinen Leuten und zog weiter nach Rom; auf dem Rückweg eroberte er 774 die Hauptstadt der Langobarden.[81] Anders erging es 1312 Kaiser Heinrich VII., der sich nach einiger Zeit der Belagerung darüber klar wurde, daß seine Kräfte nicht ausreichten, Florenz zu bezwingen; unverrichteter Dinge zog er weiter.[82] Wer so verfuhr, hinterließ in seinem Rücken einen Feind, dessen Ansehen bei den eigenen Leuten und noch Unentschlossenen gestiegen war und der die rückwärtigen Verbindungen mindestens stören konnte. Die Engländer hatten 1429 an den Ausfallstraßen von Orléans und an der Loirebrücke befestigte Sperren *(bastilles)* angelegt und damit die Stadt weitgehend eingeschlossen. Von Jeanne d'Arc ermutigt, kehrten die Franzosen die Rollen um und machten aus Belagerern Belagerte. Sie eroberten mehrere *bastilles*, woraufhin die Engländer die Belagerung aufhoben. 1453 griff Mehmed II. Konstantinopel mit mehr als zehnfacher Überlegenheit an (etwa 80000 Mann regulärer Truppen, ferner Tausende von Söldnern). Auf der anderen Seite standen 4983 Griechen und nicht ganz 2000 Ausländer, zusammen weniger als 7000 Mann.[83] Trotzdem zog die Belagerung sich in die Länge, und die Stadt wurde erst in einem zweiten, auch für die Angreifer verlustreichen Sturm genommen.[84]

Durst, Hunger, Krankheit zwangen Belagerte oft zur Übergabe. Zu leiden hatten allerdings auch Belagerer. Gegen Steinwürfe, Pfeil- und Bolzenschüsse der Verteidiger konnten sie sich eher schützen als gegen Versorgungsprobleme sowie Lagerkrankheiten; Ruhr und Typhus waren die kaum vermeidbare Folge mangelhafter Verpflegung, unzulänglicher sanitärer Verhältnisse und (zumal in der Winter- und Regenzeit) schlechter Unterkunft. An der Ruhr starb im August 1270 König Ludwig IX. auf seinem zweiten Kreuzzug in Nordafrika.[85]

*

Eroberungen nach Belagerungen[86]

774 Pavia, nach fast 1 Jahr
1162 Mailand, nach etwa 1 Jahr
1191 Akkon, Belagerung Juni 1189–Juli 1191

1204 Château-Gaillard, nach 5 Monaten
1244 Montségur, nach 1 Jahr

Belagerungen von Konstantinopel[87]

626	Avaren und Slaven
668/669	Araber
674–678	Araber
717/718	Araber
813	Bulgaren
860	Rus
zwischen 907 und 943	Rus
1090	Petschenegen
1203/04	Kreuzfahrer, mit Eroberung
1422	Murad II.
1432	Murad II.
1453 Mai 29	Mehmed II., Eroberung nach fast 8 Wochen

Feldschlacht

Der ganze Krieg war ein „Spiel von Möglichkeiten, Wahrscheinlichkeiten, Glück und Unglück" (Clausewitz), erst recht die einzelne Belagerung und Feldschlacht. Wegen der unabsehbaren Folgen einer Niederlage suchte oft mindestens eine Seite die „echte" Schlacht zu vermeiden. Dabei forderten die meisten Feldzüge – trotz gelegentlich hoher Verluste – nur wenige direkte Opfer unter den Kämpfern; es gab Berufskrieger, die im Laufe ihrer Karriere nur an ein, zwei Schlachten teilgenommen hatten[88] – ein Grund mehr, *proelium* und *pugna* eher mit „Gefecht" oder „Kampf" als mit „Schlacht" zu übersetzen.

Unter Nutzung von Raum, Jahreszeit, Sonnenstand, Windrichtung, Zugang zu Trinkwasser usf. hatte der Heerführer seine Streitkräfte so einzusetzen, daß mit möglichst geringen eigenen Verlusten der Feind (ab)geschlagen, eine Burg genommen, eine Stadt gehalten wurde. Er hatte zu entscheiden, wie, wo und in welcher Reihenfolge die Fußsoldaten, die Reiterei, die Artillerie, die Reserve, die Flotte in den Kampf eingreifen, welche List, welche Tarnung, welches Täuschungsmanöver angewendet werden sollten. Schließlich sollte er sich unversehens bietende taktische Vorteile erkennen und nutzen.

Wer lange Zeit erfolgreich gewesen war, hatte Mühe, sich auf neue Kampftechniken einzustellen. An der Wende vom 9. zum 10. Jahrhundert charakterisiert ein Chronist die Art der Ungarn zu fechten (mit Pfeil und Bogen, Scheinflucht) als „um so gefährlicher, je ungewohnter sie den übrigen Völkern ist".[89] Die Bedeutung von Ausbildungsstand und Professionalität erfuhr ein französisches Heer, das am 26. August 1346 bei Crécy, nördlich der Somme, gegen ein englisches Heer kämpfte, das wahrscheinlich erheblich kleiner war. Über den Sieg entschieden weder Zahlen noch die Ritter, die den Kern beider Heere bildeten, sondern der virtuose Einsatz und das Können einer Waffengattung, mit deren mörderischer Effizienz die Franzosen nicht gerechnet hatten. Keine Chance hatten ihre Armbrustschützen und ihre in Wellen angreifenden Ritter gegen hart gedrillte englische Freibauern und Milizionäre, die mit Langbogen aus weiter Entfernung zielsicher in schneller Folge ihre Pfeile verschossen. Erst als zahlreiche französische Ritter gefallen waren, verletzte Pferde das Durcheinander unter den Überlebenden verstärkten, gingen englische Ritter und Fußtruppen zum Gegenangriff über. Die Franzosen verloren Tausende von Gefallenen und Gefangenen; die Engländer hatten nur wenige Opfer zu beklagen.[90]

Mehr Schaden als der Feind richteten oft eigene Leute an, die sich über Befehle hinwegsetzten. Als ehrenrührig galt den einen, daß sie erst später eingreifen sollten; sie drängten vor und brachten Verwirrung in die eigenen Reihen. Von der Aussicht auf Beute verlockt, verließen andere das Schlachtfeld; in Erwartung von Lösegeld wollten wieder andere Gefangene einbringen. Solche Eigensüchteleien konnten auf die gemeinsame Niederlage hinauslaufen.[91] Nicht weniger verhängnisvoll wirkte sich unzulängliche Ausbildung aus. Wurde während des Marsches ein Befehl falsch übermittelt, während der Schlacht ein Signal mißverstanden, kam es zu panikartiger Flucht, in deren Verlauf Kampfgefährten zu Tode getrampelt wurden.

Pirckheimer, der einen solchen Fall überliefert, bewundert die bei den Eidgenossen herrschende Disziplin.[92]

Bis weit ins Spätmittelalter führten die Herrscher persönlich ihr Aufgebot. Manchmal eröffneten sie das Gefecht in einem Zweikampf mit dem ranghöchsten Feind; eine Vielzahl solcher Duelle konnte die „Schlacht" bilden. Mit dem Beweis von Tapferkeit legitimierten Große ihre Herrschaft und spornten ihr Gefolge an, es ihnen gleichzutun. Beinamen wie „der Löwe" oder „der Tapfere" zeugen vom Mut, mit dem ihre Träger Umgebung und Nachwelt beeindruckt haben. Viele Herrscher sind im Kampf gefallen. So war Rudolf von Rheinfelden, Gegenkönig 1077–1080, in der Schlacht an der Elster (15. Oktober 1080) zwar siegreich; doch ist er, tödlich verletzt, noch am selben Tage gestorben.[93] Mit seinem persönlichen Eingreifen nahm der Herrscher schwere Nachteile in Kauf: Wer sich ins Getümmel stürzte, verlor den Überblick; Heer und Land konnten führungslos werden. König Johann II. von Frankreich (Jean le Bon) geriet in der Schlacht bei Poitiers (1356), die er auch wegen seiner eigenen Disziplinlosigkeit verlor, in Gefangenschaft, aus der die Engländer ihn erst vier Jahre später entließen. Das hohe Lösegeld und die lange Vakanz in der Herrschaft haben das Land geschädigt. Deshalb sollte in Frankreich seit dieser Zeit der König nicht mehr persönlich in einer Leben und Freiheit gefährdenden Feldschlacht mitkämpfen.[94]

War der Führer gefallen, wurde ein Kampf oft abgebrochen; ihres Treucides ledig, wahrten die Getreuen die Ehre, wenn sie „vernünftig" im Sinne der Schadensbegrenzung handelten. Nach dem Tod ihres Königs sollen sich die Alemannen 496(?) dem Frankenkönig mit folgenden Worten ergeben haben: „Laß, wir bitten dich, nicht noch mehr des Volkes umkommen; wir sind ja dein." Chlodwig habe weiteren Kampf verboten und sei „in Frieden heimgekehrt" *(cum pace regressus)*.[95] Tausend Jahre später löste das burgundische Heer sich auf, als sein Führer, Karl der Kühne, 1477 gefallen war.[96]

Es gab die nüchterne Einsicht in die Sinnlosigkeit weiteren Kämpfens, wie Gregor von Tours sie den Alemannen unterstellt. Doch selbstverständlich war das nicht. Denn die Freude zu kämpfen war in der Kriegerkaste weit verbreitet. Deshalb sei dieser Abschnitt mit einem häufig zitierten Bekenntnis abgeschlossen.[97]

„Sehr gefällt es mir, wenn zur Osterzeit Blätter und Blumen sprießen. Und gern lausche ich dem Zwitschern der Vögel im Gehölz." Liebeslieder beginnen so, doch ist es eine eigene Art von Liebe, die Bertran de Born hier preist. Der Dichter gesteht seine Freude beim Anblick von Zelten und Wimpeln; er jauchze, wenn er Ritter sehe, gerüstet und in Schlachtordnung. Es mache ihm Spaß zuzuschauen, wie Berittene Volk und Vieh vor sich hertreiben. Sein Herz poche, wenn er erlebe, wie Schilde in Stücke gehauen werden und die Pferde der Toten und Verletzten zügellos dahingaloppieren. „Und wenn man erst in den Einzelkampf eingetreten ist! Jeder Mann von Stand denkt nur noch daran, Schädel zu zerschmettern und Arme abzuhacken; denn besser tot als besiegt. Offen gesagt: Was sind schon die Freuden der Tafel und die Wonnen des Bettes im Vergleich zum Lärm des Schlachtfeldes?!" Er jubele, wenn er Große und Kleine ins Gras fallen und schließlich die Toten sehe, „zwischen den Rippen zersplitterte, noch wimpelgeschmückte Lanzen".

So ungeniert haben wenige den Krieg um seiner selbst willen verherrlicht. Um 1140 geboren, Anfang des 13. Jahrhunderts gestorben, war Bertran Haudegen, Minnesänger und Intrigant; jeder Anlaß war ihm recht, Rache zu üben, das Lager zu wechseln, Beute zu machen und seine Interessen zu verfolgen. Von Dante in denselben Höllenkreis wie Mohammed versetzt, muß Bertran seinen abgeschnittenen Schädel an den Haaren vor sich hertragen wie eine Laterne.[98]

Andererseits haben sich immer wieder Menschen zu der Maxime „Lieber tot als besiegt" bekannt, etwa König Otto I. vor der Schlacht auf dem Lechfeld 955, und im Jahre 1453 Kaiser Konstantin XI. vor der Erstürmung Konstantinopels.[99] Doch über Gemeinsamkeiten darf man grundsätzliche Unterschiede nicht übersehen: Otto und Konstantin propagierten nicht die perverse Lust am kriegerischen Gemetzel; vielmehr riefen sie auf, das Land, die Stadt, die Freiheit gegen einen Feind zu verteidigen, von dem sie sich nichts Gutes versprachen.

8. Nach dem Sieg

Nach einer Schlacht mußte vieles gleichzeitig bedacht werden – soweit der Sieger zu abwägender Überlegung fähig und willens war. Denn Siegestaumel, Rachedurst und Blutrausch vertrugen sich nicht mit kühler Rationalität. Verhaltensweisen, die die Quellen wiederholt erwähnen, seien mit der gebotenen Nüchternheit in einer Reihenfolge vorgeführt, die dem wirklichen Ablauf nur bedingt gerecht wird.

Waffenstillstand

Es ist bezeichnend, daß *pax* sowohl „Waffenstillstand" als auch „Frieden" bedeuten kann. Beide unterschieden sich oft nur durch ihre Dauer. Jederzeit konnte in wechselseitigem Einvernehmen eine Waffenruhe vereinbart werden. Man war des Krieges müde oder wollte Verletzte und Gefallene bergen; vielleicht schien eine Fortsetzung des Kampfes wenig vorteilhaft oder – bei Einbruch der Nacht, drohendem Auftreten eines Dritten – gar sinnlos zu sein. Annähernd gleichstarke Gegner ließen die Waffen für mehrere Monate oder Jahre ruhen, wenn mindestens eine Partei hoffte, in dieser Zeit zu einem dauerhaften Frieden zu kommen oder in anderer Weise die eigene Lage zu verbessern.

So wie Konflikte wiederholt aus nichtigen Anlässen entstanden und erst in einer späteren Phase mit militärischen Mitteln ausgetragen wurden, konnten sie schlicht einschlafen, wenn sie etwa nach einer für den Winter vereinbarten Waffenruhe nicht wieder ausbrachen. Der Hundertjährige Krieg ist nie förmlich beendet worden. Andere Kriege wurden mit einfachen Worten, Gesten (ein Händedruck, ein Friedenskuß), einem Trunk oder einem gemeinsamen Mahl beigelegt. „Eintracht" *(concor-*

dia), „Freundschaft" *(amicitia)* oder ähnliche Versicherungen mochten an die Stelle des Wortes *pax* (Friede) treten oder es bekräftigen.[1]

Ein offenkundiger Sieger konnte diktieren, der Unterlegene das Schicksal vielleicht noch wenden, wenn er mit Geschick oder gar List in die Verhandlungen eintrat. Im Interesse des Friedens mußte vereinbart werden, auf wen und was der Vertrag sich beziehen, welche Termine, Fristen und Vorbehalte gelten sollten. Die Wiederbelebung des römischen Rechts trug dazu bei, daß seit dem 12. Jahrhundert Waffenstillstands- und Friedensverträge immer genauer formuliert wurden. Das zeigt etwa der 1177 zwischen Kaiser Friedrich I. und dem Lombardischen Bund ausgehandelte Vertrag.[2]

Zunächst sollten nach dem Sieg Wachen aufgestellt werden; versprengte Feinde oder ein Entsatzheer konnten dem Sieger verhängnisvoll werden. Nicht weniger dringend war es, den Gegner daran zu hindern, die von ihm eingebrachten Gefangenen noch schnell umzubringen; man mußte also schleunigst das gegnerische Lager einnehmen.[3] Verletzte wollten versorgt werden. Wunden, die seit dem Spätmittelalter auch von Feuerwaffen herrührten, haben die Entwicklung medizinischer Erkenntnisse und Behandlungsmethoden gefördert. Trotzdem sind Tausende bald ihren Verletzungen erlegen; für die einen war der Blutverlust zu hoch, bei anderen entzündete sich eine mit blutverschmierter Waffe beigebrachte Wunde.[4] Von Glück konnte reden, wer dem Tod in einem Spital entrissen wurde, wie sie im Heiligen Land nicht zuletzt für verletzte Kreuzfahrer gegründet worden waren und von denen manches Wiege eines geistlichen Ritterordens geworden ist. Militärseelsorger mußten Schwerverletzte in den Tod begleiten und Verstümmelte trösten. Dann waren ängstlich wartende, betende, hoffende Angehörige und Verbündete zu benachrichtigen.[5] Wollte man als Sieger anerkannt werden, mußte man mindestens eine Nacht, wenn nicht drei Tage lang die Walstatt behaupten.[6]

Bis zuletzt: Sanktionierte Gewalt

Selbst wenn man bedenkt, daß die unterlegene Partei dazu neigt, den Sieger zu verteufeln, war auch im Mittelalter das Schicksal der Besiegten beklagenswert. Im allgemeinen verlangte der Sieger um so leidenschaftlicher nach Rache, je mehr er verloren hatte.

Wie Christen gelegentlich mit ihresgleichen umgingen, zeigt eine Triumphbotschaft Erzbischof Rainalds von Dassel an die Kölner; zum Sieg Kaiser Friedrichs I. im Jahre 1167 heißt es: Etwa 9000 der „unglückseligen Römer" seien „wie Vieh hingemetzelt" worden. Abschließend schreibt Rainald „diesen unbegreiflichen Erfolg nicht unseren Kräften und Verdiensten, sondern einzig der göttlichen Güte und Huld zu, der es gefallen hat, ... das allerchristlichste Reich aus der Hand der treulosen Römer zu erretten".[7] Hatte eine Stadt erbitterten Widerstand geleistet, schlachteten die Mongolen alle Bewohner ab. Mit dem zeitlichen Abstand zur Erstürmung von Bagdad im Jahre 1258 steigt die Zahl der in den Quellen genannten Opfer von 800000 auf zwei Millionen. Doch auch heute schätzt man, daß mehr als 100000 Menschen dem Massaker zum Opfer gefallen sind.[8]

Kinder kamen oft mit dem Leben davon; entweder schätzte man ihr Alter (maximal vielleicht sieben bis zehn Jahre), oder man maß: In Kriegen Karls des Großen wurde getötet, wer größer war als das Schwert.[9] Malern und Bildhauern standen solche Massaker vor Augen, wenn sie den Kindermord zu Betlehem darstellten.

Verlust der Freiheit

Wer nach hartem Kampf in Gefangenschaft geriet, auf der Flucht gefaßt wurde oder sich auf Gnade und Ungnade ergeben mußte (dieser Ausdruck kam im 15. Jh. auf),[10] hatte mit Verstümmelung und Tod, mindestens mit dem Verlust von

Vermögen und Freiheit zu rechnen.[11] Auf daß niemand durch die Erwartung von Lösegeld dazu verlockt werde, vom Kampf abzulassen und prominente Feinde einzubringen, erließ Luzern 1499 eine – immer befolgte? – Kriegsordnung, nach der grundsätzlich keine Gefangenen gemacht werden sollten.[12] Doch solcher „Grundsätze" bedurfte es nicht. Während einer kurzen Krise der Schlacht bei Azincourt 1415 ließ Heinrich V. von England mehrere tausend Gefangene niedermachen; wegen des entgangenen Lösegeldes wurde die Anordnung nur unter Murren vollstreckt.[13]

Tausende haben die soziale Ungleichheit vor dem Tod erfahren, wenn der Sieger nach der Schlacht zur Selektion schritt: Wer ein attraktives Lösegeld in Aussicht stellen konnte, wurde in – oft ehrenvolle – Haft genommen; die namenlose Masse wurde kaltblütig getötet. Hinter solchem Vorgehen stand, man kann es nicht anders nennen, ein Streben nach Vereinfachung: Man wollte den Besiegten nicht die Freiheit schenken und konnte sie nicht bewachen und verproviantieren; je mehr starben, desto weniger potentielle Rächer blieben übrig.

Überstieg die Zahl der Opfer die physische und psychische Kraft ihrer Henker, ließ man einzelne Besiegte bedingungsweise frei. Unter den schon erwähnten Wegelagerern, die Kaiser Friedrich I. bei Verona in seine Gewalt gebracht hatte, war einer, der – nach Darlegung seiner besonderen Umstände – Gnade erbat und fand. Doch als Strafe für seine Beteiligung an dem Anschlag auf den Kaiser mußte er seinen Mitstreitern den Strick um den Hals legen.[14] Die Mongolen ließen gelegentlich ihre Gefangenen zählen und so aufteilen, daß jeder Krieger 24 zu töten hatte.[15]

Das Gemetzel konnte in ein Gerichtsverfahren eingekleidet werden. Nach Aufständen der Alemannen ließ der Hausmaier Karlmann in Cannstatt 746 einen – wohl erheblichen – Teil der alemannischen Führungsschicht hinrichten. Sein Neffe, Karl der Große, ließ 782 in Verden 4500 Sachsen enthaupten, 801 in Rom 300 vornehme Römer zum Tode verurteilen, aber zur Deportation begnadigen. Jenen wurden Aufstände, diesen ein Attentat auf Papst Leo III. zur Last gelegt, das auch als Anschlag auf die fränkische Herrschaft in Rom verstanden wurde.[16] Im Jahre 1268 verlor König Konradin die Schlacht bei Tagliacozza; der Sieger, Karl von Anjou, ließ den Sechzehnjährigen nach einem Schauprozeß auf dem Marktplatz in Neapel hinrichten. Oft mußten Angehörige mithaften (wie die Familie des Baiernherzogs Tassilo und die des Langobardenkönigs Desiderius). Blutig vollstreckt wurde Sippenhaft gelegentlich auch an einer Frau: Als der Anführer eines sarazenischen Kommandos, das an der ligurischen Küste geheert hatte, entkommen war, wurde seine Frau „gefangen und wegen der Freveltaten ihres Gemahls enthauptet".[17]

Mancher ist unerwartet glimpflich davongekommen. Wer einen Gegner bedingungslos freiließ, bewies die dem Fürsten eigene Großmut *(magnanimitas)* und gewann vielleicht einen Verbündeten für künftige Konflikte. Gnade konnte sogar überlistet werden. Als 1140 die Burg Weinsberg kapitulieren mußte, sollen die Frauen der Besatzung von König Konrad III. die Erlaubnis erhalten haben, so viel Habe mitzunehmen, wie sie auf ihrem Rücken tragen könnten – woraufhin sie ihre Männer in die Freiheit getragen hätten.[18]

Oft war das Streben nach Gewinn stärker als das Verlangen nach Rache; doch verlassen konnte man sich darauf nicht. 1187 erlitt ein christliches Heer bei Hattin westlich des Sees von Genezareth eine Niederlage, wie die Kreuzfahrerstaaten sie bis dahin nicht erlitten hatten. Zusammen mit hochrangigen Angehörigen geistlicher Ritterorden geriet Fürst Reinhold von Châtillon in die Gefangenschaft Saladins, des Sultans von Ägypten und Syrien; jeden mit dem Sultan geschlossenen, eidlich bekräftigten Waffenstillstand hatte Reinhold mutwillig gebrochen. „Für keinen Reichtum, den man ihm geben konnte", wollte Saladin den Mann länger leben lassen, den er am meisten haßte. Er ließ es sich nicht nehmen, Reinhold mit eigener Hand den Kopf abzuschlagen. „Dann befahl er, diesen durch alle Städte und Burgen zu schleifen. Und so geschah es."[19]

Mit dem Schwerthieb erwies Saladin seinem Erzfeind eine Ehre; möglicherweise achtete er in Reinhold den Standesgenossen. Selbstverständlich war das nicht. Auch hochgestellte

Gefangene wurden oft auf schmähliche Weise getötet durch Hängen, Vierteilen, Erdrosseln, zur Besänftigung der Rache gegebenenfalls erst nach langer Marter.[20] Verbrannt wurden Juden (auf dem ersten Kreuzzug 1096) und Ketzer (Albigenser 1209 in Béziers). Zwar sollten Juden „eigentlich" bis zum Jüngsten Gericht am Leben bleiben; doch ging es ihnen oft nicht besser als Häretikern; und die galten als „innere Feinde".

Wiederholt retteten hart Bedrängte die eigene Haut dadurch, daß sie Kampfgefährten ans Messer lieferten. Schon erwähnt wurde die Belagerung der Burg Schwanau. In zähen Verhandlungen erreichten sieben Mann der Besatzung, daß sie mit dem Leben davonkamen, „und gobent die andern in den tot"; also wurden „48, etlich sprechent 53" enthauptet. Zwei der Opfer durfte der Henker begnadigen (er nahm sie „zuo zehenden", hätte von zehn also nur neun enthaupten müssen), und zwar ein harmloses „altes mennelin" und einen Stallbuben im Kindesalter.[21]

Mit dem Verlust von Augen, Nasen, Händen und Füßen mußten unterlegene Kämpfer, aber auch wehrlose Bauern rechnen. Obwohl (oder: da?) viele die Blendung nicht überlebten, wurde diese Marter auch in großem Maßstab zur Schwächung des Gegners eingesetzt. Nach der Schlacht im Strymontal, die 1014 einen fünfzehnjährigen, erbittert geführten Krieg entschied, ließ Kaiser Basileios II. Bulgaroktónos (= Bulgarentöter; 976–1025) die gefangenen Bulgaren blenden; nur jeder hundertste behielt ein Auge, um die Verstümmelten führen zu können.[22]

Nicht selten wurden Kriegsgefangene entmannt, Männer etwa an den Hoden aufgehängt, bis diese durch das Gewicht des Körpers abrissen.[23] Beim Ausfall aus einer Burg fielen Krieger den Belagerern in die Hände; deren Anführer Tedbald, Markgraf von Spoleto und, wie die Quelle meint, ein wahrer Held, wollte die Gefangenen verstümmeln lassen. Daraufhin habe eine Frau – mit aufgelösten Haaren, wuterfüllt, das Gesicht zerkratzt – Tedbald eines neuen und unerhörten Verbrechens bezichtigt: gegen wehrlose Ehefrauen führe er Krieg! Als Tedbald nicht begreift, holt sie aus: „Sag, welch grausameren Krieg könnt ihr denn gegen die Weiber führen, was könnt ihr ihnen schlimmeres wegnehmen, als wenn ihr euch bemüht, ihren Männern die Hoden abzuschneiden, von denen unseres Körpers Lust abhängt und, was das allerwichtigste ist, die Hoffnung auf Kindersegen? Denn indem ihr sie entmannt, nehmt ihr ihnen nicht, was ihnen, sondern was uns gehört." Sie verstehe, daß Tedbald ihr Vieh rauben lasse; begreifen würde sie auch, wenn er seinen Gefangenen Augen, Nase, Hände, Füße nehme. „Aber dieser ungeheure, grausame und unheilbare Schaden macht mich durch und durch schaudern, den lehne ich ab, den wünsche ich nicht. Alle Heiligen Gottes, bewahrt mich von diesem Unglück!" Unter Gelächter habe man der Frau nicht nur ihren Mann, sondern auch ihr Vieh zurückgegeben.[24] Ein solches Ende dürfte selten gewesen sein.

Razzien wurden im Frühmittelalter nicht selten mit dem Ziel durchgeführt, Gefangene zu machen, die man als Sklaven verkaufen könnte. Wenn in europäischen Sprachen das Wort „Sklave" (frz. *esclave*, engl. *slave*) das lateinische *servus* weitgehend verdrängt hat, dann deshalb, weil Angehörige slavischer Völker auf Sklavenmärkten, etwa in Prag, Verdun und Venedig, verkauft wurden.[25] Im Spätmittelalter wurden Tausende einfacher Krieger auf Galeeren versklavt. Sofern sie überhaupt die Heimat wiedersahen, hatten Überanstrengung und schlechte Behandlung, Mangelernährung und unzulängliche hygienische Verhältnisse sie ausgezehrt. Christliche Schiffsherren dürften sich kaum anders verhalten haben als muslimische. Dagegen wurden vornehme Gefangene im allgemeinen ehrenvoll behandelt. Oft entließ man sie, sobald eine Anzahlung auf das Lösegeld geleistet war.

Spätestens seit den Zeiten der Völkerwanderung galt es als Werk der Barmherzigkeit, „Gefangene aus dem Kerker zu holen und alle, die im Dunkel sitzen, aus ihrer Haft zu befreien".[26] Um christliche Gefangene zu befreien, die ihren Glauben zu verlieren drohten, hat man eigene Orden gegründet. Mercedarier (*Ordo Beatae Mariae Virginis de mercede redemptionis captivorum*, seit 1223/1318) und Trinitarier (seit 1198) sollen 900 000 bzw. 70 000 christliche Gefangene aus muslimischer Haft befreit haben, in Granada und an der Küste

Nordafrikas. Das nötige Lösegeld kam durch den Verkauf von Grundbesitz und aus Spenden befreiter Gefangener zusammen. War ein Loskauf nicht möglich, begaben sich Freie stellvertretend für Gefangene in die Sklaverei gemäß einem Versprechen, das die Mercedarier zusätzlich zu den drei klassischen Mönchsgelübden leisteten: „Ich will auch in der Gewalt der Sarazenen als Pfand bleiben, wenn dieses zur Erlösung der Gefangenen notwendig sein sollte."[27]

Das Schicksal von Mädchen und Frauen

Vergewaltigung kam im Krieg häufiger vor, als die Quellen festhalten, vielleicht deshalb, weil christliche Autoren den sexuellen Bereich weitgehend ausblenden. Unmißverständlich äußert sich ein Chronist: Krieger hatten die Wasserburg Plön überfallen, waren dann aber eingeschlossen und zur Übergabe gezwungen worden. Waffenlos sollen sie die Burg verlassen; dabei wissen sie um die Unzuverlässigkeit ihrer Gegner. Schließlich siegt die Einsicht, es sei besser, rasch durch das Schwert zu sterben, als lange von Hunger gequält zu werden. Als alle wehrlos sind, hetzt „eine sehr angesehene Frau" aus der Burg den Anführer und dessen Leute auf: „Bringt die Männer um, die sich euch ergeben haben, und verschont sie nicht, denn sie haben euren Ehefrauen, die bei ihnen in der Burg zurückgelassen waren, äußerste Gewalt angetan *(maximas violentias uxoribus vestris);* auf, tilgt eure Schmach!" Daraufhin wurde die ganze Schar niedergemacht.[28]

Der Aussicht auf Vergewaltigung zog manche Frau den Tod vor. 1250 hatten Muslime das von König Ludwig IX. von Frankreich angeführte Kreuzfahrerheer eingeschlossen. Im Lager war auch die hochschwangere französische Königin Margareta; drei Tage vor der Niederkunft erfuhr sie, daß ihr Mann in Gefangenschaft geraten war. Kurz vor der Geburt befahl sie einen achtzigjährigen Ritter ihres Gefolges zu sich, fiel vor ihm auf die Knie und ließ ihn schwören, ihr eine Gnade zu erweisen, was der Alte tat. Sie fuhr fort: „Bei dem Eid, den Ihr mir geschworen habt, bitte ich Euch, daß Ihr mir den Kopf abschneidet, wenn die Sarazenen die Stadt nehmen, bevor sie mich packen." Der Ritter antwortete: „Seid gewiß, daß ich das bereitwillig *(volentiers)* tun werde; denn auch ich hatte mir schon überlegt, daß ich Euch töten würde, bevor sie uns in ihre Gewalt bekommen hätten." Die Königin schenkte bald darauf einem Sohn Jean das Leben; „man nannte ihn Tristan wegen des großen Schmerzes, unter dem er geboren war".[29]

Beute

Die längste Zeit des Mittelalters konnte ein Heerführer seinen Leuten bestenfalls eine Zeitlang kargen Unterhalt gewähren; Kriegerrente war unbekannt. Zur Bestreitung des Lebensunterhaltes und als Vorsorge für das Alter waren Krieger deshalb auf Beute angewiesen. Dem entsprach das Recht im Krieg, das bis in die Neuzeit dem Sieger erlaubte, die Ressourcen eines besetzten oder eroberten Landes zu nutzen.[30]

Da man an Kultstätten mit Schätzen rechnen konnte, sind plündernde Christen, Muslime und Heiden in Heiligtümern, Kirchen und Klöstern nachweisbar. Der Sieger beanspruchte, was lebende und tote Besiegte bei sich trugen und was in des Gegners Lager und Burg, Stadt und Land zu finden war: Waffen und Pferde, Schmuck und wertvolle Kleider, nicht zuletzt Erwachsene und Kinder als Sklaven. Hübsche Frauen waren in muslimischen Ländern für den Harem, gut aussehende junge Männer zur Befriedigung homosexueller Gelüste der Herren begehrt.[31]

Begehrt waren auch Unterpfande des Schutzes von Heiligen. Gelegentlich wollten heidnische Skandinavier Reliquien des hl. Willehad mitgehen lassen wegen dessen großer Wunderkraft *(propter virtutem miraculorum... auferre maluerunt).*[32] Nach der Eroberung von Mailand 1164 ließ Rainald von Dassel Reliquien, die man für die der Heiligen Drei Könige hielt, nach Köln überführen.[33] Mit ohnmächtiger Wut mußten die Byzantiner 1204 ansehen, wie habgierige Kreuzfahrer unschätzbare Werte zerstörten, Schmuck und Reliquien an sich rissen.[34] Die Quadriga schmückt noch heute den Markusdom in Venedig. Teile der „Burgunderbeute", die den Eidgenossen im Lager Karls des Kühnen in die Hände gefallen ist, kann man in Bern bewundern.[35]

Es entsprach weitverbreitetem Brauch, daß die Eroberer drei Tage Zeit hatten, um Beute zu machen – etwa die Westgoten in Rom (410) und – mehr als tausend Jahre später – die Türken in Konstantinopel (1453). Von Menschlichkeit zeugt es, wenn Mehmed II. das wilde Treiben, nach dem wieder Ordnung herrschen sollte, mit einem Fest offiziell beenden ließ.[36] Im Interesse des Friedens in den eigenen Reihen mußten Beute und Lösegeld gerecht geteilt werden. Hätte jeder für sich behalten dürfen, was er hatte an sich reißen können, wären die Lagerwachen leer ausgegangen. Deshalb wurde die Beute zusammengetragen und aufgeteilt – nach Rang, Stand, Alter und persönlicher Leistung gestaffelt, vielleicht aufgrund eines Losentscheids. Dabei achteten die Krieger gelegentlich genau darauf, daß auch der Herrscher nicht mehr bekam, als was ihm zustand.[37] Ein Fünftel beanspruchte häufig der Anführer für sich, etwa der Sultan oder der Cid; vom Rest sollten Ritter doppelt soviel erhalten wie Fußkrieger.[38] Im Jahre 1204 teilten die Eroberer die Beute in Konstantinopel im Verhältnis 1 : 2 : 4 unter Fußkriegern, Berittenen und Panzerreitern auf.[39] Einen Teil der Beute haben die Führer oft weitergegeben, indem sie der Gemeinschaft große Feste ausrichten oder öffentliche Bauten ausführen ließen. Bestand die Beute in einem ganzen Reich – wie für Karl den Großen, die Kreuzfahrer 1204 –, mußten Angehörige der Führungsschicht, soweit sie sich aus Überzeugung oder Opportunismus rechtzeitig für den späteren Sieger entschieden hatten, bedacht werden.

Sorge für die Toten

Nach Aussage eines Chronisten blieben Leichen auf dem Schlachtfeld liegen „nackt wie Kinder, wenn sie aus dem Schoß ihrer Mutter kommen".[40] Eine Züricher Kriegsordnung (1444) verbot, Gefallenen das Herz herauszureißen und Leichen zu zerstückeln.[41] Herzog Karl der Kühne, einer der mächtigsten Fürsten des Spätmittelalters, wurde zwei Tage nach seinem Tod, am 7. Januar 1477, zwischen fünfzehn Leichen gefunden, die meisten völlig ausgeplündert. Die eine Gesichtshälfte Karls war im Eis eingefroren, die andere von Wölfen angenagt, das Gesicht vom Scheitel bis zum Kiefer durch den Schlag einer Hellebarde aufgerissen, der Körper von zwei Lanzenstichen durchbohrt.[42]

Wenn die Waffen ruhten, suchte man das Schlachtfeld auch in der Hoffnung ab, Tote identifizieren zu können. Man wollte sicher sein, ob dieser gefallen, jener geflohen war. Für das Entgegenkommen, Tote bergen zu dürfen, mußten Besiegte oft teuer bezahlen. Die eigenen Gefallenen wurden im allgemeinen an Ort und Stelle beigesetzt. Der Friedhof war vielleicht schon vor der Schlacht abgesteckt, mit einem Kreuz bezeichnet und gesegnet worden.[43] Ein Militärkaplan erteilte den Toten die Absolution (ergänzend zur Lossprechung vor der Schlacht) und hielt im Spätmittelalter die Zahl der Gefallenen und die Namen prominenter Opfer fest. Nicht selten überführte man die sterblichen Überreste später aus einem Massengrab in ein Beinhaus.[44] Heiden verbrannten ihre Gefallenen; bei vielen Toten und großer Hitze taten das auch Christen, zumal die Asche leichter in die Heimat zu bringen war.

Vornehme ließ man nach feierlichem Totenamt in der nächsten (Kloster-)Kirche beisetzen – Herzog Leopold III. von Österreich und seine bei Sempach 1386 gefallenen Ritter etwa in Königsfelden.[45] Das Gefolge Heinrichs VII. geleitete seinen auf einem Feldzug nach Neapel verstorbenen Herrn in die kaisertreue Stadt Pisa; im dortigen Dom hat der Kaiser eine würdige Ruhestätte gefunden.[46] Manche Leiche wurde später exhumiert, für die Überführung präpariert und in der Heimat beigesetzt; so verfuhr man 1228 mit den Gebeinen des Landgrafen Ludwig IV. von Thüringen.[47]

Verluste

Es hat mörderische Schlachten gegeben, doch ist Skepsis geboten, wenn Quellen die Verluste (zumal die des Gegners) nach Tausenden zählen. Meist hatte der Unterlegene mehr Menschen zu beklagen als der Sieger. Nach einer nicht unglaubwürdigen Notiz sind im Jahre 774 drei fränkische Kriegerscharen siegreich, eine vierte ohne Kampf, ohne Verluste, aber mit großer Beute aus Sachsen heimgekehrt.[48] Weitere Beispiele mögen die häufig geringe Zahl von Gefallenen veranschaulichen: 1127/28 wurde die Grafschaft Flandern von einer Fehde heimgesucht, in der insgesamt etwa 1000 Ritter gegeneinander standen. Es gab sieben Tote, darunter fünf Adlige bzw. Ritter; einer war von einem Gegner getötet worden, vier andere waren Unfällen zum Opfer gefallen. In der Schlacht von Brémule (1119), an der 900 Ritter beteiligt waren, gab es drei Tote. Die mit Eisen geschützten Krieger schonten einander. Die Lust zu töten wurde möglicherweise gezügelt von Waffenbrüderschaft, die man einst mit dem späteren Gegner geschlossen hatte, und von Gottesfurcht. Zudem wollte man Flüchtende nicht töten, sondern gefangennehmen, um ein Lösegeld zu gewinnen. Sofern nicht eine Epidemie dazu kam, waren auch Belagerungen im allgemeinen wenig verlustreich.[49]

Symbolische Akte

Im Juni 978 nahm Lothar, König der Westfranken, die Pfalz Aachen ein. Kaiser Otto II. und seine schwangere Gemahlin Theophanu konnten sich gerade noch retten. „Den ehernen Adler mit ausgebreiteten Flügeln, welchen Karl der Große auf den Giebel seiner Pfalz hatte setzen lassen, drehten sie um und wandten ihn nach Osten; denn die Germanen hatten ihn nach Westen gewandt, um auf solche Art anzudeuten, daß wohl noch einmal die Gallier von ihrem Kriegsheer besiegt werden könnten."[50] Aufständische ließen ihren Zorn über lange Erniedrigung auch an den Gebeinen Verstorbener aus.[51]

Meist verlangten die Eroberer mehr als nur symbolträchtige Zeichen. Mit der Einäscherung von Siedlungen, Kirchen und Klöstern demütigte man die Bewohner, mit der Schleifung von Befestigungen nahm man ihnen Schutz. Nicht nur im mittelalterlichen Italien gefiel es dem Sieger, eine bezwungene Stadt dem Erdboden gleichzumachen; so verfuhren etwa Friedrich I. mit Mailand (wie noch zu zeigen ist), Heinrich der Löwe 1189 mit Bardowick (ein Handelsplatz und ungeliebter Konkurrent der fünf Kilometer südlich gelegenen Stadt Lüneburg), Ludwig XI. von Frankreich 1479 mit der durch Verrat an ihn gefallenen Stadt Dole.[52]

Laufende Tributzahlungen, Armut, Not waren geeignet, die Unterlegenen ständig an ihre Erniedrigung zu erinnern. Oft wurden die gegnerischen Führer, wenn nicht die ganze Führungsschicht ausgeschaltet; erinnert sei an das Verhalten der Franken gegenüber Alemannen, Sachsen, Römern und Baiern. Die eigene Verfassung wurde eingeführt (z. B. Grafen anstelle eines Herzogs in Bayern nach der Absetzung Tassilos[53]), heimische Kulte unter Todesstrafe verboten (in Sachsen etwa im Jahre 785 mit einer Sondergesetzgebung, die weite Bereiche des öffentlichen Lebens veränderte[54]) oder benachteiligt (in von Muslimen eroberten Ländern). Die eigene Religion wurde gewaltsam (das Christentum in Sachsen, in slavischen Ländern, im Baltikum) oder auf subtile Weise eingeführt (in muslimischen Ländern mußte die einheimische Elite die Religion wechseln, wenn sie ihren gesellschaftlichen Rang aufrechterhalten wollte).

Als unübersehbares Zeichen dafür, daß Gott hinter dem eigenen Siege stehe, wurden Kultstätten zerstört oder umgewidmet. Der Sieger wandelte nach der Einnahme von Cordoba (1236) die Moschee in eine Bischofskirche, nach der Eroberung von Konstantinopel die Hagia Sophia – die große, ehrwürdige Patriarchatskirche und offizielle Kathedrale des Kaiserreiches – in eine Moschee um. Alle Welt sollte sehen, daß dort die Christen nun das Sagen hatten, hier die Türken jetzt die Reichsmacht waren.[55]

Übergabe einer Stadt.
Hoch zu Roß ziehen Heinrich VII. und seine Krieger als Sieger über eingeebnete Gräben in Brescia ein *(Rex intrat Brixia[m] per fossata planata)*, dessen Befestigung teilweise geschleift worden ist. Bürger von Brescia gehen ihnen entgegen, Stricke um den Hals als Zeichen der Unterwerfung. Von seinen Großen als Beratern umgeben, hält der König feierlich öffentliches Gericht über Brescia, dessen Notabeln wie Kinder auf der Erde sitzen; zum Treueid werden sie aufgestanden sein.
Bilderchronik zu Kaiser Heinrichs Romfahrt (1308–1313), um 1340

Zur Unterwerfung gehörten symbolträchtige Gesten. So zwangen Hunger und Entbehrungen im März 1162 die Mailänder, sich Kaiser Friedrich I. zu ergeben.[56] Dazu erschienen die Konsuln der Stadt mit etwa zwanzig weiteren Edelleuten, „warfen sich, blanke Schwerter auf dem Nacken, vor dem ganzen Hofe nieder, ergaben sich selbst und ihre ganze Stadt ohne jede Bedingung mit allen Personen und all ihrer Habe ihrem Herrn". Für sich und alle Mailänder wollten sie jeden Eid schwören, der von ihnen verlangt würde. Am folgenden Sonntag ein ähnlicher Auftritt: Wieder erschienen die Konsuln, diesmal mit mehr als 300 erlesenen Rittern. Sie fielen vor dem Thron des Kaisers nieder; es folgten eine ergreifende Ansprache, Flehen um Erbarmen, Übergabe der Schlüssel der Stadt, der Hauptbanner aller Türme und Heerhaufen und wieder Eidesleistung. Am Dienstag fand sich vor dem Palast des Kaisers das Volk ein. Die Häupter der Stadtviertel traten vor, bekannten ihre Schuld und übergaben der Reihe nach ihre Banner. Dann fuhr der Fahnenwagen vor. Sein stolzer Mastbaum – überhöht von einem Kreuz und geschmückt mit dem Bild des hl. Ambrosius als Patron der Stadt – senkte sich demütig vor dem Kaiser. Daraufhin warfen sich Ritter und Volk von Mailand zu Boden und flehten unter Tränen um Gnade. Einer der Konsuln hielt eine Bittrede; dann warfen sich die Mailänder abermals zu Boden; sie streckten dem Kaiser Kreuze entgegen – wie bei Erhebung einer Klage – und flehten mit gewaltigem Wehgeschrei um des Kreuzes willen um Erbarmen. „Alle Anwesenden wurden zu Tränen gerührt, einzig des Kaisers Antlitz blieb unbewegt"; nach einer weiteren Rede und neuerlichen Gnaderufen der Mailänder blieb es „unbewegt wie Fels". Nun legte der Erzbischof von Köln den Mailändern eine Unterwerfungsformel vor, die diese mit einem unzweideutigen Schuldbekenntnis beantworteten.

Jetzt erst stellte der Kaiser Erbarmen in Aussicht. Die für diesen Tag entlassenen Mailänder warfen die Kreuze, die sie in Händen hielten, in der Hoffnung auf Gnade „durch das Fenstergitter in die Kemenate der Kaiserin", zu der man sie nicht vorgelassen hatte. Das am nächsten Tag wiederholte Flehen beantwortete der Kaiser mit der Feststellung, alle hätten, wenn es nach dem Recht gehe, den Tod verdient; doch sei es an der Zeit, Gnade walten zu lassen. „Jene gaben zu, daß die Gesetze in der Tat ihren Tod verlangten, doch erhofften sie im Hinblick auf Gottes Erbarmen Gnade." Nun gab der Kaiser seine Bedingungen bekannt: Alle Amtsträger, Vornehme und Ritter seien als Geiseln festzunehmen; vom zwölften Lebensjahre an seien alle Mailänder zu vereidigen; im Bereich der Stadttore seien Graben und Mauern einzuebnen; die noch nicht eingenommenen Außenbesitzungen seien zu übergeben; die Mailänder sollten die Stadt verlassen und sich außerhalb ansiedeln. Nachdem Mailand sich unterworfen hatte, machten auch die übrigen Städte der Lombardei ihren Frieden mit Friedrich.

Barbarossas Zorn war verständlich angesichts der langen, verlustreichen Belagerung. Doch der Kaiser hatte gegen das Maß verstoßen. Sein Triumph trug dazu bei, daß seine Gegner sich sammelten und einen neuen Bund lombardischer Städte bildeten, der dem Kaiser in der wiederholt erwähnten Schlacht bei Legnano 1176 eine schwere Niederlage beibrachte. Das zwang Friedrich Barbarossa zum Einlenken gegenüber den Lombarden und zu einer grundsätzlichen Änderung seiner Italienpolitik.

Lösegeld und „Geschenke"

Wer sich freikaufen konnte, kam im allgemeinen mit dem Leben davon.[57] Da die materiellen Möglichkeiten der Gefangenen (*vires patrimonii*) nicht überfordert werden sollten, verlangte man in West- und Südeuropa oft ein Lösegeld in Höhe einer vollen Jahreseinnahme aus der Grundherrschaft. 1194 mußten die Engländer ihren König Richard Löwenherz – er war in die Hand Herzog Leopolds von Österreich gefallen, den er auf dem Dritten Kreuzzug gekränkt hatte – mit 150000 Mark auslösen; das waren 35078,25 kg Silber oder das Fünffache der jährlichen Einnahmen des Königreichs England! Zum Vergleich: Nach der Reichssteuerliste von 1241 entrichtete die

Stadt Frankfurt am Main mit 280 Mark den höchsten Betrag.[58] König Heinrich V. könnte sich an seinen Vorgänger Richard Löwenherz erinnert haben; vor der Schlacht bei Azincourt soll er geschworen haben, niemand in England werde für ihn Lösegeld zahlen, da er siegen oder sterben wolle.[59] Andere wirtschaftliche, politische oder diplomatische Leistungen konnten an die Stelle eines Lösegeldes treten – oder dieses ergänzen.[60] Denn einem Sieger bot sich eine umfangreiche Palette von Möglichkeiten, den Gegner zu schwächen.

Verbreitet war die Lieferung von „Geschenken", Rüstungsgütern und Menschen. So haben die Hunnen im Jahre 443 von Byzanz einmalig 6000 Pfund Gold gefordert, zusätzlich 2100 Pfund als jährlichen Tribut.[61] Die dänischen Könige erhoben in England das *Danegeld*, in der Zeit von 991 bis 1018 insgesamt 206000 Pfund (sechs Jahresraten, bei steigender Höhe: 10000 Pfund im Jahr 991, 72000 im Jahr 1018), 1018 kamen dazu noch 10500 Pfund allein von London.[62] Wie wir schon gesehen haben, sahen die Sachsen sich im 8. Jahrhundert gezwungen, mit der Lieferung von Pferden Jahr um Jahr den Rüstungsvorsprung der Franken zu vergrößern.

Weitere Maßnahmen richteten sich gegen Gruppen oder die ganze Bevölkerung. Wenn Karl der Große Sachsen, wenn Friedrich II. Sarazenen deportieren ließ, dann möglicherweise nach dem Vorbild von Byzanz und antiker Staaten, in denen solcher Umgang mit Unterworfenen verbreitet war.[63] Erinnert sei an Auswirkungen der „Knabenlese" für besiegte Balkanvölker. Schließlich konnte man einen Unterworfenen durch wiederholte Razzien einschüchtern, terrorisieren, auch demographisch und wirtschaftlich schwächen. Systematischer betrieben, lief darauf auch die Bildung siedlungsleerer Grenzsäume hinaus. Subtiler war die Einflußnahme auf die Verwaltung: Die Franken teilten das Herzogtum Bayern nach der Absetzung von Tassilo in Grafschaften. Mit Diözesangrenzen zerschnitten sie die Siedlungsräume widerborstiger Unterworfener; Alemannien wurde auf die Diözesen Konstanz, Straßburg, Basel und Besançon aufgeteilt, Sachsen auf die Kirchenprovinzen Mainz, Köln und Bremen.[64]

Friedensschluß

Je mehr Menschen und Institutionen in eine Auseinandersetzung verwickelt waren, desto dringender war es, einen ins einzelne gehenden, den üblichen Formen entsprechenden Vertrag abzuschließen. Dazu mußten die Parteien im Schutze eines Waffenstillstandes zusammenkommen, möglichst auf neutralem Boden, im kleinsten Kreise und geheim. Große Klöster verfügten über Räumlichkeiten zur Bewirtung und Beherbergung auch illustrer Gäste; das Refektorium eignete sich als Verhandlungsstätte.

In einer verfahrenen Situation waren Dienste Dritter hilfreich. Abt Pontius von Cluny (1109–1122) war beteiligt, als Kaiser Heinrich V. und Papst Calixtus II. nach einer Lösung im Investiturstreit suchten und beide Parteien sich 1122 im *Wormser Konkordat* auf einen Kompromiß einigten. Als Vermittler wirkten zwischen Friedrich I. und den Lombarden „einige fromme und kluge Männer" (1175), zwischen Venedig und Genua Herzog Amadeus VII. von Savoyen (Friede von Turin 1381).[65] In lokalen Konflikten vermittelten oft angesehene Prälaten, so etwa der Bischof von Konstanz im Südwesten des Reiches.

Die Klugheit konnte gebieten, den Gegner über das schriftlich Festgelegte hinaus in die eigene Politik einzubinden, möglicherweise durch betonte Großzügigkeit und Verzicht auf verletzende Formulierungen. Oft zwang ein Bündel von Gegebenheiten zu einem Kompromiß: Not und Verelendung, wenn beide Parteien sich verausgabt hatten; der totale Sieg einer Partei hatte sich als unmöglich herausgestellt; in Mitleidenschaft Gezogene sehnten sich nach Ruhe und nötigten die Parteien zu friedlicher Koexistenz. In Kompromissen endeten schwere Konflikte Friedrich Barbarossas: Mit Papst Alexander III. einigte der Kaiser sich 1177 im neutralen Venedig, mit den oberitalienischen Städten 1183 in Konstanz.[66]

Der eigentliche Vertrag wurde eröffnet mit der Anrufung Gottes, etwa „Im Namen unseres Herrn Jesus Christus".[67] Mit den Worten *In nomine sacrosanctae et individuae trinitatis*, *amen* (im Namen der hochheiligen und unteilbaren Dreifaltigkeit) beginnt noch 1648 der Westfälische Friede.[68] Wie in anderen Urkunden auch konnten nun Umstände erzählt und Motive genannt werden, die zum Abschluß geführt hatten, mit Ehre oder Fluch Einzelne und Gruppen bedacht werden, usf. Das Rechtsgeschäft im engeren Sinne regelte, wer welche Rechte (auf Land, Menschen, Geldzahlung, aber auch Titel, Herrschaftszeichen, z.B. Siegel) erhalten, behalten oder abtreten sollte, bei jeweils gleichzeitiger Anerkennung der Rechte des anderen. Die Aufteilung des Karolingerreiches zog sich über Jahrzehnte hin. Die Verträge – Verdun 843, Meerssen 870, Ribemont 880 und andere – verweisen auf die Schwierigkeit des Unterfangens und zeigen, daß sich starke Partner gegenüberstanden. Das war anders in den ungleichen Verträgen, mit denen Skandinavier sich 878 Land in England abtreten, sich 882 mit Friesland, 911 mit der Normandie belehnen ließen.[69] Was nach langen Kriegen vereinbart worden ist, gilt nicht selten bis auf den heutigen Tag, etwa die in den Verträgen von Badajoz 1267 und Alcanices 1297 festgelegte Grenze zwischen Spanien und Portugal.[70]

Im Interesse des Friedens sicherten die Parteien den Personen, die in die Auseinandersetzung verwickelt waren, einen – allgemeinen oder in bestimmter Weise eingeschränkten – Pardon zu. Der Vertrag zwischen Kasimir III. von Polen und dem Deutschen Orden von 1343 sieht vor: Verzeihung für Unrecht, Übeltaten, Kränkungen, Beleidigungen, Schädigungen, Streitigkeiten in Wort und Tat.[71] Das oft ausdrücklich verlangte Vergessen (*oblivio* und ähnlich) wird einmal folgendermaßen umschrieben: „all des früheren Bösen sollte in ewigen Zeiten nicht mehr gedacht werden".[72] Viele Fehden wurden mit einer *Urfehde* abgeschlossen, in der die unterlegene Partei auf spätere Rache verzichtete; man nahm in Kauf, daß ein erzwungener Eid nach Jahren als nichtig mißachtet werden konnte.[73] Von den Machtverhältnissen hingen weitere Bestimmungen ab, etwa bezüglich der Auslieferung von Überläufern und Verrätern. Hier wie sonst genügte es nicht zu verlangen, vielmehr mußte man das Geforderte auch durchsetzen können.

Frieden wurden oft befristet. Auch meinten nicht selten Barbaren, der Vertrag erlösche mit dem Tod eines der Vertragsschließenden, und der Friede müsse deshalb neu ausgehandelt, wenn nicht neu erkauft werden.[74] Hatten Partner – zumindest ansatzweise – eine transpersonale Staatsvorstellung ausgebildet, sollten Verträge auch gelten „auf ewige Zeiten".[75]

Sicherheiten wurden verlangt oder – bei in etwa gleichrangigen, gleichstarken Partnern – ausgetauscht als Pfand dafür, daß man den Vertrag halten werde, etwa Kinder, Geiseln, Burgen.[76] Um nach einem Krieg den Frieden zu festigen, vereinbarte man nicht selten eine Eheschließung zwischen den Parteien. Noch im 18. Jahrhundert meinte Montesquieu, „nichts" festige eine Eroberung mehr, als wenn die „Einigung *(union)* zwischen zwei Völkern dank Heiraten" erzielt werde.[77] Häufig lief die Eheschließung auf die gesellschaftliche Aufwertung oder die politische Anerkennung eines der Partner hinaus, etwa eines Barbarenherrschers. So erhielt der Normanne Godefrid 882 gegen das Versprechen, sich taufen zu lassen, eine Königstochter zur Ehe und Friesland als Lehen.[78] Erinnert sei daran, daß Rotrud, eine Tochter Karls des Großen, und Konstantin VI., ein Sohn der Kaiserin Irene, von 781 bis 787 verlobt waren.[79] Gut sechs Generationen später heiratete Otto II. im Jahre 972 Theophanu; die Ehe besiegelte einen (weitgehenden) Interessenausgleich zwischen dem Reich und Byzanz. Der durch diese Ehe geförderte Austausch zwischen beiden öffnete das Abendland Einflüssen der byzantinischen Kultur. Mit einer Eheschließung zwischen Angehörigen bis dahin verfeindeter Parteien mochte die eine oder andere Frage gelöst sein; doch nicht selten ergaben sich schwere Konflikte, wenn Nachkommen Erbansprüche geltend machten. Als der englische König Eduard III. (1327–1377), Enkel Philipps IV. von Frankreich (1285–1314), Ansprüche auf die französische Krone erhob, löste er einen Konflikt aus, der mehr als hundert Jahre dauern sollte.[80]

Als Garanten des Friedens dienten auch Geiseln, meist Kinder aus höchsten Gesellschaftskreisen, aber auch Amtsträger. Daß es nicht als erniedrigend galt, Geiseln zu stellen, zeigte Karl der Große; seinen Widersachern Tassilo und Widukind gegenüber hat er Zusagen mit Geiseln bekräftigt.[81] Ehemalige Geiseln sind in hohe Stellungen aufgestiegen; so war Theoderich der Große, König der Ostgoten († 526), in seiner Jugend nach Byzanz geschickt worden. Galla Placidia, Tochter Kaiser Theodosius' des Großen, kam nach Eroberung Roms durch die Goten (410) als etwa Zehnjährige mit dem gotischen Heer als Geisel nach Süditalien, Südfrankreich und Spanien.[82]

Geiseln mußten standesgemäß untergebracht werden. Am Tisch und in der Umgebung geistlicher und weltlicher Würdenträger lernten sie Sprache und Lebensart ihres Herrn kennen, oft sogar schätzen.[83] Zwar wurden Geiseln ihrer Heimat entfremdet, doch dürften sie zur Aussöhnung Verfeindeter beigetragen haben, wenn sich das auch im einzelnen kaum nachweisen läßt. Trotz der Greuel langer Kriege bildeten Franken und Sachsen schon bald ein Volk, sicher auch deshalb, weil die Franken mit den Geiseln künftige Angehörige der sächsischen Führungsschicht für sich, ihre Kultur, ihre Religion gewonnen hatten. Mindestens ihre Sprache haben Geiseln oft der neuen Umgebung mitgeteilt, etwa dem sechzehnjährigen späteren König Otto I. und einem der bedeutendsten Chronisten des Baltikums, Heinrich von Lettland.[84]

Im Falle eines Vertragsbruchs drohte Geiseln wenigstens Minderung ihres Status, wenn nicht Verlust des Lebens. Ein Verbot aus karolingischer Zeit zeigt, daß Verwaltungsbeamte versucht waren, Geiseln, die ihnen für längere Zeit anvertraut waren, in die Unfreiheit hinabzudrücken. Um sich an Friedrich I. zu rächen, griffen die Mailänder 1167 Truppen an, die auf dem Weg zu den Alpenpässen waren; daraufhin ließ der Kaiser Geiseln hängen, die er in seiner Gewalt hatte. Nach der Eroberung Akkons durch die Kreuzfahrer 1191 diente die Besatzung als Geisel dafür, daß Saladin das heilige Kreuz herausgeben, 1500 namentlich genannte christliche Gefangene entlassen und 200 000 Gold-Byzantiner zahlen werde. Als es bei der ersten Rate des Lösegeldes, mit der Saladin vielleicht kurzfristig überfordert war, Schwierigkeiten gab, ließ Richard Löwenherz in einem Anfall von Zorn 3000 Gefangene umbringen.[85]

Zu regeln waren ferner materielle und immaterielle Schäden, etwa eine Zahlung als Ausgleich für Zerstörungen, Entschuldigung für Beleidigung, Buße. Ein gegenseitiges Aufrechnen von Unrecht wäre dem Ziel zuwidergelaufen, Orte und Personen dauernd zu befrieden. Zur Sühne waren symbolische Akte geeignet, die materielle Aufwendungen einschlossen: Stiftung eines Kreuzes, eines Altars oder einer Jahrtagsmesse, einer Kirche oder eines Klosters.

Waffenstillstands- und Friedensverträge wurden im allgemeinen beschworen: Den Eid leisteten Muslime auf den Koran, Heiden auf die Waffen, Christen auf Reliquien oder die Bibel, die mit den Händen berührt werden sollten.[86] Zur Bekräftigung beschworen oft auch die Großen den Vertrag, gelegentlich je zwölf von beiden Seiten.[87] Es lag nahe, daß mitreden wollte, wer auf diese Weise in das politische Geschehen eingebunden wurde. Der Schwur lief auf eine bedingte Selbstverfluchung hinaus. Hatte man auf die Reliquien von Heiligen geschworen, drohte im Falle eines Eidbruches auch deren Rache.

Die Parteien versicherten einander, daß sie den Vertrag guten Glaubens schlossen, daß sie ihn weder persönlich brechen noch durch andere verletzen lassen wollten; lateinische Quellen sprechen von *bona fide,* mittelhochdeutsch „an alle geferde", ohne alle Arglist, Hintergedanken. Wie beim Waffenstillstand mußte man im Interesse der Rechtssicherheit festhalten, was ausgeschlossen sein solle. Manchmal geschah das formelhaft; die *Salvationsklausel* – etwa *salvo honore Imperii,* vorbehaltlich der Ehre des Reiches – konnte sich allerdings als überaus konfliktträchtig erweisen. Realisten regelten deshalb, wie im Falle von Meinungsverschiedenheiten zu verfahren sei. Der Vertrag von Venedig sah 1177 vor, daß beide Parteien eine gemischte Kommission bilden sollten, um etwaigen Streit „durch Schiedsspruch oder Vergleich zu schlichten".[88] Der Überblick drohte verlorenzugehen, wenn man an einem Vertragswerk lange gefeilt hatte. Es war daher geboten, die Urkunde zum Schluß nochmals zu verlesen und das ebenfalls im Text festzuhalten.[89]

Lob Gottes – und Denken an den eigenen Nachruhm

Nach glücklich beendetem Krieg hatte der Sieger allen Grund, Gott zu ehren; gelegentlich geschah das „mit großem Geschrei" noch auf dem Schlachtfeld.[90] Es folgten Messen, oft mit dem *Te Deum laudamus,* Dich Gott loben wir. Von Dank ist – anders als man erwarten möchte – eher selten die Rede. Beim feierlichen Einzug des Herrschers in eine eroberte Stadt und beim Triumphzug nach glücklicher Heimkehr wurden, wie bei der Krönung, *Laudes* gesungen, litaneiartige Anrufungen Gottes und seiner Heiligen. Worte, Gesten, Handlungen standen in Traditionen, die in die vorchristliche Zeit zurückreichen; sie einten die Lebenden mit den Toten. Im Verlaufe eindrucksvoller Feiern wurden die Sinne angesprochen (wie bei der Unterwerfung Mailands). So wurden Trophäen – eroberte Banner, Teile der Rüstung – in der Kirche an geeigneter Stelle aufgehängt zu „ewiger" Erinnerung an den Sieg.[91]

In Gottesdiensten gedachte man der (eigenen) Gefallenen, die man pries und der Güte Gottes empfahl. Quellen schildern den grenzenlosen Schmerz von Frauen, die sich plötzlich ihres Mannes beraubt sahen. Männer zeigten ihre Trauer mit Tränen, und „daz har brachen si von der swarte".[92] Für die Seelenruhe eines ranghohen Kriegers wurden eigene Messen gefeiert; dann wurde der Gefallene in einer Kirche beigesetzt, die möglicherweise als Grablege des Geschlechts gegründet worden war. Mit Psalmengesang, Meßfeier, Armenspeisung beging man am Todestag das Gedächtnis des Toten, in Klöstern Jahr um Jahr.

Als Siegeshelfer sahen Heilige sich in die Freude über den Sieg eingeschlossen. Aufgebote norddeutscher Territorialfürsten sowie der Städte Hamburg und Lübeck schlugen am 22. Juli 1227 bei Bornhöved König Waldemar II. von Dänemark; den Sieg schrieb man auch der Fürsprache der Tagesheiligen zu; Maria Magdalena wurde daraufhin besonders geehrt, auch mit Teilen der Beute. Angesichts solchen, vielfältig dokumentierten Brauchs wird der vermessene Stolz – oder müßte man sagen: die selbstbewußte Modernität? – der Kreuzfahrer deutlich, die den 15. Juli als Tag ihres Sieges zum höchsten Feiertag ausriefen.

Nach glücklicher Heimkehr mußte man erfüllen, was man vor oder während der Schlacht versprochen hatte. Ein Gelübde konnte weitreichende Folgen haben. In der schon erwähnten, für beide Seiten mörderischen Schlacht gegen die Alemannen soll der Frankenkönig Chlodwig im Jahre 496 (?) seine eigenen Götter vergeblich angerufen haben; daraufhin habe er sich mit folgenden Worten an Jesus Christus gewandt: „Hilfe, sagt man, gebest du den Bedrängten, Sieg denen, die auf dich hoffen – ich flehe dich demütig an um deinen mächtigen Beistand: gewährst du mir jetzt den Sieg..., so will ich an dich glauben und mich taufen lassen auf deinen Namen... Dich nun rufe ich an, und ich verlange, an dich zu glauben; nur entreiße mich der Hand meiner Widersacher." Die Franken siegten, der König und Tausende seiner Krieger ließen sich mit der Taufe in die römisch-katholische Kirche aufnehmen.[93] Anders als bei den arianischen Germanen standen nun keine religiösen Gründe mehr der Verschmelzung von Franken und Romanen entgegen; das Zusammenwachsen beider bildete eine Voraussetzung für den raschen Aufstieg des Frankenreiches.

Gemäß einem Gelübde zu Beginn der Schlacht auf dem Lechfeld im Jahre 955 stiftete Otto I. nach dem Sieg dem Märtyrer Laurentius als Heiligen des Tages das Bistum Merseburg a.d. Saale. Mit einer solchen Tat, dem Bau einer Kirche oder Kapelle, erwarb man langfristig hohes Ansehen. Die Anlage der Beute zu kultischen Zwecken war seit vorchristlicher Zeit üblich und gesellschaftlich anerkannt. Sollte der Sieg nicht ganz rechtmäßig erworben sein, waren Gott und der Heilige zu Komplizen gemacht. Wilhelm der Eroberer gründete an dem Ort, an dem er die Entscheidung über den Besitz Englands erzwungen hatte, 1067 die *Battle Abbey*; der Altar der Kirche stand an der Stelle, an der König Harald gefallen war. Ähnlich verfuhr König Johann I. von Portugal nach dem Sieg bei Aljubarrota 1385; auch *Batalha* ist eine „Schlacht"-Abtei.[94] Eine derartige Stiftung verfolgte mehrere Ziele: Die Abtei zeugte von Sieg und Reichtum ihres Gründers. Sie ließ sich aber auch als Sühne verstehen für die Tötung von Menschen „in offenem Kriege".[95] Schließlich ehrte man den toten Gegner und hielt dessen Seele davon ab, an Lebenden Rache zu üben.

Im Rahmen eines Gottesdienstes gedachte man gelegentlich auch der eigenen Niederlage. Wer guten Gewissens war, nahm sie hin „nach Gottes unerforschlichem Gericht". Häufig erklärte man Mißgeschick mit eigener Schuld; zum großen Liutizenaufstand 983 heißt es etwa: „auf Grund unserer Missetaten hatten wir Angst, sie aber guten Mut".[96] Unausgesprochen stand hinter diesen Worten die Hoffnung, daß man Gott mit demütiger Einsicht, gutem Vorsatz, bußfertiger Gesinnung besänftigen und dazu bewegen könne, künftig wenn schon nicht die Vernichtung der Feinde, so doch wenigstens Schutz vor ihnen zu gewähren.

Über solche, konventionell wirkende Verlautbarungen reicht weit hinaus eine ergreifende Totenklage, die von der Schlacht bei Fontenoy (841) kündet. Der unbekannte Dichter geht mit all denen ins Gericht, die sich zu dem Frevel haben hinreißen lassen:

„... Da wurde Macht gegeben dem Fürsten der Finsternis;

Mit wildem Hohngelächter frohlockte der Hölle Schlund ....

Nie hob sich in heidnischer Vorzeit fürchterlicher Gefecht;

Nicht galt, was sonst gegolten, der Christen Christenrecht:

Eines Heilands Erlöste vergossen der Brüder Blut,

Daß der Hölle Geister jauchzten in wilder Wut....

Auf der verfluchten Stätte, da sprosse nie das Gras; ...

Verflucht für alle Zeiten sei der Tag der Schlacht,

Er werde ausgestrichen und nimmer sein gedacht; ...".[97]

Der Dichter wird gewußt haben, daß er mit seiner Klage das Gedenken verewigte.

Die Sorge um den Nachruhm kam auch in der Heldendichtung zum Ausdruck. In vorchristlichen Traditionen standen

Chronisten und Biographen, wenn sie „ihren" Helden mit einem Nachruf ehrten. König Otto I. habe „die übermütigen Feinde – Avaren (d.h. Ungarn), Sarazenen, Dänen, Slaven – mit Waffengewalt besiegt, Italien unterworfen, die Götzentempel bei den benachbarten Völkern zerstört, Kirchen und geistliche Stände eingerichtet". Otto II. wird gepriesen als „Schützer von Königreich und Kaisertum, allen Feinden ein Schrecken und den ihm anvertrauten Herden eine unerschütterliche Mauer". Die „Taten Friedrichs" wurden schon zu Lebzeiten Barbarossas in Liedern auf dem Reichstag zu Roncaglia 1158 gefeiert. Selbstbewußte Krieger äußerten auf dem Feldzug die Absicht, später „im Gemach der Damen" von den eigenen Großtaten zu erzählen.[98] Zu den schriftlichen kamen bildliche Darstellungen. Heinrich I. ließ seinen „des Ruhmes und der Erinnerung würdigen Triumph" *(triumphum tam laude quam memoria dignum)* in der oberen Halle seiner Pfalz zu Merseburg durch ein Gemälde darstellen, in dem man nach Meinung des Chronisten eher das tatsächliche Geschehen als dessen Bild gesehen habe.[99]

9. Bändigung kriegerischer Gewalt

Gemessen an den Spannungen zwischen Individuen, Gruppen und Reichen sind wenige Konflikte in bewaffnete Auseinandersetzungen ausgeartet – wegen der insgesamt beschränkten personellen, wirtschaftlichen und militärischen Mittel der Parteien und weil man Mittel kannte, Konflikte zu vermeiden, sie gewaltfrei oder sogar gütlich beizulegen. Das Wissen um die menschliche Natur, Resignation und Fatalismus führten zu einer Einsicht, mit der viel gewonnen war: Wenn man angesichts der Neigung des Menschen zu üblem Tun die Gewalt schon nicht abschaffen könne, solle man wenigstens die private, individuelle Gewalttätigkeit eindämmen.

Einige Wege, die man im Mittelalter gegangen ist, um Konflikte zu entschärfen, seien vorgestellt. Gemeinsam ist ihnen, daß man erst in auswegloser Lage zu den Waffen greifen sollte. Zunächst wollte man sich um einen unblutigen Ausgleich bemühen. Direkt oder über Vermittler sprachen die Parteien möglichst lange miteinander, im Interesse des Friedens und der Vermeidung von Gewalt.

Buße und Sühne

Den verhängnisvollen Kreislauf des Blutvergießens suchte man seit vorgeschichtlicher Zeit dadurch aufzubrechen, daß das Recht (oft sogar die Pflicht) zur Selbsthilfe ausdrücklich eingeschränkt wurde. Dazu wurden Familie, Sippe und Stamm besonders befriedet.[1] Wenn es sich nur eben einrichten ließ, sollte ein Geschädigter auf Rache verzichten und sich zu*frieden*geben mit einer Buße, die Strafe und Ersatz für einen materiellen oder immateriellen Schaden bedeutete. Wer einen Mann erschlagen hatte, mußte eine Totschlagsbuße zahlen, das Wergeld (von lat. *vir,* Mann). Weitere Bußtaxen richteten sich nach Art und Schwere des Deliktes (etwa Tiefe der Wunde; Beleidigung; unsittliche Berührung einer Frau), dem Wert der eingebüßten Sache (z. B. eines Jagdfalken), dem sozialen Stand des Opfers (etwa Priester, Freier, Knecht). Dem Geschädigten oder dessen Familie wurde das Recht auf Rache also gleichsam abgekauft. Oft übte die Obrigkeit Druck aus: Die Buße sollte einen Ausgleich bewirken, die Feindschaft aufhören, die Sache als erledigt gelten, Friede und Freundschaft wiederhergestellt sein.

Das System der Buße begünstigte den wohlhabenden Wüstling, der meinen mochte, sich eine Vergewaltigung leisten zu können. Es dürfte mit einer oft schier unglaublich anmutenden Rücksichtslosigkeit gegenüber menschlichem Leid zusammenhängen, daß es um die Jahrtausendwende zu einem folgenreichen Wandel bei der Beurteilung von Vergehen kam. Nun sah man die eigentliche Missetat nicht mehr in der Verletzung der Person, der Ehre oder der Sache eines anderen, was man mit einer Buße hätte sühnen können, sondern in der Verletzung des Friedens; und das wurde als Anschlag auf die Gesamtheit verstanden. Diese verlangte nach Genugtuung, die in Form von Vermögens-, Freiheits-, Leib- und Lebensstrafen geleistet werden sollte. Eine höhere Sensibilität für den Wert menschlichen Lebens stand hinter diesem Wandel; er führte zu einer empfindlichen Verschärfung des Strafrechts.

Die Sühne wurde von einem Gericht verhängt, und die Strafe sollte ohne Ansehen der Person vollstreckt werden. Doch gab es immer wieder Gnadenerweise, in deren Genuß zumal Angehörige der Oberschicht kamen. In einem Sühnevertrag wurde der Schuldige etwa verurteilt, ergänzend zu einer Vermögensstrafe eine Pilgerfahrt zu leisten oder am Ort des Totschlags ein Sühnekreuz aufzurichten.[2]

Friedenswahrung innerhalb des Klosters – ein Modell?

Europa war mit einem Netz von Klöstern überzogen, die seit dem 9. Jahrhundert oft nach der Regel lebten, die Benedikt um 530–560 verfaßt hatte; sie ist eine der einflußreichsten, oft kommentierten Schriften des Mittelalters, die älteste, im Abendland seit bald 1500 Jahren gelebte Verfassung.[3] Die Regel befolgen heißt für Benedikt: Gott „Kriegsdienst leisten". Die Regel nennt Hilfen zur Wahrung des Friedens, zur Entschärfung vorhandener, zur Vermeidung künftiger Konflikte in einer Gemeinschaft, die Alte und Junge, Gebildete und Analphabeten, Gesunde und Kranke umfaßte.

Hohe Forderungen stellt Benedikt an alle Mönche, noch höhere an den Abt: Zu den guten Werken gehöre nicht nur das Gebet für die Feinde; vielmehr solle man „mit dem, der mit uns im Zwiste lebt, vor Sonnenuntergang Frieden schließen". Ständig solle der Abt daran denken, „welche Bürde er übernommen hat und wem er Rechenschaft über seine Verwaltung ablegen muß. Er wisse, daß er mehr fürsorgen als vorstehen soll." Wichtige Angelegenheiten soll er mit den Brüdern beraten, strengem Gericht stets die Barmherzigkeit vorziehen, auf daß er sie selber einst finde. „Er hasse die Fehler, liebe aber die Brüder. Bei Zurechtweisung handle er klug und ohne Übertreibung... Er trachte auch darnach, mehr geliebt als gefürchtet zu werden. Er sei nicht ungestüm noch ängstlich, er soll nicht übertreiben und sei nicht hartnäckig, nicht eifersüchtig und zu argwöhnisch; sonst hat er nie Ruhe. In seinen Anordnungen sei er umsichtig und besonnen."

Eingangs regelt dieses Kapitel die Frage der Nachfolge: Man solle den zum Abt bestellen, „den entweder die ganze Gemeinschaft, erfüllt von Gottesfurcht, in Einmütigkeit erwählt oder ein, wenn auch kleiner Teil nach besserer Einsicht." Ist keine Einmütigkeit zu erzielen, soll also nicht automatisch die Mehrheit entscheiden, sondern die „bessere Einsicht." In zahllosen Versammlungen, in denen ein Abt oder eine Äbtissin, ein Bischof, ein Papst, ein König zu wählen war, hat sich die Minderheit auf „bessere Einsicht" berufen und erklärt, sie sei die „gesündere" oder „bessere" Partei *(sanior, melior pars)*. Ein konfliktträchtiges Schisma war unvermeidlich, wenn die Wähler Tugenden vermissen ließen, die Benedikt darüber hinaus ausdrücklich fordert: Schweigen, Demut, Klugheit, Maß.

Benedikt bleibt hier nicht stehen. Sollten die Brüder einen Unwürdigen zum Abt wählen, räumt er dem Diözesanbischof, benachbarten Äbten und sogar „benachbarten Gläubigen" ein doppeltes Interventionsrecht ein: Sie sollen verhüten, „daß das Einverständnis der Verworfenen Oberhand gewinne. Vielmehr sollen sie dem Hause Gottes einen würdigen Verwalter bestimmen." Doch wer waren im Einzelfall „die Verworfenen", wer der „würdige Verwalter"?

Und doch könnten Herrscher, Richter, Vermittler in der Regel Benedikts Anregungen gefunden haben. Es liegt an der Art unserer Quellen, daß sie keine Aussagen dazu machen, wie oft Machthaber auf Gewalt verzichtet und eine gütliche Regelung gesucht haben, von der Bergpredigt oder Benedikt beeinflußt.

Tausende waren schnell getauft und damit äußerlich für das Christentum gewonnen. Die innere Christianisierung dauerte Generationen, abgeschlossen war sie nie; denn zu allen Zeiten waren bestenfalls einige wenige geneigt, auf die Durchsetzung eigenen Rechts zu verzichten, nach einem Schlag auf die rechte Wange auch noch die linke hinzuhalten oder sich schlicht zu entschuldigen. Das tat Papst Hadrian IV., als er das Wort *beneficium,* das die Umgebung Friedrichs I. auf dem Reichstag zu Besançon 1157 empört hatte, erläuterte und die unglückliche Zweideutigkeit ausdrücklich zurücknahm.[4]

Die Bereitschaft zu entsagungsvoller Nachfolge Jesu begegnet gelegentlich auch bei weltlichen Herrschern. 747 legte Karlmann die Macht als fränkischer Hausmeier nieder, zog nach Rom und gründete hier ein Kloster; später trat er in das von Benedikt gegründete Kloster Montecassino ein. Das Motiv des Verzichtes bleibt unklar; auszuschließen ist nicht, daß Karlmann Sühne leisten wollte für die Art, wie er in seinem Reichsteil Macht ausgeübt hatte. Erinnert sei an die Verwüstung Alemanniens (743) und an die Hinrichtung alemannischer Großer in Cannstatt (746). Wieweit diese Umkehr Karlmanns Neffen Karl beeinflußt hat, muß ebenfalls offenbleiben.

Erwähnt wurde die Massenhinrichtung von Sachsen (782), aber auch, daß Karl sogar hartnäckige Gegner mit dem Leben davonkommen und sie nicht einmal verstümmeln ließ. Vielleicht darf man solchen Verzicht auf Gewalt als Zeichen einer gewissen inneren Christianisierung verstehen, denn selbstverständlich war er nicht.

Sonderfrieden

Eines besonderen Schutzes dürften sich in allen Kulturen bestimmte Orte, Zeiten und Personen erfreut haben, etwa Heiligtümer, Feste und Gesandte, noch mehr wohl die Familie im engeren Sinne, dann auch die Sippe, der Stamm, das Volk, die Angehörigen derselben Religion. Befriedet war das Haus und hier besonders der Herd, auch als Asylstätte. Heimsuchung galt als schweres Delikt; noch heute kann Hausfriedensbruch strafrechtlich verfolgt werden. Schwelle und Tür, d.h. die Grenze zwischen dem Drinnen und Draußen, schieden einen inneren von einem weiteren Hausfrieden, der zunächst den Bereich der Dachtraufe einschloß, dann das Grundstück, soweit es „eingefriedet" war. Diese räumliche Komponente wurde im Laufe der Zeit ausgedehnt. Eines eigenen Schutzes erfreuten sich auch das Dorf innerhalb des Zaunes, dann Burg und Stadt, nicht zuletzt der Friedhof. Ursprünglich war damit ein eingefriedeter, besonders geschützter Platz gemeint; „Stätte der Ruhe für die Toten" ist eine spätere Ausdeutung.

Wer den Frieden eines geschützten Ortes – etwa der Gerichtsstätte – wahren wollte, durfte nicht mit Waffen auftreten. Der befriedete Bereich wurde häufig besonders kenntlich gemacht. In Gestalt eines gebieterisch dreinschauenden Ritters forderte der *Roland* zur Respektierung des Marktfriedens auf. Hoheitszeichen wiesen den Fremden darauf hin, daß er einen anderen Rechts- und Friedensbezirk betrat. So grenzten mit einem Abtsstab gekennzeichnete Steine, die sogar „enmitten in den bach gesetzet" waren, den Bereich des Klosters Tennenbach im Breisgau ein.[5]

Wer in Notwehr gehandelt hatte oder in falschen Verdacht geraten war, fand an geschützten Orten eine Stätte des Asyls, wo er hoffte, wenigstens vor der Lynchjustiz sicher sein und auf ein geregeltes Gerichtsverfahren warten zu können. In Kriegszeiten suchte die Zivilbevölkerung in Kirchen und Klöstern Zuflucht; die Hoffnung, hier wenigstens mit dem Leben davonzukommen, hat sich nicht selten erfüllt.

Erhöhten Schutzes sollte sich auch erfreuen, wer in die Fremde ziehen mußte, wo man sich nicht (ausreichend) verteidigen konnte: Boten hatten im Namen eines fremden Stammes oder Herrschers zu sprechen; Missionare verstanden sich als *missi*, Gesandte, die Jesu Botschaft verkünden wollten. Bonifatius ließ sich für seine gefährlichen Reisen Schutzbriefe weltlicher und geistlicher Obrigkeiten ausstellen. „Wisset", schreibt der Hausmeier Karl Martell 723 dem Leser eines solchen Dokumentes, daß der Bischof Bonifatius auf allen seinen Wegen „mit unserer Liebe und unter unserem Schutz und Schirm sicher und wohlbehalten" reisen solle.[6]

Ohne ein Mindestmaß an Frieden ist Handel nicht möglich. Deshalb nahmen Herrscher innerhalb ihres Machtbereiches Kaufleute – im Frühmittelalter waren das oft Juden – in ihren Schutz. So versprach Konrad von Zähringen um 1120 „Frieden und sichere Reise" in seinem Herrschaftsgebiet „allen, die meinen Markt [in Freiburg] aufsuchen. Wenn einer von ihnen auf dieser Strecke beraubt wird, werde ich, wenn er den Räuber namhaft macht, entweder dafür sorgen, daß die Beute zurückgegeben wird, oder ich werde selbst zahlen."[7] Schutz wurde Siedlern von den sie anwerbenden Herrschern zugesagt, ferner Studierenden, die zu einer fernen Universität zogen.[8] Ganz besonders waren Angehörige religiöser Minderheiten auf Frieden angewiesen, ferner Menschen, die sich vor Gericht verantworten sollten. So versprach König Sigmund im Jahre 1414 Jan Hus sicheres Geleit zum Konstanzer Konzil.[9] Daß Hus 1415 hier als Ketzer verbrannt wurde, soll Sigmund mit der Begründung zugelassen haben, er habe den Hin-, nicht den Rückweg garantiert.

Gottesfrieden und Landfrieden

Eine wüste Zeit waren in weiten Teilen Europas das 9. und 10. Jahrhundert wegen der Kämpfe im zerbrechenden Karolingerreich und der dadurch mitbedingten Einfälle äußerer Feinde. Die weltliche Gewalt erwies sich als unfähig, ihrer vornehmsten Aufgabe nachzukommen, den Frieden zu wahren. Ende des 10. Jahrhunderts verstanden Bischöfe dieses Versagen als Herausforderung; im Einvernehmen mit weltlichen lokalen Machthabern setzten sie Sonderfrieden, die in einer oder mehreren Diözesen für eine bestimmte Zeit gelten sollten. Durch Wiederherstellung des Rechts sollten die Kriminalität eingedämmt, die waffentragende Schicht gezügelt und das Fehdeunwesen bekämpft werden.[10] Der Gottesfriede *(pax Dei)* – er galt Unbewaffneten und dem Gut, das diese zum Leben brauchten – wurde zunächst in Südfrankreich beschworen. Hier waren die Verhältnisse offensichtlich besonders verworren, die Empfindlichkeit für Unrecht wohl auch ausgeprägter. Der Gottesfriede wurde ergänzt durch die gottgewollte Waffenruhe *(Treuga Dei)*. Sie schützte bestimmte Zeiten, zu denen jegliche Gewalttat mit der Strafe der Exkommunikation bedroht war. Da die *Pax Dei* und die *Treuga Dei* einer tiefen Sehnsucht entsprachen, kam es zu einer Bewegung, die in wenigen Jahrzehnten weite Teile Europas erfaßte. Bei der Ausgestaltung dieser Frieden ergriff einmal die kirchliche, dann die weltliche Obrigkeit die Initiative. So nötigten im Jahre 1023 Bischöfe in Nordfrankreich die Grundherren zu einer Selbstbindung, die ein Schlaglicht auf die Realität von Fehden unter Christen wirft: „Ich werde in keiner Weise in Kirchen eindringen, auch nicht in deren Vorratskeller, es sei denn zu dem Zweck, dort einen verbrecherischen Störer des Friedens oder einen Mörder zu ergreifen. Ich werde weder Bauern noch Bäuerinnen oder Kaufleute festhalten. Weder werde ich ihnen Geld wegnehmen noch sie zwingen, sich durch Lösegeld aus meiner Gewalt freizukaufen. Ich will nicht, daß sie ihre Habe durch eine Fehde ihres Herrn verlieren, und werde sie nicht geißeln lassen, um ihnen die Existenzmittel wegzunehmen. Ich werde ihr Haus weder zerstören noch anzünden. Ihre Weinstöcke werde ich auch nicht unter dem Vorwand entwurzeln, daß dies zur Führung einer Fehde erforderlich sei, und ihren Wein nicht unter diesem Vorwand ernten. Ich werde die hier genannten Verpflichtungen gegenüber allen, die sie beschworen haben, zu ihren Gunsten einhalten."[11]

Geschützt sein sollten Personen sowie Orte und Sachen. Ritter und Bauern – potentielle Täter und potentielle Opfer – schlossen sich zu einer Eidgenossenschaft zusammen. Die Selbstverpflichtung enthält defensive Verbote und – hier weniger deutlich – offensive Gebote: Friedensstörer mußten aufgespürt und dingfest gemacht werden. Wer sich weigerte, die Verpflichtung zu beschwören und sich an einer Friedensmiliz zur Verfolgung von Gewalttätern zu beteiligen, sollte seinerseits als Friedensbrecher gelten und aus der Gemeinschaft der Gläubigen ausgeschlossen sein.

In der zweiten Hälfte des 11. Jahrhunderts erfaßte die Bewegung das Deutsche Reich, das durch Investiturstreit, Sachsenkrieg und Gegenkönigtum zerrissen war. 1083 verbot der Gottesfriede von Köln die Fehde in bestimmten Zeiten. Sozial abgestufte Sanktionen drohten Vornehmen mit Vertreibung, Knechten mit Leib- und Lebensstrafen; Räuber und Wegelagerer sollten von diesem und jedem anderen Frieden ausgeschlossen sein. Eine Einzelbestimmung mag zeigen, zu welcher Härte man entschlossen war: War der Friedensbrecher noch unter zwölf Jahre alt, sollte man ihm nicht die Hände abschlagen.[12] Vielleicht galten Zwölfjährige schon als waffenfähig. Nur zwei Jahre später ging man in der Diözese Bamberg weiter (1085): Reisende Kaufleute, arbeitende Bauern, Frauen, Geweihte sollten sich ohne zeitliche Begrenzung des Friedens erfreuen.[13] Diese Forderungen griff 1139 das Zweite Laterankonzil auf: Zu jeder Zeit sollten Kleriker und Mönche, Pilger, Kaufleute, Bauern sowie deren Vieh sicher sein *(omne tempore securi sint)*. Von Mittwochabend bis Montagmorgen, in der Advents- und Weihnachts- sowie in der Fasten- und Osterzeit sollten die Waffen grundsätzlich ruhen; Zuwiderhandelnden drohte der Bann.[14]

Im 12. Jahrhundert griff die weltliche Gewalt die Gottesfriedensbewegung auf. Könige, Landesfürsten und Städte suchten in ihrem jeweiligen Herrschaftsbereich das Gewaltmonopol durchzusetzen und verkündeten zu diesem Zweck Landfrieden, die von den Großen beschworen werden sollten. Außer Kirchen und Friedhöfen sollten ländliche Siedlungen, Land- und Wasserstraßen, Brücke, Schiff und Fähre, Gasthaus und Mühle, Schmiede und Pflug in den Genuß eines besonderen Friedens kommen.[15] Zu regeln waren auch die Folgen einer Verletzung des Friedens: Wer sollte wie lange verpflichtet sein, bewaffnet und auf eigene Kosten einen Übeltäter zu verfolgen?[16]

Der fehdeführende Adel sollte gezügelt, Streitfälle sollten nur vor dem Richter verhandelt und geschlichtet werden; denn dazu habe man Recht und Beamte, daß niemand Rächer des von ihm selber erlittenen Unrechts sei *(ne quis sui doloris vindex sit)*.[17] *Ein* Strafrecht sollte für die gesamte, unter dem Frieden stehende Rechtsgemeinschaft gelten. Die Forderung ebnete ständische Unterschiede ein: Unabhängig vom sozialen Rang des Täters sollten nun als todeswürdig gelten Straßenraub und Tötung von Menschen, Entführung und Vergewaltigung von Frauen. Die Strafe sollte auf abschreckende Weise vollstreckt werden.

Verbindlichkeit gewann der Landfriede dadurch, daß die beteiligten Fürsten sich gegenseitig durch einen Eid banden. Wiederholt haben sie den Frieden anschließend von Jungen und Alten, Armen und Reichen in ihrem Herrschaftsbereich beschwören lassen. Der Friede galt nicht mehr für einen kirchlichen Verwaltungsbezirk, sondern für das Land; doch war er, wie der Gottesfriede, zeitlich befristet (etwa auf fünf Jahre). Je weiter der Kreis der befriedeten Personen und Orte gezogen wurde, desto schwerer war der Friede zu wahren. Denn die Einschränkung der Fehde nach Ort, Zeit und Ziel durch die kirchliche und weltliche Obrigkeit bedeutete, daß bewaffnete Selbsthilfe anerkannt und ausdrücklich legitimiert blieb.

Auch zu Zeiten der Gottes- und Landfrieden hat es Friedensbrecher gegeben. Doch zeigen die angedrohten Strafen, daß die Begleiterscheinungen nicht mehr als rechtmäßig galten, daß – wenigstens grundsätzlich – Befürworter der Fehde sich in ihrem Tatendrang eingeschränkt sahen. Daß in Fehden nicht unbedingt Blut fließen mußte, sondern häufig „nur" hohe materielle Schäden zu beklagen waren, zeigt die häufige Verwendung des Wortes „Brandstifter" für Fehdeführer. 1139 verfügte das Zweite Laterankonzil, Brandstifter und deren Helfer sollten ein Jahr lang in Jerusalem oder in Spanien im Dienste Gottes büßen *(in servitio Dei per annum integrum).*[18] Ein halbes Jahrhundert später entdeckt auch die weltliche Gewalt Vorteile dieser Art von Buße. 1186 erlaubte Kaiser Friedrich I. den Bischöfen, einsichtigen „Brandstiftern" als Buße eine Wallfahrt nach Jerusalem oder Santiago aufzuerlegen.[19] Wer sich gegen das Fehdeverbot versündigt, Christen umgebracht und ganze Landstriche verwüstet hatte – und das waren im allgemeinen mächtige Adlige –, sollte zur Buße aus dem Verkehr gezogen werden, oft endgültig; denn wer im Kampf gegen die Muslime gefallen war, konnte in seiner Heimat den Frieden nicht mehr stören. Trotz solcher Drohungen sind Bauern, Kaufleute, Nonnen und andere, die auf Frieden angewiesen waren, weiterhin Opfer der Gewalt von Waffenfähigen geworden. Zwar wurde im Jahre 1223 ein grundsätzliches und unbefristetes Verbot öffentlicher Fehdefahrt ausgesprochen.[20] Doch hat es sich nicht durchsetzen lassen. Immerhin erwiesen sich zeitlich begrenzte Frieden oft als sehr flexibel; man konnte sie verlängern, d.h. auch: neu aushandeln und der Dynamik historischer Prozesse anpassen.

Als ein Netz normierter Einzelfälle hätten die einzelnen Sonderfrieden die Grundlage eines allgemeinen Volks- oder Landfriedens bilden können. Wenn es im Deutschen Reich dazu nicht gekommen ist, dann auch wegen der Schwäche der zentralen Gewalt. Rechte, die sich aus der Pflicht zur Wahrung des Friedens ergaben, gingen auf die Landesherren über, die diese Last als Chance begriffen.[21] Die Wahrung des Friedens erlaubte ihnen, ihre Macht gegen konkurrierende Adlige und Städte auszubauen; und diese konnten und wollten nicht auf das Recht zur Fehde verzichten, wenn sie ihre Unabhängigkeit behaupten, vielleicht sogar ihre Herrschaft ausweiten wollten. Dazu eine konkrete Einzelheit: Das Geleit *(conductus)* wurde im Hochmittelalter als Regal verstanden; Kaiser Friedrich II. räumte es im Jahre 1232 den Fürsten ein.[22] Oft meint es nicht Begleitung, sondern den besonderen Rechtsfrieden für reisende Kaufleute. Der Geleitsherr sollte mit den Einnahmen Brücken und Straßen instand halten, den Frieden auf öffentlichen Wegen wahren und für Schäden aus Überfällen haften. Viele Landesherren waren geneigt, das Geleit zur Ausweitung ihrer Herrschaft zu nutzen. An wen sollte man sich wenden, wenn man vom Geleitsherrn ausgeplündert worden war?

Einen gewissen Abschluß der Entwicklung bildete im Deutschen Reich der 1495 in Worms als Reichsgesetz erlassene ewige Reichsfriede. Die Fehde wurde nun bedingungslos kriminalisiert; mehr und mehr zurückgedrängt wurde sie erst zu Beginn der Neuzeit von erstarkten Territorialfürsten.[23]

Rückblickend läßt sich festhalten: Ende des 10. Jahrhunderts kam es zu einer – von der Kirche geförderten, dann von der weltlichen Macht aufgegriffenen – Bewegung, die im Laufe der nächsten Jahrhunderte große Teile des Abendlandes erfaßte. Ihr Ziel war es, durch einen besonderen Frieden Personen und Gruppen beiderlei Geschlechts, aller Altersstufen und Stände zu schützen, vor allem solche, die sich nicht selber verteidigen konnten, da sie keine Waffen trugen (z.B. Frauen) oder tragen durften (z.B. Bauern), ferner Fischer, Gesandte, (rechtmäßige!) Jäger, Juden, Kaufleute (auf ihrem Hin- und Rückweg, wie wiederholt präzisiert wird), Kleriker, (Jahr-)Markt- und Messebesucher, Mönche und Nonnen, Pilger, Reisende, Studierende, die zur Wahl des Königs Geladenen. Unter besonderem Schutz sollten auch Orte und Sachen stehen: Acker, Dorf, Friedhof, Gasthaus, Gericht, Kirche, Kloster, (Jahr-)Markt und Messe, Mühle, Pflug, Spital, Land- und Wasserstraße. Der Friede sollte ferner für besondere Zeiten gelten: Sonn- und Feiertage, Advents- und Fastenzeit, jede Woche von Mittwochabend bis Montagmorgen; insgesamt etwa 260 Tage!

Weitere Sonderfrieden sollten in Burgen und im Heer gelten, ferner in der Stadt. Der erste Paragraph eines um 1150 in

Straßburg festgesetzten Rechtes verlangt: „Jedermann, sowohl Fremder wie Einheimischer" solle in der Stadt „zu jeder Zeit und von allen Frieden haben".[24] Es kann hier nicht im einzelnen dargelegt werden, daß die Wahrung des Friedens in Städten eine um so größere Leistung bedeutete, als die Menschen hier im allgemeinen dicht gedrängt lebten und soziale (mancherorts auch ethnische und andere) Spannungen ein friedliches Miteinander erschwerten.

In einer Zeit wachsenden Verkehrs und allgemeiner Expansion haben Gottesfrieden und Landfrieden Konflikte begrenzt und das Recht zugunsten des Schwachen verändert. Zwar konnten Fehden nicht grundsätzlich verboten werden; doch verglichen mit früheren Zeiten war schon viel gewonnen, wenn Begleiterscheinungen der Fehde – Brandstiftung, Mord, Raub, Vergewaltigung – kriminalisiert und angedrohte Strafen ohne Ansehen der Person vollstreckt wurden.

Vermittlung Dritter

Im Gespräch ließ sich, wie verschiedentlich gezeigt, ein Konflikt entschärfen, wenn nicht gar friedlich beilegen. Eine dem Zusammenleben am fränkischen Königshof gewidmete Verordnung bestimmt, daß jeder, der dazu in der Lage sei, verpflichtet sei, etwaigen Streit zu schlichten; wer das nicht tue, müsse für entstandenen Schaden mithaften.[25] Sinngemäß waren hier auch die Großen angesprochen; mit Rat und Tat trugen sie Verantwortung für das Reich.

In konfliktträchtiger Lage sprachen die Parteien tunlichst miteinander, wenn die Leidenschaften sich schon abgekühlt hatten. Der für einen gütlichen Tag ideale Ort war befriedet, für die Parteien zumutbar und möglichst über den Wasserweg erreichbar. Vor Beginn der Konferenz sollte der Streitgegenstand festgesetzt werden; oft lief das auf eine Machtfrage hinaus: Sollte man etwa nur über einen jüngst entstandenen Sachschaden sprechen oder auch über eine zurückliegende Gewalttat gegen Personen?[26]

Je größer der Streitgegenstand war, desto mehr Bedeutung kam einem Dritten zu. Wiederholt wurde der Papst um Vermittlung gebeten, so etwa von Herzog Tassilo in dessen Konflikt mit Karl dem Großen. Im Kampf Heinrichs IV. mit den Sachsen bot Gregor VII. seine Dienste an. Während des Investiturstreites bat Heinrich IV. im Jahre 1077 seinen Taufpaten, Abt Hugo von Cluny, eine der höchsten Autoritäten des Abendlandes, und die Markgräfin Mathilde, zwischen ihm und Papst Gregor VII. zu vermitteln.[27] Stritt sich ein Großer mit seinem Lehnsherrn, mochte er zunächst eine einflußreiche Person aus dessen Umgebung um Fürsprache bitten. Da die Mailänder ihre Bitte um Erbarmen der Kaiserin nicht vortragen durften, warfen sie, wie wir gesehen haben, Kreuze in ihr Gemach.

Um Vermittlung bat man gern integre Charaktere. In den Wirren der Völkerwanderung war ein Charismatiker wie Severin bei Barbaren und Romanen angesehen und darauf bedacht, Konflikte zu entschärfen. Im 12. Jahrhundert zog Norbert von Xanten, im 13. Jahrhundert Franz von Assisi durch Stadt und Land. Sie versöhnten hoffnungslos Zerstrittene und stifteten Frieden. Doch schon die Jünger des hl. Franz haben gelegentlich der Versuchung nicht widerstehen können, aggressive Energien von der gegenseitigen Zerfleischung auf einen äußeren Feind abzulenken.[28] Niklaus von Flüe – Ratsherr, Richter, Hauptmann, später wie ein Heiliger verehrter Einsiedler – erreichte 1480/81 einen Ausgleich zwischen Land- und Stadtorten und bewahrte damit die noch junge Eidgenossenschaft vor Bruderkrieg.[29]

In der schon erwähnten Bulle *Inter Caetera* grenzte Papst Alexander VI. im Jahre 1493 die Interessensphären Spaniens und Portugals in der Neuen Welt gegeneinander ab (§ 6): Alles Land, das westlich oder südlich einer bestimmten Linie liege, solle von Weihnachten 1493 an (dem Jahresanfang) den katholischen Königen gehören, soweit es nicht im Besitz eines anderen christlichen Herrschers sei. Der Spruch ging in den Vertrag von Tordesillas ein (1494), in dem sich Spanien und Portugal auf eine Linie einigten, die von Pol zu Pol reichen sollte, *por bien de paz e concordia,* zum Wohle von Frieden und Eintracht. Experten beider Seiten sollten die Demarkationslinie genau festlegen, eine paritätisch besetzte Kommission nach im einzelnen genannten Forderungen feste Grenzzeichen setzen. Alles sollte getan werden, was geeignet war, künftige Konflikte zu vermeiden. So sollten die Vertragschließenden darauf verzichten, in der Interessensphäre der jeweils anderen Partei Entdeckungsfahrten zu unternehmen.[30] Insgesamt gilt diese Regelung bis auf den heutigen Tag: Hier das portugiesischsprachige Brasilien, dort das spanischsprachige Süd- und Mittelamerika. Daß ein leidliches Nebeneinander von Kolonialmächten alles andere als selbstverständlich war, zeigen die Kriege zwischen Franzosen und Engländern in der Neuen Welt vom 17. bis ins 19. Jahrhundert.

Gerichte

Seit dem 12. Jahrhundert suchte man Streitigkeiten auch durch Einschaltung eines Schiedsgerichtes beizulegen. Von der Schlichtung unterschied es sich dadurch, daß beide Parteien sich verpflichteten, einen Richtspruch anzuerkennen. Der Gang zum öffentlichen Gericht war damit vermieden. Da ein solches Verfahren unter Christen selbstverständlich sein sollte (vgl. Mt 18, 15–17), wurde es im Laufe der Zeit immer beliebter: zunächst bei Streitigkeiten unter Klerikern, dann zwischen Klerikern und Laien, schließlich auch in Fällen, in denen ausschließlich Laien in Streit lagen. Wie bei der Schlichtung war es oft nicht einfach, den Streitgegenstand einzugrenzen, sich über Ort, Zeit und Schiedsrichter zu verständigen. Komplikationen ließen sich vermeiden, wenn die Parteien sich schon im Vertrag auf Modalitäten eines etwaigen schiedsgerichtlichen Verfahrens verständigt hatten.[31]

Konflikte, die den Frieden gefährdeten, sollten vor Gericht ausgetragen werden, das schon deshalb regelmäßig zusammentreten mußte. Wurde dessen Spruch von den Parteien anerkannt, war der Friede gewahrt. Möglicherweise appellierte die unterlegene Partei an die höhere Instanz. War sie überzeugt, ihr Recht nicht finden zu können und wahrte sie bestimmte Formen und Fristen, konnte sie – sofern sie dazu berechtigt war – zur Selbsthilfe in Form der Fehde schreiten; damit war auch ein Gottes- oder Landfriede gestört.

Oberstes Gericht war, unter Vorsitz des Königs, der Hof- oder Reichstag. Daß auch hier Formen und Fristen gewahrt werden mußten, zeigte sich in der Auseinandersetzung Friedrichs I. mit Mailand 1159–1162. Friedrich war überzeugt, daß die bedeutendste Kommune Oberitaliens seiner Herrschaft unterstehe; er ließ sie also unter Wahrung der üblichen Formen vorladen. Bis hierhin hätte sich eine kriegerische Ausweitung vermeiden lassen. Auch den dritten Termin ließen die Mailänder verstreichen, ohne ihr Fernbleiben zu entschuldigen. Daraufhin zog man Rechtskundige aus Bologna hinzu, wo das Studium des römischen, kaiserfreundlichen Rechts blühte. Nach Befragung dieser Männer erging ein strenges Urteil: Als Ungehorsame, Rebellen und Abtrünnige vom Reich wurden die Mailänder zu Feinden erklärt, ihre Habe der Plünderung preisgegeben, sie selber seien der Knechtschaft verfallen. Überzeugt von ihrer Stärke und ihrem Recht schlugen die Mailänder letzte Vermittlungsversuche aus und ließen es auf einen Waffengang ankommen; sie erlitten eine Niederlage, und das Urteil wurde, wie wir gesehen haben, an ihnen vollstreckt.[32]

Gegen Ende des Mittelalters rief der Reichstag in Worms 1495 einmal mehr in Erinnerung, daß Landfriedensbruch, eigenmächtige Pfändung und Gefangennahme grundsätzlich vor Gericht verhandelt werden sollten (ein Hinweis auf die anders geartete Praxis). Ergänzend zu den schon vorhandenen ordentlichen Gerichten schuf der Reichstag das Reichskammergericht; dieses, nicht mehr der König, sollte also in letzter Instanz über Fälle von Bruch des Landfriedens urteilen.[33]

Kollektive Selbsthilfe

Seit dem Frühmittelalter schlossen sich Menschen in Einrichtungen der Selbsthilfe zusammen; sie bildeten eine Genossenschaft grundsätzlich Gleicher zur Abwendung von Hochwasser, Sturmflut oder anderer Gefahren, die allen gemeinsam drohten. Auch Kaufleute, Pilger und Studierende versprachen einander wechselseitige Hilfe bis zum gemeinsamen Ziel. Der Erfolg solcher spontan gebildeter, zeitlich begrenzter Genossenschaften erklärt sich vielleicht auch damit, daß die Kirche eidlich bekräftigte Gottesfrieden förderte. Wegen ihrer Flexibilität erfreuten sich Schwureinigungen seit dem 11. Jahrhundert auch in Städten großer Beliebtheit. Zur Abwehr fremder, als unrechtmäßig eingeschätzter Ansprüche schlossen „Bürger" sich zusammen. Geeint wollten sie gegen den Stadtherrn Privilegien verteidigen; oft proklamierten sie den Friedenswillen und die Bereitschaft zum Krieg. Kirchliche und weltliche Obrigkeit waren geneigt, in solchen Zusammenschlüssen unerlaubte Angriffe auf die eigene Macht zu sehen und entsprechend zu reagieren. Wiederholt ging der Konflikt in einen erbittert geführten Krieg über. So bildeten die Sachsen 1077 einen Bund gegen König Heinrich IV.; lieber wollten sie sterben, als die von den Vätern ererbte Freiheit schmachvoll zu verlieren.[34]

Genauer betrachtet sei der Rheinische Städtebund. Im Jahre 1254 beschworen Erzbischöfe, Bischöfe, Äbte, Grafen, Herren sowie mehr als 60 Städte – darunter als Kern Mainz, Köln, Worms, Speyer, Straßburg, Basel, Zürich, Freiburg – einen Frieden, dessen sich zehn Jahre lang Kleine und Große erfreuen sollten. Vier gewählte vertrauenswürdige Männer sollten konfliktträchtige Fragen in friedlichem Vergleich regeln.[35] In den folgenden Jahren erörterten Gesandte aus diesen und anderen Orten, wie Friede und Gerechtigkeit am besten zu wahren seien, „auch zum Wohl der Armen und des ganzen christlichen Volkes, die nach der Ruhe des Friedens mit größter Sehnsucht dürsten". Der Bund läßt sich als Antwort auf die Herausforderung verstehen, die mit der Schwäche des Königtums im sogenannten Interregnum gegeben war.

Um das eidlich bekräftigte Ziel durchsetzen zu können, beschloß der dritte Bundestag 1256 in Mainz, jede Stadt solle nach besten Kräften ständig Streitrosse und Bewaffnete bereithalten, um sie unter Umständen gegen Friedensstörer und

Rechtsbrecher einzusetzen. Die Mitglieder des Bundes sollten Söldner *(stipendiarios, qui suldenere dicuntur vulgariter)* unterhalten, damit sie, „wann immer es nötig ist, an entfernte Orte entsandt werden können". Von robustem Selbstbewußtsein durchdrungen, setzte man die Königswähler unter Druck; sie sollten sich auf *einen* geeigneten Kandidaten verständigen. Sollte es trotz dieser Drohung zu einer zwiespältigen Wahl kommen, wollten die Städte den Gewählten jede Hilfe verweigern; weder heimlich noch öffentlich werde man ihnen die Tore öffnen, den Treueid leisten, die Dienstpflicht erfüllen, Lebensmittel liefern oder Darlehen geben. Ähnliche Warnungen richteten sich gegen nicht näher bezeichnete „Herren", die es ablehnen sollten, in den Frieden einzutreten. Wer gegen die Beschlüsse verstoße, sollte als treulos und eidbrüchig gelten, „und wir wollen gegen sie mit allen Kräften vorgehen wie gegen Friedensbrecher und unsere öffentlichen Feinde". Von einer zwiespältigen Königswahl hatten Reichsstädte nichts Gutes zu erwarten; denn um Anhänger zu gewinnen oder bei Laune zu halten, waren konkurrierende Herrscher versucht, Städte zu verpfänden. Der Pfandnehmer übte mit dem Besitz- das Nutzungsrecht aus.[36] Im allgemeinen büßten die Städte mindestens einen Teil ihrer oft mühsam erkämpften Rechte und Freiheiten ein. Was die Wahrung des Friedens angeht, war man sich also klar darüber, daß hehre Proklamationen nicht ausreichen, daß man vielmehr auch über ein Offensivpotential verfügen mußte.

Zwei geschichtsmächtig gewordene Eidgenossenschaften wurden schon erwähnt: die Hanse und die Schweiz. Anfangs verstand man unter *Hanse* eine *Schar* (so die wörtliche Bedeutung) von Kaufleuten, die in die Fremde reisen mußten. Sie hatten sich zusammengetan im Bewußtsein, als Bund eher Gefahren trotzen zu können, die allen gemeinsam drohten. Der Erfolg der (in schriftlichen Quellen seit dem frühen 11. Jahrhundert faßbaren) Einung bewog die Heimatorte der Kaufleutehanse, sich (seit Mitte des 14. Jahrhunderts) zu einer *Städtehanse* zusammenzuschließen. In Niederdeutschland sowie im Raum von Ost- und Nordsee sorgte sie für Frieden und eigene Interessen. Hatte man sich vergeblich um einen friedlichen

Ausgleich bemüht, schreckte man auch vor einem Offensivbündnis nicht zurück. So einte die Kölner Konföderation von 1367 Hansestädte des Nord- und Ostseeraums sowie Städte in Holland und Seeland gegen Waldemar IV. Atterdag von Dänemark. Der König hatte mit der Eroberung von Gotland (1361) tief in die Interessensphäre der Hansestädte eingegriffen. Diese setzten sich mit militärischen Mitteln so erfolgreich zur Wehr, daß 1369 der dänische Reichstag einlenken mußte. Mit dem Frieden von Stralsund erreichte die Hanse 1370 den Höhepunkt ihrer Macht, erlitt Dänemark, die Großmacht des Nord-Ostsee-Raumes, eine empfindliche Niederlage.[37]

Eidlich bekräftigten im August 1291 die Urkantone – Nidwalden, Schwyz und Uri – ein früheres Bündnis zum Schutz von Ruhe und Frieden in ihren Tälern. Genau wurde festgelegt, wie man sich im Falle der Störung des Friedens verhalten wolle. Bei Streit unter den eigenen Leuten sollten „die Einsichtigsten unter den Eidgenossen" schlichtend eingreifen. Nach dem Willen der Vertragschließenden sollte der Bund, „so Gott will, ewig dauern".[38] Durch den Beitritt bedeutender Städte (1332 Luzern, 1353 Bern) änderte der Bund zwar seinen Charakter, doch bewährte er sich so sehr, daß ihm weitere Aufgaben zufielen, u.a. Schutz vor dem Verpfändetwerden und Wahrung der eigenen Interessen bei der Besteuerung.

Der Bund von 1291 gilt als Kern und Anfang der Schweizerischen Eidgenossenschaft. Dank eines ausgeprägten Freiheitswillens ihrer Mitglieder, der Gunst der politischen Konstellation und der geographischen Lage behauptete sie sich in zahlreichen Kriegen gegen Druck von außen. Seit Ende des Mittelalters löste sie sich nach und nach aus dem Reichsverband, ihre Unabhängigkeit wurde 1648 im Westfälischen Frieden anerkannt. Das Nationalitätskennzeichen „CH" an Kraftfahrzeugen erinnert daran, daß vor mehr als 700 Jahren der Grund gelegt wurde für die *Confoederatio Helvetica*, die helvetische Eidgenossenschaft.

Rheinischer Städtebund, Hanse und Schweizerische Eidgenossenschaft wollten in einem bestimmten Raum den Frieden, dann aber auch Wirtschafts- und Handels- sowie politische

Interessen im weiteren Sinne wahren, wenn nötig sogar gegen den König, den traditionellen Schirmer der Städte. Millionen von Menschen sind in den Genuß des von Selbsthilfeeinrichtungen sicherer gemachten Friedens gekommen, so prekär dieser im Einzelfall geblieben ist.

Klare Regelung schafft gute Freundschaft

In dieses Sprichwort sind bittere Erfahrungen eingegangen. Dem Frieden unter Nachbarn tut es gut, wenn die Grenzen eindeutig festgelegt und anerkannt sind. Erinnert sei daran, daß Einhard die Feindseligkeiten zwischen Franken und Sachsen auch damit erklärt, daß beider Gebiete nicht überall durch natürliche Hindernisse voneinander geschieden gewesen seien.

Wer ein Reich teilte, orientierte sich gern an Gewässern sowie an Bistümern, Grafschaften, Stammesgebieten, deren Ausdehnung als bekannt vorausgesetzt wurde. Reichten Feststellungen wie „diesseits des großen Waldes", „jenseits des Gebirges" nicht aus, mußte man Grenzen genau festlegen. Nach dem in den 1220er Jahren aufgezeichneten *Sachsenspiegel* sollte, wer Grenzsteine setzen wollte, den Besitzer des Landes auf der anderen Seite hinzuziehen.[39] Verträge zur Übereignung von Liegenschaften enthalten oft eine *Pertinenzformel;* sie zählt auf, was zur Schenkung gehören soll – bebautes und unbebautes Land, Wald und Einöde, fließende und stehende Gewässer usf. Man wollte nichts vergessen haben. Ähnliches gilt für veräußerte Rechte; auf eine genaue Aufzählung, etwa Bergbau und Jagd, mag die Bemerkung folgen „wie sie auch heißen mögen".

Wenig war dem Frieden dienlicher als die rechtzeitige Regelung des Erbes, wurden doch noch in der Neuzeit weite Teile Europas in Erbfolgekriegen verwüstet. Erbberechtigte, Große, Nachbarn sollten daher erbrechtliche Verfügungen anerkennen. Karl der Große regelte seine Nachfolge 806, als Vierundsechzigjähriger und acht Jahre vor seinem Tod. Zahlreiche Einzelbestimmungen gelten Söhnen und Töchtern, Grenzen und Reichen; damit sollten – um einige der hier begegnenden Umschreibungen von Unfrieden zu nennen – Streit, Unordnung, Verwirrung, Zank, Zwietracht vermieden werden. Wie ein roter Faden zieht sich die Sorge um den Frieden unter seinen Söhnen und im Reich durch die Anordnung, die auch deshalb schriftlich festgehalten wurde. Jeder Sohn sollte wissen, was er zu regieren und gegen äußere Feinde zu schützen hätte; jeder sollte, so die dringende Mahnung des Vaters, sich mit seinem Teil zufriedengeben. Untereinander sollten die Brüder sich von Frieden und Liebe leiten lassen. Die Erinnerung an eigenen Machthunger – d.h. die Verletzung des Maßes, einer Kardinaltugend – könnte Karl auch zu folgenden Worten bewogen haben: „Keiner von ihnen wage es, die Grenzen eines Bruderreiches zu verletzen oder tückisch einzudringen"; vielmehr solle jeder von ihnen seinem Bruder helfen, „ob es sich nun um Vorgänge innerhalb des Vaterlandes handelt oder um Hilfe gegen auswärtige Feinde". Auf keinen Fall solle man bei Meinungsverschiedenheiten zur Waffe greifen; vielmehr solle man Gott entscheiden lassen. Im Falle des Todes einer der Brüder solle dessen Reichsteil von den Überlebenden treuhänderisch für etwa vorhandene Neffen verwaltet werden; keiner seiner Enkel, ob schon geboren oder noch nicht, dürfe „getötet oder verstümmelt oder geblendet oder gegen ihren Willen geschoren werden ohne gerechte Verhandlung und Untersuchung". Schließlich stellte der Kaiser im Wissen um die begrenzte Wirksamkeit von Ge- und Verboten? – seinen Söhnen eine gemeinsame Aufgabe: Sie sollten die Kirche des hl. Petrus – also Rom und das Papsttum – schützen.[40]

Karl könnte sich an eigenes Verhalten erinnert haben. Er und sein Bruder Karlmann hatten nach dem Tod ihres Vaters Pippin das Reich durch Los geteilt, eine Form des Gottesurteils.[41] Seinen eigenen Neffen gegenüber hatte Karl sich, wie wir gesehen haben, nicht als treuer Sachwalter gezeigt. Den Gedanken des Gottesentscheides führt er in seiner Nachfolgeregelung nicht weiter aus; immerhin haben Enkel Karls die Schlacht bei Fontenoy, in der sie um das Erbe stritten, als Gottesurteil verstanden.

Die *Divisio imperii* mußte ihre Bewährungsprobe nicht bestehen; 814 ging die Herrschaft problemlos auf Ludwig (den Frommen) über, den einzigen überlebenden legitimen Sohn. Schon 817 traf dieser eine Nachfolgeregelung, in der er das Gespräch als Konfliktprophylaxe zu institutionalisieren suchte. Ausdrücklich sah er regelmäßige Gipfeltreffen seiner Söhne vor, die Teilreiche zu regieren hatten.[42] Hier überging Ludwig seinen Neffen Bernhard; der erhob sich, wurde rasch niedergeworfen, zum Tode verurteilt und zur Blendung „begnadigt".[43] Der Verstümmelung, die Bernhard nicht überlebte, waren Verhandlung und Untersuchung vorausgegangen, die die Richter für rechtmäßig gehalten haben werden. Als Kaiser Ludwig in zweiter Ehe ein Sohn Karl (der Kahle) geboren wurde, änderte Ludwig die selbstgesetzte Regelung auf Kosten der Söhne aus erster Ehe. Sie erhoben sich gegen ihren Vater, zahlreiche Große schlossen sich ihnen an. 833 kam es bei Colmar zu einem allgemeinen Abfall; den Ort nannte man deshalb „Lügenfeld". Ludwig wurde zu öffentlicher Kirchenbuße gezwungen und galt zeitweise als abgesetzt.[44]

Die Ereignisse zeigen, wie delikat die Regelung der Erbfolge sein konnte. Deutlich wird das Gewicht persönlicher Autorität, sind doch Karl dem Großen Erfahrungen erspart geblieben, wie sein Sohn Ludwig sie mit aufsässigen Söhnen machte.

Verzicht

Von Weisheit zeugt, was Bischof Dietrich von Lübeck im Streit mit Fürst Heinrich von Mecklenburg 1210 schreibt: Da es nicht tunlich sei, „sich mit dem zu streiten, der die Menge für sich hat, haben wir es für richtig gehalten, lieber in einem Teil nachzugeben und anderes zu behaupten, um dieses in Frieden zu behalten".[45] Konflikte ließen sich entschärfen, wenn eine Partei auf (Maximal-)Forderungen verzichtete. Dabei dürfte die Redewendung „Der Klügere gibt nach" den wahren Sachverhalt meist verschleiern: Der Schwächere mußte im allgemeinen nachgeben, um wenigstens einen Teil seiner

Ansprüche zu behaupten, Leben oder Freiheit zu retten. Byzanz, das über Erfahrung im Umgang mit Barbaren verfügte, sah sich Ende des 12. Jahrhunderts gezwungen, Forderungen Kaiser Heinrichs VI. durch eine eigens ausgeschriebene Steuer zu befriedigen; das *Alamanikon* verweist auf den Empfänger.[46]

Wer einen Gegner weder ausschalten noch mit „Geschenken" befriedigen konnte, mußte sich mit ihm arrangieren, vielleicht sogar verbünden. Als Alfred der Große von England sich darüber klar wurde, daß er die Dänen nicht vertreiben könne, trat er ihnen – ergänzend zum *Danegeld* – im Jahre 886 Land nordöstlich einer Linie ab, die die Mündungen von Themse und Dee verbindet.[47] Ähnlich verfuhr, wie gezeigt, Karl der Einfältige im Jahre 911. Im 10. Jahrhundert gewannen polnische Herrscher bedeutende Macht im östlichen Mitteleuropa. Nach verlustreichen Kämpfen seiner Vorgänger versuchte Otto III. es mit einer neuen Konzeption: Im Jahre 1000 machte er Herzog Boleslav von Polen zum Bruder und Helfer seiner Kaiserherrschaft.[48]

Streit konnte Reich und Kirche erspart bleiben, wenn ein Amtsträger sich zu einem Verzicht bereit erklärte. In einem Vertrag mit dem Deutschen Orden versprach Kasimir III. von Polen im Jahre 1343 für sich und seine Nachfolger, den Titel „Herzog von Pomerellen" aus seinem großen Siegel entfernen und niemals wieder gebrauchen zu wollen. Um der vom Schisma heimgesuchten Kirche Frieden zu geben, trat im Jahre 1415 Papst Johannes XXIII. unter der Bedingung zurück, daß auch die anderen Päpste resignierten.[49]

Im Abendland behielten Unterlegene seit dem 8. Jahrhundert nicht selten Leben und körperliche Unversehrtheit; oft konnten sie, wie Ludwig der Fromme, nach einiger Zeit sogar in ihr früheres Amt zurückkehren. Die Milde im Umgang mit dem Gegner könnte sich mit einer Verchristlichung des tatsächlichen Herrscherverhaltens erklären.[50] Im Spätmittelalter wurde mit der Staatsräson – dem Land sollte ein Bruderkrieg erspart werden – die Tötung von Konkurrenten um die Macht nach einem Herrscherwechsel gerechtfertigt, wenn nicht gar gefordert. Sultan Mehmed II. (1451–1481) ließ in einem berühmt gewordenen Gesetzbuch ausdrücklich festhalten: „Zur Wahrung der Weltordnung ist es zweckmäßig, wenn derjenige meiner Nachkommen, der das Sultanat erlangt, seine Brüder töten läßt."[51]

Außerordentlich schwierig war es, in Glaubensfragen zu einem Ausgleich zu kommen, der beide Parteien zufriedenstellte. Anhänger des 1415 in Konstanz als Ketzer verbrannten Jan Hus hatten jahrelang Kreuzzüge der Katholiken abgewehrt und im Gegenangriff Mittel- und Ostdeutschland verheert. Als die Bewegung sich spaltete, schlossen sich die gemäßigten *Utraquisten,* denen man die Kommunion unter beiderlei Gestalt erlaubt hatte, und Katholiken zusammen gegen die radikalen *Taboriten.* Nach deren Vernichtung im Jahre 1434 bei Lipany (30 km östlich von Prag) war der Weg frei für einen Ausgleich mit den gemäßigten Hussiten.[52] Diese Beilegung eines blutigen Streits darf auch deshalb betont werden, weil unterschiedliche Deutungen der Frohbotschaft und Meinungsverschiedenheiten über den rechten Weg zur Seligkeit am Anfang von Kriegen standen, die Europa im 16. und 17. Jahrhundert verwüstet haben.

Konfliktvermeidung im zwischenstaatlichen Bereich

Was der Vermeidung von Konflikten innerhalb von Familie, Stamm, Reich dienlich war, galt schon deshalb auch für das Verhältnis unter Reichen und Herrschaften, weil Staaten erst langsam entstanden und es keine klar umrissenen Grenzen zwischen staatlichem und privatem Bereich gab.

Genau achtete man oft darauf, den gegenseitigen Besitzstand zu respektieren. Manches „Gipfeltreffen" fand deshalb auf der Mitte eines Grenzflusses statt, etwa auf einer Brücke. Auf einer Loireinsel „sprachen, aßen und tranken" im Jahre 502 (?) der Gotenkönig Alarich II. und der Frankenkönig Chlodwig miteinander; „sie gelobten sich Freundschaft und schieden dann in Frieden".[53] Das gemeinsame Mahl stiftete Freundschaft und Frieden.

Mit dem Gespräch und dem Konferenzort erkannte man den anderen als gleichrangig und als Gebieter in dem bis zu dieser Grenze reichenden Gebiet an; das konnte eine im Innern gefährdete Herrschaft festigen und ihr im Gefüge der Mächte höheres Ansehen verleihen. 921 begegneten sich bei Bonn der König der Westfranken Karl und der König der Ostfranken Heinrich. „Nach wechselseitigem Verkehr der Gesandten" war man übereingekommen, sich auf dem Rhein zu treffen. Am Sonntag, den 4. November, sahen sich beide lediglich von Ufer zu Ufer, „damit ihre Getreuen gerechtfertigt würden hinsichtlich des Eides, mit dem sie deren Zusammenkunft versprochen hatten". Am folgenden Mittwoch ließen sich die Könige vom jeweiligen Ufer zur Strommitte rudern, stiegen in ein hier verankertes drittes Boot und bekräftigten einen vorher ausgehandelten Freundschafts- und Friedensvertrag *(unanimitatis pactum ac societatis amicitia)* mit folgenden Worten: „Ich, Karl, durch die Hilfe von Gottes Gnaden König der Westfranken, werde künftighin diesem meinem Freunde, dem Ostkönig Heinrich, Freund sein, wie ein Freund seinem Freund gegenüber in rechter Weise sein muß, nach meinem Wissen und Können, und zwar unter der Voraussetzung, daß er mir diesen selben Eid leistet und, was er schwört, hält. So wahr mir Gott helfe und diese heiligen Reliquien." Danach leistete König Heinrich mit denselben Worten den Eid auf die Reliquien, die man wohl in einer Burse mitgeführt hatte. Kirchliche und weltliche Große bekräftigten eidlich den Pakt, auf seiten Karls u. a. der Erzbischof von Köln und der Bischof von Utrecht, auf seiten Heinrichs u. a. der Erzbischof von Mainz und der Bischof von Worms.[54] Wie die Titel der im jeweiligen Gefolge genannten Großen zeigen, galt der Rhein als Grenze zwischen beiden Reichen nur an seinem Unterlauf; am Mittelrhein verlief die Grenze westlich des Stromes. Da beide Monarchen Titel und Herrschaftsbereich wechselseitig anerkannt hatten, kann man sagen, daß mit dem Bonner Vertrag für West- und Mitteleuropa die Geschichte des Frankenreiches zu Ende ging und die der Nachfolgereiche Deutschland und Frankreich begann.

Ausblick

Millionen von Menschen sind in Kriegen eines gewaltsamen Todes gestorben, noch mehr sind Hunger, Krankheit, Sklaverei und anderen mittelbaren Folgen erlegen. Zerstört wurden einfache Hütten und einzigartige Kunstwerke, aber auch Tausende von Dokumenten, die uns Kunde vom Schicksal Unterlegener hätten geben können.

Kriege haben die Landkarte geprägt mit einer Vielfalt von Reichen und Herrschaften, Sprachen, Kulturen und Religionen – und deren jeweiligen Grenzen. Erinnert sei an die „Wanderungen" von Völkern, an die – oft gewaltsame – Ausbreitung des christlichen sowie des islamischen Glaubens. Untergegangen sind die Reiche der Hunnen, Vandalen, Goten, Avaren, Mongolen, aber auch das altehrwürdige Byzanz. Die eigenständige Kultur Okzitaniens wurde in den Kriegen gegen die Katharer zerstört; von diesem Schlag hat Südfrankreich sich nie erholt.

In Erbfolgekriegen und infolge des Ansturms äußerer Feinde zerbrach das – für europäische Verhältnisse – ungewöhnlich große Karolingerreich. Das Schicksal des burgundischen Staates (die Bezeichnung dürfte Ende des 15. Jahrhunderts gerechtfertigt sein) entschied sich in Kriegen und mit dem Schlachtentod Herzog Karls des Kühnen. Sein Reich wurde von den Nachbarn in ähnlicher Weise aufgeteilt wie etwa 600 Jahre früher das Reich Lothars, eines der Enkel Karls des Großen. Doch dürfte es mehr als Zufall sein, wenn es heute im Grenzsaum zwischen *Romania* und *Germania* traditionsbewußte, lebensfähige Staaten gibt: die Niederlande, Belgien, Luxemburg und die Schweiz.

Bedeutsam waren bestimmte Schlachten für Europa insgesamt wie für einzelne seiner Länder. Nachdem die Ungarn auf dem Lechfeld 955 eine Niederlage erlitten hatten, konnten generationenlang heimgesuchte Länder an den Aufbau gehen. Der Sieger Otto I. erfuhr 962 in der Kaiserkrönung eine Rangerhöhung. Das Kaiserreich sollte Mittelalter und Neuzeit verbinden und noch den Stürmen von Reformation und Dreißigjährigem Krieg trotzen. Infolge des Sieges Herzog Wilhelms bei Hastings 1066 wurden die Bindungen Englands zu Skandinavien gelockert und England stärker an Westeuropa herangeführt. Bei Hofe und in der Verwaltung bediente man sich noch Jahrhunderte später des Französischen, das die englische Sprache bereichert hat. In der Schlacht auf dem Amselfeld (Kosovo) gewannen 1389 die Türken die Oberhoheit über die Serben für die folgenden fünfhundert Jahre; die Niederlage bestimmte das kollektive Bewußtsein der Serben bis auf den heutigen Tag.

Lange Kriege haben die Erbitterung breiter Volksschichten ausgelöst und die Ausbildung nationaler Stereotypen begünstigt: Seit dem Spätmittelalter läßt sich beobachten, daß nicht mehr einzelne Menschen gehaßt und von den einen mit der Waffe, von anderen mit der Feder bekämpft wurden, sondern *die* Deutschen, Engländer, Franzosen, Italiener, Mongolen, Slaven, Türken, Welschen. Im 15. Jahrhundert war ein König der Loyalität seiner Untertanen von dem Augenblick an nicht mehr sicher, da eine junge Frau offensichtlich für viele sprach, wenn sie sinngemäß erklärte: Gott hat England den Engländern, Frankreich den Franzosen gegeben; die Engländer haben in unserem Land deshalb nichts verloren. Hier begegnet ein Nationalgefühl, das man als ein Vorbeben des Nationalismus deuten kann, der im 19. und 20. Jahrhundert die Menschen zusammenschweißen sollte, wie es vorher – etwa in den Kreuzzügen – nur die Religion vermocht hatte; seit der Französischen Revolution sollte er Kriegen eine bis dahin ungeahnte Zerstörungskraft geben. In Erinnerung an den Hundertjährigen Krieg, an spätere Kriege in den Kolonien und auf dem Kontinent richteten sich nationale Animositäten in Frankreich noch lange gegen England, das zumal in Kreisen der französischen Marine als „Erbfeind" galt. Unübersehbar sind noch weitere Kontinuitäten: Zwar hatte England sich aus Frankreich zurückziehen müssen, doch noch heute sind Jersey, Guernsey und andere Kanalinseln britisch. Die kollektive Erinnerung wärmt sich gern an Erfolgen: Der 8. Mai, an dem die Engländer 1429 die Belagerung von Orléans aufheben mußten, prägte sich dem Gedächtnis der Franzosen ein, in der zweiten Hälfte des 20. Jahrhunderts um so nachdrücklicher, als man am selben Tag die bedingungslose Kapitulation der deutschen Wehrmacht 1945 feiern konnte.

Kriege haben Länder entvölkert und Menschen das Leben gekostet. Trotzdem ist die Bevölkerung Europas gewachsen, sogar relativ; vom Jahre 200 bis zum Jahre 1340 dürfte sie von etwa 44 auf etwa 74 Millionen Menschen gestiegen sein, entsprechend etwa von 12 auf 17 Prozent der Weltbevölkerung.[1] Dieser Anstieg läßt sich nicht monokausal erklären. Einige mögliche Ursachen seien stichwortartig genannt: Rechtssicherheit, trotz Willkür und Kriegsgreueln; Zurückdrängung des Waldes; Anlage von Siedlungen, oft im Abstand weniger Kilometer; infolgedessen mehr Sicherheit auch außerhalb der Siedlungen; genossenschaftliche Selbsthilfeeinrichtungen von Kaufleuten, Pilgern und Studierenden im Interesse sicheren Friedens auf den Straßen; Weckung des Bewußtseins für den Wert menschlichen Lebens; Zusammenschluß von Banden und Völkern in einem langen, oft blutigen Konzentrationsprozeß zu Vorformen künftiger Staaten.

Schon angedeutet wurden Auswirkungen auf den Handel. Kriege haben Nachfrage ausgelöst im Rüstungsgewerbe, in der Metallerzeugung und -verarbeitung, in den Bereichen von Technik und Bildungswesen: Maschinen mußten gebaut werden, Ingenieure und Festungsarchitekten sich qualifizieren.

Politik und Recht, Wirtschaft und Religion haben im Abendland einen eigenen Menschenschlag hervorgebracht; er nutzte Chancen des Raumes, war offen für Anregungen aus anderen Kulturen, verband Minderwertigkeitskomplexe mit Selbstsicherheit und der Fähigkeit, alles in Zweifel zu ziehen. Die daraus entstandene Mischung bekamen seit Ende des Mittelalters weite Teile der Welt zu spüren. In diesem Zusammenhang sei ein Mann erwähnt, der nur deshalb berühmt geworden sein dürfte, weil er während des langen Krieges um die

Vorherrschaft im Orienthandel 1296 (?) in die Gewalt der Genuesen gefallen war. In der Gefangenschaft diktierte der Venezianer Marco Polo einem pisanischen Mitgefangenen seine Reiseerinnerungen, die dieser Rustichello in französischer Sprache aufzeichnete; sie sind in die Weltliteratur eingegangen unter dem Titel „Buch von den Wundern der Welt".[2]

Zeitlos gültig: die Bitte um Frieden

Seit dem Frühmittelalter flehten die Gläubigen *A peste, fame et bello/Libera nos Domine!*[3] Krieg erscheint hier wie eine unausweichliche Naturkatastrophe. Daß im Gefolge des Krieges auch Seuche und Hunger das Land heimsuchten, erfuhren die Menschen allzu oft. Es lag nahe, alle drei hinzunehmen als von Gott geschickt (oder wenigstens geduldet; vgl. 2 Sam 24, 12f.). Doch mußte man nicht bei der fatalistischen Einstellung stehenbleiben. Im Alten und Neuen Testament fanden die Menschen Aufforderungen, den Kreislauf der Gewalt zu durchbrechen. Darf man diese Linie weiter ausziehen? In säkularisierter Form und auf einem Teilgebiet wurde das Gebot der Feindesliebe Mitte des 19. Jahrhunderts konkret verwirklicht mit der Gründung des Roten Kreuzes und mit internationalen Abkommen: Dem wehrlosen Feind wurde das Recht auf Leben, dem verletzten Feind ein Recht auf Pflege zugebilligt; Zivilbevölkerung und zivile Gebäude wurden unter besonderen Schutz gestellt.

Nicht auszuschließen ist, daß Visionen aus Heiligen Schriften als Mahnung verstanden wurden, die Menschen müßten sich trotz allen Scheiterns wieder und wieder bemühen, auch um Frieden. In einem großen Gebet heißt es: „Liebe und Treue begegnen sich/Gerechtigkeit und Frieden umarmen einander" (Ps 85, 11). Zu Frieden und Gerechtigkeit bekannten sich, wie wir gesehen haben, die Gesandten der Städte auf dem Mainzer Bundestag 1256. Wer nur Frieden schaffen wollte, hatte vielleicht kein Gespür für die Würde des anderen. Gegner und Besiegte hatten nach dem Verständnis der Mongolen weder ein

Recht auf Unversehrtheit noch auf Vermögen und Ehre. Dagegen haben sie in ihrem riesigen Reich, das sich vom Gelben bis zum Schwarzen Meer erstreckte, für Frieden gesorgt, in dessen Genuß auch europäische Kaufleute gekommen sind – Marco Polo wußte die *Pax Mongolica* zu rühmen.

Wer nur nach Gerechtigkeit strebte, konnte den Frieden sehr wohl stören. Deshalb sollte der richtende König sich zusätzlich von Mitleid *und* Erbarmen lenken lassen, was seine Aufgabe nicht leichter machte. Das mochte die Einsicht fördern, letztlich sei der Friede eine unverdiente Gnade, der man sich erfreuen solle, wenn man sie genießen durfte, um die man beten müsse, wenn man sie entbehrte. Nichts an Aktualität haben drei Worte verloren, die die Gläubigen seit dem Frühmittelalter im Anschluß an den Kanon der Messe beten: *Dona nobis pacem,* Gib uns Frieden.

Anhang

Anmerkungen

Um diesen Teil zu begrenzen, erfolgen die Nachweise möglichst über Stichworte in wissenschaftlichen Nachschlagewerken. Sie weisen die Literatur nach, auf die der Autor sich stützt, die bibliographisch vollständig zu nennen oft viele Zeilen verlangen würde. Das Erscheinungsjahr der jeweiligen Bände des *Lexikon des Mittelalters* ist aus dem Literaturverzeichnis ersichtlich.

Abkürzungen

A.	Auflage
Abb.	Abbildung(en)
AKat	Ausstellungskatalog, Katalog zur Ausstellung u. ä.
AQ	Ausgewählte Quellen zur Geschichte des deutschen Mittelalters. Freiherr vom Stein-Gedächtnisausgabe. Darmstadt.
Bd.	Band
ByzG	Byzantinische Geschichtsschreiber
Cap. reg. Franc.	Capitularia regum Francorum
Const.	Constitutiones
D	Diplom, Urkunde
Ed.	Editeur, édité par, Editio, Editor, edited by u. ä.
FMSt	Frühmittelalterliche Studien
GG	Geschichtliche Grundbegriffe
GHWA/2	Großer Historischer Weltatlas Bd. 2
GiQ/2	Geschichte in Quellen, Bd. 2: Mittelalter
Hrg.	Herausgeber, herausgegeben von
HRG	Handwörterbuch zur deutschen Rechtsgeschichte
HZ	Historische Zeitschrift
Jh.	Jahrhundert
Kap.	Kapitel
Kt., Ktt.	Karte(n)
KTA	Kröners Taschenausgabe
LexMA	Lexikon des Mittelalters
MG, MGH	Monumenta Germaniae Historica

ND	Nach-, Neudruck
Nr.	Nummer
OGG	Oldenbourg Grundriß der Geschichte
RLGA	Reallexikon der germanischen Altertumskunde, 2. Auflage
S., Sp.	Seite bzw. Spalte
TRE	Theologische Realenzyklopädie
Üb.	Übersetzer, übersetzt von
V, VV	Vers(e)
VuF	Vorträge und Forschungen
WdF	Wege der Forschung
Zit.	Zitat, zitiert nach u. ä.
z. J.	zum Jahr
ZRG	Zeitschrift der Savigny-Stiftung für Rechtsgeschichte

Einleitung

1 Capitulare missorum generale, MG Cap. reg. Franc. I, Nr. 33, S. 91 f. GiQ/2 Nr. 80, S. 73; ähnlich Nr. 81 S. 75.

2 Adalberts Fortsetzung z. J. 964 (AQ 8, S. 222).

3 Dies und das Folgende nach Duden Etymologie. Herkunftswörterbuch der deutschen Sprache. Bearb. Paul Grebe (Der Große Duden, 7). Mannheim 1963. Ernout, A., Meillet, A.: Dictionnaire etymologique de la langue latine. Histoire des mots. Paris 4. A. 1959. Gottschald: Deutsche Namenkunde. Unsere Familiennamen. Berlin, New York 5. A. 1982. Grimm: Deutsches Wörterbuch. Pokorny, Julius: Indogermanisches Etymologisches Wörterbuch. Bd. 1 Bern, München 1959. Walde, A.: Lateinisches Etymologisches Wörterbuch. 3. neubearb. A. von J. B. Hofmann, Bd. 2 Heidelberg 1954. Arnold, Klaus: *De bono pacis* – Friedensvorstellungen in Mittelalter und Renaissance, in: Überlieferung, S. 133–154. H. J. Becker, L. Hödl: Friede, LexMA 4, Sp. 919–921. Gensichen, Hans Werner (u. a.): Frieden, TRE 11 (1983) S. 599–646. Janssen, Wilhelm: Friede, GG 2 (1975) S. 543–591. Ders.: Frieden. Zur Geschichte einer Idee in Europa, in: Den Frieden denken, S. 227–275. Job: ‚Krieg' und ‚Frieden', in: Krieg und Frieden im Altertum. Sternberger, Dolf: Über die verschiedenen Begriffe des Friedens, ebd. S. 91–105. Tiefenbach, H., Kaufmann, E.: Friede § 1 Sprachliches, § 2 Rechtliches, RLGA 9 (1995) S. 594–598.

4 Caesar: De Bello Gallico II, 35.

5 Grimm: Deutsches Wörterbuch, Bd. 26, Sp. 514.

6 Otto von Freising: Chronik VII, 21 (AQ 16, S. 539). Ähnlich Xantener Jahrbücher z. J. 849 (AQ 6, S. 350).

7 Augustinus: Vom Gottesstaat 3, 9; S. 162.

8 Jungmann: Missarum Sollemnia, Bd. 1, S. 457 f., Bd. 2, S. 420.

1. Grundgegebenheiten

1 Angaben zu Raum, Klima usf. hier und andernorts nach Diercke sowie Harms Physische Geographie und Harms Kulturgeographie.
2 Ktt. in Diercke S. 75/I sowie Westermanns Atlas S. 88/I.
3 Vones: Geschichte der Iberischen Halbinsel, S. 35 ff., 78 ff.
4 Jahrbücher von Fulda z.J. 846 (AQ 7, S. 34). Vgl. Thietmar III, 20 (AQ 9, S. 108).
5 Thietmar VII, 45 (AQ 9, S. 402).
6 Liudprand: Antapodosis V, 17 (AQ 8, S. 462). H.-R. Singer: Fraxinetum, LexMA 4, Sp. 882. N. Bulst: Maiolus, LexMA 6, Sp. 145 f.
7 H. Bresc: Lucera, LexMA 5, Sp. 2157 f.
8 J. Riley-Smith: Johanniter, LexMA 5, Sp. 613–615.
9 Regino: Chronik z.J. 888 (AQ 7, S. 280).
10 Ekkehard IV., Kap. 51 (AQ 10, S. 114).
11 I. Gabriel: Plön, LexMA 7, Sp. 23 f.
12 Einhard: Leben Karls, Kap. 7 (AQ 5, S. 175).
13 Regino: Chronik z.J. 882 und 892 (AQ 7, S. 260 bzw. 296).
14 GHWA/2, S. 13 e und a.
15 Quellen... Bauernstand Nr. 22, Kap. 64 (AQ 31, S. 56).
16 Gregor von Tours: Zehn Bücher II, 35–37 (AQ 2, S. 130).
17 Keegan: Kultur, S. 257. I. Dujćev: Dobrudźa, LexMA 3, Sp. 1151.
18 Reichsannalen z.J. 779, 784, 799, 810 (AQ 5, S. 38, 46, 68, 94).
19 Ebd. z.J. 775 (S. 30).
20 Widukind III, 46 (AQ 8, S. 156).
21 Menander Protector sowie Johannes von Ephesus z.J. 579/80, nach: Germanen, Hunnen und Avaren. AKat. S. 60, 62.
22 Reichsannalen z.J. 808 (AQ 5, S. 88).
23 Verbruggen: L'armée, in: Karl der Große, S. 431. Nicht anders verfuhr man zur Zeit der Kreuzzüge.
24 Otto von St. Blasien z.J. 1174; GiQ/2 Nr. 372, S. 425.
25 Wolfram: Grenzen, S. 13.
26 La Chanson de Roland, VV. 814–822.
27 Reichsannalen z.J. 778 (AQ 5, S. 39). Einhard: Leben Karls, Kap. 9 (AQ 5, S. 176/178). Verbruggen: L'armée, S. 431.
28 Reichsannalen z.J. 755, 773 (AQ 5, S. 16, 28).
29 C. Brühl: Danielswiese, LexMA 3, Sp. 540.
30 W. Heinemeyer: Chiavenna, LexMA 2, Sp. 1809.
31 Quellen... Verfassungsgeschichte, Nr. 126 (AQ 32, S. 508/510).
32 W. Schaufelberger: Morgarten, LexMA 6, Sp. 837.
33 Harms Physische Geographie, S. 348. Zum Vergleich andere Alpenpässe (Höhe in Metern): Großer St. Bernhard 2472, St. Gotthard 2112, Arlberg 1802. Vgl. H. Büttner: Alpenpässe, RLGA 1 (1973) S. 191–198.
34 Reichsannalen z.J. 772 (AQ 5, S. 26).

35 Europa im XV. Jahrhundert (ByzG 2, S. 17).
36 Fortsetzungen ... Fredegar, Kap. 37 (AQ 4a, S. 303).
37 Grimm: Deutsches Wörterbuch Bd. 17, Sp. 73.
38 J. Fleckenstein: Maifeld, LexMA 6, Sp. 113. Ders.: Märzfeld, ebd. Sp. 361.
39 Boshof: Ludwig der Fromme, S. 182.
40 Harms Physische Geographie, S. 369.
41 Rittertum Schweiz, S. 108.
42 Verbruggen: L'armée, in: Karl der Große, S. 431.
43 Chronica regia Coloniensis z.J. 1167, GiQ/2 Nr. 371d, S. 424. Vgl. Herde: Katastrophe, S. 139, 143 ff., 154 ff.
44 Carsten Goehrke, in: Handbuch der Geschichte Rußlands. Bd. 1/1. Hrg. Manfred Hellmann. Stuttgart 1981. S. 25.
45 Harms Physische Geographie, S. 362. Reichsannalen z. J. 821 (AQ 5, S. 128).
46 Diercke S. 56/II.
47 Reichsannalen z.J. 797 (AQ 5, S. 66). Widukind I, 35 (AQ 8, S. 68).
48 N. Lund: Skilauf, LexMA 7, Sp. 1975.
49 Vgl. Boockmann: Deutsche Orden, S. 156 f. Paravicini: Preussenreisen, S. 56–59.
50 Jäschke: Anglonormannen, S. 96. Contamine: La Guerre, S. 139 f., 480.
51 Vones: Geschichte, S. 16, 38. Contamine: La Guerre, S. 144 f.
52 J. C. Russell, in: Europäische Wirtschaftsgeschichte, S. 29.
53 Kellenbenz: Deutsche Wirtschaftsgeschichte Bd. 1, S. 175.
54 *Internuntii festinantes* erwähnt von Thietmar: Chronik VI, 81 sowie VII, 19 (AQ 9, S. 328. 372). Vgl. Th. Szabó, S. Labib, A. Tietze: Botenwesen, LexMA 2, Sp. 484–490.
55 Runciman: Eroberung, S. 167.
56 Ekkehard IV., Kap. 55 (AQ 10, S. 120/122 *tubae*). Widukind I, 38 (AQ 8, S. 76). Pirckheimer: Schweizerkrieg, S. 79, 86. Hans Pieper: Aus der Geschichte der optischen Telegraphie und die Anfänge des elektromagnetischen Telegraphen, in: Archiv für Deutsche Postgeschichte 1967, Heft 2, S. 39–55, hier S. 39.
57 Contamine: La Guerre, S. 83.
58 Liudprand: Antapodosis II, 7 (AQ 8, S. 308).
59 U. Braasch: Die Kreuzfahrt Landgraf Ludwigs IV. von Thüringen (mit Kt., in Sankt Elisabeth. AKat.), S. 400 f. Erben: Kriegsgeschichte, S. 73.
60 Contamine: La Guerre, S. 371; Einzelheiten Kt. S. 374.
61 S. L. Thrupp, in: Europäische Wirtschaftsgeschichte, Bd. 1, 1978, S. 166. Borst: Lebensformen, S. 351.
62 Kölner Königschronik, Forts. IV, nach: GiQ/2 Nr. 488, S. 570. Vgl. Georgius (de Hungaria) 5. Kap., S. 190: Die Türken legen in einer Nacht 3–4 Tagemärsche zurück.
63 Dies und das Folgende nach Pierre Chaunu: Europäische Kultur im Zeitalter des Barock. München, Zürich 1968, S. 382 f. Norbert Ohler:

Reisen im Spätmittelalter, in: Grenzraum Kraichgau. Hrg. Bernd Rökker und Arnold Scheuerbrandt... (Sonderveröffentlichung Nr. 9). Eppingen 1996, S. 139f. Wörterbuch zur deutschen Militärgeschichte (Schriften des Militärgeschichtlichen Instituts der DDR) Berlin 1985, Bd. 2, S. 884. André Zysberg, René Burlet: Venedig und die Galeeren. Ravensburg 1991, S. 108.
64 Capitulare de villis, wie Anm. 15. Klosterplan von St. Gallen: GHWA/2, S. 9c.
65 Widukind III, 63 (AQ 8, S. 166).
66 Quellen zur... Verfassungsgeschichte Nr. 51 (AQ 32, S. 189). C. Brühl: Gastung, LexMA 4, Sp. 1137f. Ders.: Servitium regis, ebd. 7, Sp. 1796. W. Rösener: Dona annualia, ebd. 3, Sp. 1230. P. Schreiner: Coemptio, ebd. 3, Sp. 13.
67 Quellen zur... Verfassungsgeschichte Nr. 88 (AQ 32, S. 357).
68 Sog. Concilium Germanicum (18f.), in: Briefe des Bonifatius (AQ 4b, S. 378–381). Ähnlich Synode von L'Estinnes 743 (II), ebd. S. 382: *aliquam partem aecclesialis pecuniae in adiutorium exercitus nostri cum indulgentia Dei aliquanto tempore retineamus.* Vgl. Ulrich Nonn: Das Bild Karl Martells in den lateinischen Quellen vornehmlich des 8. und 9. Jahrhunderts, in: FMSt 4, 1970, S.70–137.
69 Geht man vom römischen Pfund aus (327,45 g), kommt man auf 9823,5 kg; beim Karlspfund (367,13 g) auf 11013,9 kg; vgl. Handbuch der deutschen Wirtschaftsgeschichte Bd. 1, S. 660f.
70 M. Mollat: Jacques Coeur, LexMA 3, Sp. 18.
71 Gerhard Köbler: Historisches Lexikon der deutschen Länder. Die deutschen Territorien und reichsunmittelbaren Geschlechter vom Mittelalter bis zur Gegenwart. München 5. A. 1995, S. 141f.
72 N. Bulst: Centième, LexMA 3, Sp. 1621. Sieber: Zur Geschichte, S. 1, 7, 10ff. Wild: Steuern, S. 128–161. G. Wirth, N. Bulst (u.a.): Finanzwesen, -verwaltung, LexMA 4, Sp. 454–474.
73 Thietmar III, 21 (AQ 9, S. 110). Kaiser Heinrichs Romfahrt, S. 62f.
74 Leben Bernwards, Kap. 6 (AQ 22, S. 282/283).

2. Religiöse Vorstellungen

1 H.-J. Becker: Gottesurteil, LexMA 4, Sp. 1594f. A. Erler: Gottesurteil, HRG 1 (1970) Sp. 1969. Hans-Wolfgang Strätz: Gottesurteil, II, TRE 14 (1984) S. 102f.
2 Helmold, Kap. 52 und 108 (AQ 19, S. 196/198, 374). Vgl. Thietmar VI, 22. 24 (AQ 9, S. 267, 269). Mahnung Bruns von Querfurt, in: Leben im Mittelalter, S. 275. Kahl: Compellere, in: Heidenmission, besonders S. 177f. mit Anm. 7. Wenskus: Studien, S. 143–153.
3 Vgl. Mt 8, 5–13; Lk 14, 25–33; Heb 10, 32–34; Apg 10, 1.
4 Ekkehard IV., Kap. 51 (AQ 10, S. 114).

5 GiQ/2 Nr. 375 c, S. 432.
6 M. Restle: Kriegerheilige, LexMA 5, Sp. 1528. Robert Plötz: Pilger und Pilgerfahrt gestern und heute am Beispiel Santiago in Compostela, in: Europäische Wege der Santiago-Pilgerfahrt. Hrg. Ders. (Jakobus-Studien, 2). Tübingen 1990, S. 203. Vgl. insgesamt: Politik und Heiligenverehrung sowie Swinarski: Herrschen.
7 Beumann: Ottonen, S. 56. Swinarski: Herrschen, S. 142–147. Das Reich der Salier. AKat, S. 246.
8 G. Pollems: Georg, LexMA 4, 1273 f. Rittertum Schweiz, S. 202–207.
9 Widukind I, 38 (AQ 8, S. 76). W. Ehbrecht: Banner, LexMA 1, Sp. 1419. O. Neubecker: Fahne, ebd. 4, Sp. 228. T. G. Kolias, O. Neubecker: Feldzeichen, ebd. 4, Sp. 338.
10 Ph. Contamine: Oriflamme, LexMA 6, 1454. Swinarski: Herrschen, S. 297–304. Widukind III, 3 (AQ 8, S. 132).
11 Gottesstaat 19, 7 (Bd. 2, S. 545). Zum ‚gerechten Krieg': A. Cavanna: Bellum iustum, LexMA 1, Sp. 1849–1851. Hehl: Kirche und Krieg, S. 188–207. Mantovani: Bellum Iustum. Nitschke: Von Verteidigungskriegen, in: Töten im Krieg, S. 241–276. Russell: Just War, S. 16–26. K. H. Ziegler: Gerechter Krieg, HRG 1 (1970) Sp. 1532–1536.
12 Augustinus, hier zit. nach Nitschke (wie Anm. 11) S. 255. Contamine: La Guerre, S. 425.
13 Thomas von Aquin: Summa theologiae II–II, q. 40 sowie II–I, q. 105; nach Erni Bd. 2/2, S. 81 und Bd. 2/1, S. 186.
14 GiQ/2 Nr. 592, S. 659.
15 Der Koran, S. 357, 57.
16 Ebd., S. 38.
17 P. Thorau: Krieg, Heiliger (Gihad), LexMA 5, Sp. 1527.
18 Noth: Der a priori legitime Krieg, hier S. 283–286. Runciman: Eroberung, S. 151, 154. Borst: Lebensformen, S. 633.
19 Brun von Querfurt, in: Leben im Mittelalter, S. 275 f.
20 Papst Alexander VI., Bulle *Inter caetera* (4. 5. 1493), in: Fontes Historiae Iuris Gentium, Bd. 2, Nr. 10, hier S. 103 f.
21 Mayer: Kreuzzüge, S. 15 f.
22 GHWA/2, Erläuterungen S. 125 (Wolfgang Mager).
23 Bernhard von Clairvaux: *De laude novae militiae*, Kap. 4, S. 277. Vgl. Demurger: Templer, S. 44–46. Fleckenstein: Rechtfertigung, in: Die geistlichen Ritterorden, S. 9–22. Hehl: Kirche und Krieg, S. 109–120.
24 Ein Beispiel unter vielen: Radulfus Niger.
25 Willibalds Leben des Bonifatius, Kap. 8 (AQ 4b, S. 513/515).
26 Thomas von Aquin: Summa theologiae II–II, q. 40; nach Erni Bd. 2/2, S. 81.
27 Fulbert von Chartres: *De peccatis capitalibus*, GiQ/2 Nr. 319, S. 360. McNeill and Gamer: Handbooks, S. 34, 166, 310, 425 f. Contamine: La

Guerre, S. 428. Erdmann: Entstehung, S. 14. F. Nikolasch, C. Vogel, L. Hödl: Buße (Liturgisch-theologisch, Westkirche), LexMA 2, Sp. 1130–1141.
28 Contamine: La Guerre, S. 427.
29 Nithard, III, 5 (AQ 5, S. 441).
30 Kaiser Heinrichs Romfahrt, S. 104.
31 Ohler: Sterben und Tod, S. 300, Anm. 12.
32 Ph. Contamine, H. Zug Tucci: Kriegsgefangene, LexMA 5, Sp. 1528–1532. Contamine: La Guerre, S. 427.
33 Gregor von Tours: Zehn Bücher II, 31 (AQ 2, S. 131). Vgl. Kaiser: Römisches Erbe, S. 22 f.
34 H. Zimmermann: Defensio ecclesiae, LexMA 3, Sp. 632–634.
35 GiQ/2 Nr. 247–249, 321, S. 268 f., 363.
36 Vgl. die Bulle *Unam sanctam* Papst Bonifaz' VIII. vom 13. 11. 1302, Europäische Geschichte: Quellen Nr. 27, S. 129 f.
37 Zur Vergeblichkeit der Bemühungen, den Krieg zu „humanisieren", vgl. Contamine: La Guerre, S. 460 ff.

3. Vorkehrungen für den Fall eines Krieges

1 D. A. Bullough: Offa's Dyke, LexMA 6, Sp. 1368. L. Dralle: Limes Saxonicus, Limes Sorabicus, ebd. 5, Sp. 1992 f. Contamine: La Guerre, S. 137. Ktt.: GHWA/2, S. 12 a; Westermanns Atlas, S. 57 II, 58 I. Abb. in: Cambridge . . . Warfare, S. 74 f.
2 *limitem regni sui . . . vallo munire constituit;* Reichsannalen z. J. 808 (AQ 5, S. 88).
3 *munitiones viriliter exuperat;* Thietmar III, 6 (AQ 9, S. 90/91).
4 H. Andersen: Danewerk, in: Römerillustrierte 2, S. 260 f. mit Kt. und Abb. H. Hinz: Danewerk, LexMA 3, Sp. 534 f. Westermanns Atlas, S. 60 IV.
5 Z. Rapanić: Split, LexMA 7, Sp. 2127 f. Westermanns Atlas S. 43 VIII a. b. Vgl. insgesamt Bernard S. Bachrach: On Roman Ramparts 300–1300, in: Cambridge . . . Warfare, S. 64–91.
6 Michelin: Provence, 1971, S. 54, 109.
7 A. Verhulst, H. Hinz : Curia, LexMA 3, Sp. 386 f. A. Verhulst: Curtis, ebd. Sp. 392 f. Rekonstruktion der Pfalz Werla, Plan von Pfalz und Stadt Goslar, in: Bernward von Hildesheim. AKat Bd. 1, S. 213, 244. Vgl. ebd. Heine: Burgen, S. 313 Pfalz Werla, ferner weitere Pläne und Abb. Westermanns Atlas, S. 59 IV.
8 Regino: Chronik z. J. 867 (große, aus Stein gebaute Kirche), 874 (Kloster in der Bretagne), 879 (königlicher *fiscus*), 881 (Pfalz Nimwegen) (AQ 7, S. 216, 242, 256, 260). Zur Pfalz Nimwegen vgl. Jahrbücher von Fulda z. J. 880 (ebd., S. 114).
9 J. Koder: Sinai, LexMA 7, Sp. 1928 f. GHWA/2, S. 83 h.

10 H. Schoppmeyer: Cappenberg, LexMA 2, Sp. 1487f. GiQ/2, Nr. 564, S. 631.
11 Pläne mit der Domburg von Hildesheim in: Bernward von Hildesheim. AKat, Bd. 1, S. 293, 295, Bd. 2, S. 460. Dass. von Trier, Speyer, Paderborn, in: Goetz: Leben, S. 206, 211, 221.
12 M.-L. Boscardin: Ahnen, LexMA 1, 232. Ohler: Sterben, S. 154f.
13 E. Roesdahl: Fyrkat, RLGA 10, Lieferung 3/4 (1996) S. 295–301, S. 297 Pläne von Aggersborg, Fyrkat, Trelleborg, S. 298 Rekonstruktion von Fyrkat. Römerillustrierte 2, S. 262ff. Westermanns Atlas S. 60 II.III.
14 Ekkehard IV., Kap. 51. 56 (AQ 10, S. 114, 124).
15 Leben Ulrichs, Kap. 10 (AQ 22, S. 98/100).
16 Neumann: Festungsbaukunst, S. 326. Liebe: Soldat, Abb. 1, 4, S. 6, 8.
17 Vgl. insgesamt: Die Burgen im deutschen Sprachraum, Burgen der Salierzeit, sowie Jäschke: Burgenbau. M. Petry, H. Hellenkemper, H. Gaube: Befestigung, LexMA 2, Sp. 1785–1797. Mehrere Autoren: Burg, LexMA 2, Sp. 957–1003.
18 L. Dralle: Rethra, LexMA 7, Sp. 764. A. Erler: Trifels, HRG 34. Lieferung (1992) Sp. 360f.
19 Reichsannalen z.J. 743, 753, 772, 776, 779, 785 (AQ 5, S. 10, 14, 26, 32, 38, 48).
20 G. Fournier: Burgus, LexMA 2, Sp. 1099–1101.
21 F. Schwind: Friedberg, LexMA 4, Sp. 918.
22 A. Verhulst: Antwerpen, LexMA 1, Sp. 736ff. A. L. J. Van de Walle: Antwerpen, RLGA 1 (1973), S. 362–364, mit Ortsplan.
23 Franz Milosich: Etymologisches Wörterbuch der slavischen Sprachen. Wien 1886, S. 73f. W. Knackstedt: Kreml, LexMA 5, Sp. 1485.
24 Smyth: King Alfred, S. 138–146. Bachrach (wie Anm. 5), in: Cambridge ... Warfare, S. 76–78.
25 Widukind I, 35–39 (AQ 8, S. 68–79). Beumann: Ottonen, S. 44, 46. M. Last: Burgenbauordnung Heinrichs I., LexMA 2, Sp. 1004f. Ch. Lübke: Riade, ebd. 7, Sp. 801.
26 Brunos Sachsenkrieg, Kap. 16 (AQ 12, S. 212). T. Struve: Sachsenaufstand (1073), LexMA 7, Sp. 1238f.
27 Thomas von Gaeta, in: GiQ/2 Nr. 507. 508, S. 581.
28 Ch. Higounet: Bordeaux, LexMA 2, Sp. 450. J. Richard: Dijon, ebd. 3, Sp. 1049.
29 Lampert: Annalen z.J. 1077 (AQ 13, S. 406). V. Fumagalli: Canossa (Burg), LexMA 2, Sp. 1439. G. Barone: Engelsburg, ebd. 3, Sp. 1921f.
30 Vgl. MG DOI Nr. 222a *omnes Sclavani qui ad predictas civitates confugium facere debent.* H. K. Schulze: Burgward, -verfassung, LexMA 2, Sp. 1101–1103.
31 L. Dralle: Burgwall, slavischer, LexMA 2, Sp. 1101. H. Hinz: Rundburg, ebd. 7, Sp. 1096f. Thietmar VII, 23 (AQ 9, S. 376/378). Pläne von Trelleborg, Krak des Chevaliers, Marienburg, jeweils mit Unter- oder

Vorburg: Westermanns Atlas, S. 60 III, 65 VI, VII. Zu Motten: Burgen der Salierzeit, Bd. 2, S. 196–200.
32 Contamine: La Guerre, S. 215.
33 Ebd. S. 224.
34 Ebd. S. 213, 226.
35 M. Arszyński: Deutschordensburg, LexMA 3, Sp. 915. D. Pringle: Krak des Chevaliers, ebd. 5, Sp. 1467. Hans Patze, in: Handbuch der europäischen Geschichte. Bd. 2, S. 482.
36 Contamine: La Guerre, S. 216, 345, 247.
37 K. H. Allmendinger: Befestigungsrecht, HRG 1 (1971) Sp. 348f. Karl der Kahle verbot im 2. Edikt von Pîtres (864) den „wilden" Burgenbau; Histoire militaire de la France, Bd. 1, S. 35.
38 W. Meibeyer: Rundling, LexMA 7, 1097f. Westermanns Atlas S. 76 IV.
39 Leben Ulrichs, Kap. 3 und 12 (AQ 22, S. 68/69, 104/105).
40 M. Restle: Konstantinopel, LexMA 5, 1387–1392. Runciman: Eroberung, S. 89. GHWA/2, S. 14b sowie Erläuterungen, S. 79, 86 (Peter Wirth).
41 E. Pitz: Stadt, LexMA 7, Sp. 2176. Haase: Die mittelalterliche Stadt als Festung, in: Die Stadt.
42 Nach Zahlen für Brügge, in: Contamine: La Guerre, S. 182. 184.
43 Jürg E. Schneider: Zürich, in: Stadtluft. AKat, S. 81–83. Avignon nach Michelin: Provence, 1971, S. 61.
44 Le Goff: Kultur, Abb. 7 (Luftaufnahme).
45 Ennen: Festungsstadt, S. 21. M. Groten: Köln, LexMA 5, Sp. 1256f.
46 Zit. nach Gabriele Ziethen: „Im fernsten Abendland". Die Stadt Mainz auf mittelalterlichen Weltkarten, in: Mainzer Zeitschrift 87/88 (1992/93) S. 385–430, hier S. 400.
47 M. Brett: Damietta, LexMA 3, Sp. 474. Runciman: Eroberung, S. 90, 97 (Plan), 101.
48 R.-H. Bautier: Aigues Mortes, LexMA 1, Sp. 237. B. Cursente: Sauveté, ebd. 7, Sp. 1406f. Ch. Higounet: Bastide, ebd. 1, Sp. 1547f. Le Goff: Kultur, Abb. 8 (Luftaufnahme von Aigues Mortes). Michelin: Périgord, 1971, S. 22 (Kt.: Französische und englische Bastides in Aquitanien), 28 (modellartiger Ortsplan). Richard: Saint Louis, S. 49f.
49 Dies und das Folgende nach Contamine: La Guerre, S. 366f. J. Riley-Smith: Johanniter, LexMA 5, Sp. 613–615. S. Kreiker, Chr. Lübke: Mark, Markgrafschaft, ebd. 6, Sp. 300–303. Peter Schmid: Mark (II) (Grenzmark), HRG 3 (1984) Sp. 286–293. GHWA/2, Erläuterungen S. 101 (Michael Mitterauer). Das Reich der Salier. AKat., Kt. S. 8.
50 Thietmar III, 17 (AQ 9, S. 105). Vgl. Helmold Kap. 25 (AQ 19, S. 111). Adam von Bremen: Bischofsgeschichte III, 23 (AQ 11, S. 356). E. Karpf: Dietrich, LexMA 3, Sp. 1024f.
51 Dieser Abschnitt nach Boeheim: Handbuch. Contamine: La Guerre, besonders S. 112f., 309ff. Kolias: Byzantinische Waffen. E. Gabriel: Zahl-

reiche Stichworte in LexMA. Rittertum Schweiz, S. 84 ff. Histoire militaire de la France, Bd. 1. S. 71. Allmand, in: Cambridge ... Warfare.
52 H. Boockmann: Deutscher Orden, LexMA 3, Sp. 773.
53 Widukind III, 47 (AQ 8, S. 156). Vgl. Kaiser Heinrichs Romfahrt, Abb. S. 79.
54 W. Rösener: Schwertleite, LexMA 7, Sp. 1646 f.
55 Boeheim: Handbuch, S. 293.
56 Histoire militaire de la France, Bd. 1, S. 179.
57 Ebd., S. 135.
58 Kanon 29, in: Conciliorum ... Alberigo, S. 203.
59 Histoire militaire de la France, Bd. 1, S. 86. Regino: Chronik z.J. 901 *sagittae toxicatae* (AQ 7, S. 312).
60 Histoire militaire de la France, Bd. 1, S. 198. K. Beckhoff, K. Raddatz: Bogen und Pfeil, RLGA Bd. 3 (1978) S. 157–171.
61 E. Harmuth, O. Gamber: Schleuder, LexMA 7, Sp. 1488.
62 Reichsannalen z.J. 776 (AQ 5, S. 35). Vgl. Bradbury: Siege.
63 Contamine: La Guerre, S. 211.
64 Bulst: Der Schwarze Tod, S. 46: 1347 katapultierten die Tataren Leichen von Pesttoten in die von ihnen belagerte Stadt Kaffa.
65 Königshofen, in: Die Chroniken ... Straßburg, 2. Bd., S. 799.
66 Runciman: Eroberung, S. 124.
67 E. Gabriel: Pulver (Schieß-), Pulverwaffe, LexMA 7, Sp. 327 f. G. Parker: Gunpowder, in: Cambridge ... Warfare.
68 Contamine: La Guerre, S. 259 f. G. Jüttner: Schwarz, Bertold, LexMA 7, Sp. 1620.
69 Runciman: Eroberung S. 101, S. 82 f. zur Pulverartillerie allgemein.
70 Contamine: La Guerre, S. 274.
71 Ebd. S. 341.
72 Cochlaeus: Brevis ... descriptio III, 3–5, S. 62/64.
73 Reichsannalen z.J. 758 (AQ 5, S. 18).
74 J. Riley-Smith: Johanniter, LexMA 5, Sp. 614 f. Unger: War Ships.
75 Andre Zysberg, René Burlet: Venedig und die Galeeren. Ravensburg 1991, S. 108.
76 E. Gabriel: Griechisches Feuer, LexMA 4, Sp. 1711 f. Liudprand: Antapodosis V, 15 (AQ 8, S. 460/462).
77 A. J. Kettle: Cinque Ports, LexMA 2, Sp. 2091 f.
78 Heinrich von Lettland 19, Kap. 2, 5, 11 (AQ 24, S. 182, 190, 200).
79 Dollinger: Hanse, S. 70–74, 93–95 u. ö. K. Wriedt: Hanse, LexMA 4, Sp. 1923. J. Goetze: Blockade, ebd. 2, Sp. 280 f. Ders.: Embargo, ebd. 3, Sp. 1875 f. F. Irsigler: Boykott, ebd. 2, Sp. 525 f.
80 Vertrag mit den geistlichen Fürsten 1220, in: Quellen zur deutschen ... Verfassungsgeschichte Nr. 95 § 7 (AQ 32, S. 380).
81 Bericht über das Konzil von Lyon 1245; GiQ/2, Nr. 477, S. 559.
82 Matthäus Parisiensis z.J. 1245; GiQ/2, Nr. 478 S. 559 f.

4. Herrscher und ihre Getreuen

1 Widukind II, 1 (AQ 8, S. 87/89). Vgl. Beumann: Ottonen, S. 53–55.
2 Lampert: Annalen z.J. 1077 (AQ 13, S. 399).
3 Mertens: Europäischer Friede, in: Zwischenstaatliche Friedenswahrung, S. 53, 67 mit Anm. 73.
4 Otto von Freising: Taten Friedrichs, I, 26 (AQ 17, S. 171).
5 Mainzer Krönungsordo; GiQ/2 Nr. 146, S. 147–149.
6 Vergil: Aeneis VI, 853. Mit diesem Wort sah sich Heinrich IV. zu Milde und Erbarmen gegenüber den Besiegten gemahnt; Das Lied vom Sachsenkrieg III, VV. 280ff. (AQ 12, S. 188).
7 Vogel/Elze Bd. I, Nr. 72, 7 S. 249, Nr. 72, 18 S. 255f. Vgl. Wipo: Taten Konrads II., Kap. 3 und 38 (AQ 11, S. 546–550, 606).
8 Missale Romanum. Editio XIX. Regensburg 1936, S. 202.
9 Der große Sonntags-Schott für die Lesejahre A-B-C.... Hrg. Benediktiner... Beuron. Freiburg (u.a.) (1975) S. 200.
10 MG D Ottos I. Nr. 14, S. 101f.
11 Borst: Lebensformen, S. 229ff. H. Uecker: Erich I. Blutaxt, LexMA 3, Sp. 2142f.
12 Joinville: Histoire de Saint Louis, Kap. 145, S. 369.
13 Erasmus: Die Erziehung des christlichen Fürsten, in: Ders.: Ausgewählte Schriften, Bd. 5, S. 111–357. Vgl. Halkin, in: Krieg und Frieden im Horizont.
14 Gregors Register I, 1; GiQ/2 Nr. 258, S. 283.
15 Jahrbücher von Fulda z.J. 867 (AQ 7, S. 70).
16 Regino: Chronik z.J. 890 (AQ 7, S. 290).
17 Contamine: La Guerre, S. 121, 158.
18 Dtn 12, 20; Ex 34, 24; 1 Chr 18, 3.
19 Thietmar I, 23 (AQ 9, S. 27).
20 GiQ/2 Nr. 580, S. 641.
21 Jahrbücher von St. Bertin z.J. 835 (AQ 6, S. 28). Boshof: Ludwig der Fromme, S. 207, 245, 258.
22 Machiavelli: Der Fürst, Kap. 14, S. 60f.
23 Hinkmar: De ordine palatii, Kap. 6, S. 84.
24 Rahewin: Die Taten Friedrichs, III, 11f. (AQ 17, S. 412/414). Vgl. Rassow: Honor, S. 78f.
25 MG Const. I, Nr. 182; GiQ/2 Nr. 363, S. 413.
26 G. Wirth (u.a.): Gesandte, LexMA 4, Sp. 1363–1382. Vgl. Pohl: Konfliktverlauf, S. 191–198.
27 Reichsannalen z.J. 798 (AQ 5, S. 68).
28 Lampert: Annalen z.J. 1074 *ab iniuria legatorum etiam inter atrocissimas inimicicias temperandum* (AQ 13, S. 222). Vgl. Heinhard Steiger: Völkerrecht, GG 7 (1992) S. 97–140, hier S. 103.
29 Gregors Register IV, 12a; GiQ/2 Nr. 286, S. 315.

30 Liudprand: Gesandtschaft, Kap. 34 (AQ 8, S. 555).
31 Ohler: Reisen, S. 334.
32 Thietmar V, 36 (AQ 9, S. 230).
33 Capitulare missorum generale; MG Cap. reg. Franc. I, Nr. 33, S. 92.
34 Reichsannalen z.J. 747, 788 (AQ 5, S. 12, 54). H. Ebling: Grifo, Lex-MA 4, 1712f.
35 Jahrbücher von St. Bertin z.J. 842 (AQ 6, S. 58).
36 Thietmar II, 12 (AQ 9, S. 46).
37 Vita Johannis Gorziensis, Kap. 136; zit. nach Keller: Grundlagen, in: Reich und Kirche, S. 23. Vgl. Althoff: Verwandte, S. 189f.
38 Histoire militaire de la France Bd. 1, S. 23. Widukind II, 21 (AQ 8, S. 108).
39 Dante: Göttliche Komödie, Hölle, 32. Gesang, V. 122.
40 A. Vernet: Commynes, Philippe de, LexMA 3, Sp. 91.
41 Eugippius: Vita Severini, Kap. 5–7 (u.ö.), S. 40ff. Vgl. H. Löwe: Eugippius, RLGA 7 (1989) S. 620–622. Geary: Merowinger, S. 128–144. Kaiser: Das römische Erbe, S. 15f. Martin: Spätantike, S. 94–96 u.ö.
42 Leben Bernwards, Kap. 6 (AQ 22, S. 282/283).
43 Notitia de servitio monasteriorum, S. 493–499.
44 Leben Bernwards, Kap. 7 (AQ 22, S. 282–287). Vgl. Heine: Burgen (wie Kap. 3, Anm. 7).
45 Arnold von Lübeck z.J. 1180; GiQ/2 Nr. 379, S. 442. Elisabeth Nau: Münzen und Geld in der Stauferzeit, in: Die Zeit der Staufer. AKat. Bd. 3, S. 93. Zu kriegslüsternen Päpsten vgl. Gerd Tellenbach: Zur Geschichte der Päpste im 10. und frühen 11. Jahrhundert, in: Bernward von Hildesheim. AKat, S. 73–80, besonders S. 74.
46 Erasmus: Julius (verfaßt 1513/14, nach dem Tod Julius' II.), in: Erasmus: Ausgewählte Schriften, Bd. 5, hier S. 22–30, 36.
47 Concilium Germanicum (IIa), in: Briefe des Bonifatius (AQ 4b, S. 378). Thomas: Summa theologiae, II–II, q. 40, nach: Erni Bd. 2/2, S. 81. Vgl. Erdmann: Entstehung, S. 13f. F. W. Witte: Militärseelsorge, HRG 3 (1984) Sp. 554–556. Prinz: Klerus, S. 5f., 9, 73–113.
48 GiQ/2 Nr. 225f., S. 233f.
49 Liudprand: Antapodosis IV, 24f. (AQ 8, S. 426–430).
50 Leben Ulrichs, Kap. 12 (AQ 22, S. 104).
51 Regino: Chronik z.J. 889 (AQ 7, S. 282. 286. 284). F. Brunhölzl: Justinus, LexMA 5, Sp. 824.
52 Contamine: La Guerre, S. 355. Zur Verbreitung von Vegetius: *De re militari* in karolingischen Bibliotheken vgl. Prinz: Klerus, S. 111f. G. Parker, in: Cambridge ... Warfare, S. 4.
53 Ferdinand Geldner: Inkunabelkunde, nach Mertens (wie Anm. 3) S. 73.
54 Zit. nach Wollasch: Cluny, S. 316. Vgl. N. Bulst: Petrus Venerabilis, LexMA 6, Sp. 1987. Southern: Islambild, S. 30–32 zu Petrus Venerabilis, 222ff. zu Nikolaus von Cues.

55 Vgl. Die Mongolengeschichte des Johannes von Piano, Kap. 8: Wie den Tataren im Kriegsfall zu begegnen ist, Kap. 9: Über die von uns durchquerten Provinzen. Ohler: Reisen, S. 320 ff.
56 Contamine: La Guerre, S. 91.
57 GiQ/2 Nr. 82, S. 75 f.
58 Contamine: La Guerre, S. 121. W. Brauneder: Alter, LexMA 1, Sp. 471.
59 Widukind III, 44 (AQ 8, S. 152). Das Geburtsdatum auch hochstehender Personen ist bis in die Neuzeit oft unbekannt.
60 Ekkehard IV., Kap. 48 (AQ 10, S. 108 ff.).
61 W. Paravicini: Preußenreise, LexMA 7, Sp. 197.
62 Bernhard von Clairvaux: De laude, Kap. 7 und 8, S. 283, 285.
63 GiQ/2 Nr. 387 b, S. 452; Zit. zu Bauern ebd.
64 Contamine: La Guerre, S. 160, 251 f.
65 Contamine: La Guerre, S. 257. W. Meyer: Bicocca, LexMA 2, Sp. 126 f.
66 Regino: Chronik z. J. 860 und 874 (AQ 7, S. 190. 242). S. Bagge: Harald Sigurdsson, LexMA 4, Sp. 1930. Contamine: La Guerre, S. 140, 142.
67 L. Auer: Brabanzonen, LexMA 2, Sp. 535 f.
68 Contamine: La Guerre, S. 142. G. Chittolini: Sforza, LexMA 7, Sp. 1822.
69 Vgl. M. Puhle: Seeraub, LexMA 7, Sp. 1686. Zur Deutung von „Vitalienbrüder": Vielleicht hatten sie während eines Krieges Stockholm mit Lebensmitteln (Viktualien) versorgt. Dollinger (Die Hanse, S. 112) denkt an franz. *vitailleurs,* das mit der Versorgung der Heere beauftragte Kriegsvolk.
70 G. P. Parchal: Armagnaken, LexMA 1, Sp. 963 f. Zu marodierenden „Kompanien" vgl. Tuchman: Spiegel, S. 158–161, 209–216, 250–260 u. ö.
71 Contamine: La Guerre, S. 139; 297 weiter zur Leibwache.
72 M. C. Lyons, W. Meyer: Assassinen, LexMA 1, Sp. 1118. Mayer: Kreuzzüge, S. 141.
73 Widukind II, 3 (AQ 8, S. 91). Zum Spätmittelalter vgl. Contamine: La Guerre, S. 391.
74 Reichsannalen z. J. 773 (AQ, S. 28). Thietmar VI, 10 (AQ 9, S. 254). Otto von Freising: Die Taten Friedrichs, II, 42 (AQ 17, S. 364 ff.).
75 Georgius (de Hungaria) 8. Kapitel, S. 210. Ch. K. Neumann: Janitscharen, LexMA 5, Sp. 300. Ders.: Knabenlese, ebd. Sp. 1231. Matuz: Osmanische Reich, S. 56 f. Vgl. hierzu den gut recherchierten Roman von Ivo Andrić: Die Brücke über die Drina. München (dtv) 1987, S. 21 ff.
76 Reichsannalen z. J. 782 (AQ 5, S. 42/44).
77 MG Cap. reg. Franc. I, Nr. 34, Kap. 19, S. 101.
78 Contamine: La Guerre, S. 395. Epp: Fulcher, S. 90–103. Pernoud: Frauen, S. 28–30. Tuchman: Spiegel, S. 82. Nicht zugänglich war mir Mc Laughin: The woman warrior.
79 Ph. Contamine: Jeanne d'Arc, LexMA 5, Sp. 342–344. Ders.: Kriegsgefangene, ebd. Sp. 1530.

80 (Ohne Autor): Jeanne de la Hachette, LexMA 4, Sp. 1816f. Histoire militaire de la France, Bd. 1, S. 212. Thietmar VII, 23 (AQ 9, S. 376). Y. Dossat: Montfort, LexMA 6, Sp. 803.
81 Histoire militaire de la France, Bd. 1, S. 224.
82 Wolfram: Grenzen, S. 338. Zur Frage von Heeresgrößen vgl. Bachrach, in: Cambridge Warfare, S. 65 (Spätantike), 69f. (Frühmittelalter), 80 (Byzanz, Mitte 9. Jahrhundert). Zu Byzanz vgl. Treadgold, S. 43–86. Marshal, S. 47–92, 148–150, 192f.
83 Contamine: La Guerre, S. 77, 82.
84 Ebd., S. 82, 86f., 84. R. Wenskus: Bevölkerung, RLGA 2 (1976) S. 359–361.
85 Verbruggen: L'armée, in: Karl der Große, S. 430. Contamine: La Guerre, S. 28, 103. Histoire militaire de la France, Bd. 1, S. 30.
86 Contamine: La Guerre, S. 119f.
87 Borst: Lebensformen, S. 425. Contamine: La Guerre, S. 140. Bachrach, in: Cambridge Warfare, S. 82: Etwa 14000 Mann, davon 2000–3000 Panzerreiter.
88 Contamine: La Guerre, S. 153. A. Carile: Enrico Dandolo, LexMA 3, Sp. 491.
89 Rittertum Schweiz, S. 106.
90 Contamine: La Guerre, S. 256.
91 Ebd., S. 304, 173. Histoire militaire de la France, Bd. 1, S. 230, 232. Ph. Contamine (u. a.): Heer, -wesen, LexMA 4, Sp. 1987–2007.
92 Contamine: La Guerre, S. 174.
93 Ebd., S. 103, 175.
94 *nisi cum episcopus cum rege Alpes est transiturus vel pro patria contra paganos est pugnaturus;* so wahrscheinlich Bischof Udo von Hildesheim (1079–1114), nach: Bernward von Hildesheim, AKat Bd. 1, S. 223.
95 So 1233 für den Deutschen Ritterorden in der sog. Kulmer Handfeste, §§ 15–17; Quellen ... Verfassungsgeschichte, Nr. 115 (AQ 32, S. 448–451).
96 Quellen ... Bauernstand, Nr. 113 (§ 3) (AQ 31, S. 302). Europäische Geschichte. Quellen, Kap. 9, Nr. 6, S. 1101f.
97 Kulmer Handfeste (wie Anm. 95) § 20.
98 Histoire militaire de la France, Bd. 1, S. 100f: La guerre et la fiscalité.

5. Vom Konflikt zum Krieg

1 Peyer: Verfassungsgeschichte, S. 65.
2 Regino: Chronik z. J. 889 (AQ 7; S. 284) erklärt so die Züge der Ungarn – unter Rückgriff auf Paulus Diaconus, den Chronisten der Langobarden. Zur Deutung des Zulaufs zum 1. Kreuzzug vgl. Ekkehard von Aura: Chronik z. J. 1096, in: GiQ/2 Nr. 329, S. 368. Zum Gesamtgeschehen vgl. Ausgewählte Probleme.

3 Hermann von Reichenau: Chronik z.J. 1053; GiQ/2 Nr. 247, S. 267. Runciman: Erste Kreuzzug, S. 36.
4 Leben Bernwards, Kap. 19 (AQ 22, S. 306): *scisma in ecclesia*. Vgl. hierzu Goetting, in: Bernward von Hildesheim. AKat.
5 Lampert: Annalen z.J. 1074 (AQ 13, S. 236–249. Vgl. Engel: Die deutsche Stadt, S. 39–54.
6 Quellen zur Geschichte Kaiser Heinrichs IV. (AQ 22, S. 470 Anhang A). GiQ/2 Nr. 272, S. 295.
7 Dictatus papae §§ 8, 27, in: Kroeschell Bd. 1, Nr. 43, S. 174f. H. Mordek: Dictatus papae, LexMA 3, Sp. 978–981.
8 Liudprands Buch von König Otto, Kap. 2 (AQ 8, S. 498).
9 Mayer: Kreuzzüge, S. 174f.
10 A. Goodman: Rosenkriege, LexMA 7, Sp. 1035f. R. L. Storey: Heinrich VII., ebd. 4, Sp. 2054. Europäische Geschichte: Quellen Kap. 2, Nr. 37, S. 146: Die Herrschertitel Karls V.
11 Histoire militaire de la France, Bd. 1, S. 176.
12 Nagel: Timur, S. 26f., 215f.
13 Einhard: Leben Karls, Kap. 13 (AQ 5, S. 183). Vgl. V. H. Elbern: Avarenschatz, LexMA 1, Sp. 1287.
14 Bloch: Société, S. 188.
15 R. B. Dobson: John Ball, LexMA 1, Sp. 1382f. P. Blickle: Bundschuh, ebd. 2, Sp. 936f. Bloch: Société, S. 186ff. Tuchman: Spiegel, S. 165–174.
16 Wolfram: Grenzen, S. 234.
17 Der Nibelunge Noth I, 1, S. 3.
18 GiQ/2 Nr. 50, S. 57f.
19 Ebd. Nr. 715, S. 798.
20 Ruotger: Leben Bruns, Kap. 19 (AQ 22, S. 206). Vgl. Widukind II, 20, III, 44 (AQ 8, S. 106, 152).
21 GiQ/2 Nr. 207, S. 214.
22 Wipo: Taten Konrads, Kap. 7 (AQ 11, S. 558/560).
23 B. Roberg: Schisma, LexMA 7, Sp. 1468–1470.
24 Widukind I, 10 (AQ 8, S. 36).
25 Hinkmar: De ordine Kap. 7, S. 94/96.
26 P. Ladner, H. Hunger: Geheimschriften, LexMA 4, Sp. 1172f.
27 J. H. Emminghaus: Coloman, LexMA 3, Sp. 48f.
28 Dies und das Folgende nach Bischoff: Study.
29 Contamine: La Guerre, S. 362. Histoire militaire de la France, Bd. 1, S. 234.
30 Reichsannalen z.J. 796 (AQ 5, S. 64).
31 Widukind III, 44 (AQ 8, S. 152).
32 GiQ/2 Nr. 294, 297, S. 322, 324.
33 Thietmar: Chronik, VI, 25 und VII, 65 (AQ 9, S. 270 bzw. 426).
34 Histoire militaire de la France, Bd. 1, S. 120.
35 Ebd. S. 212.

6. Typen von Kriegen

1 Vgl. Wolfram: Die Goten, S. 16f.
2 Dies und das Folgende in Anlehnung an: Ausgewählte Probleme. Handbuch der europäischen Geschichte, Bd. 1. Martin: Spätantike. Wenskus: Stammesbildung.
3 Martin: Spätantike, S. 43 f.
4 Hanna Vollrath: Die Landnahme der Angelsachsen nach dem Zeugnis der erzählenden Quellen, in: Ausgewählte Probleme, I, S. 317–337. Ktt.: Westermanns Atlas, S. 48 I, 49 II. GHWA/2, S. 12 a.b.
5 Vgl. Reichsannalen z. J. 786 (AQ 5, S. 48/50).
6 Einhard: Leben Karls, Kap. 13 (AQ 5, S. 180).
7 Contamine: La Guerre, S. 115.
8 Reichsannalen z. J. 742 (AQ 5, S. 10).
9 Vgl. Quellen ... Bauernstand, Nr. 93 Landfrieden von 1179, Nr. 122 Bayerischer Landfriede 1244 (AQ 31, S. 248, 326/328).
10 Helmold, Kap. 26 (AQ 19, S. 118/120).
11 Ebd., Kap. 89 (AQ 19, S. 313).
12 Pirckheimer: Schweizerkrieg, S. 112–115.
13 Reichsannalen z. J. 790 und 792 (AQ 5, S. 58/60). Da Aussagen dieser Quelle leicht aufzufinden sind, werden sie im folgenden nicht alle einzeln nachgewiesen.
14 Reichsannalen z. J. 804 (AQ 5, S. 78). Einhard: Leben Karls, Kap. 7 (AQ 5, S. 174).
15 Reichsannalen z. J. 788 (AQ 5, S. 54/56). Vgl. Ch. U. Schminck: Herisliz, HRG 2 (1978) Sp. 92–94.
16 Zu diesem Verfahren vgl. Wolfram: Grenzen, S. 86–93, 154, 157.
17 Vgl. Pohl: Awaren, S. 312–313.
18 K. Grewe, R. Koch: Fossa Carolina, RLGA 9 (1995) S. 359–362, Kt. S. 360.
19 Ch. Gschwind: Rotrud, LexMA 7, 1054. Vgl. Classen: Karl d. G., in: Karl der Große, S. 558–561. Schreiner: Byzanz, S. 14 f.
20 Reichsannalen z. J. 801 (AQ 5, S. 74).
21 Z. B. Reichsannalen z. J. 772 bzw. 778.
22 Einhard: Leben Karls, Kap. 24 (AQ 5, S. 196).
23 Augustinus: Gottesstaat 3, 10; 17, 13 (S. 162 f., 400).
24 Einhard: Leben Karls, Kap. 15 (AQ 5, S. 184).
25 Widukind III, 44–49 (AQ 8, S. 152–159). Beumann: Ottonen, S. 79. A. Gerlich: Konrad der Rote, LexMA 5, Sp. 1344. E. Karpf: Lechfeld, ebd. Sp. 1786. Kt. zum möglichen Verlauf der Schlacht: Grundzüge der deutschen Militärgeschichte, Bd. 2, S. 16.
26 Wilhelm von Tyrus (die Zitate aus Buch VIII, 20. 21. 24). Schwinges: Kreuzzugsideologie, S. 19–35 zu Wilhelms Leben. Zu den Kreuzzügen vgl. Bradbury: Siege, S. 106–116, 241–295. W. Brauneder: Kreuzzüge,

HRG 2 (1978) Sp. 1185–1196. Cole: The preaching. Hehl: Was ist eigentlich ein Kreuzzug? Mayer: Kreuzzüge, vor allem S. 65–68.
27 Chazan: European Jewry, S. 50–84. Geschichte des jüdischen Volkes, Bd. 2, S. 35–45. Dieter Mertens: Christen und Juden zur Zeit des ersten Kreuzzuges, in: Die Juden als Minderheit, S. 46–67. Runciman: Geschichte der Kreuzzüge, S. 266–275.
28 Vgl. Buisson: Heerführertum. Prawer: Histoire, S. 223–238. Runciman: Geschichte der Kreuzzüge, S. 266–275 (Erstürmung von Jerusalem), 276 ff. (Advocatus S. Sepulchri). Aus muslimischer Sicht: Europäische Geschichte: Quellen, Kap. 8, Nr. 9, S. 986 f.
29 Aufruf Papst Gregors IX. zum Kreuzzug gegen die Stedinger 1233, in: Quellen ... Bauernstand Nr. 117 (AQ 31, S. 310 ff.: *ad illius exterminium reprobae nationis ... ad eorundem hereticorum exterminium.* Albert von Stade zum Massaker an den Stedingern ebd. Nr. 118, S. 316–320).
30 Hefele/Leclercq V/2, S. 1329/1331. Europäische Geschichte: Quellen, Kap. 6, Nr. 17, S. 794 f. (4. Laterankonzil 1215).
31 Grundmann: Oportet. Otto von Freising: Chronik, Vorwort zu Buch 8 (AQ 16, S. 582).
32 Guillaume de Puylaurens, nach Dupuy: Histoire, S. 142.
33 Caesarii Heisterbacensis ... Dialogus, Distinctio quinta, Kap. 21, S. 302. Europäische Geschichte: Quellen, Nr. 18, S. 795 f. (die Vernichtung der Albigenser von Béziers).
34 Vgl. Roquebert: L'Epopée cathare, S. 258–261.
35 La chanson de la croisade albigeoise, S. 57 ff. Vgl. Y. Dossat: Albigenserkrieg, LexMA 1, Sp. 305 f. Jacques Le Goff: Albigeois, in: Encyclopaedia Universalis 1 (1985) S. 640–642.

7. Von der Kriegserklärung zur Schlacht

1 Zit. nach Fritze/Krause: Seekriege, S. 33. Vgl. Dollinger: Hanse, S. 234.
2 Petschar: Schachspiel, S. 73 f.
3 Widukind I, 38; III, 44 (AQ 8, S. 74, 152).
4 Niketas Choniates: Die Regierungszeit des Isaakios Angelos II, 3 (ByzG 8, S. 204 f.).
5 Otto von St. Blasien z. J. 1174, GiQ/2 Nr. 372 a, S. 425.
6 GHWA/2, Erläuterungen zu Kt. 12 d, S. 64 (Wolfgang Mager).
7 Burgunderbeute Nr. 4, S. 50 f., Faksimile der Kriegserklärung S. 51. Reaktion Karls nach: Berner Chronik, ebd. S. 51. Vgl. Sieber-Lehmann: Spätmittelalterlicher Nationalismus, S. 105–111.
8 H. Göckenjan: Mongolen, LexMA 6, Sp. 756.
9 MG Cap. reg. Franc. I, Nr. 75, S. 168; GiQ/2 Nr. 83, S. 76 f.
10 Wolfram: Grenzen, S. 240.
11 Quellen zur deutschen ... Verfassungsgeschichte Nr. 16 (AQ 32, S. 62–65). Th. Kölzer: Indiculus loricatorum, LexMA 5, 403 f.

12 Otto von St. Blasien z.J. 1176; GiQ/2 Nr. 372c, S. 426. Vgl. Hechberger: Staufer, S. 310–332.
13 Ohler: Elisabeth, S. 32f. Abb. in Sankt Elisabeth, S. 196–199.
14 Joinville: Histoire de Saint Louis, Kap. 24–27, S. 230–234.
15 Thietmar VI, 10 (AQ 9, S. 252/254).
16 Einhard: Leben Karls, Kap. 7 (AQ 5, S. 174). 33 galt als symbolträchtige Zahl (angenommene Lebensjahre Jesu).
17 Wolfram: Grenzen, S. 235–241. Pohl: Awaren, S. 315–323.
18 P. Preto: Chioggiakrieg, LexMA 2, Sp. 1841f.
19 Ph. Contamine: Hundertjähriger Krieg, LexMA 5, Sp. 215–217.
20 A. Goodman: Rosenkriege, LexMA 7, Sp. 1035f.
21 Regino: Chronik z.J. 871 (AQ 7, S. 235).
22 Adam von Bremen: Bischofsgeschichte IV, 22 (AQ 11, S. 464).
23 Niketas Choniates (wie Anm. 4) II, 6 (ByzG 8, S. 215). Auf dem Kreuzzug ahndete Barbarossa die Verletzung der inneren Ordnung mit dem Abschlagen der Hände, ggf. auch mit Enthaupten; Hiestand: precipua, in: Friedrich Barbarossa, S. 84.
24 Pirckheimer: Schweizerkrieg, S. 73.
25 Widukind III, 44 (AQ 8, S. 154).
26 Ekkehard IV., Kap. 54 (AQ 10, S. 118). Vgl. Liudprand: Antapodosis II, 7 *exploratores* (AQ 8, S. 306). Contamine: La Guerre, S. 114. Marshall: Warfare, S. 262ff.
27 Thietmar III, 7.20 (AQ 9, S. 92.108). H. Enzensberger: Capo Colonne, LexMA 2, Sp. 1484. Beumann: Ottonen, S. 121.
28 Ekkehard IV., Kap. 54 (AQ 10, S. 120).
29 Mayer: Kreuzzüge, S. 139f.
30 Ein Beispiel unter vielen: Widukind II, 30 (AQ 8, S. 114).
31 Rahewin: Die Taten Friedrichs, IV., 1.2 (AQ 17, S. 510/512).
32 Contamine: La Guerre, S. 113.
33 Goethe: Faust, VV. 2657f.
34 Reichsannalen z.J. 775 (AQ 5, S. 30). Richer III, 8f., nach Pognon: Hugo Capet, S. 159f.
35 Contamine: La Guerre, S. 358.
36 Schmitz: Bussbücher, Bd. 1, S. 377.
37 Mehrfacher Verrat eines Kastells gegen Geld – einmal an die eine, dann an die Gegenpartei – gegeißelt von Dante: Die Göttliche Komödie. Die Hölle 32, 69.
38 Contamine: La Guerre, S. 356.
39 Sog. Astronomus: Leben Kaiser Ludwigs, Kap. 15f. (AQ 5, S. 278/9–283). Vgl. Boshof: Ludwig der Fromme, S. 77.
40 Reichsannalen z.J. 776 *sub celeritate et nimia festinatione* zieht Karl der Große gegen die aufständischen Sachsen (AQ 5, S. 34).
41 Contamine: La Guerre, S. 113.
42 Runciman: Eroberung, S. 142f.
43 Vgl. Borst: Lebensformen S. 649, 632.

44 Papst Gregor IX. (1239); GiQ/2, Nr. 469, S. 546.
45 Liudprands Gesandtschaft (AQ 8, S. 524–589).
46 Sieber-Lehmann: Spätmittelalterlicher Nationalismus, besonders S. 171–178, 399–407.
47 Gregor von Tours: Zehn Bücher II, 37 (AQ 2, S. 128–135). Vgl. Contamine: La Guerre, S. 422. Swinarski: Herrschen, S. 273–281.
48 GiQ/2 Nr. 50, S. 57.
49 Widukind III, 3 (AQ 8, S. 132).
50 Richer III, 74; nach Pognon, S. 178.
51 Das vor einer Schlacht häufig erwähnte Fasten könnte sich *auch* mit physiologischen Erfahrungen erklären (die erwähnt seien): Den Kriegern sollte es erspart bleiben, als Folge von Angst oder Begeisterung sich in die Büsche schlagen, d. h. die Einheit verlassen, oder „mit voller Hose" kämpfen zu müssen.
52 Augustinus: Gottesstaat 19, 15 (S. 562).
53 Borst: Lebensformen, S. 301. Zum Gottesurteil vgl. Kap. 2, Anm. 1.
54 R. Perelli Cippo: Lombardische Liga, LexMA 5, Sp. 2100.
55 Keegan: Antlitz, S. 89–134.
56 Lucie-Smith: Johanna von Orleans, S. 104f. Europäische Geschichte: Quellen, Kap. 9, Nr. 9, S. 1105f.
57 Georgios Sphrantzes (?): Chronicon Maius (ByzG, 1, S. 83f.). Runciman: Eroberung, S. 99, 129.
58 Vgl. die Beiträge von Georg Braungart, Michael Wolter, Peter Segel, in: Feindbilder.
59 Thomas Basin (nach 1470), zit. von Borst: Lebensformen, S. 299.
60 La chanson de Roland, VV. 1522f., 1127–1138.
61 Georgios Sphrantzes (wie Anm. 57), S. 73f., 67.
62 Ebd. S. 67.
63 Die Fürstenfelder Chronik; GiQ/2 Nr. 689, S. 760.
64 Nithard: Geschichten III, 5 (AQ 5, S. 438–441).
65 Georgios Sphrantzes (wie Anm. 57) S. 74.
66 Thietmar IV, 11 (AQ 9, S. 126).
67 Joinville: Histoire de Saint Louis, Kap. 70 (S. 284). Vgl. GiQ/2 Nr. 371d, S. 425. L. Körntgen: Laienbeichte, LexMA 5, Sp. 1618.
68 Vgl. Peyer: Verfassungsgeschichte, S. 66.
69 F. Cardini: Gonfaloniere (Bannerträger), LexMA 4, Sp. 1555. Dante: Die Göttliche Komödie, Hölle 32, 106 (S. 466).
70 K. Schnith: Bouvines, LexMA 2, Sp. 523.
71 Kahl: Compellere, S. 178, Anm. 7, S. 185.
72 Thietmar IV, 22 (AQ 9, S. 138). Liudprand: Antapodosis II, 30 (AQ 8, S. 322/3): „Heiliger und wunderkräftiger Ruf" beim Kampf der Krieger Heinrichs I. gegen die Ungarn.
73 Contamine: La Guerre, S. 473. Bradbury: Siege, S. 218–227.
74 Liudprand: Antapodosis II, 30 (AQ 8, S. 322/3).
75 Runciman: Eroberung, S. 124.

76 Wilhelm von Tyrus III, 4; S. 21.
77 Runciman: Eroberung, S. 71, 100. Zu Einzelheiten dieser gräßlichen Marter vgl. Andric: Brücke (wie Kap. 4, Anm. 75), S. 53 ff.
78 Runciman: Eroberung, 113.
79 Contamine: La Guerre, S. 83 f.
80 Ebd. S. 113, 115.
81 Reichsannalen z. J. 773/774 (AQ 5, S. 28/30).
82 Kaiser Heinrichs Romfahrt, S. 108 f.
83 Runciman: Eroberung, S. 81, 89.
84 Um 1700 fiel eine Festung, wie Vauban sie hatte anlegen lassen, nach 30 bis 60 Tagen, sofern die Belagerten nicht auf Entsatz hoffen konnten und die Belagerer über eine sechs- bis siebenfache Überlegenheit verfügten (dazu kamen noch Bauern für das den Soldaten verhaßte Schanzen); Heinz Musall, in: Historischer Atlas von Baden-Württemberg, Erläuterungen zu Karte I, 10 (1985), S. 5.
85 Contamine: La Guerre, S. 176. Römerillustrierte 2, S. 284 ff. Richard: Saint Louis, S. 325.
86 Z. T. nach Contamine: La Guerre, S. 207.
87 Nach M. Restle: Konstantinopel, LexMA 5, Sp. 1387–1389.
88 Contamine: La Guerre, S. 417.
89 Regino: Chronik z. J. 889 (AQ 7, S. 286).
90 Ph. Contamine: Crécy, LexMA 3, Sp. 336 f.
91 Vgl. Reichsannalen z. J. 782 (AQ 5, S. 44).
92 Pirckheimer: Schweizerkrieg, S. 77. Contamine: La Guerre, S. 412.
93 T. Struve: Rudolf von Rheinfelden, LexMA 7, Sp. 1070 f.
94 Ph. Contamine: Poitiers, LexMA 7, Sp. 44 f.
95 Gregor von Tours: Zehn Bücher II, 30 (AQ 2, S. 117).
96 J. Richard: Burgund, LexMA 2, Sp. 1076. Borst: Lebensformen, S. 125 ff.
97 Poems ... Bertran, S. 338 ff. Vgl. C. Alvar: Bertran de Born, LexMA 1, Sp. 2039 f. Zur Lust am Gemetzel vgl. Bloch: Société, S. 409 ff., S. 413 ff. unter dem Titel „La vie noble" zu Bertran. Le Goff: Kultur, S. 415 ff., 556 ff. Tuchman: Spiegel, S. 31 f. u. ö.
98 Dante: Die Göttliche Komödie, Hölle 28, 134–142.
99 Widukind III, 46 (AQ 8, S. 156). Runciman: Eroberung, S. 136.

8. Nach dem Sieg

1 H. W. Strätz: Kuß, LexMA 5, Sp. 1591.
2 Quellen ... Verfassungsgeschichte Nr. 72 (AQ 32, S. 286–291).
3 Vgl. Widukind III, 46 (AQ 8, S. 156).
4 Vgl. G. Keil: Chirurg, -ie, LexMA 2, Sp. 1855 f.
5 Vgl. etwa die Siegesmeldung der Mailänder an Bologna nach dem Sieg über Friedrich I. bei Legnano 1176; GiQ/2 Nr. 372 d, S. 426.
6 Contamine: La Guerre, S. 421.

7 GiQ/2 Nr. 371 c, S. 424. Vgl. Pirckheimer: Schweizerkrieg, S. 53.
8 Islam from the Prophet, Nr. 24, S. 81–84. Spuler: Geschichte der Mongolen, S. 144–150. A. A. Duri: Baghdad, Encyclopaedia of Islam, 2. A. Bd. 1 (1960) S. 902 (die erwähnten Zahlenangaben). Vgl. Nagel: Timur, S. 21 f. H. Rüß: Bevölkerung, LexMA 2, Sp. 19.
9 Notker: Taten Karls, II, 12 (AQ 7, S. 400 und Anm. 83).
10 H. Krause: Gnade, HRG 1 (1971) Sp. 1716.
11 Ph. Contamine, H. Zug Tucci: Kriegsgefangene, LexMA 5, Sp. 1528–1532.
12 Contamine: La Guerre, S. 461.
13 Borst: Lebensformen, S. 301.
14 Otto von Freising: Taten Friedrichs, II, 42 (AQ 17, S. 370).
15 Nagel: Timur, S. 37.
16 GiQ/2 Nr. 199, S. 208. Vgl. Hageneder: crimen majestatis, bes. S. 61. Boshof: Ludwig der Fromme, S. 137.
17 P. Herde: Konradin, LexMA 5, Sp. 1368. Thietmar VII, 45 (AQ 9, S. 402).
18 Baden und Württemberg im Zeitalter Napoleons. AKat. Hrg. Württembergisches Landesmuseum. Stuttgart 1987. Bd. 1/2, S. 586.
19 Mayer: Kreuzzüge, S. 128. Das Zitat aus dem Werk des Herakles, nach: Kreuzzüge in Augenzeugenberichten, S. 206 f.
20 Hängen: Otto I. mit Ungarn (955), Widukind III, 48 (AQ 8, S. 156); König Lothar mit Sarazenen (1137), Otto von Freising: Chronik VII, 20 (AQ 16, S. 534). Vierteilen: Chanson de Roland, VV. 3965 ff.
21 Fritsche (Friedrich) Closeners Chronik z. J. 1362, in: Die Chroniken der oberrheinischen Städte. Straßburg, Bd. 1, S. 99.
22 P. Speck: Basileios II., LexMA 1, Sp. 1522.
23 Tuchman: Spiegel, S. 24.
24 Liudprand: Antapodosis IV, 10 (AQ 8, S. 411/413).
25 S. Lebecq: Sklave, LexMA 7, Sp. 1977. Vgl. Verlinden: Wo, wann...? Zurschaustellung nackter Gefangener auf Sklavenmärkten: Georgius (de Hungaria), Kap. 5 f., S. 192–196.
26 Jes 42, 7. Vgl. Eugippius: Leben Severins, Kap. 9, 1 und 17, 1 (S. 50, 68). Martin: Spätantike, S. 95.
27 A. Erler: Loskauf Gefangener, HRG 3 (1984) Sp. 48–55. J. W. Brodman: Mercedarier, LexMA 6, Sp. 533 f. W. Schild: Gefängnis, LexMA 4, Sp. 1168 f.
28 Helmold: Slawenchronik, Kap. 25 f. (AQ 19, S. 110 ff., bes. 118).
29 Joinville: Histoire de St. Louis, Kap. 78 (S. 294 f.). Vgl. Pernoud: Frauen, S. 188. Richard: Saint Louis, S. 129. Mißbrauch von Frauen im Krieg: GiQ/2 Nr. 217, S. 324. Kollektiver Selbstmord von Kriegerwitwen: Heinrich von Lettland 9, 5 (AQ 24, S. 38).
30 K. H. Ziegler: Beute, HRG 1 (1971) Sp. 398–400.
31 Contamine: La Guerre, S. 146.
32 Adam von Bremen: Bischofsgeschichte I, 18 (AQ 11, S. 190).

33 O. Engels: Drei Könige, LexMA 3, Sp. 1388.
34 Niketas Choniates (ByzG 9, S. 164 ff., 173 f., 232 ff.). Mayer: Kreuzzüge, S. 178.
35 Vgl. den AKat Die Burgunderbeute.
36 Martin: Spätantike, S. 39. Runciman, Eroberung S. 151, 157.
37 Gregor von Tours: Zehn Bücher II, 27 (AQ 2, S. 110/112).
38 Jeder fünfte Kriegsgefangene, nach S. Faroqhi: Sklave, LexMA 7, Sp. 1987. Vgl. Runciman: Eroberung, S. 155. Der Cid, S. 30, 133.
39 Histoire militaire de la France, Bd. 1, S. 89.
40 Contamine: La vie quotidienne, S. 252.
41 Contamine: La Guerre, S. 461.
42 Schelle: Burgund, S. 227.
43 Contamine: La Guerre, S. 473.
44 Pirckheimer: Schweizerkrieg, S. 55.
45 Rittertum Schweiz, S. 108 f.
46 Kaiser Heinrichs Romfahrt, S. 125.
47 Ohler: Elisabeth von Thüringen, S. 62–64.
48 Reichsannalen z. J. 774 (AQ 5, S. 30).
49 Contamine: La Guerre, S. 414.
50 Richer III, 71; nach Pognon, S. 176. Vgl. Carlrichard Brühl: Lothar (954–986), in: Die französischen Könige, S. 68.
51 Thietmar III, 17 (AQ 9, S. 104). Lampert: Annalen z. J. 1074 (AQ 13, S. 234).
52 M. Last: Bardowick, LexMA 1, Sp. 1459. J. Richard: Dole, LexMA 3, Sp. 1172.
53 Einhard: Leben Karls, Kap. 11 (AQ 5, S. 180).
54 Capitulatio de partibus Saxoniae; GiQ/2 Nr. 94, S. 90–92.
55 Runciman: Eroberung, S. 155, 212.
56 Das Folgende nach Kölner Königschronik z. J. 1162; GiQ/2 Nr. 368 b, S. 418 f. sowie Rahewin: Die Taten Friedrichs, IV, 6 (AQ 17, S. 520).
57 Bloch: Société féodale, S. 414.
58 GiQ/2 Nr. 404, S. 477. Nau: Münze (wie Kap. 4, Anm. 45), S. 93 und Anm. 59.
59 Borst: Lebensformen, S. 300.
60 Vgl. insgesamt Sprandel: Zahlungssystem, S. 81 ff.
61 I. Bóna: Hunnen, LexMA 5, Sp. 223. G. Wirth: Attila, ebd. 1, Sp. 1179. Pohl: Konfliktverlauf, S. 198 ff.
62 P. H. Sawyer: Danegeld, LexMA 3, Sp. 492 f. mit weiteren eindrucksvollen Zahlen.
63 Vgl. Kinzinger, in: Ausweisung.
64 Vgl. die Kt. in Angenendt: Frühmittelalter, S. 323.
65 N. Bulst: Pontius, LexMA 7, Sp. 98. Romoaldi Annales, GiQ/2 Nr. 372 b, S. 425 f. P. Preto: Chioggiakrieg, LexMA 2, Sp. 1841 f.
66 Th. Kölzer: Konstanz, Friede von, LexMA 5, Sp. 1401.
67 Etwa im Frieden Friedrichs I. mit Venedig; GiQ/2 Nr. 375, S. 436.

68 Instrumenta Pacis Westphalicae, S. 11, 81.
69 Contamine: La Guerre, S. 105 f. Regino: Chronik z.J. 882 (AQ 7, S. 264). Zur Abtretung von Teilen des Reiches an Normannen vgl. u. a. Jahrbücher von Fulda z.J. 850 und 857 (AQ 7, S. 40, 50).
70 P. Feige: Dinis, LexMA 3, Sp. 1064 f. L. Vones: Badajoz, ebd. 1, Sp. 1337.
71 GiQ/2 Nr. 600, S. 672 f.
72 Otto von St. Blasien z.J. 1184; GiQ/2 Nr. 392, S. 467. Vgl. Vertrag von Münster 1648, § 2 *perpetua oblivio et amnestia*, in: Instrumenta Pacis Westphalicae, S. 13. Fisch: Krieg und Frieden, S. 79.
73 St. Chr. Saar: Urfehde, HRG 35. Lieferung (1993) Sp. 562–570, Sp. 562 *iuramentum pacis*, ein (meist eidlich bekräftigtes) Friedensgelöbnis.
74 Regino: Chronik z.J. 884 (AQ 7, S. 266). Vgl. Liudprand: Antapodosis II, 45 (AQ 8, S. 330).
75 So noch im Frieden von Münster 1648, § 1 *Pax sit Christiana, universalis et perpetua veraque et sincera amicitia;* Instrumenta Pacis Westphalicae, S. 83. Vgl. Fisch: Krieg und Frieden, S. 350.
76 Vgl. den Vertrag zwischen Philipp III., König von Navarra, und Alfons IV., König von Aragon; L. Suárez Fernández: Cortes, Vertrag (1333), LexMA 3, Sp. 294.
77 Montesquieu: De l'Esprit des Louis X, 14; Ed. Gonzague Truc, Paris 1956, Bd. 1, S. 157.
78 Regino: Chronik z.J. 882 (AQ 7, S. 264).
79 Ch. Gschwind: Rotrud, LexMA 7, Sp. 1054.
80 Ph. Contamine: Hundertjähriger Krieg, LexMA 5, Sp. 216.
81 Reichsannalen z.J. 781 und 785 (AQ 5, S. 40, 48). Vgl. P. Walliser: Geisel, LexMA 4, Sp. 1175 f.
82 R. Klein: Galla Placidia, LexMA 4, Sp. 1092. Vgl. Pohl: Konfliktverlauf, S. 199 f.
83 Vgl. das Verzeichnis sächsischer Geiseln, GiQ/2 Nr. 95, S. 92 f.
84 Vgl. M. Hellmann: Heinrich von Lettland, LexMA 4, Sp. 2097.
85 Capitulare de villis, Kap. 12 (AQ 31, S. 42). Otto von St. Blasien z.J. 1167, in: GiQ/2 Nr. 371 b, S. 423. Mayer: Kreuzzüge, S. 139.
86 Runciman: Eroberung, S. 49. Reichsannalen z.J. 811 (AQ 5, S. 96). Ebd. z.J. 757 (AQ 5, S. 16/18): Tassilo *sacramenta iuravit multa et innumerabilia, reliquias sanctorum manus inponens.* Da hier Formen des Vertragsabschlusses erörtert werden, kann die verdächtige Betonung – die Reliquien werden auch noch namentlich aufgeführt – außer acht bleiben.
87 Reichsannalen z.J. 811 (AQ 5, S. 98).
88 GiQ/2 Nr. 374, S. 429.
89 So z. B. 1177 im Frieden von Venedig; GiQ/2 Nr. 375 e, S. 433.
90 Jahrbücher von Fulda z.J. 900 (AQ 7, S. 176).
91 Ein Beispiel: Der Einzug Ludwigs des Frommen in Barcelona, nach dem sog. Astronomus: Leben Ludwigs, Kap. 13 (AQ 5, S. 276/7). Contamine: La Guerre, S. 473 f.

92 Ohler: Elisabeth von Thüringen, S. 55. Das Rolandslied des Pfaffen Konrad, V. 1737.
93 Gregor von Tours: Zehn Bücher, II, 30 f. (AQ 2, S. 117 ff.). Vgl. Angenendt: Frühmittelalter, S. 172 f. Geary: Merowinger, S. 91.
94 Contamine: La Guerre, S. 474–477. P. Feige: Batalha, LexMA 1, Sp. 1548 f.
95 Fulbert von Chartres, GiQ/2 Nr. 319 b, S. 360. Erdmann: Entstehung, S. 14.
96 Hermann von Reichenau, Chronik z. J. 1053; GiQ/2 Nr. 247, S. 268. Thietmar III, 18 (AQ 9, S. 105).
97 GiQ/2 Nr. 112 b, S. 117 f.
98 K. Reichl: Heldendichtung, LexMA 4, Sp. 2115 f. Borst: Lebensformen, S. 427. Widukind III, 75 (AQ 8, S. 183). Thietmar III, 26 (AQ 9, S. 115). Rahewin: Die Taten Friedrichs, IV, 5 (AQ 17, S. 520 mit Anm. 49). Joinville: Histoire de Saint Louis, S. 260.
99 Liudprand: Antapodosis II, 31 (AQ 8, S. 324/5).

9. Bändigung kriegerischer Gewalt

1 Vgl. Prolog zur Lex Salica (um 510), 1. Satz; Kroeschell: Deutsche Rechtsgeschichte Bd. 1, S. 35.
2 Ebd. S. 138.
3 Zit. nach der Üb. von P. Franz Faeßler, in: Die großen Ordensregeln. Hrg. Hans Urs von Balthasar. Einsiedeln (u. a.) 2. A. 1961, Kap. 58, 4, 3, 64, 6, 7, 31. Vgl. Hattenhauer: Europäische Rechtsgeschichte, S. 184.
4 GiQ/2 Nr. 356 f, S. 404 f. Vgl. Odilo Engels: Friedrich Barbarossa und Dänemark, in: Friedrich Barbarossa, S. 351–385, hier S. 375.
5 Das Tennenbacher Güterbuch (1317–1341). Bearb. Max Weber (u. a.) (Veröffentlichungen der Kommission für geschichtliche Landeskunde in Baden-Württemberg, A 19). Stuttgart 1969, S. 459. Vgl. S. 461: *Und sint allenthalben hie stein und bovme gezeichent und laken* (gelochte Steine) *gesetzet.*
6 Briefe des Bonifatias, Nr. 22 (AQ 4 b, S. 76).
7 Kroeschell: Deutsche Rechtsgeschichte Bd. 1, Nr. 40, S. 161.
8 GiQ/2 Nr. 528, S. 599. Quellen... Verfassungsgeschichte, Nr. 67 (AQ 32, S. 258).
9 GiQ/2 Nr. 722, S. 806 f.
10 Kroeschell: Deutsche Rechtsgeschichte Bd. 1, S. 184–198. R. Kaiser: Gottesfrieden, in LexMA 4, Sp. 1587–1592. Vgl. Hattenhauer: Europäische Rechtsgeschichte, S. 192–197.
11 Zit. nach Jan Dhondt: Das frühe Mittelalter (Fischer Weltgeschichte, 10). Frankfurt/M. 1968, S. 254.
12 Quellen... Verfassungsgeschichte, Nr. 36 § 8 (AQ 32, S. 144).

13 MG Const. I, Nr. 425, § 16, S. 607.
14 Zweites Lateranknoril 1139, Kanon 11 und 12, in: Conciliorum ... Alberigo, S. 199.
15 MG Const. II, Nr. 280, §§ 2 und 3, S. 394. Ebd. I, Nr. 277, S. 381. Vgl. E. Kaufmann: Landfriede I, HRG 2 (1978) Sp. 1451–1465.
16 Z. B. bis zu drei Tagen, 1223; Kroeschell: Deutsche Rechtsgeschichte Bd. 1, Nr. 79, S. 289–293.
17 Mainzer Reichsfrieden, 1235, § 5; Quellen ... Verfassungsgeschichte, Nr. 119 (AQ 32, S. 468).
18 Zweites Lateranknoril 1139, Kanon 18; Conciliorum ... Alberigo, S. 201.
19 Quellen ... Verfassungsgeschichte Nr. 308, § 8 (AQ 32, S. 310).
20 Erneuerung eines sächsischen Landfriedens, MG Const. II, Nr. 280, § 17, S. 395: *Nulla reysa fiet.*
21 E. Kaufmann: Friede, HRG 1 (1971) Sp. 1275–1292, hier 1285.
22 Quellen ... Verfassungsgeschichte, Nr. 114 § 14 (AQ 32, S. 436).
23 P. Schmid: Reichslandfrieden, Ewiger, LexMA 7, Sp. 630.
24 Kroeschell: Deutsche Rechtsgeschichte Bd. 1, S. 223.
25 GiQ/2 Nr. 84, S. 78.
26 Vgl. zu einer bedeutenden Stadt, Orth: Fehden, S. 15 ff.
27 Reichsannalen z. J. 787 (AQ 5, S. 52). Gregors Register I, 39; GiQ/2 Nr. 265, S. 288. Lampert: Annalen z. J. 1077 (AQ 13, S. 404). Kohnle: Abt Hugo, S. 110 ff.
28 Eugippius: Vita Severini, Kap. 19, S. 70 ff. u. ö. Leben Norberts, Kap. 7 (AQ 22, S. 467). Klaus: De bono pacis, in: Überlieferung, S. 134 f. Oexle: Formen des Friedens, bes. S. 87 f., 96–101. Johannes von Vicenza im Jahr 1233; Borst: Lebensformen, S. 237.
29 P. Dinzelbacher: Niklaus von Flüe, LexMA 6, Sp. 1179.
30 Fontes Historiae Juris Gentium, Bd. 2, Nr. 10, S. 103–109, Nr. 11, S. 110 ff. Europäische Geschichte: Quellen, Kap. 8, Nr. 16, S. 996 f. Vgl. Fisch: Europäische Expansion, S. 51–54.
31 J. Weitzel: Schiedsgericht, LexMA 7, Sp. 1454 f. Orth: Fehden, S. 18 ff. Kroeschell: Deutsche Rechtsgeschichte, Bd. 2, S. 31 ff.
32 Rahewin: Taten Friedrichs, IV, 23 ff. (AQ 17, S. 566 ff.).
33 P. Schmid: Reichslandfrieden, Ewiger, LexMA 7, Sp. 630. Kroeschell: Deutsche Rechtsgeschichte, Bd. 2, S. 256.
34 Lampert z. J. 1076 (AQ 13, S. 374). Vgl. die Eidesformel der Städte des Lombardischen Bundes (1167), GiQ/2 Nr. 471a, S. 423. W. Preiser: Bündnisrecht, HRG 1 (1971) Sp. 539 f. Gerhard Dilcher: Conjuratio, ebd. Sp. 631–633.
35 Das Folgende nach Kroeschell: Deutsche Rechtsgeschichte, Bd. 1, S. 306 ff. H.-J. Becker: Rheinischer Bund, LexMA 7, Sp. 784. GiQ/2 Nr. 646–648, S. 725–728. Kt. in GHWA/2, S. 70 a. Buschmann: Rheinischer Bund, in: Kommunale Bündnisse.
36 Landwehr: Verpfändung, S. 315–325.

37 Engel: Die deutsche Stadt, S. 279–295. Dollinger: Hanse, S. 67 ff., 96 ff. M. Puhle: Kölner Konföderation, LexMA 5, Sp. 1268.
38 Bundesbrief von 1291; GiQ/2 Nr. 695, S. 765. Vgl. J. Wiget: Schwyz, LexMA 7, Sp. 1651 f. Helmut Maurer, in: Stadtluft, S. 49–51. Orth: Fehden, S. 119 ff.
39 Borst: Lebensformen, S. 361.
40 Divisio imperii; GiQ/2 Nr. 101, S. 103–106; Zit. aus Kap. 6, 18, 15, S. 104 f. J. Fleckenstein: Divisio regnorum, LexMA 3, Sp. 1133 f.
41 Reichsannalen z. J. 769 (AQ 5, S. 24).
42 MG Cap. reg. Franc. I, Nr. 136; GiQ/2 Nr. 103, S. 107–110. Boshof: Ludwig der Fromme, S. 129 ff.
43 Reichsannalen z. J. 818 (AQ 5, S. 116). Boshof: Ludwig der Fromme, S. 141 ff.
44 GiQ/2 Nr. 111, S. 114–116. Boshof: Ludwig der Fromme, S. 148 ff.
45 GiQ/2 Nr. 543, S. 606.
46 Niketas Choniates: Die Regierungszeit des Alexios Komnenos I, 8 (ByzG 9, S. 45).
47 Contamine: La Guerre, S. 137.
48 GiQ/2 Nr. 201, S. 212. Vgl. Althoff: Otto III., S. 144–147, bes. S. 145.
49 GiQ/2 Nr. 600. 729, S. 673. 812.
50 Busch: Vom Attentat, bes. S. 576. Boshof: Ludwig, S. 148–150.
51 Matuz: Osmanische Reich, S. 57.
52 GHWA/2, Erläuterungen S. 336 (Wilhelm Janssen).
53 Schneider: Mittelalterliche Verträge, S. 10 f. Gregor von Tours: Zehn Bücher II, 35 (AQ 2, S. 128/9).
54 Quellen zur deutschen ... Verfassungsgeschichte Nr. 5 (AQ 32, S. 18–23). Schmid: Problem, S. 4 f.

Ausblick

1 Dupâquier, in: Histoire de la population française, Bd. 1, S. 10.
2 U. Tucci: Polo, Marco, LexMA 7, Sp. 71 f.
3 Den Sibyllinischen Orakeln entnommen, nach B. Fischer: Allerheiligenlitanei, Lexikon für Theologie und Kirche 2. A., Bd. 1 (1957) Sp. 348 f.

Quellen

Aurelius Augustinus: Vom Gottesstaat. Üb. Wilhelm Thimme, Zürich 1955.
Ausgewählte Quellen zur deutschen Geschichte des Mittelalters. Freiherr vom Stein-Gedächtnisausgabe. Hrg. Rudolf Buchner (AQ).
2 und 3. Gregor von Tours: Zehn Bücher Geschichten (Fränkische Geschichte). Neu bearb. Rudolf Buchner. 1955 bzw. 1956 u. ö.

4 a. Quellen zur Geschichte des 7. und 8. Jahrhunderts. Hrg. Herwig Wolfram. Üb. Herbert Haupt. 1982.
u. a. Die Fortsetzungen der Chroniken des sogenannten Fredegar. Das Buch von der Geschichte der Franken.
4 b. Briefe des Bonifatius. Willibalds Leben des Bonifatius nebst einigen zeitgenössischen Dokumenten. Neu bearb. Reinhold Rau. 1968.
5. Quellen zur karolingischen Reichsgeschichte. Neu bearb. Reinhold Rau. 1. Teil. Die Reichsannalen. Einhard Leben Karls des Großen. Zwei „Leben" Ludwigs. Nithard Geschichten. 1955 u. ö.
6. Dass. 2. Teil. Jahrbücher von St. Bertin. Jahrbücher von St. Vaast. Xantener Jahrbücher. 1958 u. ö.
7. Dass. 3. Teil. Jahrbücher von Fulda. Regino Chronik. Notker Taten Karls. 1960 u. ö.
8. Quellen zur Geschichte der sächsischen Kaiserzeit. Neu bearb. Albert Bauer und Reinhold Rau. 1971.
Widukinds Sachsengeschichte. Adalberts Fortsetzung der Chronik Reginos. Liudprands Werke.
9. Thietmar von Merseburg: Chronik. Neu üb. und erl. Werner Trillmich. 1957 u. ö.
10. Ekkehard IV.: St. Galler Klostergeschichten. Üb. Hans F. Haefele. 1980.
11. Quellen des 9. und 11. Jahrhunderts zur Geschichte der Hamburgischen Kirche und des Reiches. Neu üb. Werner Trillmich und Rudolf Buchner. 1968.
u. a. Adam von Bremen: Bischofsgeschichte der Hamburger Kirche. Wipo: Taten Kaiser Konrads II. Hermann von Reichenau: Chronik.
12. Quellen zur Geschichte Kaiser Heinrichs IV. Üb. Franz-Josef Schmale, Irene Schmale-Ott. 1968.
u. a. Das Lied vom Sachsenkrieg. Brunos Sachsenkrieg. Das Leben Kaiser Heinrichs IV.
13. Lampert von Hersfeld: Annalen. Üb. Adolf Schmidt, Erl. Dietrich Fritz. 1962.
16. Otto Bischof von Freising: Chronik oder die Geschichte der zwei Staaten. Üb. Adolf Schmidt. 1960.
17. Bischof Otto von Freising und Rahewin: Die Taten Friedrichs oder richtiger Cronica. Üb. Adolf Schmidt. 1965.
19. Helmold von Bosau: Slawenchronik. Neu üb. und erl. Heinz Stoob. 1963.
22. Lebensbeschreibungen einiger Bischöfe des 10.–12. Jahrhunderts. Üb. Hatto Kallfelz. 1973.
u. a. Gerhard: Leben des hl. Ulrich, Bischofs von Augsburg.
Ruotger: Leben des hl. Bruno, Erzbischofs von Köln. Thangmar (?): Leben des hl. Bernward, Bischofs von Hildesheim. Leben des hl. Norbert, Erzbischofs von Magdeburg.
24. Heinrich von Lettland: Livländische Chronik. Neu üb. Albert Bauer. 1959.

26a. und 26b. Urkunden und erzählende Quellen zur deutschen Ostsiedlung im Mittelalter. Hrg. Herbert Helbig und Lorenz Weinrich. 1968 bzw. 1970.
31. Quellen zur Geschichte des deutschen Bauernstandes im Mittelalter. Gesammelt und hrg. Günther Franz. 1967.
32. Quellen zur deutschen Verfassungs-, Wirtschafts- und Sozialgeschichte bis 1250. Ausgewählt und üb. Lorenz Weinrich. 1977.
The Bayeux Tapestry. The Complete Bayeux Tapestry in colour with introduction, description and commentary by David M. Wilson. London 1985.
Bernhard von Clairvaux: Ad milites Templi. De laude novae militiae, in: Ders.: Sämtliche Werke. Lateinisch-Deutsch. Hrg. Gerhard B. Winkler. Bd. 1. Innsbruck 1990, S. 257–326.
Byzantinische Geschichtsschreiber (ByzG). Graz, Wien, Köln. Bd.
 1. Die letzten Tage von Konstantinopel. Der auf den Fall Konstantinopels 1453 bezügliche Teil des dem Georgios Sphrantzes zugeschriebenen *Cronicon Maius.* Üb. und Hrg. Endre von Ivánka. 1954.
 2. Europa im XV. Jahrhundert von Byzantinern gesehen. Hrg. und üb. Franz Grabler. 2. A. 1965.
 8. Abenteurer auf dem Kaiserthron. . . . Aus dem Geschichtswerk des Niketas Choniates. Üb. Franz Grabler. 2. A. 1958.
 9. Die Kreuzfahrer erobern Konstantinopel. . . . aus dem Geschichtswerk des Niketas Choniates. 2. A. 1958.
Caesarii Heisterbacensis monachi . . . Dialogus Miraculorum, Bd. I, Köln, Brüssel 1851, ND Ridgewood, N.J. 1966.
La chanson de la croisade albigeoise, Ed. et traduite du provençal par Eugène Martin-Chabot. Bd. I: La Chanson de Guillaume de Tudèle (Les classiques de l'histoire de France au Moyen Age, 13). Paris 1931.
La Chanson de Roland. Ed. bilingue par Yves Bonnefoy. Paris 1968.
Die Chroniken der oberrheinischen Städte: Straßburg. 2. Bd. Chronik des Jacob Twinger von Königshofen. 1400 (1414) (Die Chroniken der deutschen Städte vom 14. bis ins 16. Jahrhundert, 9). Leipzig 1870.
Der Cid. Das altspanische Heldenlied. Üb. und Nachwort Fred Eggarter (Sammlung Dieterich, 321). Bremen 1968.
Cochlaeus, Johannes: Brevis Germaniae descriptio (1512). Hrg. und üb. Karl Langosch (Ausgewählte Quellen zur deutschen Geschichte der Neuzeit, 1). Darmstadt 1976.
Conciliorum Oecumenicorum Decreta. Curantibus Josepho Alberigo (. . .). Ed. tertia. Bologna 1973.
Dante Alighieri: Die göttliche Komödie. Üb. Hermann Gmelin. Stuttgart 1954.
Erasmus von Rotterdam: Institutio Principis Christiani (Die Erziehung des christlichen Fürsten). Querela Pacis (Die Klage des Friedens). Julius vor der verschlossenen Himmelstür. Ein Dialog. Üb., Einl. und Anm. Gertraud Christian (Ausgewählte Schriften, 5). Darmstadt 1968.

Eugippius: Vita Sancti Severini. Das Leben des heiligen Severin. Hrg. und üb. Theodor Nüsslein (Univ.-Bibl. 8285). Stuttgart 1986.

Europäische Geschichte. Quellen und Materialien. Hrg. Hagen Schulze. München 1994.

Fontes Historiae Iuris Gentium. Quellen zur Geschichte des Völkerrechts. Hrg. Wilhelm G. Grewe. Berlin, New York. Bd. 1 1995, Bd. 2 1988.

Franz, Adolph: Die kirchlichen Benediktionen im Mittelalter. Bd. 1–2. Freiburg i. Br. 1909, ND Graz 1960.

Georgius (de Hungaria): Tractatus de moribus, condictionibus et nequicia Turcorum. Traktat über die Sitten, die Lebensverhältnisse und die Arglist der Türken. Hrg. und üb. Reinhard Klockow. Köln (u. a.) 1994.

Geschichte in Quellen, Bd. 2 Mittelalter. Bearb. Wolfgang Lautemann (GiQ/2). München 1970.

Hefele, Carl Joseph/Leclercq, H.: Histoire des conciles. Paris 1907–1952, ND Hildesheim 1973.

Hinkmar von Reims: De ordine palatii. Hrg. und üb. Thomas Gross und Rudolf Schieffer (MGH Fontes iuris Germanici antiqui in usum scholarum, 3). Hannover 1980.

Instrumenta Pacis Westphalicae... Bearb. Konrad Müller (Quellen zur neueren Geschichte, 12/13). Bern 1966.

Joinville: Histoire de Saint Louis. In: Historiens et Chroniqueurs du Moyen Age, éd. Albert Pauphilet (Bibliothèque de la Pléiade, 48). Paris 1952.

Kaiser Heinrichs Romfahrt. Die Bilderchronik von Kaiser Heinrich VII. und Kurfürst Balduin von Luxemburg, 1308–1313. Hrg. Franz-Josef Heyen. München (dtv) 1978.

Der Koran. Üb. Rudi Paret. Stuttgart (u. a.) 4. A. 1985.

Die Kreuzzüge in Augenzeugenberichten. Hrg. Régine Pernoud, üb. Hagen Thürnau. Düsseldorf 1961, München (dtv) 1972.

Leben im Mittelalter. Ein Lesebuch. Hrg. und Üb. Ernst Pitz (Serie Piper, 1166). München 1990.

Machiavelli: Der Fürst. Hrg. und üb. Rudolf Zorn (KTA, 235). Stuttgart 1959.

McNeill, John T. and Helena M. Gamer: Medieval Handbooks of Penance. A translation of the principal libri poenitentiales and selections from related documents. New York 1979.

Die Mongolengeschichte des Johannes von Piano Carpine. Diplomarbeit von Johannes Gießauf (Schriftenreihe des Instituts für Geschichte, 6). Graz 1995.

Der Nibelunge Noth und die Klage. Hrg. Karl Lachmann. 5. A. (1878), ND Hamburg 1948.

Notitia de servitio monasteriorum. Hrg. D. P. Becker. In: Corpus consuetudinum monasticarum. Hrg. Kassius Hallinger. Bd. 1, Siegburg 1963, S. 483–499.

Pirckheimer, Willibald: Der Schweizerkrieg. Hrg. Wolfgang Schiel, Üb. Ernst Münch. Berlin (Ost) 1988.

The Poems of the Troubadour Bertran de Born. Ed. William D. Paden, Tilde Sankovitch, and Patricia H. Stäblein. Berkeley, Los Angeles, London 1986.

Pognon, Edmond: Hugo Capet. König von Frankreich (Spiegel der Jahrhunderte). Stuttgart o. J.

Radulfus Niger: De re militari et triplici via peregrinationis Ierosolimitane (1187/88). Hrg. Ludwig Schmugge (Beiträge zur Geschichte und Quellenkunde des Mittelalters, 6). Berlin, New York 1977.

Das Rolandslied des Pfaffen Konrad. Hrg. und üb. Dieter Kartschoke (Fischer Bücherei, 6004). Frankfurt 1970.

Schmitz, Hermann-Josef: Die Bussbücher und die Bussdisciplin der Kirche. Bd. 1 Mainz 1883.

Spuler, Bertold: Geschichte der Mongolen. Nach östlichen und europäischen Zeugnissen des 13. und 14. Jahrhunderts. Zürich, Stuttgart 1968.

Vogel, Cyrille/Elze, Reinhard: Le Pontifical Romano-Germanique du Dixième Siècle. Bd. 1 (Studi e Testi, 226). Città del Vaticano 1963.

Wilhelm von Tyrus: Ums Heilige Grab. Eine Geschichte des ersten Kreuzzuges. Üb. Helmut Bauer (Kriegsgeschichtliche Bücherei, 24/25). Berlin 1936.

Literatur

Althoff, Gerd: Otto III. (Gestalten des Mittelalters und der Renaissance). Darmstadt 1996.

Ders.: Verwandte, Freunde und Getreue. Zum politischen Stellenwert der Gruppenbindungen im frühen Mittelalter. Darmstadt 1990.

Angenendt, Arnold: Das Frühmittelalter. Die abendländische Christenheit von 400 bis 900. Stuttgart, Berlin, Köln 1990.

Angermeier, Heinz: Königtum und Landfriede im deutschen Spätmittelalter. München 1966.

Anglo-Norman Warfare. Studies in Late Anglo-Saxon and Anglo-Norman Military Organization and Warfare. Ed. Matthew Strickland. Woodbridge 1992.

Arms, Armies and Fortifications in the Hundred Years War. Ed. Anne Curry, Michael Hughes. Woodbridge, Suffolk 1994.

Ausgewählte Probleme europäischer Landnahmen des Früh- und Hochmittelalters. Methodische Grundlagendiskussion im Grenzbereich zwischen Archäologie und Geschichte. Hrg. Michael Müller-Wille und Reinhard Schneider (VuF, 41). Teile I/II, Sigmaringen 1993/94.

Ausweisung und Deportation. Formen der Zwangsmigration in der Geschichte. Hrg. Andreas Gestrich, Gerhard Hirschfeld, Holger Sonnabend (Stuttgarter Beiträge zur Historischen Migrationsforschung, 2). Stuttgart 1995.

41–59 Kintzinger, Martin: Geiseln und Gefangene im Mittelalter. Zur Entwicklung eines politischen Instrumentes.

Barber, Richard: The Knight and Chivalry. London u. a. 2. A. 1974.

Bartlett, Robert: Die Geburt Europas aus dem Geist der Gewalt. Eroberung, Kolonisierung und kultureller Wandel von 950 bis 1350. München 1996.

The Battle of Hastings: Sources and Interpretations. Ed. Stephen Morillo. Woodbridge 1996.

Beiträge zur Geschichte der frühneuzeitlichen Garnisons- und Festungsstadt. Referate . . . 1980. Hrg. Hans-Walter Herrmann und Franz Irsigler (Veröffentlichungen der Kommission für Saarländische Landesgeschichte und Volksforschung, 13). Saarbrücken 1983.

19–34 Ennen, Edith: Die Festungsstadt als Forschungsgegenstand – die Herausbildung der Festungs- und Garnisonsstadt als Stadttyp.

Bernward von Hildesheim und das Zeitalter der Ottonen. AKat Hildesheim 1993. Hrg. Michael Brandt und Arne Eggebrecht. Bd. 1–2. Hildesheim, Mainz. 1993.

Bd. 1, S. 275–282 Goetting, Hans: Bernward und der große Gandersheimer Streit. S. 313–322 Heine, Hans-Wilhelm: Burgen und Wehrbau zur Zeit Bernwards unter besonderer Berücksichtigung des Bistums Hildesheim.

Beumann, Helmut: Die Ottonen (Urban Taschenbücher, 384). Stuttgart u. a. 3. A. 1994.

Bilderwörterbuch der Kleidung und Rüstung. Vom Alten Orient bis zum ausgehenden Mittelalter. Hrg. Harry Kühnel (KTA, 453). Stuttgart 1992.

Bischoff, Bernhard: The Study of Foreign Languages in the Middle Ages. In: Speculum 36 (1961) S. 209–224.

Bloch, Marc: La société féodale. La formation des liens de dépendance. Paris 1939, ND Paris 1968.

Boeheim, Wendelin: Handbuch der Waffenkunde. Das Waffenwesen in seiner historischen Entwicklung vom Beginn des Mittelalters bis zum Ende des 18. Jahrhunderts (Seemanns Kunstgewerbliche Handbücher, 7). Leipzig 1890, ND ebd. 1982.

Boockmann, Hartmut: Der Deutsche Orden. Zwölf Kapitel aus seiner Geschichte. München 3. A. 1989.

Borst, Arno: Lebensformen im Mittelalter. Frankfurt/M., Berlin 1973 u. ö.

Bott, Gerhard/Arnold, Udo: 800 Jahre Deutscher Orden. AKat. Hrg. Germanisches Nationalmuseum und Internationale Historische Kommission zur Erforschung des Deutschen Ordens. Gütersloh, München 1990.

Bradbury, Jim: The Medieval Archer. Woodbridge 1985.

Ders.: The Medieval Siege. Woodbridge 1992.

Broughton, Bradford B.: Dictionary of Medieval Knighthood and Chivalry. Concepts and Terms. New York u. a. 1988.

Brown, Allen: The Normans and the Norman Conquest. Woodbridge 2. A. 1985.

Buisson, Ludwig: Heerführertum und Erobererrecht auf dem ersten Kreuzzug. In: ZRG Germanistische Abteilung 112 (1995) S. 316–344.

Bulst, Neithard: Der Schwarze Tod. Demographische, wirtschafts- und kulturgeschichtliche Aspekte der Pestkatastrophe 1347–1352. Bilanz der neueren Forschung. In: Saeculum 30 (1979) S. 45–67.

Die Burgen im deutschen Sprachraum. Ihre rechts- und verfassungsgeschichtliche Bedeutung. Hrg. Hans Patze (VuF, 19). Teile 1–2. Sigmaringen 1976.

Burgen der Salierzeit. Hrg. Horst Wolfgang Böhme. Teile 1 und 2 (Romanisch-Germanisches Zentralmuseum, Monographien, 25.26). Sigmaringen 1992.

Die Burgunderbeute und Werke burgundischer Hofkunst. AKat. Hrg. Bernisches Historisches Museum. Bern 2. A. 1969.

Busch, Jörg W.: Vom Attentat zur Haft. Die Behandlung von Konkurrenten und Opponenten der frühen Karolinger. In: HZ 263 (1996) S. 561–588.

The Cambridge Illustrated History of Warfare. The Triumph of the West. Ed. Geoffrey Parker. Cambridge 1995.
2–9 G. Parker: The Western Way of War. 64–91 Bernard S. Bachrach: On Roman Ramparts 300–1300. 92–105 Christopher Allmand: New Weapons, New Tactics 1300–1500. 106–117 G. Parker: The Gunpowder Revolution 1300–1500.

The Cambridge Illustrated Atlas of Warfare: The Middle Ages 768–1487. (Bearb.:) Nicholas Hooper and Matthew Bennet. Cambridge 1996.

Chazan, Robert: European Jewry and the First Crusade. Berkeley (u. a.) 1987.

Cole, Penny J.: The preaching of the Crusades to the Holy Land, 1095–1270 (Medieval Academy Books, 98). Cambridge/Mass. 1991.

Contamine, Philippe: La Guerre au Moyen Age (Nouvelle Clio, 24). Paris 1980.

Ders.: La vie quotidienne pendant la guerre de cent ans. France et Angleterre (XIVe s.). Paris 1976.

Cram, Kurt-Georg: Iudicium belli. Zum Rechtscharakter des Krieges im deutschen Mittelalter. Münster 1955.

Demurger, Alain: Die Templer. Aufstieg und Untergang, 1118–1314. München 1991.

DeVries, Kelly: Infantry Warfare in the Early Fourteenth Century. Discipline, Tactics, and Technology. Woodbridge 1996.

A Dictionary of Military History and the Art of War. Ed. André Corvisier. Oxford 1994.

Delbrück, Hans: Geschichte der Kriegskunst im Rahmen der politischen Geschichte. Bd. 1–4. Berlin 1920. ND Berlin 1962–1966.

Diercke Weltatlas. Braunschweig 181. A. 1974.

Dollinger, Philippe: Die Hanse (KTA, 371). Stuttgart 2. A. 1976
Dupuy, André: Histoire chronologique de la civilisation occitane, Bd. I (Des origines à 1599). Millau 1980.
Engel, Eva Maria: Die deutsche Stadt des Mittelalters. München 1993.
Epp, Verena: Fulcher von Chartres. Studien zur Geschichtsschreibung des ersten Kreuzzuges (Studia humaniora, 15). Düsseldorf 1990.
Erben, Wilhelm: Kriegsgeschichte des Mittelalters. (HZ, Beiheft 16). München 1929.
Erdmann, Carl: Die Anfänge der staatlichen Propaganda im Investiturstreit. In: HZ 154 (1936) S. 491–512.
Ders.: Die Entstehung des Kreuzzugsgedankens (Forschungen zur Kirchen- und Geistesgeschichte, 6). 1935, ND Darmstadt 1965.
Erni, Raymund: Die Theologische Summe des Thomas von Aquin in ihrem Grundbau. Bd. 1, 1.2 und 2, 1.2. Luzern 1947–1950.
Europäische Wirtschaftsgeschichte. Hrg. der deutschen Ausgabe Knut Borchardt. Bd. 1, Stuttgart, New York 1978.
Feindbilder. Die Darstellung des Gegners in der politischen Publizistik des Mittelalters und der Neuzeit. Hrg. Franz Bosbach (Bayreuther Historische Kolloquien, 6). Köln (u. a.) 1992.
Fisch, Jörg: Die europäische Expansion und das Völkerrecht. Die Auseinandersetzungen um den Status der überseeischen Gebiete vom 15. Jahrhundert bis zur Gegenwart (Beiträge zur Kolonial- und Überseegeschichte, 26). Stuttgart 1984.
Fisch, Jörg: Krieg und Frieden im Friedensvertrag. Eine universalgeschichtliche Studie über Grundlagen und Formelemente des Friedensschlusses (Sprache und Geschichte, 3). Stuttgart 1979.
Forey, Alan: The military orders. From the twelfth to the early fourteenth centuries (New studies in medieval history). Basingstoke (u. a.) 1992.
Die französischen Könige des Mittelalters. Von Odo bis Karl VIII. 888–1498. Hrg. Joachim Ehlers, Heribert Müller, Bernd Schneidmüller. München 1996.
Den Frieden denken. Si vis pacem, para pacem. Hrg. Dieter Senghaas (edition suhrkamp 1952). Frankfurt/M. 1995.
91–105 Dolf Sternberger: Über die verschiedenen Begriffe des Friedens.
227–275 Wilhelm Janssen: Frieden. Zur Geschichte einer Idee in Europa.
Friedrich Barbarossa. Handlungsspielräume und Wirkungsweisen des staufischen Kaisers. Hrg. Alfred Haverkamp (VuF, 40). Sigmaringen 1992.
51–108 Hiestand, Rudolf: *precipua tocius christianismi columpna*. Barbarossa und der Kreuzzug. 351–385 Engels, Odilo: Friedrich Barbarossa und Dänemark.
Fritze, Konrad/Krause, Günter: Seekrieg der Hanse (Kleine Militärgeschichte. Kriege). Berlin: Militärverlag der DDR, 1989.
Geary, Patrick J.: Die Merowinger, Europa vor Karl dem Großen. München 1996.

Die geistlichen Ritterorden Europas. Hrg. Josef Fleckenstein und Manfred Hellmann (VuF, 26). Sigmaringen 1980. S. 9–22 J. Fleckenstein: Die Rechtfertigung der geistlichen Ritterorden nach der Schrift *De laude novae militiae* Bernhards von Clairvaux.

Germanen, Hunnen und Awaren. Schätze der Völkerwanderungszeit. AKat. Hrg. Germanisches Nationalmuseum Nürnberg. Nürnberg 1987.

Gernhuber, Joachim: Die Landfriedensbewegung in Deutschland bis zum Mainzer Reichslandfrieden von 1235 (Bonner Rechtswissenschaftliche Abhandlungen, 44). Bonn 1952.

Geschichte des jüdischen Volkes. Hrg. Haim H. Ben-Sasson. Bd. 2 München 1979.

Geschichtliche Grundbegriffe. Historisches Lexikon zur politisch-sozialen Sprache in Deutschland. Hrg. Otto Brunner, Werner Conze, Reinhart Koselleck. Bd. 1–7, Stuttgart 1972–1992.

Goetz, Hans-Werner: Leben im Mittelalter vom 7. bis zum 13. Jahrhundert. München 1986.

Grimm, Jacob und Wilhelm: Deutsches Wörterbuch. 1854–1971, ND Bd. 1–33. München (dtv) 1984.

Großer Historischer Weltatlas. 2. Teil Mittelalter. Hrg. Bayerischer Schulbuch-Verlag. Redaktion Josef Engel. München 2. A. 1979. Erläuterungen. Hrg. Ernst Walter Zeeden. Ebd. 1983.

Grundmann, Herbert: Oportet et haereses esse. Das Problem der Ketzerei im Spiegel mittelalterlicher Bibelexegese. In: Archiv für Kulturgeschichte 45 (1963) S. 129–164.

Grundzüge der deutschen Militärgeschichte. Hrg. Karl-Volker Neugebauer. Bd. 1: Historischer Überblick. Bd. 2: Arbeits- und Quellenbuch. Freiburg i. Br. 1993.

Hageneder, Othmar: Das crimen maiestatis, der Prozeß gegen die Attentäter Papst Leos III. und die Kaiserkrönung Karls des Großen. In: Aus Kirche und Reich. Festschrift für Friedrich Kempf. Hrg. Hubert Mordek. Sigmaringen 1983, S. 55–79.

Handbuch der deutschen Wirtschafts- und Sozialgeschichte. Hrg. Hermann Aubin und Wolfgang Zorn. Bd. 1, Stuttgart 1971.

Handbuch der europäischen Geschichte. Hrg. Theodor Schieder. Bd. 1: Europa im Wandel von der Antike zum Mittelalter. Hrg. Theodor Schieffer. Bd. 2: Europa im Hoch- und Spätmittelalter. Hrg. Ferdinand Seibt. Stuttgart 1976 bzw. 1987.

Handbuch der Geschichte Rußlands. Hrg. Manfred Hellmann, Gottfried Schramm und Klaus Zernack. Bd. 1: Bis 1613. Stuttgart 1981.

Handwörterbuch zur deutschen Rechtsgeschichte (HRG). Hrg. Adalbert Erler und Ekkehard Kaufmann. Berlin Bd. 1 (1971), 2 (1978), 3 (1984), 4 (1990).

Harms Kulturgeographie. Bearb. Julius Wagner (Harms Handbuch der Erdkunde, 9). München (u. a.) 1969.

Harms Physische Geographie. Bearb. Julius Wagner (Harms Handbuch der Erdkunde, 8). München (u.a.) 1971.
Hattenhauer, Hans: Europäische Rechtsgeschichte. Heidelberg 2. A. 1994.
Hechberger, Werner: Staufer und Welfen 1125–1190. Zur Verwendung von Theorien in der Geschichtswissenschaft. Köln (u.a.) 1996.
Hehl, Ernst-Dieter: Kirche und Krieg im 12. Jahrhundert. Studien zu Kanonischem Recht und politischer Wirklichkeit (Monographien zur Geschichte des Mittelalters, 19). Stuttgart 1980.
Ders.: Was ist eigentlich ein Kreuzzug? In : HZ 259 (1994) S. 297–336.
Heidenmission und Kreuzzugsgedanke in der deutschen Ostpolitik des Mittelalters. Hrg. Helmut Beumann (WdF, 7). Darmstadt 1963.
177–274 Kahl, Hans-Dietrich: Compellere intrare. Die Wendenpolitik Bruns von Querfurt im Lichte hochmittelalterlichen Missions- und Völkerrechts. 1955.
Herde, Peter: Die Katastrophe vor Rom im August 1167. Eine historisch-epidemiologische Studie zum vierten Italienzug Friedrichs I. Barbarossa (Sitzungsberichte der Wissenschaftlichen Gesellschaft an der Johann Wolfgang Goethe-Universität Frankfurt am Main, Bd. 27, Nr. 4). Stuttgart 1991.
Histoire militaire de la France. Bd. 1: Des origines à 1715, sous la direction de Philippe Contamine. Paris 1992.
Histoire de la population française, dirigée par Jacques Dupâquier. Bd. 1, Paris 1988.
Hoffmann, Hartmut: Gottesfriede und Treuga Dei. (Schriften der MGH, 20). Stuttgart 1964.
Ders.: Kirche und Sklaverei im frühen Mittelalter. In: Deutsches Archiv 42 (1986) S. 1–24.
International Military and Defense Encyclopedia. Ed. Trevor N. Dupuy (u.a.). Washington, New York Bd. 1–6 1993.
Islam from the Prophet Muhammed to the Capture of Constantinople. Ed. and translated by Bernard Lewis. Bd. 1: Politics and War. London, Basingstoke 1974.
Jäschke, Kurt-Ulrich: Die Anglonormannen. Stuttgart (u.a.) 1981 (Urban Taschenbücher, 334).
Ders.: Burgenbau und Landesverteidigung um 900. Überlegungen zu Beispielen aus Deutschland, Frankreich und England (VuF, Sonderband 16). Sigmaringen 1975.
Ders.: Wilhelm der Eroberer. Sein doppelter Herrschaftsantritt im Jahre 1066 (VuF, Sonderband 24). Sigmaringen 1977.
Die Juden als Minderheit in der Geschichte. Hrg. Bernd Martin und Ernst Schulin (dtv, 1745). München 1981.
Jungmann, Josef Andreas: Missarum Solemnia. Eine genetische Erklärung der römischen Messe. Freiburg i. Br. (u.a.) 5. A. 1962.
Kaiser, Reinhold: Das römische Erbe und das Merowingerreich (Enzyklopädie deutscher Geschichte, 26). München 1993.

Karl der Große. Lebenswerk und Nachleben. Hrg. Wolfgang Braunfels, Bd. 1, Düsseldorf 1965.
420–436 Jean François Verbruggen: L'armée et la stratégie de Charlemagne. 537–608 Peter Classen: Karl der Große, das Papsttum und Byzanz. Die Begründung des karolingischen Kaisertums.
Keegan, John: Das Antlitz des Krieges. Die Schlachten von Azincourt 1415, Waterloo 1815 und an der Somme 1916 (Reihe Campus, 1050). Frankfurt/M., New York 1991.
Keegan, John: Die Kultur des Krieges. Berlin 1995.
Kellenbenz, Hermann: Deutsche Wirtschaftsgeschichte, Bd. 1 Von den Anfängen bis zum Ende des 18. Jahrhunderts. München 1977.
Kern, Fritz: Gottesgnadentum und Widerstandsrecht im früheren Mittelalter. Zur Entwicklungsgeschichte der Monarchie. 2. A. 1954, ND Darmstadt 1980.
Kohnle, Armin: Abt Hugo von Cluny (1049–1109) (Beihefte der Francia, 32). Sigmaringen 1993.
Kolias, Taxiarchis G.: Byzantinische Waffen. Ein Beitrag zur byzantinischen Waffenkunde von den Anfängen bis zur lateinischen Eroberung (Byzantina Vindobonensia, 17). Wien 1988.
Kommunale Bündnisse Oberitaliens und Oberdeutschlands im Vergleich. Hrg. Helmut Maurer (VuF, 33). Sigmaringen 1987.
11–44 Alfred Haverkamp: Der Konstanzer Friede zwischen Kaiser und Lombardenbund (1183). 167–212 Arno Buschmann: Der Rheinische Bund von 1254–1257. Landfriede, Städte, Fürsten und Reichsverfassung im 13. Jahrhundert.
Krieg und Frieden im Altertum. Hrg. Gerhard Binder und Bernd Effe. Trier 1989.
27–44 Michael Job: ‚Krieg' und ‚Friede' im Altertum? Historischvergleichende Überlegungen zur Semantik zweier Wortfeldnamen.
Krieg und Frieden im Horizont des Renaissancehumanismus. Hrg. Franz Josef Worstbrock (Mitteilung der Kommission für Humanismusforschung der DFG, 13). Weinheim 1986.
13–44 Léon-E. Halkin: Erasme, la guerre et la paix.
Krieg und Kultur. Hrg. Heinrich von Stientencron, Saeculum 37 (1986), Heft 2, Freiburg 1987.
150–165 Gladigow, B.: Homo publice necans. Kulturelle Bedingungen kollektiven Tötens.
Kroeschell, Karl: Deutsche Rechtsgeschichte. Bd. 1 (bis 1250), Bd. 2 (1250–1650). Reinbek b. Hamburg 1972 bzw. 1973 u. ö.
Krumeich, Gerd: Jeanne d'Arc in der Geschichte. Historiographie – Politik – Kultur (Beihefte der Francia, 19). Sigmaringen 1989.
Kultur und Konflikt. Hrg. Jan Assmann und Dietrich Harth (edition suhrkamp 1612). Frankfurt/M. 1990.
Landwehr, Götz: Die Verpfändung der deutschen Reichsstädte im Mittelalter (Forschungen zur deutschen Rechtsgeschichte, 5). Köln, Graz 1967.

Le Goff, Jacques: Kultur des europäischen Mittelalters. München, Zürich 1970.

Lexikon des Mittelalters. München, Zürich. Bd. 1 (1980), 2 (1983), 3 (1986), 4 (1989), 5 (1991), 6 (1993), 7 (1995).

Liebe, Georg: Soldat und Waffenhandwerk. 1899, ND Düsseldorf 1972.

Lucie-Smith, Edward: Johanna von Orleans (Bastei-Lübbe-Tb., 61043). Bergisch-Gladbach 1979.

Mantovani, Mauro: Bellum Iustum. Die Idee des gerechten Krieges in der römischen Kaiserzeit (Geist und Werk der Zeiten, 77). Bern (u.a.) 1990.

Marshall, Christopher: Warfare in the Latin East, 1192–1291 (Cambridge studies in medieval life and thought, 4/17). Cambridge 1994.

Martin, Jochen: Spätantike und Völkerwanderung (OGG, 4). München 1987.

Martin, Paul: Waffen und Rüstungen von Karl dem Großen bis zu Ludwig XIV. Frankfurt/M. o.J.

Matuz, Josef: Das Osmanische Reich. Grundlinien seiner Geschichte. Darmstadt 3. A. 1994.

Mayer, Hans Eberhard: Geschichte der Kreuzzüge. 5. A. Stuttgart (u.a.) 1980.

Mc Laughlin, Megan: The woman warrior. Gender, warfare and society in medieval Europa. Women's Studies 17, N° 314, 1990.

Medieval Frontier Societies. Ed. Robert Bartlett and Angus MacKay. Oxford 1989.

Morillo, Stephen: Warfare under the Anglo-Norman Kings, 1066–1135. Woodbridge 1994.

Nagel, Tilman: Timur der Eroberer und die islamische Welt des späten Mittelalters. München 1993.

Neumann, Hartwig: Festungsbaukunst und Festungsbautechnik. Deutsche Wehrbauarchitektur vom 15. bis 20. Jahrhundert. Mit einer Bibliographie deutschsprachiger Publikationen über Festungsforschung und Festungsnutzung 1945–1987 (Architectura militaris, 1). Koblenz 1988.

I Normanni e la loro espansione in Europa nell'alto medioevo (Settimane di Studio del Centro Italiano di studi sull'Alto Medioevo, 16). Spoleto 1969.

Oexle, Otto Gerhard: Formen des Friedens in den religiösen Bewegungen des Hochmittelalters (1000–1300). In: Mittelalter. Annäherungen an eine fremde Zeit. Hrg. Wilfried Hartmann (Schriftenreihe der Universität Regensburg, Neue Folge 19). Regensburg 1993, S. 87–109.

Ohler, Norbert: Elisabeth von Thüringen. Fürstin im Dienst der Niedrigsten (Persönlichkeit und Geschichte, 114/115). 2. A. Göttingen 1992.

Ders.: Reisen im Mittelalter. 2. A. München, Zürich 1988.

Ders.: Sterben und Tod im Mittelalter. München, Zürich 1990.

Oman, Charles: A History of the Art of War in the Middle Ages. Bd. 1–2. 2. A. 1924, ND o.J.

Ordinamenti militari in occidente nell'alto medioevo (Settimane di studio del Centro Italiano di Studi sull'Alto Medioevo, 15). Spoleto 1968.

Orth, Elsbet: Die Fehden der Reichsstadt Frankfurt am Main im Spätmittelalter. Fehderecht und Fehdepraxis im 14. und 15. Jahrhundert (Frankfurter Historische Abhandlungen, 6). Wiesbaden 1973.

Paravicini, Werner: Die Preussenreisen des europäischen Adels (Beihefte der Francia, 17/1.2). Sigmaringen 1989 bzw. 1995.

Pernoud, Régine: Frauen zur Zeit der Kreuzzüge (Frauen in Geschichte und Gesellschaft, 29). Pfaffenweiler 1993.

Petschar, Hans: Das Schachspiel als Spiegel der Kultur. Ein Vergleich der Regelsysteme in Indien, China, Japan und Europa. In: Zeitschrift für Semiotik 13 (1991) S. 65–78.

Peyer, Hans Conrad: Verfassungsgeschichte der alten Schweiz. Zürich 1978.

Pohl, Walter: Die Awaren. Ein Steppenvolk in Mitteleuropa 567–822 n. Chr. (Frühe Völker). München 1988.

Ders.: Konfliktverlauf und Konfliktbewältigung : Römer und Barbaren im frühen Mittelalter. In: FMSt 26 (1992) S. 165–207.

Politik und Heiligenverehrung im Hochmittelalter. Hrg. Jürgen Petersohn (VuF, 42). Sigmaringen 1994.

Prawer, Joshua: Histoire du royaume latin de Jérusalem. Bd. 1 Paris 1969.

Prinz, Friedrich: Klerus und Krieg im früheren Mittelalter. Untersuchungen zur Rolle der Kirche beim Aufbau der Königsherrschaft (Monographien zur Geschichte des Mittelalters, 2) Stuttgart 1971.

Rassow, Peter: Honor Imperii. Die neue Politik Friedrich Barbarossas 1152–1159. Darmstadt 1961.

Rathgen, Bernhard: Das Geschütz im Mittelalter. Quellenkritische Untersuchungen. Berlin 1928. ND Düsseldorf 1987.

Reallexikon der germanischen Altertumskunde. 2. A. Berlin, New York Bd. 1–9 1973–1995 (zuletzt „Gamla Uppsala").

Das Reich der Salier 1024–1125. AKat des Landes Rheinland-Pfalz ... Sigmaringen 1992.

Reich und Kirche vor dem Investiturstreit. Vorträge ... Gerd Tellenbach zum 80. Geburtstag. Hrg. Karl Schmid. Sigmaringen 1985. 1–15 Karl Schmid: Das Problem der ‚Unteilbarkeit des Reiches'. 17–34 Hagen Keller: Grundlagen ottonischer Königsherrschaft.

Richard, Jean: Saint Louis. Crusader King of France. Cambridge 1992.

Rittertum. Schweizerische Dokumente. Hochadel im Aargau. Hrg. Aargauische Erziehungsdirektion (u. a.). (Dokumente zur aargauischen Kulturgeschichte, 2). Aarau 1960.

Das Rittertum im Mittelalter. Hrg. Arno Borst (WdF, 349). Darmstadt 2. A. 1989.

Römerillustrierte, Kölner. Hrg. Römisch-Germanisches Museum der Stadt Köln. Hrg. Hugo Borger. Hefte 1 und 2, 1974 bzw. 1975.

Roquebert, Michel: L'Epopée cathare 1198–1212. L'invasion. Toulouse 1970.
Runciman, Steven: Die Eroberung von Konstantinopel 1453. München 1969.
Ders.: Geschichte der Kreuzzüge. Bd. 1 München 1957.
Russell, Frederick H.: The Just War in the Middle Ages (Cambridge Studies in Medieval Life and Thought, 8). Cambridge (u. a.) 1975.
Sankt Elisabeth. Fürstin, Dienerin, Heilige. Aufsätze, Dokumentation, Katalog. Hrg. Philipps-Universität Marburg in Verbindung mit dem Hessischen Landesamt für geschichtliche Landeskunde. Sigmaringen 1981.
Schelle, Klaus: Burgund zwischen Lilienbanner und Reichsadler. Stuttgart 1977.
Schmidtchen, Volker: Kriegswesen im späten Mittelalter. Technik, Theorie, Taktik. Weinheim 1990.
Schneider, Reinhard: Das Frankenreich (OGG, 5). München 2. A. 1990.
Ders.: Mittelalterliche Verträge auf Brücken und Flüssen und zur Problematik von Grenzgewässern. In: Archiv für Diplomatik 23 (1977) S. 1–24.
Schreiner, Peter: Byzanz (OGG, 22). München 1986.
Schwinges, Rainer Christoph: Kreuzzugsideologie und Toleranz. Studien zu Wilhelm von Tyrus (Monographien zur Geschichte des Mittelalters, 15). Stuttgart 1977.
Sieber, Johannes: Zur Geschichte des Reichsmatrikelwesens im ausgehenden Mittelalter (1422–1521) (Leipziger historische Abhandlungen, 24). Leipzig 1910.
Sieber-Lehmann, Claudius: Spätmittelalterlicher Nationalismus. Die Burgunderkriege am Oberrhein und in der Eidgenossenschaft. (Veröffentlichungen des Max-Planck-Instituts für Geschichte, 116). Göttingen 1995.
Smyth, Alfred P.: King Alfred the Great. Oxford 1995.
Southern, Richard W.: Das Islambild des Mittelalters. Stuttgart (u. a.) 1981.
Sprandel, Rolf: Das mittelalterliche Zahlungssystem nach hansisch-nordischen Quellen des 13.–15. Jahrhunderts (Monographien zur Geschichte des Mittelalters, 10). Stuttgart 1975.
Die Stadt des Mittelalters. Hrg. Carl Haase. Bd. 1: Begriff, Entstehung und Ausbreitung (WdF, 243). Darmstadt 1969. S. 384–414 Haase, Carl: Die mittelalterliche Stadt als Festung. Wehrpolitisch-militärische Einflußbedingungen im Werdegang der mittelalterlichen Stadt, 1963.
Stadtluft, Hirsebrei und Bettelmönch. Die Stadt um 1300. AKat. Stuttgart, 1992.
Stegemann, Hermann: Der Krieg. Sein Wesen und seine Wandlung. Bd. 1–2 Stuttgart, Berlin 1939 bzw. 1940.
Strässle, Paul Meinrad: Krieg, Kriegführung und Gesellschaft in Byzanz (9.–12. Jahrhundert). Ein polemologischer Erklärungsansatz. In: Byzantinische Forschungen 19 (1993) S. 149–169.

Swinarski, Ursula: Herrschen mit den Heiligen. Kirchenbesuche, Pilgerfahrten und Heiligenverehrung früh- und hochmittelalterlicher Herrscher (ca. 500–1200) (Geist und Werk der Zeiten, 78). Bern (u.a.) 1991.

Tanz, Sabine: Jeanne d'Arc. Spätmittelalterliche Mentalität im Spiegel eines Weltbildes (Forschungen zur mittelalterlichen Geschichte, 33). Weimar 1991.

Tellenbach, Gerd: Die westliche Kirche vom 10. bis zum frühen 12. Jahrhundert (Die Kirche in ihrer Geschichte, 2/F1). Göttingen 1988.

Theologische Realenzyklopädie. Berlin, New York Bd. 1–, 1976–.

Töten im Krieg. Hrg. Heinrich von Stietencron und Jörg Rüpke (Veröffentlichungen des ‚Instituts für Historische Anthropologie e.V.', 6). Freiburg, München 1995.
241–276 Nitschke, August: Von Verteidigungskriegen zur militärischen Expansion: Christliche Rechtfertigung des Krieges beim Wandel der Wahrnehmungsweise. 277–295 Noth, Albrecht: Der a priori legitime Krieg im Islam: Hauptaspekte des islamischen Rechts zum Thema „Krieg und Frieden".

Träger und Instrumentarien des Friedens im hohen und späten Mittelalter. Hrg. Johannes Fried (VuF, 43). Sigmaringen 1996.

Treadgold, Warren: Byzantium and its Army. Stanford/Cal. 1995.

Tuchman, Barbara: Der ferne Spiegel. Das dramatische 14. Jahrhundert. München, 1982.

Überlieferung, Frömmigkeit, Bildung als Leitthemen der Geschichtsforschung. Vorträge... 1986. Hrg. Jürgen Petersohn. Wiesbaden 1987.
133–154 Klaus Arnold: De bono pacis – Friedensvorstellungen in Mittelalter und Renaissance.

Unger, Richard W.: War Ships and Cargo Ships in Medieval Europe. In: Technology and Culture 22 (1981) 233–252.

Verbruggen, Jean François: The Art of Warfare in Western Europe during the Middle Ages. From the Eigth Century to 1340 (Europe in the Middle Ages. Selected Studies, 1). Amsterdam (u.a.) 1977.

Verlinden, Charles: Wo, wann und warum gab es einen Großhandel mit Sklaven während des Mittelalters? (Kölner Vorträge zur Sozial- und Wirtschaftsgeschichte, 11). Köln 1970.

Vones, Ludwig: Geschichte der Iberischen Halbinsel im Mittelalter (711–1480). Reiche, Kronen, Regionen. Sigmaringen 1993.

Wenskus, Reinhard: Stammesbildung und Verfassung. Das Werden der frühmittelalterlichen gentes. Köln, Graz 1961.

Wenskus, Reinhard: Studien zur historisch-politischen Gedankenwelt Bruns von Querfurt (Mitteldeutsche Forschungen, 5). Münster, Köln 1956.

Westermanns Großer Atlas zur Weltgeschichte. Hrg. Hans-Erich Stier (u.a.). Braunschweig 1969.

Wild, Werner: Steuern und Reichsherrschaft. Studie zu den finanziellen Ressourcen der Königsherrschaft im spätmittelalterlichen deutschen Reich. Bremen 1984.
Wolfram, Herwig: Die Goten. Von den Anfängen bis zur Mitte des sechsten Jahrhunderts. Entwurf einer historischen Ethnographie. 3. A. München 1990.
Ders.: Grenzen und Räume. Geschichte Österreichs vor seiner Entstehung, 378–907 (Österreichische Geschichte). Wien 1995.
Wollasch, Joachim: Cluny – „Licht der Welt". Aufstieg und Niedergang der klösterlichen Gemeinschaft. Zürich, Düsseldorf 1996.
Wörterbuch des Völkerrechts. 2. A. Hrg. Hans-Jürgen Schlochauer. Bd. 1–4. Berlin 1960–1962.
Die Zeit der Staufer. Geschichte, Kunst, Kultur. AKat. Hrg. Württembergisches Landesmuseum Stuttgart. Bd. 1–4 Stuttgart 1977.
Zwischenstaatliche Friedenswahrung in Mittelalter und Früher Neuzeit. Hrg. Heinz Duchhardt (Münstersche Historische Forschungen, 1). Köln, Wien 1991.
1–44 Dietrich Kurze: Krieg und Frieden im mittelalterlichen Denken.
45–90 Dieter Mertens: Europäischer Friede und Türkenkrieg im Spätmittelalter.

Abbildungsnachweis

S. 34, S. 206, S. 280 aus: Kaiser Heinrichs Romfahrt. Die Bilderchronik von Kaiser Heinrich VII. Hrg. Franz-Josef Heyln, München: dtv 1978.

Register

Abt 134–137, 228–232
Albigenser 89, 154, 216–219
Alexander III., Papst, 63, 75, 127
Ansprache, Rede 63, 205, 207, 212, 247, 253–256
Araber 22, 28, 55, 132, 186
Asyl 194, 201, 214, 219, 297 f.
Aufbruch 234–236
Aufgebot 156, 228–234
Aufklärung, Spionage 110, 130, 175–177, 205, 239 f., 244
Augustinus 16, 66 f., 71 ff., 203, 251
Avaren 30, 132, 156, 168, 179, 186, 196–200, 202

Bauern 36, 38, 103, 111, 136, 145, 148 ff., 152, 158, 169, 188 f., 216, 223, 231, 299 f.
Befestigung 31, 57, 82–99, 197, 199, 209, 213, 225, 280
Beichte 139, 258
Belagerung 41, 49, 86 f., 93, 105–108, 112, 131, 141, 147, 154, 208–213, 216, 225, 237, 242 f., 246, 259–263, 272
Benedikt v. N. 75, 85, 294–296
Bernhard v. Cl. 75 f., 147
Bernward von Hildesheim 57, 136 f.
Besançon (1157) 127, 296

Beute 50, 52, 99, 125, 144, 168 f., 185, 193, 200, 205, 214, 223, 232, 238, 242, 250, 275 f., 290
Bevölkerung 19, 44–47, 161 f., 186 f., 189, 283, 319
Bibel, Biblische Vorbilder 60 f., 105, 123 f., 139, 218
Bischof 36, 134–140
Blockade, Boykott, Embargo 114
Bonifatius 76 f.
Brandenburg 43, 90, 134
Brandschatzung 54
Buchdruck 141 f., 177
Burg 27, 85 f., 87–94, 106, 137, 141, 225, 261, 272, 274
Buße, Sühne 13, 78, 139, 196, 205, 212, 235, 250 f., 255, 288, 293 f., 296, 302
Byzanz, Konstantinopel 21, 25, 48, 53, 55, 70 f., 95 f., 107, 112, 130 f., 153, 156 f., 165, 167, 173, 179, 186, 201, 224 f., 246, 253, 255 f., 262, 266, 275 f., 279

Canossa (1077) 37, 91, 129
Chlodwig 12, 29, 79, 121, 135, 249, 265, 290

Dänen, Normannen, Skandinavier 21, 24, 26, 29, 38 f., 44, 46, 50, 113, 141, 150, 179, 185
Deportation 26, 79, 115, 192, 194, 270, 283
Deutscher Orden 67, 93, 100
Disziplin 124, 136, 149, 153, 157, 210, 237–241, 243, 249, 264 f.

Ehe(versprechen) 164, 166, 194, 201, 286
Eid 191, 195, 205, 256 f., 265, 274, 280, 282, 285, 288, 316
Elitekrieger 35 f., 115, 145, 152 f., 230, 245 f.
Enns 32, 197 f., 199
Erbarmen, Mitleid 63, 78, 102, 117 f., 255, 273 f., 281 f., 295, 321
Erinnerung 170, 289–292, 319

Exkommunikation 37, 104, 115, 118, 138, 173, 195
Expansion Europas 44, 52, 58, 99, 144, 221 f., 319

Fehde 13, 46, 132, 151, 160, 169, 187, 227, 299–304, 307
Feldlager 40, 86, 211, 241 f., 268
Feldzeichen 65 f., 111, 138 f., 205, 238, 242, 258 f., 281
Fest 165, 195, 200, 207–209, 215, 235, 276, 290
Finanzwesen 53–56, 108, 169
Fluß, -übergang, Brücke, Furt 26, 28–31, 39, 41, 43, 48 ff., 83, 92, 137, 197 f., 207, 245, 250, 316
Fontenoy (841) 78, 203, 257, 291, 312
Frau 12, 43, 62, 71, 78, 98, 105, 117 f., 153–155, 161, 164, 170 f., 190, 194, 209, 211, 214, 219, 231, 235, 237 f., 253–256, 258, 271–275, 281, 292, 294, 299 ff.
Friede 11 f., 14–17 u. ö.
Friedensschluß 284–288
Friedhof 85, 277, 297
Friedrich I. Barbarossa 32, 40, 55, 63, 65, 145, 152, 234, 296, 307
Friedrich II. 26, 36, 115 f., 152

Gebet, Segen 16 f., 63, 121 f., 139 f., 194 f., 197 f., 207, 210, 212, 214–217, 235, 249–251, 290, 320 f.
Gebirge, Klause, Paß 32–39, 148, 152
Gefangene 71, 79, 170, 205, 207, 238, 242, 245, 265, 268–274
Geisel 99, 174, 191 f., 194 ff., 282, 286 f.
Genossenschaft 300, 307–311, 319
Gerechter Krieg 66–68
Gericht 270, 306 f.
Gesandter 56, 90, 127–131, 173, 176, 195–197, 201, 204, 316
Geschenk 53, 90, 129, 174, 194 f., 204, 229 f., 232, 249 f., 283, 314

363

Gipfeltreffen 313, 315 f.
Glück 123, 221
Gnade 79, 118, 272, 274, 282, 294
Gottesfrieden 68, 139, 299 f.
Gottesgericht, -urteil 59, 167, 251 f., 257, 312
Gregor VII. 37, 123
Grenze 23, 27, 32, 98, 127, 152, 158, 196 ff., 285, 305 f., 311 f., 316
Großreiche 20, 79, 201, 203 f.

Hafen 24, 40, 96, 113, 242
Handel 21, 48, 55, 298, 319
Handwerker 57, 148, 154 f., 211 f.
Hanse 114, 309–311
Häretiker, Schismatiker 62, 71, 75, 135, 216–219, 272
Hattin (1187) 40, 271
Heer 155–157
Heerschau, Musterung 36
Heilige, Krieger- 35, 63–65, 76, 121, 139 f., 161, 192 f., 250, 289
Heilige Lanze 140, 207
Heiliger Krieg 68–77
Heinrich I. 43, 89, 151, 224
Heinrich IV. 37, 172
Herrschaftswechsel 166–168
Herrscher, -ideal 117–126, 205
Hofgut, Königshof, Pfalz 29, 47, 53 f., 84, 172, 196 f., 237, 292
Hundertjähriger Krieg 44, 46, 48, 79, 97, 112, 153 ff., 157, 165, 167, 177, 225, 267, 286, 318
Hunnen 28, 32, 47, 177, 182 f., 200
Hus, Jan 128, 154, 298
Hussiten 56, 87, 157, 315

Iberische Halbinsel 22, 46, 132 f.
Ingenieur 30, 93, 154
Inseln, Halbinseln 19, 22–27, 42
Inter caetera 73, 305
Interdikt 116, 138
Interregnum 172
Investiturstreit 13, 37, 80, 115, 136, 163 f., 172, 247, 284

Islam, Muslime 33, 59, 69–71, 73, 75, 142, 168, 177, 208, 254

Jagd 12, 43, 124 f., 146
Jahreszeit 29 f., 36–43, 49 f., 100, 146, 159, 185, 199, 224, 228, 230, 267
Jeanne d'Arc 153, 252 f., 318
Jerusalem 151, 208–216, 219
Johanniter 97, 112
Juden 209, 272, 298

Kaisertum 34 f., 158, 200–202, 207 f., 234, 318
Kardinaltugenden 79, 122, 282, 296, 312
Karl der Große 11 f., 27, 32 f., 35, 43, 65, 72 f., 79, 117, 132 f., 144, 153, 156, 167 f., 191–204, 208, 226, 228–232, 286, 311 f.
Karl der Kühne 47, 108, 181, 227 f., 265, 277
Karl Martell 54, 132
Kinder 43, 117 f., 190, 209, 211, 214, 219, 237, 254, 258, 269, 272, 275
Klima 38–43, 104
Kloster 26, 29, 36, 48, 55, 65, 84 f., 92, 116, 121, 135 ff., 162, 166, 185, 193 f., 196, 226, 228–232, 284, 289–291
Knabenlese 152
Kompromiß 69, 164, 170, 173, 201, 284
Konfliktbegrenzung 293–316
Kreuzfahrer, -zug 19, 24 f., 33, 40, 42 f., 46, 50, 54, 56, 61, 73–76, 78, 80, 97, 105, 123, 142, 146, 153, 156, 165, 169 ff., 171, 177, 208–219, 231, 235 f., 240, 274, 315
Krieger 144–157
Kriegserklärung 198, 227 f.
Kriegsdauer 236 f.

Land-, Reichsfrieden 68, 301–304
Langobarden, -reich 35, 167, 183, 185 f., 192 f., 201 f., 225 f.

Lechfeldschlacht (955) 30, 100, 140, 204–208, 256, 266, 317 f.
Legnano (1176) 234, 282
Leibgarde 151
Limes 82, 183
Lösegeld 25, 69, 89, 125, 265, 270–274, 276, 282 f.
Loyalität 132–134
Ludwig IX., der Hl., 25, 42, 56, 97, 122, 131, 235, 274

Mailand (1159–1162) 281 f., 307
Majolus, Abt, 25
Marken 97 f., 199
Märtyrer 64 f., 75 ff., 80, 170, 255, 290
Massaker 192, 202, 213–215, 219, 254, 260, 269 f., 287
März-, Maifeld 39, 110
Meere, Meerengen 19–22, 156
Mehmed II. 167 f., 276, 315
Militärschriftsteller, antike 141, 244
Militärseelsorge 139, 268, 277
Mission 142
Mongolen 18 f., 50, 104 f., 131, 168, 174, 177, 186, 204, 228, 269, 320 f.

Nachrichtenübermittlung 48
Nationalgefühl 165, 248, 253, 318
Nibelungenlied, 170, 183
Nomaden, Reiter- 18, 30, 32, 108, 110, 176, 200

Otto I. 12, 65 f., 117–121, 130, 133, 140, 145, 172, 204–208

Papst, -tum 80, 162 f., 192, 195, 312
Paradies 69 f., 255
Pilger 75, 80, 150, 161, 176, 209, 214–216, 235
Pirckheimer, W. 49, 190, 238
Preußenreisen 146
Propaganda 69, 246–248, 254
Push- und Pull-Effekte 160

Rache 170, 256, 260, 293 f.
Rainald von Dassel 40, 127, 269, 275
Rat 126 f., 145, 197, 205, 211, 220, 230, 304
Raum 18–37
Reconquista 23, 46, 64, 73, 225
Regalien 55
Reichskirche 156, 233
Reichstag 126, 196
Reichsteilung 166, 203, 285, 311–313, 317
Reiterkrieger, Ritter 33, 37, 54, 90, 103, 108–111, 144, 146 ff., 182, 224, 240, 274 f.
Reit-, Trag-, Zugtiere 33 f., 49, 51, 108 f., 121, 245
Religion 23, 39, 59–81, 117 f., 135, 162, 172 f., 191 f., 197 f., 213, 215, 254 f., 279, 290, 297, 314 f.
Reliquien 140, 258, 275 f., 288
Ritterorden, geistliche 26, 75 f., 92, 157
Roland, -slied 32, 76, 134, 254, 258
Rollo 46, 185
Rom 23, 41, 123, 158, 183, 192–195, 200 f., 208, 234
Rosenkriege 165, 237
Ruhm 207, 291 f.
Rundling 94

Sachsen, -krieg (8. Jh.) 27, 30 f., 38, 72 f., 88, 129, 191 f., 226
Säkularisierung von Kirchengut 46, 55
Sarazenen 23, 25 f., 50, 115 f., 132, 152, 240, 271, 274 f.
Schachspiel 145, 147, 221
Schatz 53, 56, 88, 200, 250
Schiedsgerichtsbarkeit 288, 306
Schisma 20, 127, 173, 314
Schlachtruf 65, 259
Schuld 81, 195, 202, 255
Schutz 118, 121, 136, 153, 162, 298
Schwabenkrieg 49, 190

Schweizer Eidgenossenschaft 305, 310
Schwert 102, 117f., 140
Seekrieg, -räuber 25f., 111–114, 137, 151
Sendungsbewußtsein 168
Separatfrieden 257
Seuche 19, 38, 40, 44, 49, 183, 209, 214f., 221, 262
Sklave, Versklavung 25f., 43, 79, 273, 275
Slaven 27, 46, 48, 59, 65, 75, 90, 133f., 172, 179, 189f., 192, 200, 204f., 208, 259, 273
Slavenaufstand (983) 72, 98, 233, 291
Sold 61, 67
Söldner 29, 54, 105, 113, 149–151, 309
Sonderfrieden 297–304
Sorge für die Toten 207, 215, 276f., 289
Sprache 12–15, 88f., 98, 124, 127, 142f., 151, 176, 184f., 203, 209, 230, 238, 240, 256f., 273, 287, 318
Stadt 91, 94–97, 101, 135f., 148, 163, 211, 225, 303f., 308f.
Städtebünde 234, 252, 308–310
Stamfordbridge 31, 149
St. Gallen 26, 52, 62f., 86, 146
Strafexpedition 187–190
Strategie 28, 175, 195, 220–226, 236

Taktik 33, 113f., 205, 209, 240, 242–246, 263f.
Tassilo 132, 170, 193, 195f., 200
Thomas von Aquin 67, 77, 139, 143
Thronfolge 47, 183
Tribut 53, 89, 110, 169, 186, 200, 283
Troß 34, 238
Türken 26, 141f., 152, 165, 186, 209
Turnier 125

Ulrich v. Augsburg 86f., 94f., 140, 204
Ungarn 26f., 30, 39, 49f., 62f., 86, 89f., 95, 99f., 133, 140f., 172, 186, 200, 204–208
Unterwerfung 281f.

Venedig 21, 96, 157, 165, 187, 201
Verbannung 196, 234
Vergebung, Versöhnung 77f., 235, 257f., 285
Verkehr 27f., 33, 37, 39, 41, 47, 194, 196f., 199, 218, 240, 301, 303
Verkehrsmittel 29, 43, 87
Verluste 207f., 264, 278
Vermittler 284, 304–307
Verrat 132–134, 175, 196, 244, 259
Versorgung der Truppe 41f., 199, 229
Verstümmelung 272f., 312f.
Verzicht 313f.
Völkerrecht 128f.
Völkerwanderung 15, 20, 32, 43, 47, 49, 84, 87, 128, 134f., 144, 155, 160f., 181–187, 246

Wache 43, 238, 240, 268
Waffen 35, 40, 63, 65, 74, 87, 93f., 99–112, 114–116, 121, 141, 143, 149, 153, 177, 210f., 220, 229, 232, 239, 261, 264
Waffenstillstand 14, 70, 89, 127, 228, 267f., 271
Wald 18, 27, 51
Waräger 29, 149
Wilhelm der Eroberer 22, 31, 46, 89, 100, 113, 149, 156, 226, 318
Wirtschaft 52f., 114
Wormser Konkordat 115

Zaun 14, 84, 89, 94, 297
Zwei-Schwerter-Lehre 80

Geschichte des Mittelalters

Rainer Beck (Hrsg.)
Streifzüge durch das Mittelalter
Ein historisches Lesebuch
4. Auflage. 1994. 340 Seiten mit 6 Abbildungen und 1 Karte.
Paperback
Beck'sche Reihe Band 380

Horst Fuhrmann
Überall ist Mittelalter
Von der Gegenwart einer vergangenen Zeit
2., überarbeitete Auflage. 1997. 328 Seiten mit 37 Abbildungen. Leinen

Patrick J. Geary
Die Merowinger
Europa vor Karl dem Großen
Aus dem Englischen von Ursula Scholz
1996. 249 Seiten mit 1 Karte. Leinen

Norma Lorre Goodrich
Die Ritter von Camelot
König Artus, der Gral und die Entschlüsselung einer Legende
Aus dem Englischen von Peter Knecht
1., unveränderter Nachdruck von 1996.
485 Seiten mit 10 Abbildungen und 9 Karten und einer Stammtafel.
Leinen

Michael Richter
Irland im Mittelalter
Kultur und Geschichte
1996. 216 Seiten mit 10 Abbildungen und 4 Karten. Gebunden

Wilhelm Volkert
Adel bis Zunft
Ein Lexikon des Mittelalters
1991. 307 Seiten. Leinen

Verlag C. H. Beck München

Europa bauen

Peter Brown
Die Entstehung des christlichen Europa
Aus dem Englischen von Peter Hahlbrock
1996. 404 Seiten. Leinen

Umberto Eco
Die Suche nach der vollkommenen Sprache
Aus dem Italienischen von Burkhart Kroeber
3., durchgesehene Auflage. 1994. 388 Seiten mit 22 Abbildungen.
Leinen

Paolo Rossi
Die Geburt der modernen Wissenschaft in Europa
1997. 377 Seiten. Leinen.

Hagen Schulze
Staat und Nation in der europäischen Geschichte
2., durchgesehene Auflage. 1995. 376 Seiten. Leinen

Aaron J. Gurjewitsch
Das Individuum im europäischen Mittelalter
Aus dem Russischen von Erhard Glier
1994. 341 Seiten. Leinen

Massimo Montanari
Der Hunger und der Überfluß
Kulturgeschichte der Ernährung in Europa
Aus dem Italienischen von Matthias Rawert
2., unveränderte Auflage. 1995. 251 Seiten. Leinen

Verlag C. H. Beck München